2019-2020
ZHONGGUO SHANGSHI GONGSI SUSONG
LANPISHU

2019~2020
中国上市公司诉讼
蓝皮书

谢会生　主编

法律出版社
LAW PRESS·CHINA

编 委 会

序

2019年，是中国资本市场不平凡的一年：1月28日证监会发布《关于在上海证券交易所设立科创板并试点注册制的实施意见》，揭开了股票发行注册制在中国落地的大幕；12月28日《证券法》终于完成“大修”，在证券发行制度、法律责任、投资者保护等方面进行了完善。2019年头年尾的这两件大事，勾勒出了2019年中国资本市场深化改革的基本轮廓。

“大鹏一日同风起，扶摇直上九万里。”北京策略律师事务所多年来深耕资本市场争议解决领域，并凭借成功办理的“中国负案上市第一案”“中国上市公司股权激励第一案”“上市公司股东滥用股东权利纠纷第一案”等多起在资本市场上具有广泛影响力的重大案件，在业界树立了良好的口碑。站在中国资本市场制度经历剧烈变革的时代门槛上，乘着制度改革的浪潮，本书编者启动了上市公司诉讼蓝皮书研究项目。在本书中，编者希望紧跟资本市场改革的新风向，通过对上市公司诉讼现状的深入分析，构建起制度变革与法律研究之间的“桥梁”，从而为改革浪潮下的上市公司更好地进行诉讼处置、纠纷解决和风险防范提供参考。

“知己知彼，百战不殆。”首先，“知己”是成功解决纠纷的基础。本书以2019年全国法院审结的上市公司诉讼案例为样本，详尽地分析了不同行业的上市公司在涉案类型、诉讼地位、诉讼程序、标的额、诉讼结果等方面的情况，通过对5037个司法判例的实证研究，客观、全面地呈现我国各行业上市公司在2019年全年内应对民事诉讼、行政诉讼、刑事诉讼的表现情况。其次，“知彼”是防范法律风险的关键。本书全面收集和整理了31个行业在2019～2020年推出的最新法律政策文件，分析了各行业上市公司可能遭遇的法律风险，针对这些可能形成诉讼来源的外部风险，站在上市公司的角度对各行业可行的应对策略进行了简要分析。最后，本书还从5037个样本中选取了若干典型案例，并对案例进行分析，从“实战”层面解读了上市公司在各种诉讼情境下的具体应对情况。

总体来说，本书在一定程度填补了我国全面研究上市公司诉讼情况的空白，开创了上市公司诉讼蓝皮书系列的先河。而《2019～2020 中国上市公司诉讼蓝皮书》仅仅是系列蓝皮书的开端，希望本书、本系列的研究成果能够真正为资本市场诉讼领域的实务探索提供有益参考。

谨序。

邢会强

2020 年 7 月 20 日

自　序

2020 年 9 月 4 日，沪深上市公司总数突破 4000 家，达到 4002 家。上市公司数量快速增长的同时，上市公司总市值的攀升同样令人瞩目。数据显示，截至 9 月 4 日收盘，沪深两市上市公司总市值达到 81.97 万亿元，相比 1990 年 12 月"老八股"的 23.82 亿元，30 年间，沪深两市上市公司总市值增长了约 3.4 万倍。

与上市公司数量快速增长相对应的是，近些年有关上市公司的各类诉讼也呈激增态势。对于羞于争讼的国人来说，越来越愿意以法律手段来解决纷争，不仅体现了国民法律意识的觉醒，也体现了国家法治的进步。

从 1979 年律师制度恢复以来，中国律师业已走过 40 多个春秋。激荡 40 年间，中国律师伴随着经济改革与发展的大潮，实现了一个又一个跨越式的发展，在参与并推动资本市场健康发展进程中起到了积极的作用。

编者及编者所在的北京策略律师事务所同事近年来为多家拟上市及上市公司客户成功处理了不少复杂、有影响力的案件。处理案件的过程，也在推动编者更加深入地探寻资本市场的涉诉现状及背后规律。

作为长期关注资本市场法律纠纷解决的律师团队，我们将目光投注到过去一年资本市场上发生的各类诉讼案件上。经过多番梳理，我们编写了《2019～2020 中国上市公司诉讼蓝皮书》，对 2019～2020 年中国上市公司的诉讼情况进行了全面梳理、总结和提炼。

本书采用数据与案例相结合的形式，对 31 个行业、近 4000 家上市公司、5037 个司法判例的诉讼总体情况进行了分析及实证研究。其中涉及大量原始资料收集、案例要素分类整理及数据汇总统计，为此我们开展了艰辛的工作，目的是为上市公司高管、投资者、律师提供资本市场诉讼实务借鉴，以期最终能对上市公司的规范化管理、纠纷解决、运行风险防范等起到参考作用。

限于时间和能力,本书对上市公司诉讼情况的挖掘与分析尚有不少可以继续深化之处,在数据处理的精细化及标准化程度上也有许多待提升的空间。我们期待随着对资本市场诉讼领域研究的不断深入和理解的不断深刻,以及在系列蓝皮书撰写经验上的丰富,我们的内容将不断趋于完善。

是为序。

谢会生

2020 年 8 月 17 日

目　录

第一章

2019年上市公司诉讼总体情况分析

第一节　2019 年上市公司诉讼案件的行业及类型分析

一、2019 年上市公司诉讼案件的行业分布概况

截至 2019 年第三季度末，我国 A 股上市公司共计 3720 家。本节参考中国证券监督管理委员会发布的《上市公司行业分类指引》和原国家质量监督检验检疫总局、中国国家标准化管理委员会发布的《国民经济行业分类》，将上述 3720 家上市公司划分为 31 个行业，各行业相应的上市公司数量，如表 1－1－1 所示。

表 1－1－1　2019 年各行业上市公司数量分布

序号	行　　业	上市公司数量(家)
1	农林牧渔业	43
2	采矿业	78
3	食品、饮品相关制造业	140
4	纺织、服饰相关制造业	84
5	木材、家具、造纸相关制造业	62
6	印刷、文娱相关制品制造业	28
7	石油、化学相关制品制造业	257
8	医药制造业	218
9	化纤、橡胶、塑料相关制造业	100
10	非金属矿物制品业	84
11	金属相关制造业	156
12	通用设备制造业	136
13	专用设备制造业	215
14	汽车等交通运输设备制造业	182
15	电气机械和器材制造业	233
16	计算机、通信和其他电子设备制造业	375
17	仪器仪表等其他制造业	72
18	电力、热力、燃气及水生产和供应业	108

续表

序号	行　　业	上市公司数量(家)
19	建筑业	94
20	批发业	79
21	零售业	88
22	交通运输、仓储、邮政、住宿和餐饮业	113
23	电信、广播电视和卫星传输服务业	80
24	互联网和信息技术相关服务业	204
25	金融业	105
26	房地产业	130
27	租赁和商务服务业	51
28	科学研究和技术服务业	53
29	公共事业等其他服务业	72
30	文化、体育和娱乐业	59
31	综合行业	21
	总　　计	3720

为了研究各行业上市公司在2019年度的诉讼情况，课题组以上市公司为当事人，尽可能地检索了2019年1月1日至12月31日审结的诉讼案件，收集5037件案例，作为研究的样本。所有样本案例的行业分布情况，如表1－1－2所示。

表1－1－2　2019年上市公司诉讼案件数量统计

序号	行　　业	案件数量(件)
1	农林牧渔业	29
2	采矿业	69
3	食品、饮品相关制造业	713
4	纺织、服饰相关制造业	186
5	木材、家具、造纸相关制造业	103
6	印刷、文娱相关制品制造业	16
7	石油、化学相关制品制造业	363
8	医药制造业	145

续表

序号	行　业	案件数量(件)
9	化纤、橡胶、塑料相关制造业	60
10	非金属矿物制品业	72
11	金属相关制造业	114
12	通用设备制造业	140
13	专用设备制造业	307
14	汽车等交通运输设备制造业	92
15	电气机械和器材制造业	366
16	计算机、通信和其他电子设备制造业	152
17	仪器仪表等其他制造业	73
18	电力、热力、燃气及水生产和供应业	101
19	建筑业	352
20	批发业	243
21	零售业	196
22	交通运输、仓储、邮政、住宿和餐饮业	181
23	电信、广播电视和卫星传输服务业	366
24	互联网和信息技术相关服务业	139
25	金融业	102
26	房地产业	123
27	租赁和商务服务业	59
28	科学研究和技术服务业	16
29	公共事业等其他服务业	52
30	文化、体育和娱乐业	102
31	综合行业	5
	总　计	5037

二、2019 年上市公司诉讼案件类型分布情况

（一）样本案例的类型分布概况

如表 1－1－3 所示，样本案例中，根据民事、行政和刑事的划分，三类案例的数量分别为 4852 件、184 件和 1 件。其中民事案件和行政案件分别占到所有样本案例的 96％和 3％以上，因此，上市公司的民事诉讼情况和行政诉讼情况是本书研究的重点。各类案件占比情况，如图 1－1－1 所示。

表 1－1－3　样本案例案件类型分布

案件类型	案例数量（件）
民事案件	4852
行政案件	184
刑事案件	1

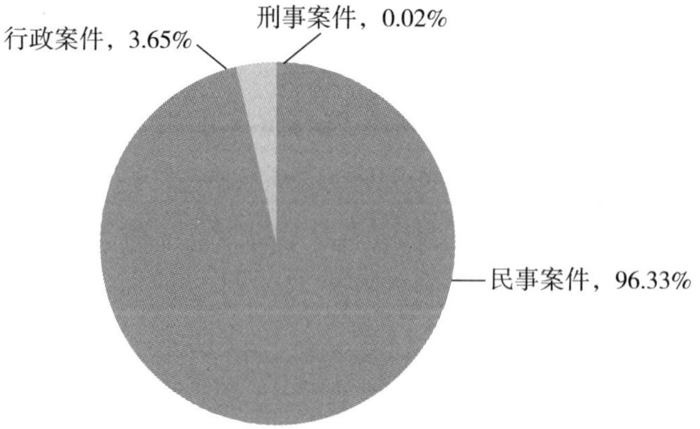

图 1－1－1　样本案例案件类型占比

（二）民事案例的案件类型分布情况

如前所述，民事案件占据所有样本案例的 96％以上，共 4852 件。在民事案件的具体类型上，课题组对所有民事案件按照所涉及的具体民事法律部门的不同，将其划分为人格权纠纷、物权纠纷、合同纠纷、知识产权纠纷、不正当竞争纠纷、劳动争议、海事海商纠纷、与企业有关的纠纷、与公司有关的纠纷、与破产有关的纠纷、证券纠纷、保险纠纷、票据纠纷、侵权责任纠纷、执行相关诉讼 15 类，各类民事案件的数量具体分布情况，如表 1－1－4 所示。

表 1－1－4　民事案件类型分布

序号	类　型	案件数量(件)
1	人格权纠纷	62
2	物权纠纷	56
3	合同纠纷	2248
4	知识产权纠纷	1582
5	不正当竞争纠纷	39
6	劳动争议	91
7	海事海商纠纷	7
8	与企业有关的纠纷	9
9	与公司有关的纠纷	66
10	与破产有关的纠纷	9
11	证券纠纷	371
12	保险纠纷	6
13	票据纠纷	85
14	侵权责任纠纷	219
15	执行异议之诉	2
	总　计	4852

如表 1－1－4 所示，在样本案例中，合同纠纷的数量最多，达到 2248 件，约占全部民事案例总数的 46.33%；其次是知识产权纠纷，共计 1582 件，约占全部民事案例总数的32.61%；再次是证券纠纷和侵权责任纠纷，分别约占全部民事案例总数的 7.65% 和 4.51%，其他类型的民事案件数量均小于 100 件，占比较少。

（三）民事案例具体案由的分布情况

在民事案件的具体案由上，课题组参考最高人民法院制定的《民事案件案由规定》，对样本中的全部民事案件的具体案由做了归纳和总结，对其具体的数量分布情况统计，如表 1－1－5 所示。

表1－1－5　民事案件案由类型分布

序号	类　　型	案　　由	数量（件）
1	人格权纠纷	生命权、健康权、身体权纠纷	50
2		肖像权纠纷	3
3		名誉权纠纷	9
4	物权纠纷	物权确认纠纷	1
5		返还原物纠纷	6
6		恢复原状纠纷	2
7		财产损害赔偿纠纷	41
8		侵害集体经济组织成员权益纠纷	1
9		质权纠纷	5
10	合同纠纷	确认合同效力纠纷	12
11		债权人代位权纠纷	8
12		债权转让合同纠纷	11
13		债务转移合同纠纷	1
14		买卖合同纠纷	1020
15		招标投标买卖合同纠纷	7
16		房屋买卖合同纠纷	84
17		供用电合同纠纷	4
18		供用气合同纠纷	2
19		供用热力合同纠纷	14
20		借款合同纠纷	226
21		保证合同纠纷	28
22		抵押合同纠纷	7
23		质押合同纠纷	9
24		定金合同纠纷	1
25		租赁合同纠纷	88
26		融资租赁合同纠纷	12
27		承揽合同纠纷	118

续表

序号	类　型	案　由	数量(件)
28	合同纠纷	建设工程合同纠纷	270
29		运输合同纠纷	32
30		仓储合同纠纷	1
31		委托合同纠纷	28
32		委托理财合同纠纷	10
33		居间合同纠纷	6
34		借用合同纠纷	1
35		典当纠纷	1
36		合伙协议纠纷	3
37		种植、养殖回收合同纠纷	1
38		服务合同纠纷	69
39		演出合同纠纷	1
40		劳务合同纠纷	14
41		广告合同纠纷	7
42		追偿权纠纷	55
43		其他合同纠纷	26
44		无因管理、不当得利纠纷	71
45	知识产权纠纷	著作权合同纠纷	18
46		技术合同纠纷	10
47		特许经营合同纠纷	2
48		著作权权属、侵权纠纷	488
49		商标权权属、侵权纠纷	1029
50		专利权权属、侵权纠纷	35
51	不正当竞争纠纷	仿冒纠纷	27
52		商业贿赂不正当竞争纠纷	11
53		商业诋毁纠纷	1

续表

序号	类　型	案　由	数量(件)
54	劳动争议	劳动合同纠纷	84
55		社会保险纠纷	7
56	海事海商纠纷	船舶碰撞损害责任纠纷	1
57		船舶建造合同纠纷	1
58		海上、通海水域保险合同纠纷	1
59		港口作业纠纷	3
60		其他海事海商纠纷	1
61	与企业有关的纠纷	企业出资人权益确认纠纷	1
62		侵害企业出资人权益纠纷	1
63		企业兼并合同纠纷	1
64		联营合同纠纷	4
65		企业承包经营合同纠纷	2
66	与公司有关的纠纷	股东资格确认纠纷	19
67		新增资本认购纠纷	3
68		请求公司收购股份纠纷	2
69		股权转让纠纷	24
70		公司决议纠纷	2
71		公司盈余分配纠纷	2
72		损害公司利益责任纠纷	1
73		股东损害公司债权人利益责任纠纷	9
74		公司增资纠纷	1
75		公司解散纠纷	2
76		清算责任纠纷	1
77	与破产有关的纠纷	请求确认债务人行为无效纠纷	1
78		对外追收债权纠纷	4
79		破产债权确认纠纷	3
80		取回权纠纷	1

续表

序号	类　型	案　由	数量(件)
81	证券纠纷	证券权利确认纠纷	1
82		证券交易合同纠纷	6
83		证券回购合同纠纷	3
84		证券欺诈责任纠纷	361
85	保险纠纷	财产保险合同纠纷	5
86		人身保险合同纠纷	1
87	票据纠纷	票据付款请求权纠纷	18
88		票据追索权纠纷	46
89		票据返还请求权纠纷	1
90		票据损害责任纠纷	3
91		票据利益返还请求权纠纷	17
92	侵权责任纠纷	提供劳务者受害责任纠纷	28
93		网络侵权责任纠纷	2
94		违反安全保障义务责任纠纷	5
95		产品责任纠纷	61
96		机动车交通事故责任纠纷	87
97		环境污染责任纠纷	1
98		物件损害责任纠纷	4
99		触电人身损害责任纠纷	3
100		义务帮工人受害责任纠纷	1
101		铁路运输损害责任纠纷	2
102		航空运输损害责任纠纷	2
103		因申请诉前财产保全损害责任纠纷	1
104		因申请诉中财产保全损害责任纠纷	1
105		其他侵权责任纠纷	21
106	执行异议之诉	案外人执行异议之诉	2

样本中的4852件民事案例共涉及106种案由。其中，案例数量最多的20种案由分别为：商标权权属、侵权纠纷，买卖合同纠纷，著作权权属、侵权纠纷，证券欺诈责任纠纷，建设工程合同纠纷，借款合同纠纷，承揽合同纠纷，租赁合同纠纷，机动车交通事故责任纠纷，房屋买卖合同纠纷，劳动合同纠纷，无因管理、不当得利纠纷，服务合同纠纷，产品责任纠纷，追偿权纠纷，生命权、健康权、身体权纠纷，票据追索权纠纷，财产损害赔偿纠纷，专利权权属、侵权纠纷，运输合同纠纷，上述案由所包含的案例数量分布，如表1－1－6所示。

表1－1－6　案例数量前20名的案由和类型分布

序号	案件类型	具体案由	数量(件)
1	知识产权权属、侵权纠纷	商标权权属、侵权纠纷	1029
2	合同纠纷	买卖合同纠纷	1020
3	知识产权权属、侵权纠纷	著作权权属、侵权纠纷	488
4	证券纠纷	证券欺诈责任纠纷	361
5	合同纠纷	建设工程合同纠纷	270
6	合同纠纷	借款合同纠纷	226
7	合同纠纷	承揽合同纠纷	118
8	合同纠纷	租赁合同纠纷	88
9	侵权责任纠纷	机动车交通事故责任纠纷	87
10	合同纠纷	房屋买卖合同纠纷	84
11	劳动争议	劳动合同纠纷	84
12	合同纠纷	无因管理、不当得利纠纷	71
13	合同纠纷	服务合同纠纷	69
14	侵权责任纠纷	产品责任纠纷	61
15	合同纠纷	追偿权纠纷	55
16	人格权纠纷	生命权、健康权、身体权纠纷	50
17	票据纠纷	票据追索权纠纷	46
18	物权保护纠纷	财产损害赔偿纠纷	41
19	知识产权权属、侵权纠纷	专利权权属、侵权纠纷	35
20	合同纠纷	运输合同纠纷	32

表 1 -1 -6 中所示的 20 种案由所包含的案例数量共计 4315 件,约占样本中的全部民事案例的 88.93% ,基本反映了上市公司所涉及的民事诉讼中,比较多发和常见的案件类型和案由情况。

第二节　2019 年上市公司诉讼案件的诉讼程序及结果分析

一、2019 年上市公司诉讼案件的诉讼程序概况

(一)样本案例的诉讼阶段分布概况

如表 1 -2 -1 所示,在 5037 件样本案例中,一审程序审结的案件有 3348 件,二审程序审结的案件有 1660 件,再审程序审结的案件有 29 件。

表 1 -2 -1　样本案例诉讼阶段分布

诉讼阶段	案件数量(件)
一审程序	3348
二审程序	1660
再审程序	29

各类诉讼阶段所审结的案件占比情况,如图 1 -2 -1 所示。

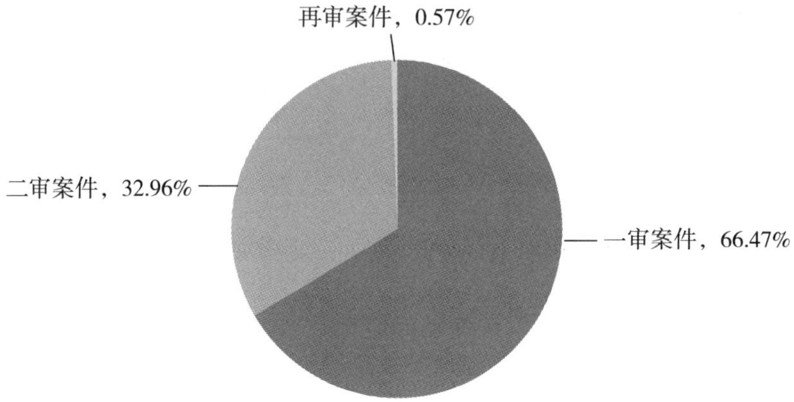

图 1 -2 -1　样本案例中各诉讼阶段占比

（二）样本案例的审理法院层级分布概况

如表 1－2－2 所示，在 5037 件样本案例中，基层人民法院（包括互联网法院等与基层法院同级的专门法院）审结的案件有 2441 件，中级人民法院（包括海事法院、知识产权法院、金融法院等与中级人民法院同级的专门法院）审结的案件有 2040 件，高级人民法院审结的案件有 537 件，最高人民法院审结的案件有 19 件。

表 1－2－2　样本案例中各级审理法院层级分布

法院层级	案件数量（件）
基层人民法院	2441
中级人民法院	2040
高级人民法院	537
最高人民法院	19

各级人民法院所审结的案件占比情况，如图 1－2－2 所示。

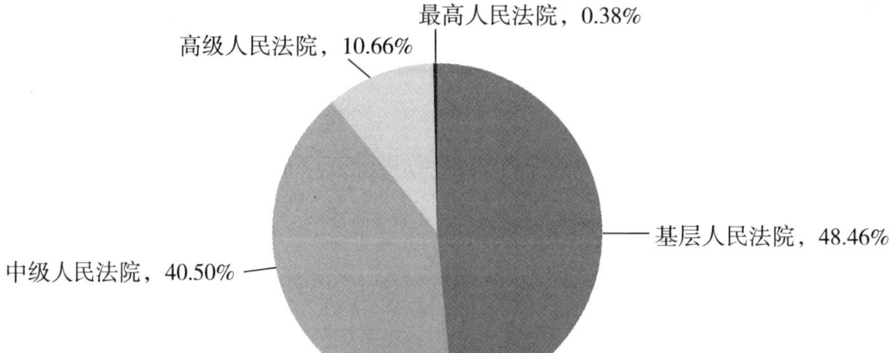

图 1－2－2　样本案例中各级审理法院层级占比

二、2019 年上市公司诉讼案件标的额概况

在本书所收集的 5037 件样本案例中，除去确认之诉、行为之诉等诉讼类型，以及撤回起诉、驳回起诉等无法统计诉讼标的额的案例之外，共统计到明确记载标的额的案例 4544 件，根据标的额的大小和范围，相应的案例数量分布如表 1－2－3 所示。

表 1－2－3　样本案例诉讼标的额分布

诉讼标的额(元)	案件数量(件)
0～1 万	320
1 万～10 万	1566
10 万～20 万	505
20 万～50 万	618
50 万～100 万	403
100 万～200 万	298
200 万～500 万	310
500 万～1000 万	176
1000 万～2000 万	140
2000 万以上	208
总　计	4544

通过图 1－2－3 可以看出,样本案例的标的额呈现以下特点:(1)大量案件的标的额集中于 1 万元到 10 万元的数据段,共有 1566 件案件的标的额在 1 万元以上、10 万元以下。(2)其他数据段的案例数量分布比较均匀,案件数量大多在 100 件到 300 件(只有 0～1 万元、10 万～100 万元等 4 个数据段的案件数量大幅度高于 300 个)。(3)10 万元以上标的额的案例数量呈现随数额增长而相对下降的趋势,换言之,在 10 万元以上标的额的案件中,案件数量与标的额大体上呈负相关关系。

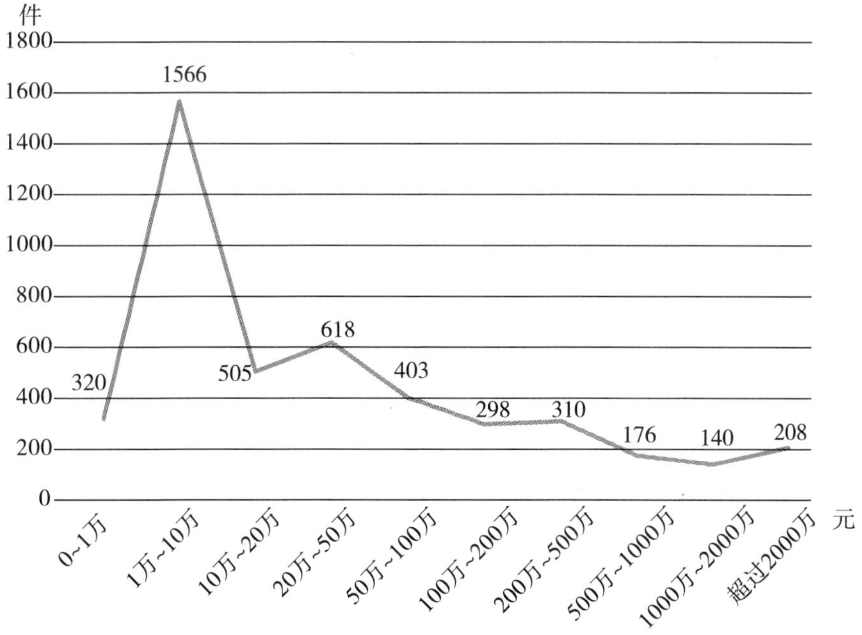

图 1－2－3　样本案例诉讼标的额分布

三、2019年上市公司诉讼案件的诉讼结果概况

(一)样本案例中诉讼结果分布概况

本书将上市公司诉讼案件的诉讼结果分为以下几种情况:

1. 上市公司胜诉:法院判决上市公司一方胜诉或认可了上市公司一方的大多数诉讼请求。

2. 上市公司败诉:法院判决上市公司一方败诉或否认了上市公司一方的大多数诉讼请求。

3. 任意一方当事人撤诉:诉讼当事人一方(一般是原告)撤回起诉或者撤回上诉,导致诉讼无疾而终,不必要判断上市公司是否胜诉。

4. 法院驳回起诉或上诉:法院驳回当事人一方的请求,但没有对上市公司一方的诉讼请求予以回应,或者判决书中没有明确记载法院的判决理由,从而无法判断上市公司一方是否胜诉。

5. 法院不予受理、发回重审:判决书中仅记载不予受理或发回重审,无法判断上市公司一方是否胜诉。

上述五种情形所涉及的案件数量,如表1-2-4所示。

表1-2-4　样本案例诉讼结果分布

诉讼结果	案件数量(件)
上市公司胜诉	2737
上市公司败诉	2061
任意一方当事人撤诉	110
法院驳回起诉或上诉	120
法院不予受理	8
法院发回重审	1

图1-2-4显示了在整体的样本案例中,上市公司的胜诉和败诉情况(胜诉和败诉以外的其他情况以“其他”代替)。

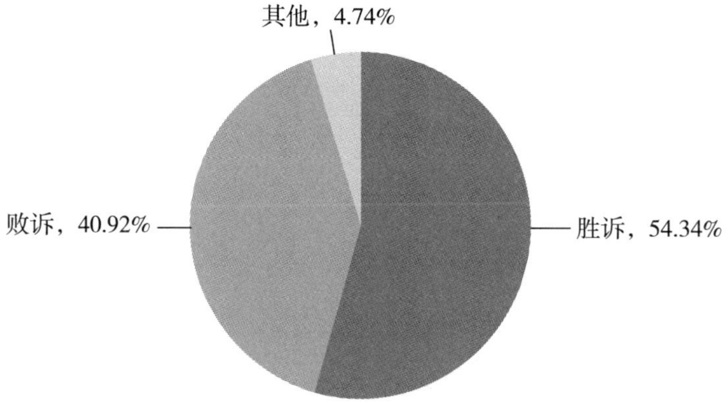

图 1-2-4　样本案例中各类诉讼结果占比

(二)各行业上市公司诉讼结果情况总体分布

在不考虑撤诉、驳回上诉等其他特殊问题的情况下，各行业上市公司的胜诉、败诉情况如表 1-2-5 所示。其中，上市公司胜诉的案件共计 2737 件，上市公司败诉的案件共计 2061 件，总体的胜诉率约为 57.04%。

表 1-2-5　各行业上市公司胜诉和败诉情况分布

序号	行　业	胜诉(件)	败诉(件)
1	农林牧渔业	5	20
2	采矿业	16	26
3	食品、饮品相关制造业	525	84
4	纺织、服饰相关制造业	157	24
5	木材、家具、造纸相关制造业	62	38
6	印刷、文娱相关制品制造业	11	4
7	石油、化学相关制品制造业	315	40
8	医药制造业	67	74
9	化纤、橡胶、塑料相关制造业	41	19
10	非金属矿物制品业	60	10
11	金属相关制造业	64	42
12	通用设备制造业	88	49
13	专用设备制造业	165	132
14	汽车等交通运输设备制造业	35	55

续表

序号	行　业	胜诉(件)	败诉(件)
15	电气机械和器材制造业	272	91
16	计算机、通信和其他电子设备制造业	87	53
17	仪器仪表等其他制造业	29	43
18	电力、热力、燃气及水生产和供应业	39	59
19	建筑业	126	217
20	批发业	11	232
21	零售业	110	84
22	交通运输、仓储、邮政、住宿和餐饮业	71	102
23	电信、广播电视和卫星传输服务业	36	330
24	互联网和信息技术相关服务业	80	57
25	金融业	41	58
26	房地产业	76	38
27	租赁和商务服务业	47	12
28	科学研究和技术服务业	7	9
29	公共事业等其他服务业	25	26
30	文化、体育和娱乐业	66	31
31	综合行业	3	2
	总　计	2737	2061

(三)各行业上市公司胜诉率排行榜

2019 年,在不考虑撤诉、驳回上诉等其他特殊问题的情况下,各行业上市公司的胜诉率排行如表 1－2－6 所示。

从表 1－2－6 中可以发现,全部 31 个行业中,胜诉率最高的是石油、化学相关制品制造业,其次是纺织、服饰相关制造业,再次是食品、饮品相关制造业及非金属矿物制品业,以上四个行业中上市公司的胜诉率都超过了 80%,远高于全体上市公司的平均胜诉率(约为 57.04%)。胜诉率最低的是批发业和电信、广播电视和卫星传输服务业,二者的胜诉率都在 10% 以下,远低于平均胜诉率。

表1－2－6　各行业上市公司胜诉率排行

排名	行　业	胜诉率(%)
1	石油、化学相关制品制造业	88.73
2	纺织、服饰相关制造业	86.74
3	食品、饮品相关制造业	86.21
4	非金属矿物制品业	85.71
5	租赁和商务服务业	79.66
6	电气机械和器材制造业	74.93
7	印刷、文娱相关制品制造业	73.33
8	化纤、橡胶、塑料相关制造业	68.33
9	文化、体育和娱乐业	68.04
10	房地产业	66.67
11	通用设备制造业	64.23
12	计算机、通信和其他电子设备制造业	62.14
13	木材、家具、造纸相关制造业	62.00
14	金属相关制造业	60.38
15	综合行业	60.00
16	互联网和信息技术相关服务业	58.39
17	零售业	56.70
18	专用设备制造业	55.56
19	公共事业等其他服务业	49.02
20	医药制造业	47.52
21	科学研究和技术服务业	43.75
22	金融业	41.41
23	交通运输、仓储、邮政、住宿和餐饮业	41.04
24	仪器仪表等其他制造业	40.28
25	电力、热力、燃气及水生产和供应业	39.80
26	汽车等交通运输设备制造业	38.89
27	采矿业	38.10

续表

排名	行　业	胜诉率(%)
28	建筑业	36.73
29	农林牧渔业	20.00
30	电信、广播电视和卫星传输服务业	9.84
31	批发业	4.53

第二章

2019年各行业上市公司诉讼情况统计

第一节　农林牧渔业

一、农林牧渔业上市公司概况

农林牧渔业即广义的农业，其在国民经济中处于基础性地位，属于三大产业中的第一产业。根据我国国民经济行业分类，农林牧渔业包括狭义的农业（种植业）、林业、畜牧业、渔业，以及农林牧渔相关的专业或辅助性活动（如农业服务业等）。农林牧渔业上市公司作为行业内规模和影响力较大的企业，其经营活动主要围绕粮食和农副产品等基本生活资料的生产展开。

2019 年第三季度我国农林牧渔业上市公司共计 43 家，从行业小类上看，狭义农业（种植业）上市公司 15 家，林业上市公司 4 家，畜牧业上市公司 14 家，渔业上市公司 9 家，农林牧渔服务业上市公司 1 家，种植业和畜牧业上市公司在农林牧渔业上市公司中占据主流。从市场规模上来看，我国上市公司中农林牧渔业的整体规模较小，其数量仅占全部上市公司的约 1.16%，可见农林牧渔业在全国范围内具有较大市场影响力的企业数量较少。

二、农林牧渔业行业政策和法律风险新动向

（一）农林牧渔业行业政策新动向

农业与乡村的发展、生态环境的保护息息相关，农业农村部发布了《2020 年农业农村绿色发展工作要点》，提出了继续发展绿色农业的一些政策意见。所谓绿色农业是指将农业生产和环境保护协调起来，在促进农业发展、增加农户收入的同时保护环境、保证农产品的绿色无污染的农业发展类型，近年来绿色农业逐渐成为农林牧渔业的热点发展方向。例如，国家提出了推行标准化生产的政策，包括建立农业高质量发展标准体系，制定修订了农兽药残留标准等行业标准，鼓励龙头企业（包括农业上市公司）、农民专业合作社等规模生产经营主体按标生产、申请良好农业规范认证等。国家还要求加强农业突出环境问题治理和农业资源保护，包括持续推进农药减量控害、推进畜禽粪污资源化利用、全面实施秸秆综合利用行动、深入实施农膜回收行动、探索开展农药肥料包装废弃物回收、强化土壤污染管控与修复、发展节水农业、加强农业生物多样性保护、强化渔业资源养护修复等。

（二）农林牧渔业法律风险新动向

2019 年以来，国家发布了多个农林牧渔业领域的新规范，推进了一些新的法律制度，可能对农林牧渔业上市公司的生产经营活动产生影响，或者带来新的法律风险，具体包括：

1. 试行食用农产品合格证制度。根据《全国试行食用农产品合格证制度实施方案》的规划，农产品质量安全是农业高质量发展的基础，农产品种植养殖生产者是农产品质量安全的第一责任人。近些年，农产品质量安全水平不断提升，但是使用禁用药物、超范围超剂量使用农药兽药、违反农药安全间隔期和兽药休药期规定等行为仍然存在。为推动种植养殖生产者落实质量安全主体责任，牢固树立质量安全意识，农业农村部决定在全国试行食用农产品合格证制度。该制度试行的主体包括食用农产品生产企业、农民专业合作社、家庭农场，试行的农产品品类包括蔬菜、水果、畜禽、禽蛋、养殖水产品。可见，农业上市企业作为农产品市场的绝对主力，既要积极配合食用农产品合格证制度的推行，也要注意新制度框架下可能的法律风险。

2. 禁止非法野生动物交易、革除滥食野生动物陋习。2019 年年底暴发的新冠肺炎疫情促使国家推出了针对非法野生动物交易、食用的禁令，根据全国人民代表大会常务委员会《关于全面禁止非法野生动物交易、革除滥食野生动物陋习、切实保障人民群众生命健康安全的决定》，国家要求全面禁止食用国家保护的有重要生态、科学、社会价值的陆生野生动物以及其他陆生野生动物，包括人工繁育、人工饲养的陆生野生动物；全面禁止以食用为目的猎捕、交易、运输在野外环境自然生长繁殖的陆生野生动物；强调因科研、药用、展示等特殊情况，需要对野生动物进行非食用性利用的，应当按照国家有关规定实行严格审批和检疫检验；还重申了违反《中华人民共和国野生动物保护法》和其他有关法律禁止猎捕、交易、运输、食用野生动物的规定的，必须严格禁止，并对这些违法行为，在现行法律规定基础上加重处罚。从事野生动物养殖、交易等经营的上市公司应当注意避免以上法律风险。

三、农林牧渔业上市公司诉讼情况统计

本书以农林牧渔业的 43 家上市公司为当事人检索案例，共收集 2019 年全国法院判决的各类司法判决书 29 份，作为统计分析的样本。

（一）案件类型分布

1. 诉讼类型

从案件诉讼类型上看，2019 年农林牧渔业上市公司所涉及的 29 件案件全部为

民事诉讼，其他行政和刑事诉讼案件数量为 0 件（见表 2－1－1）。

表 2－1－1　农林牧渔业上市公司案件诉讼类型

诉讼类型	案件数量（件）
民事诉讼	29
行政诉讼	0
刑事诉讼	0

2. 案由种类

如表 2－1－2 所示，从案件案由种类上看，2019 年农林牧渔业上市公司所涉及的 29 件案件中，大多数为合同纠纷，其中，借款合同纠纷、买卖合同纠纷、建设工程合同纠纷数量最多，分别为 10 件、4 件和 3 件，合计 17 件，占全部案例数量的一半以上。其他案由还包括房屋买卖合同纠纷、租赁合同纠纷、保证合同纠纷、种植养殖回收合同纠纷、合伙协议纠纷等合同纠纷，提供劳务者受害责任纠纷、机动车交通事故责任纠纷等侵权责任纠纷，新增资本认购纠纷等与公司有关的纠纷，证券回购合同纠纷等证券纠纷，商标权侵权纠纷等知识产权纠纷以及身体权纠纷等。

表 2－1－2　农林牧渔业上市公司案件案由

案　　由	案件数量（件）
借款合同纠纷	10
买卖合同纠纷	4
建设工程合同纠纷	3
提供劳务者受害责任纠纷	2
商标权权属、侵权纠纷	1
房屋买卖合同纠纷	1
租赁合同纠纷	1
保证合同纠纷	1
新增资本认购纠纷	1
生命权、健康权、身体权纠纷	1
机动车交通事故责任纠纷	1
种植、养殖回收合同纠纷	1
合伙协议纠纷	1
证券回购合同纠纷	1

(二)案件审理程序

1. 诉讼阶段

从诉讼阶段上看,2019 年农林牧渔业上市公司所涉及的 29 件案件中,一审判决书21 件,占比约为72.41%;二审判决书8 件,占比约为27.59%(见图2-1-1)。

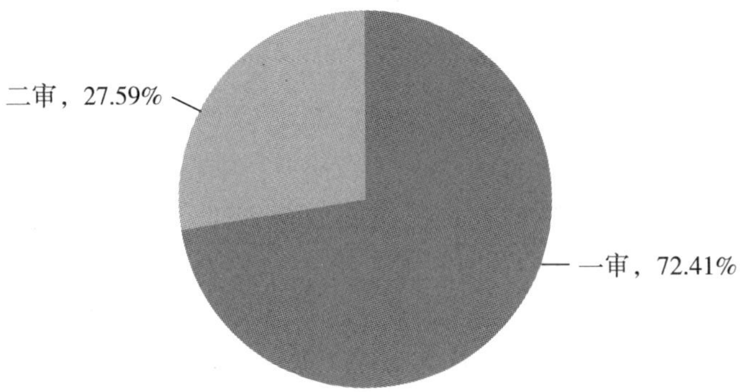

图2-1-1　农林牧渔业上市公司案件诉讼阶段分布

2. 法院层级

从法院层级上看,2019 年农林牧渔业上市公司所涉及的 29 件案件中,基层人民法院审结的案例19 件,占比约为65.52%;中级人民法院审结的案例6 件,占比约为20.69%;高级人民法院审结的案例 3 件,占比约为 10.34%;最高人民法院审结的案例1 件,占比约为3.45%(见图2-1-2)。

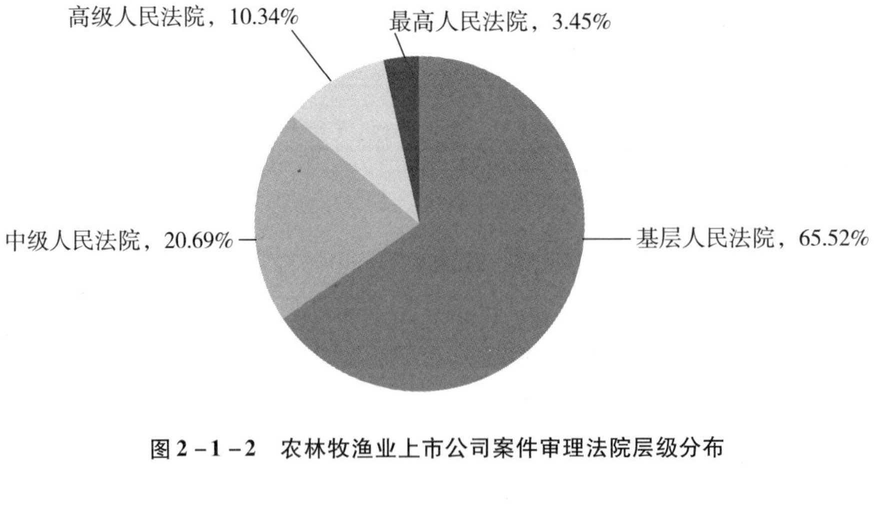

图2-1-2　农林牧渔业上市公司案件审理法院层级分布

（三）上市公司诉讼地位

从上市公司的诉讼地位上看，2019 年农林牧渔业上市公司所涉及的 29 件案件中，上市公司作为原告的案例有 6 件，占比约为 20.69%；上市公司作为被告的案例有 23 件，占比约为 79.31%。可见，2019 年农林牧渔业上市公司的民事诉讼中，上市公司主动提起诉讼的情形较少，大多数情况下上市公司是作为应诉方被动地参与诉讼（见图 2－1－3）。

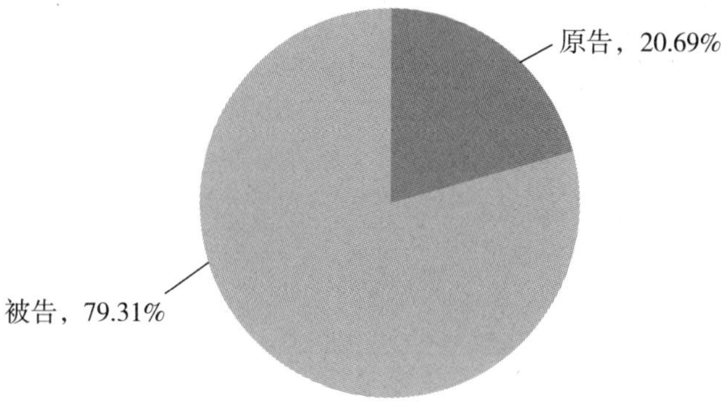

图 2－1－3　农林牧渔业上市公司诉讼地位总体分布

具体而言，在农林牧渔业上市公司所涉及的 21 件一审判决中，上市公司作为原告的案例有 2 件，上市公司作为被告的案例有 19 件，二者之间占比差别更为悬殊。可见，在一审程序中，农林牧渔业上市公司主动提起诉讼、发起诉讼程序情况较为少见（见图 2－1－4）。

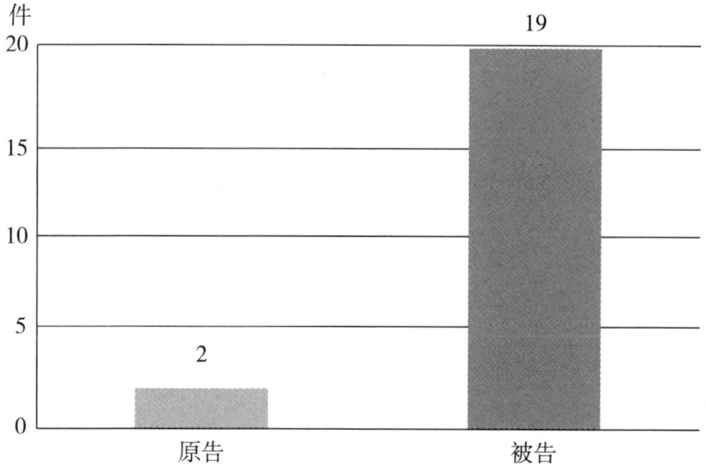

图 2－1－4　农林牧渔业上市公司一审程序诉讼地位分布

在农林牧渔业上市公司所涉及的8件二审判决中，上市公司作为上诉人的案例有4件，其中同时为原审原告的有3件，同时为原审被告的有1件；上市公司作为被上诉人的案例有3件，其中同时为原审原告的有1件，同时为原审被告的有2件。可见，在二审程序中，农林牧渔业上市公司主动提起上诉、继续诉讼程序的情况较为常见(见图2－1－5)。

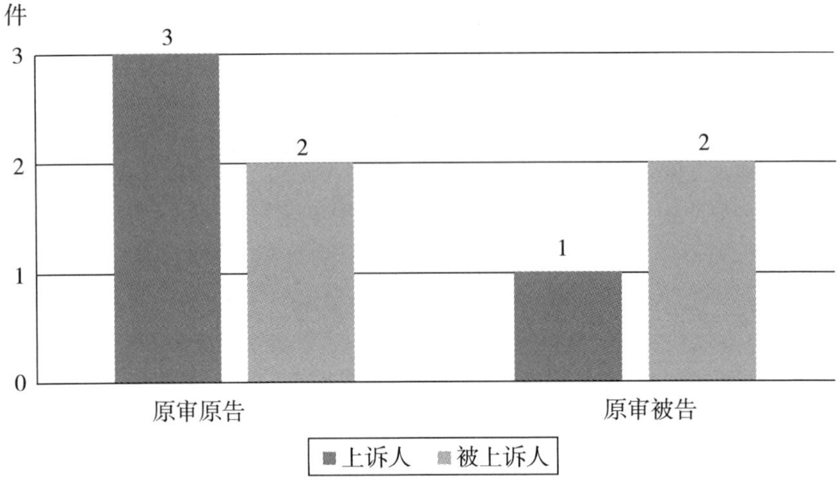

图2－1－5　农林牧渔业上市公司二审程序诉讼地位分布

(四)诉讼标的额

从民事诉讼案件的标的额上看，2019年农林牧渔业上市公司所涉及的29件案件中，除撤诉的4件及驳回上诉的1件外，诉讼请求金额在1万元以下的案件数量为0件，超过1万元且10万元以下的案件数量为2件，超过10万元且20万元以下的案件数量为3件，超过20万元且50万元以下的案件数量为3件，超过50万元且100万元以下的案件数量为2件，超过100万元且200万元以下的案件数量为0件，超过200万元且500万元以下的案件数量为3件，超过500万元且1000万元以下的案件数量为7件，超过1000万元且2000万元以下的案件数量为0件，超过2000万元的案件数量为4件(见图2－1－6)。

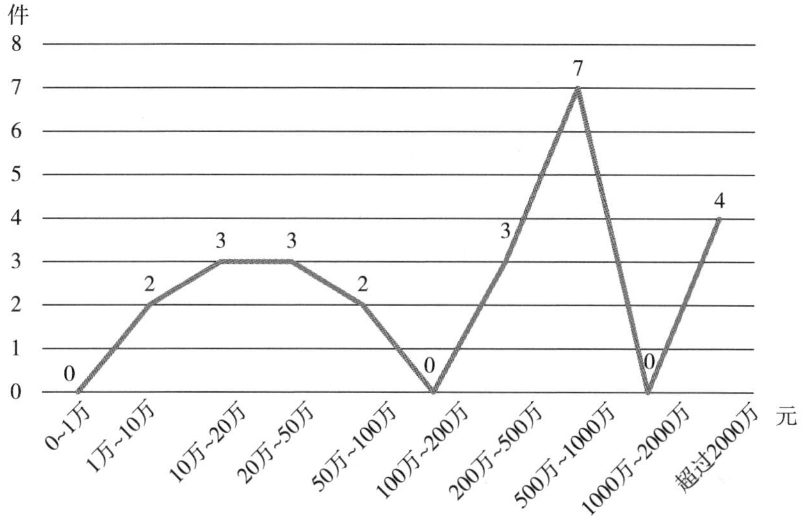

图 2 –1 –6 农林牧渔业上市公司诉讼标的额分布

具体来看,2019 年农林牧渔业上市公司所涉及的案件中,案件数量最集中的诉讼标的额在 500 万 ~1000 万元区间之内,标的额平均值为 10,830,991.33 元,中位数为 3,996,474.85 元,标的额最大为 83,256,365.00 元,最小为 17,464.00 元(见表 2 –1 –3)。

表 2 –1 –3 农林牧渔业上市公司诉讼标的额

单位:元

总　　额	259,943,791.99
平均数	10,830,991.33
中位数	3,996,474.85
最大金额	83,256,365.00
最小金额	17,464.00

(五)诉讼结果和胜诉率

从诉讼结果上看,2019 年农林牧渔业上市公司所涉及的 29 件案件中,上市公司胜诉的案例有 5 件,上市公司败诉的案例有 20 件,剩余 4 件案例的诉讼结果为原告撤诉。总体来看,农林牧渔业上市公司胜诉的案件数量占比约为 17.24%,如果排除撤诉的情形,则农林牧渔业上市公司的总体胜诉率为 20.00%(见图 2 –1 –7)。

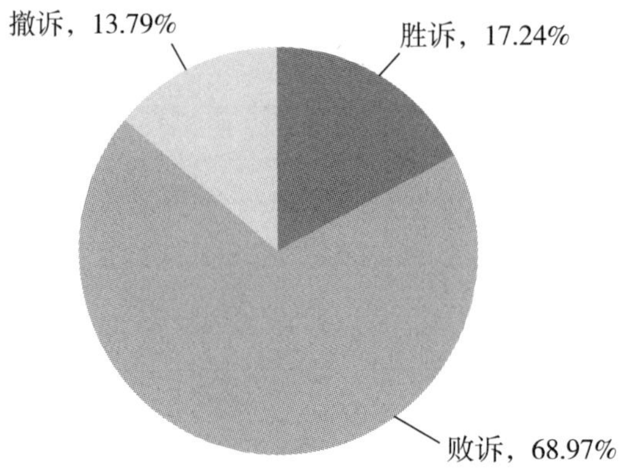

图 2－1－7　农林牧渔业上市公司诉讼结果占比

具体到不同的诉讼地位上，当农林牧渔业上市公司为原告时，其胜诉的案件有 1 件，败诉的案件有 5 件，胜诉率约为 16.67%，低于总体胜诉率。当农林牧渔业上市公司为被告时，其胜诉的案件有 4 件，败诉的案件有 15 件，胜诉率约为 21.05%，略高于总体胜诉率（见图 2－1－8）。

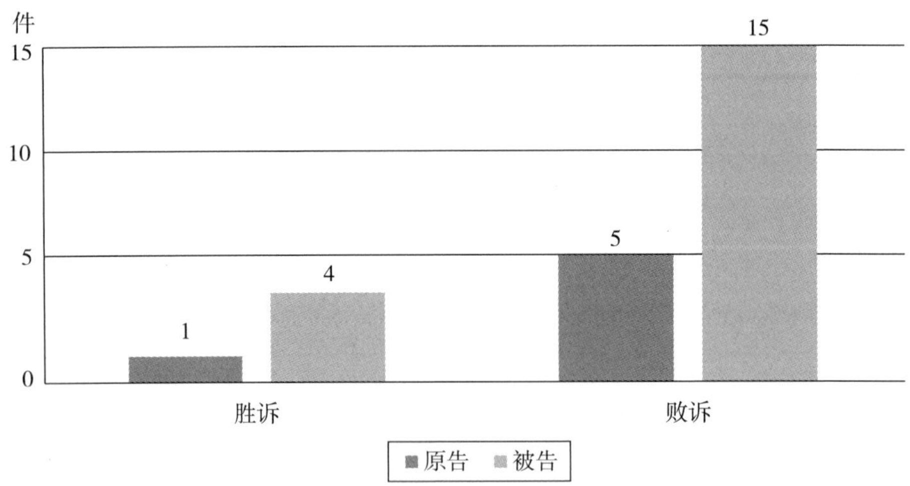

图 2－1－8　农林牧渔业上市公司胜诉情况与诉讼地位交叉分布情况

具体到不同的诉讼阶段上，在一审判决中，上市公司胜诉的案件有 2 件，败诉的案件有 15 件，胜诉率约为 11.76%，远低于总体胜诉率。在二审判决中，上市公司胜诉的案件有 3 件，败诉的案件有 5 件，胜诉率为 37.50%，远高于总体胜诉率（见图 2－1－9）。

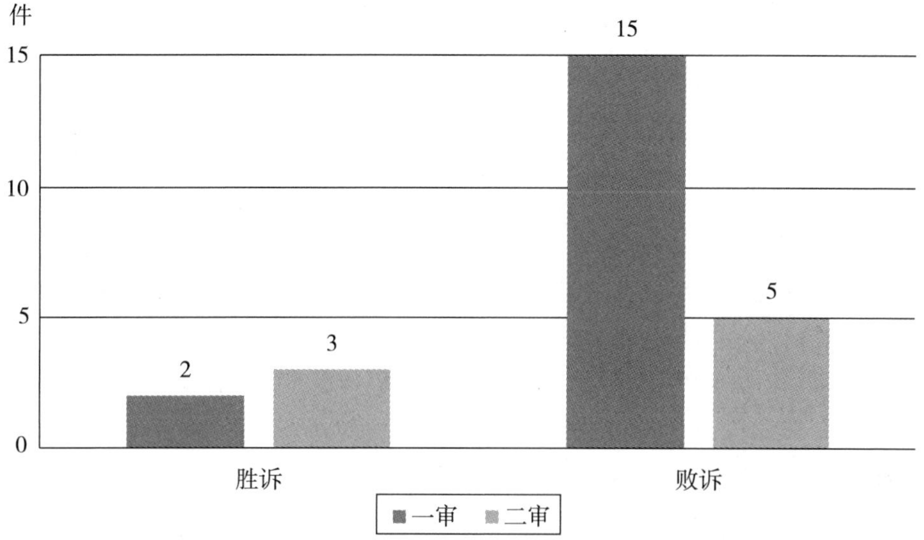

图 2－1－9　农林牧渔业上市公司胜诉情况与诉讼阶段交叉分布情况

第二节　采　矿　业

一、采矿业上市公司概况

采矿业指对固体(如煤和矿物)、液体(如原油)或气体(如天然气)等自然产生的矿物的采掘;包括地下或地上采掘、矿井的运行,以及一般在矿址或矿址附近从事的旨在加工原材料的所有辅助性工作;还包括使原料得以销售所需的准备工作;不包括水的蓄集、净化和分配,以及地质勘查、建筑工程活动。根据我国国民经济行业分类,采矿业包括煤炭开采和洗选业、石油和天然气开采业、黑色金属矿采选业、有色金属矿采选业、非金属矿采选业、开采专业及辅助性活动和其他采矿业。

2019 年第三季度我国采矿业上市公司共 78 家,从市场规模上看,我国上市公司中采矿业整体规模较小,其数量仅为全部上市公司的约 2.10%。

二、采矿业行业政策和法律风险新动向

(一)采矿业行业政策新动向

为促进产业集聚,提高资源综合利用水平,推动资源综合利用产业高质量发展,国家发展和改革委员会办公厅、工业和信息化部办公厅发布《关于推进大宗固

体废弃物综合利用产业集聚发展的通知》，以探索建设一批具有示范和引领作用的综合利用产业基地，到 2020 年，建设 50 个大宗固体废弃物综合利用基地、50 个工业资源综合利用基地，基地废弃物综合利用率达到 75% 以上，形成多途径、高附加值的综合利用发展新格局为总体目标；完成以尾矿（共伴生矿）、煤矸石、粉煤灰、冶金渣（赤泥）、化工渣（工业副产石膏）、工业废弃料（建筑垃圾）、农林废弃物及其他类大宗固体废弃物为重点，选择废弃物产生量大且相对集中、具备资源综合利用基础、产业创新能力强、产品市场前景好、规模带动效益明显的地区，通过政策协同、机制创新和项目牵引等综合措施，开发和推广一批大宗固体废弃物综合利用先进技术、装备及高附加值产品；制（修）订一系列大宗固体废弃物综合利用标准和规范；实施一批具有示范作用的重点项目；培育一批具有较强竞争力的骨干企业；构建和延伸跨企业、跨行业、跨区域的综合利用产业链条，促进大宗固体废弃物综合利用产业高质量发展的重要任务。

水利部、交通运输部发布《关于长江河道采砂管理实行砂石采运管理单制度的通知》，以砂石采运管理单的形式作为采、运砂船舶证明其砂源合法有效的证明，并要求各级水行政主管部门、海事管理机构（或交通运输综合行政执法机构）对其进行监督管理。

自然资源资产产权制度是加强生态保护、促进生态文明建设的重要基础性制度。中共中央办公厅、国务院办公厅印发了《关于统筹推进自然资源资产产权制度改革的指导意见》，将以健全自然资源资产产权体系、明确自然资源资产产权主体、开展自然资源统一调查监测评价、加快自然资源统一确权登记、强化自然资源整体保护、促进自然资源资产集约开发利用、推动自然生态空间系统修复和合理补偿、健全自然资源资产监管体系和完善自然资源资产产权法律体系为主要任务。

中共中央、国务院为建立国土空间规划体系并监督实施，发布了《关于建立国土空间规划体系并监督实施的若干意见》。国土空间规划是对一定区域国土空间开发保护在空间和时间上作出的安排，包括总体规划、详细规划和相关专项规划。我国要分级分类建立国土空间规划、以战略性、科学性、协调性、可操作性为要求明确各级编制重点，同时强化对专项规划的指导约束作用，在市县及以下编制详细规划。

（二）采矿业法律风险新动向

2019 年以来，国家实行了多个采矿业领域的法律制度，可能会对采矿业上市公司的生产经营活动产生影响，或者带来新的法律风险，具体有：

《自由贸易试验区外商投资准入特别管理措施（负面清单）（2020 年版）》发布：采矿业禁止投资稀土、放射性矿产、钨勘查、开采及选矿（未经允许，禁止进入稀土矿区或取得矿山地质资料、矿石样品及生产工艺技术）。

长江河道采砂管理实行砂石采运管理单制度后，各级行政主管部门、海事管理机构（或交通运输综合行政执法机构）在日常巡查或联合执法检查中发现船舶载运砂石的，应检查其砂石采运管理单或砂石转运（过驳）证明，发现有未持有砂石采运管理单或转运（过驳）证明从事砂石运输的或是所持砂石采运管理单或转运（过驳）证明与实际情况明显不符的、且不能提供其砂石合法来源证明的，按属地管理原则交地方人民政府给予处罚。

三、采矿业上市公司诉讼情况统计

本书以采矿业的 78 家上市公司为当事人检索案例，共收集 2019 年全国法院判决的各类司法判决书 69 份，作为统计分析的样本。

（一）案件类型分布

1. 诉讼类型

如表 2－2－1 所示，从案件诉讼类型上看，2019 年采矿业上市公司所涉及的 69 件案件全部为民事诉讼，其他行政和刑事诉讼案件数量为 0 件。

表 2－2－1　采矿业上市公司案件诉讼类型

诉讼类型	案件数量（件）
民事诉讼	69
行政诉讼	0
刑事诉讼	0

2. 案由种类

从案件案由种类上看，2019 年采矿业上市公司所涉及的 69 件案件中，大多数为合同纠纷，包括：买卖合同纠纷、借款合同纠纷、融资租赁合同纠纷、劳动合同纠纷等，其中以买卖合同纠纷数量最多。无因管理、不当得利纠纷数量为 10 件，其他案由还包括侵权责任纠纷、股权转让纠纷等与公司有关的纠纷、票据返还请求权纠纷等与票据有关的纠纷以及身体权纠纷等（见表 2－2－2）。

表 2－2－2　采矿业上市公司案件案由

案　　由	案件数量(件)
买卖合同纠纷	18
无因管理、不当得利纠纷	10
财产损害赔偿纠纷	7
借款合同纠纷	5
其他侵权责任纠纷	4
融资租赁合同纠纷	4
劳动合同纠纷	3
票据追索权纠纷	3
服务合同纠纷	3
建设工程合同纠纷	2
企业兼并合同纠纷	1
确认合同效力纠纷	1
证券交易合同纠纷	1
提供劳务者受害责任纠纷	1
借用合同纠纷	1
房屋买卖合同纠纷	1
生命权、健康权、身体权纠纷	1
股权转让纠纷	1
专利权权属、侵权纠纷	1
票据返还请求权纠纷	1
合　计	69

(二)案件审理程序

1. 诉讼阶段

从诉讼阶段上看,2019 年采矿业所涉及的 69 件案件中,一审判决书 28 件,占比约为 40.58%;二审判决书 41 件,占比约为 59.42%(见图 2－2－1)。

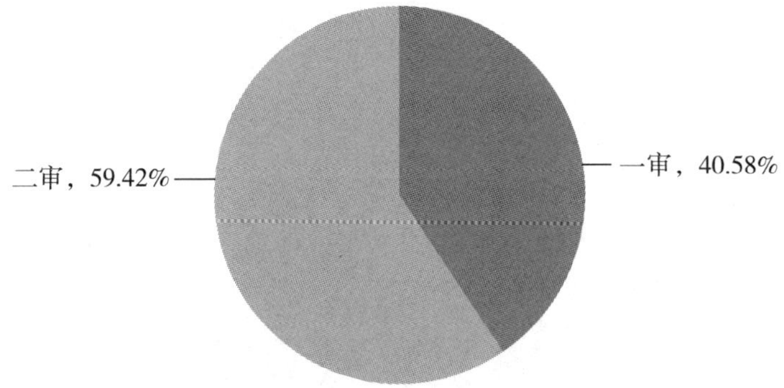

图 2－2－1 采矿业上市公司案件诉讼阶段分布

2. 法院层级

从诉讼阶段上看，2019 年采矿业上市公司所涉及的 69 件案件中，基层人民法院审结的案例 26 件，占比约为 37.68%；中级人民法院审结的案例 36 件，占比约为 52.17%；高级人民法院审结的案例 6 件，占比约为 8.70%；最高人民法院审结的案例 1 件，占比约为 1.45%（见图 2－2－2）。

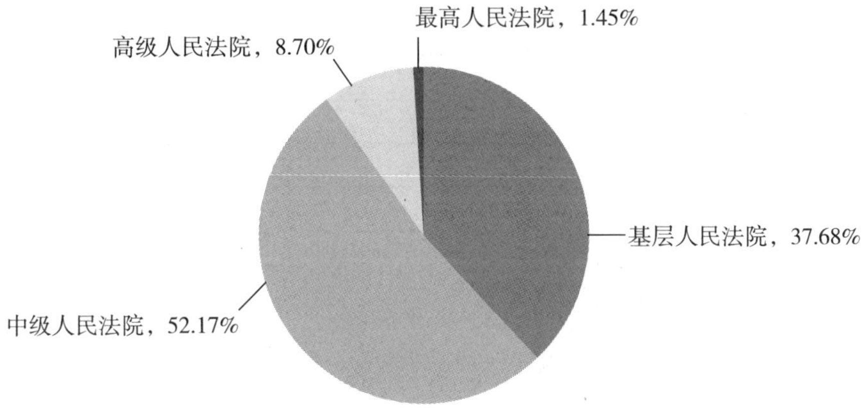

图 2－2－2 采矿业上市公司案件审理法院层级分布

（三）上市公司诉讼地位

从上市公司的诉讼地位上看，2019 年采矿业上市公司所涉及的 69 件案件中，上市公司作为原告的案件有 42 件，占比约为 60.87%；上市公司作为被告的案件有 26 件，占比约为 37.68%；上市公司作为第三人的案件为 1 件，占比约为 1.45%。可见，2019 年采矿业上市公司的民事诉讼中，上市公司主动提起诉讼以及作为第三人的情形较少，大多数情况下是作为应诉方被动地参与诉讼（见图 2－2－3）。

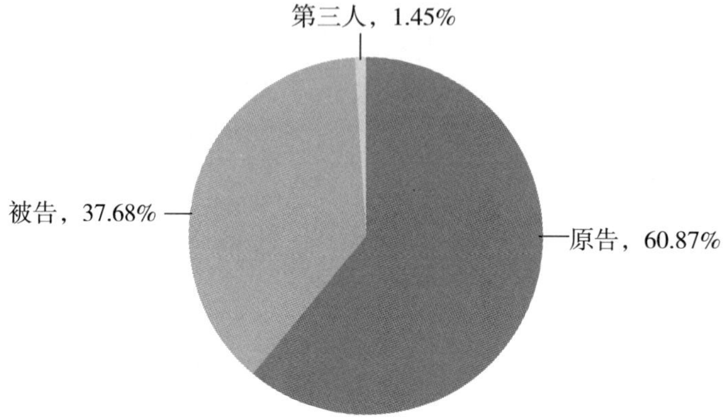

图 2－2－3 采矿业上市公司诉讼地位总体分布

具体而言，在采矿业上市公司所涉及的 28 件一审判决中，上市公司作为原告的案例有 10 件，上市公司作为被告的案例有 18 件（见图 2－2－4）。

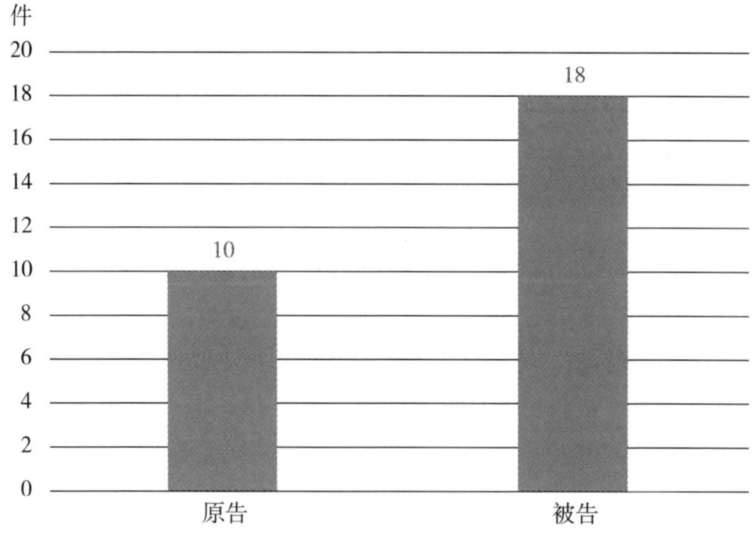

图 2－2－4 采矿业上市公司一审程序诉讼地位分布

在采矿业上市公司所涉及的 41 件二审判决中，上市公司作为上诉人的案例有 27 件，其中同时为原审原告的有 25 件，同时为原审被告的有 2 件；上市公司作为被上诉人的案例有 14 件，其中同时为原审原告的有 7 件，同时为原审被告的有 6 件，同时为第三人的有 1 件。可见在二审程序中，采矿业上市公司主动提起上诉、继续诉讼程序的情况较为常见（见图 2－2－5）。

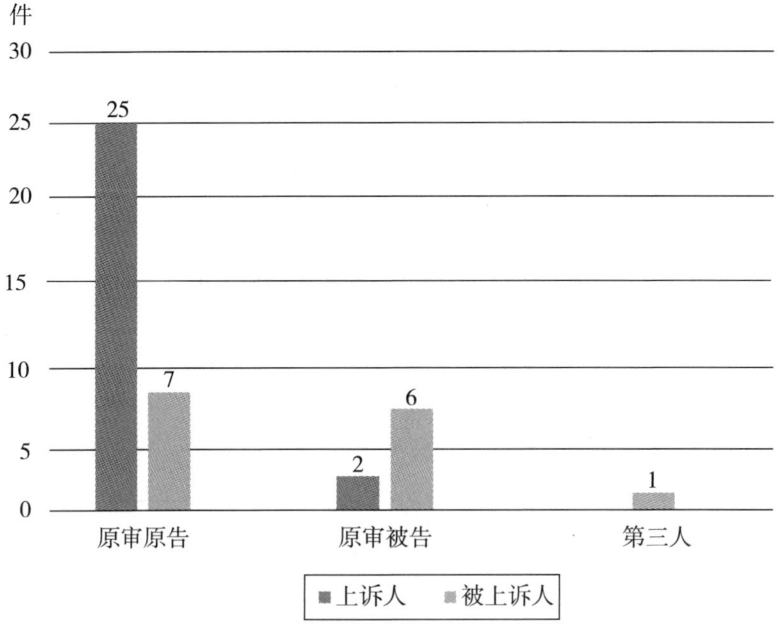

图 2－2－5　采矿业上市公司二审程序诉讼地位分布

（四）诉讼标的额

从民事诉讼案件的标的额上看，2019 年采矿业上市公司所涉及的 69 件案件中，41 件有标的额可查，其中，诉讼请求金额在 1 万元以下的案件数量为 0 件，超过 1 万元且 10 万元以下的案件数量为 2 件，超过 10 万元且 20 万元以下的案件数量为 4 件，超过 20 万元且 50 万元以下的案件数量为 8 件，超过 50 万元且 100 万元以下的案件数量为 3 件，超过 100 万元且 200 万元以下的案件数量为 3 件，超过 200 万元且 500 万元以下的案件数量为 5 件，超过 500 万元且 1000 万元以下的案件数量为 4 件，超过 1000 万元且 2000 万元以下的案件数量为 5 件，超过 2000 万元的案件数量为 7 件（见图 2－2－6）。

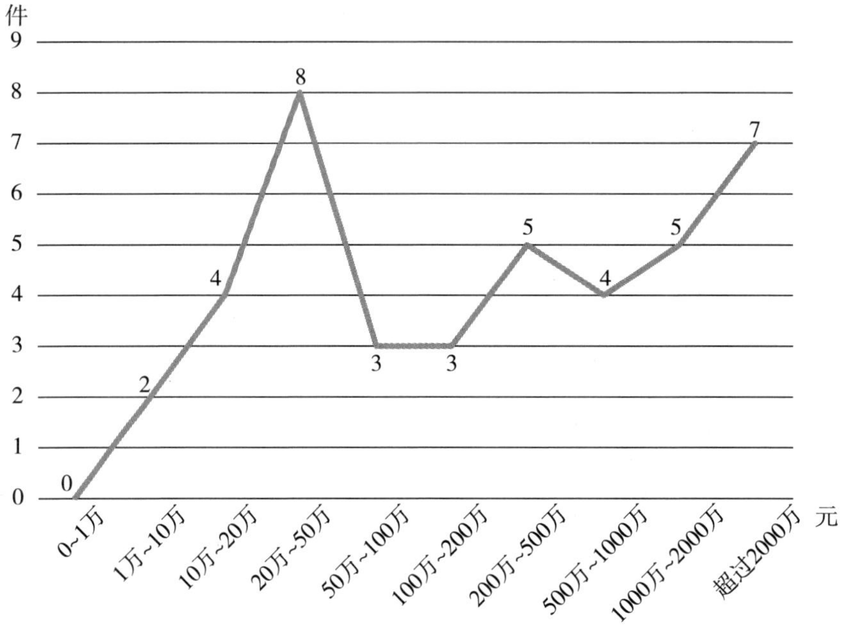

图 2 –2 –6　采矿业上市公司诉讼标的额分布

具体来看,2019 年采矿业上市公司所涉及的案件中,案件数量最集中的诉讼标的额在 20 万 ~ 50 万元区间之内,标的额平均值为 25,206,105.44 元,中位数为 3,360,000.00 元,标的额最大为 279,789,890.00 元,最小为 83,113.20 元(见表 2 –2 –3)。

表 2 –2 –3　采矿业诉讼标的额

单位:元

总　　额	1,033,450,323.03
平均数	25,206,105.44
中位数	3,360,000.00
最大金额	279,789,890.00
最小金额	83,113.20

(五)诉讼结果和胜诉率

从诉讼结果上看,2019 年采矿业上市公司所涉及的 69 件案件中,上市公司胜诉的案例有 16 件,上市公司败诉的案例有 26 件,12 件案例的诉讼结果为原告撤诉,驳回上诉案件为 13 件,不予受理案件为 1 件,发回重审案件为 1 件。总体来看,采矿业上市公司胜诉的案件数量占比约为 23.19% ,如果排除撤诉、驳回上诉、不予受理以及发回重审的情形,则采矿业上市公司的总体胜诉率约为 38.10%(见图 2-2-7)。

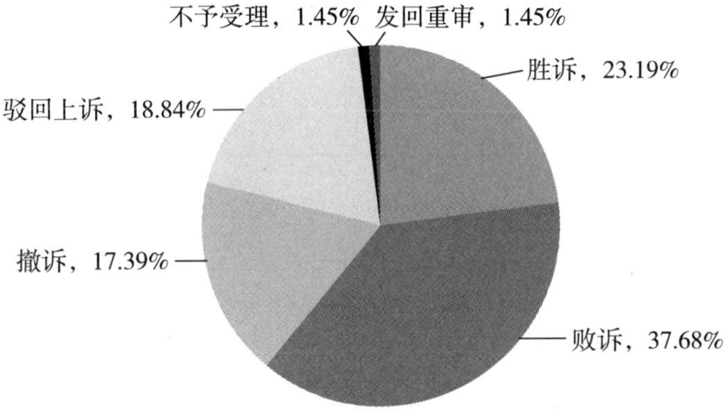

图 2-2-7　采矿业上市公司诉讼结果占比

具体到不同的诉讼地位上,当采矿业上市公司为原告时,其胜诉的案件有 10 件,败诉的案件有 22 件,胜诉率约为 31.25%,低于总体胜诉率。当采矿业上市公司为被告时,其胜诉的案件有 5 件,败诉的案件有 4 件,胜诉率约为 55.56%,略高于总体胜诉率。当采矿业上市公司为第三人时,其胜诉的案件有 1 件,败诉的案件有 0 件,胜诉率为 100%(见图 2-2-8)。

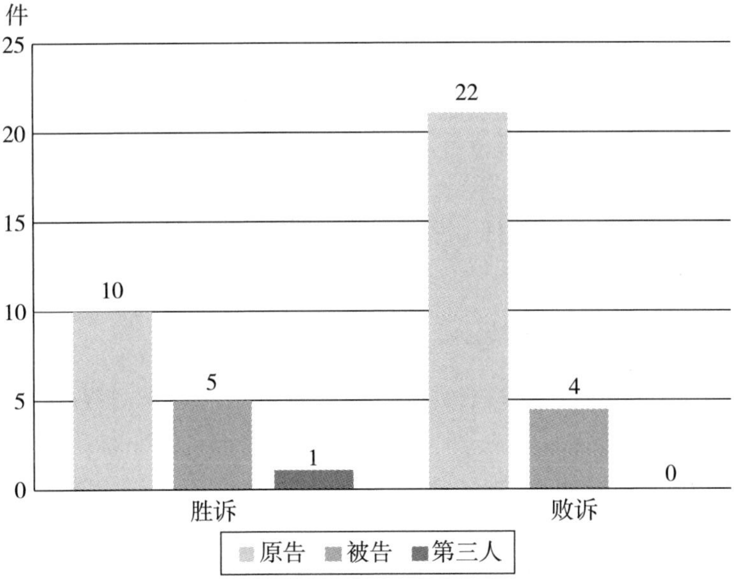

图 2-2-8　采矿业上市公司胜诉情况与诉讼地位交叉分布情况

具体到不同的诉讼阶段上，在一审判决中，上市公司胜诉的案件有 10 件，败诉的案件有 6 件，胜诉率为 62.50%，高于总体胜诉率。在二审判决中，上市公司胜诉的案件有 6 件，败诉的案件有 20 件，胜诉率约为 23.08%，低于总体胜诉率（见图 2－2－9）。

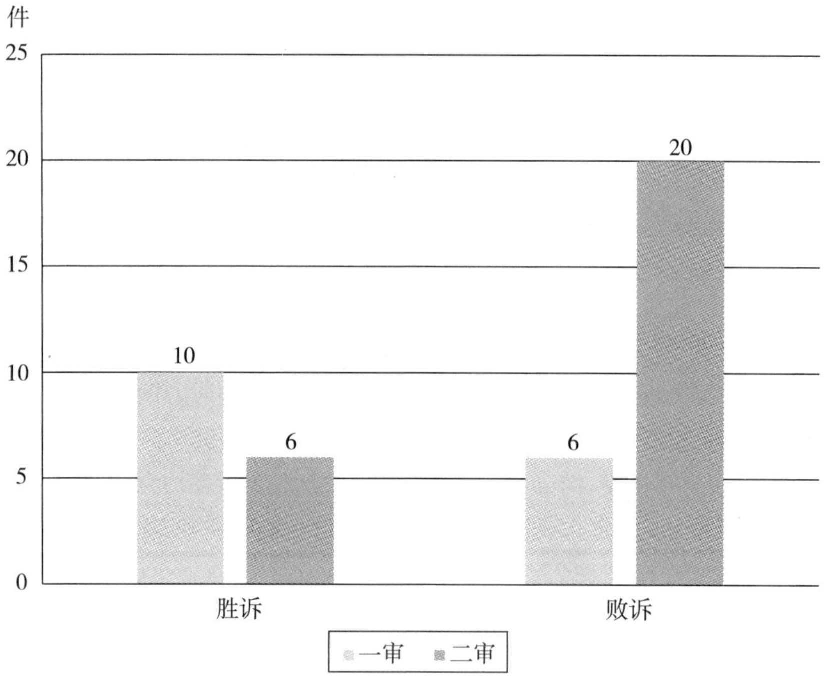

图 2－2－9　采矿业上市公司胜诉情况与诉讼阶段交叉分布情况

第三节　食品、饮品相关制造业

一、食品、饮品相关制造业上市公司概况

衣食住用行构成国民的基本生活需要，而食品、饮品相关制造业正是生产、制造与加工食物的重要工业。根据我国国民经济行业分类，食品、饮品相关制造业属于制造业大类，包括农副食品加工业、食品制造业、酒、饮料和精制茶制造业和烟草制造业。其中，农副食品加工业指直接以农、林、牧、渔业产品为原料进行的谷物磨制、饲料加工、植物油和制糖加工、屠宰及肉类加工、水产品加工，以及蔬菜、水果和坚果等食品的加工。

2019 年第三季度我国食品、饮品相关制造业上市公司共计 140 家。从市场规模上来看，我国上市公司中食品、饮品相关制造业的整体规模处于平均位置，其数量仅占全部上市公司的约 3.76%，可见食品、饮品相关制造业在全国范围内具有较大市场影响力的企业数量少。

二、食品、饮品相关制造业行业政策和法律风险新动向

（一）食品、饮品相关制造业行业政策新动向

财政部、税务总局《关于部分国家储备商品有关税收政策的公告》指出：对商品储备管理公司及其直属库资金账簿免征印花税；对其承担商品储备业务过程中书立的购销合同免征印花税，对合同其他各方当事人应缴纳的印花税照章征收。对商品储备管理公司及其直属库自用的承担商品储备业务的房产、土地，免征房产税、城镇土地使用税。同时，企业享受本公告规定的免税政策，应按规定进行免税申报，并将不动产权属证明、房产原值、承担商品储备业务情况、储备库建设规划等资料留存备查。

2018 年 8 月 15 日，国家卫生健康委、农业农村部和市场监管总局发布了《食品安全国家标准　食品中百草枯等 43 种农药最大残留限量》等九项国家标准，对食品中农药最大残留限量标准作出了新的规定。

2019 年 8 月 28 日，财政部、税务总局发布的《关于继续执行边销茶增值税政策的公告》指出，公告所称边销茶，是指以黑毛茶、老青茶、红茶末、绿茶为主要原料，经过发酵、蒸制、加压或者压碎、炒制，专门销往边疆少数民族地区的紧压茶、方包茶（马茶）。自 2019 年 1 月 1 日起至 2020 年 12 月 31 日止，对边销茶生产企业销售自产的边销茶及经销企业销售的边销茶免征增值税。

2019 年 6 月 19 日生态环境部关于发布《排污许可证申请与核发技术规范食品制造工业—乳制品制造工业》和《排污许可证申请与核发技术规范食品制造工业—调味品、发酵制品制造工业》两项国家环境保护标准、2019 年 12 月 10 日市场监管总局发布的《关于加强调味面制品质量安全监管的公告》、2019 年 10 月 13 日商务部发布的《2020 年食糖进口关税配额申请和分配细则》和《2020 年羊毛、毛条进口关税配额实施细则》等规则都需要相关上市公司注意。

（二）食品、饮品相关制造业法律风险新动向

为推进生产者落实农产品质量安全主体责任，农业农村部决定在全国试行食用农产品合格证制度。食用农产品合格证是指食用农产品生产者根据国家法律法

规、农产品质量安全国家强制性标准,在严格执行现有的农产品质量安全控制要求的基础上,对所销售的食用农产品自行开具并出具的质量安全合格承诺证。试行主体为食用农产品生产企业、农民专业合作社、家庭农场,其农产品上市时要出具合格证。鼓励小农户参与试行,试行品类有蔬菜、水果、畜禽、禽蛋、养殖水产品。同时要加强保障支持,各地农业农村部门会进一步提升农产品质量安全监督执法、技术服务、农产品认证等相关人员的业务能力水平,定期组织开展合格证制度宣讲和业务培训,逐步构建职业化检查员队伍。食品、饮品相关制造业应当对该制度进行熟悉并严格遵守相关法律法规与制度规定。

三、食品、饮品相关制造业上市公司诉讼情况统计

本书以食品、饮品相关制造业的 140 家上市公司为当事人检索案例,共收集 2019 年全国法院判决的各类司法判决书 713 件,作为统计分析的样本。

(一)案件类型分布

1. 诉讼类型

从案件诉讼类型上看,2019 年食品、饮品相关制造业上市公司所涉及的 713 件案件中,662 件为民事诉讼,51 件行政诉讼,刑事诉讼案件数量为 0 件(见表 2－3－1)。

表 2－3－1　食品、饮品相关制造业上市公司案件诉讼类型

诉讼类型	案件数量(件)
民事诉讼	662
行政诉讼	51
刑事诉讼	0

2. 案由种类

从案件案由种类上看,2019 年食品、饮品相关制造业上市公司所涉及的 713 件案件中,民事案件案由有买卖合同纠纷、借款合同纠纷、建设工程合同纠纷等合同纠纷;商标权权属、侵权纠纷、著作权权属、侵权纠纷等知识产权权属、侵权纠纷;证券纠纷;票据纠纷;提供劳务者受害责任纠纷等侵权责任纠纷等。行政案件案由大多是与商标有关的纠纷(见表 2－3－2、表 2－3－3)。

表 2-3-2　食品、饮品相关制造业上市公司案件案由（民事）

案　由	案件数量（件）
商标权权属、侵权纠纷	462
买卖合同纠纷	53
著作权权属、侵权纠纷	22
劳动合同纠纷	21
借款合同纠纷	15
无因管理、不当得利纠纷	11
证券欺诈责任纠纷	9
票据追索权纠纷	9
商业贿赂不正当竞争纠纷	8
建设工程合同纠纷	7
产品责任纠纷	6
仿冒纠纷	6
委托合同纠纷	5
生命权、健康权、身体权纠纷	3
租赁合同纠纷	3
专利权权属、侵权纠纷	3
质权纠纷	3
其他侵权责任纠纷	3
承揽合同纠纷	2
追偿权纠纷	2
股权转让纠纷	1
提供劳务者受害责任纠纷	1
广告合同纠纷	1
义务帮工人受害责任纠纷	1
运输合同纠纷	1
债权转让合同纠纷	1
名誉权纠纷	1
票据付款请求权纠纷	1
确认合同效力纠纷	1

表 2－3－3 食品、饮品相关制造业上市公司案件案由(行政)

案　由	案件数量(件)
商标申请驳回复审行政纠纷	26
商标权无效宣告请求行政纠纷	15
商标驳回复审行政纠纷	2
商标权撤销复审行政纠纷	1
商标不予注册复审行政纠纷	2
行政管理纠纷	1
商标权无效宣告行政纠纷	1
商标撤销复审行政纠纷	1
驳回诉争商标在复审商品上的注册申请纠纷	1
工商行政处罚纠纷	1

(二)案件审理程序

1. 诉讼阶段

从诉讼阶段上看,2019 年食品、饮品相关制造业上市公司所涉及的 713 件案件中,一审判决书 531 件,占比约为 74.48%;二审判决书 170 件,占比约为 23.84%;再审判决书 12 件,占比约为 1.68%(见图 2－3－1)。

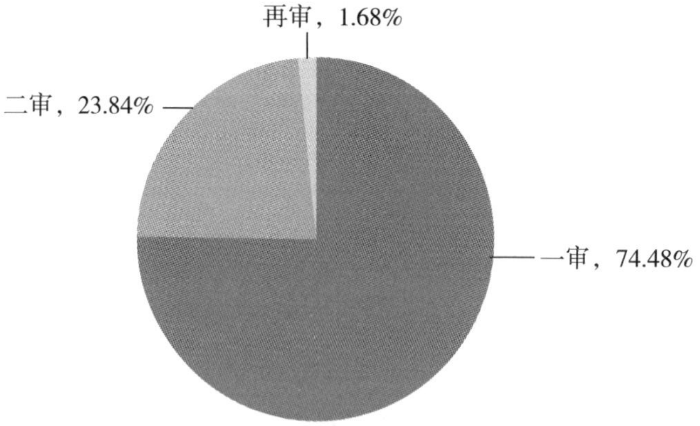

图 2－3－1 食品、饮品相关制造业上市公司案件诉讼阶段分布

2. 法院层级

从诉讼阶段上看,2019 年食品、饮品相关制造业上市公司所涉及的 713 件案件

中,基层人民法院审结的案例 200 件,占比约为 28.05% ;中级人民法院审结的案例 416 件,占比约为 58.35% ;高级人民法院审结的案例 93 件,占比约为 13.04% ;最高人民法院审结的案例 4 件,占比约为 0.56%(见图 2-3-2)。

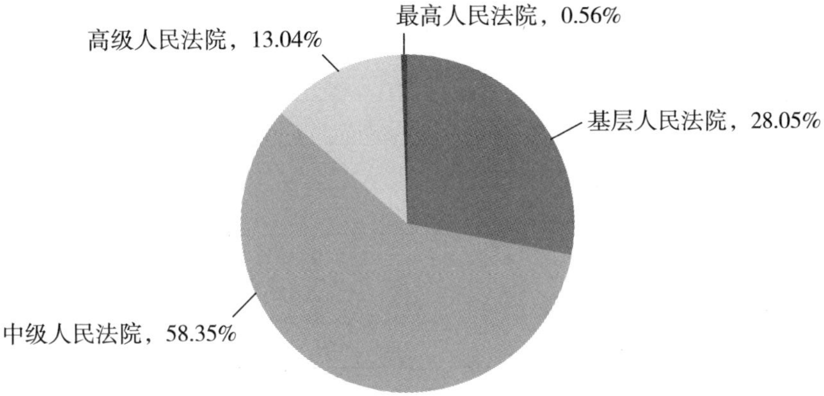

图 2-3-2　食品、饮品相关制造业上市公司案件审理法院层级分布

(三)上市公司诉讼地位

从上市公司的诉讼地位上看,2019 年食品、饮品相关制造业上市公司所涉及的 713 件案件中,上市公司作为原告的案例有 581 件,占比约为 81.49% ;上市公司作为被告的案例有 130 件,占比约为 18.23% ;上市公司作为第三人的案例有 2 件;占比约为 0.28% 。可见,2019 年食品、饮品相关制造业上市公司的民事诉讼中,上市公司主动提起诉讼的情形多,少数情况下上市公司是作为应诉方被动地参与诉讼,作为第三人的情况更少(见图 2-3-3)。

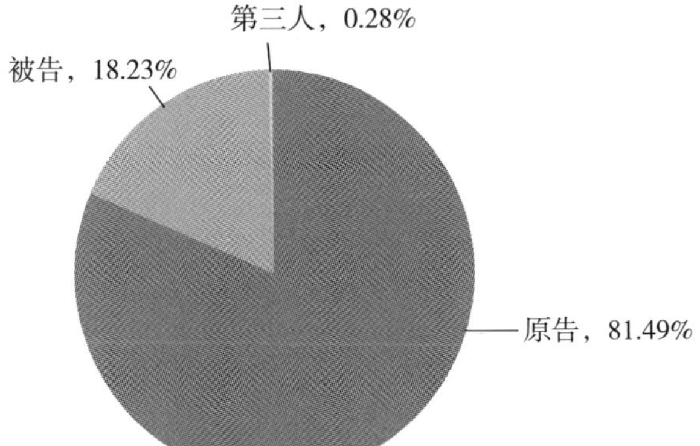

图 2-3-3　食品、饮品相关制造业上市公司诉讼地位总体分布

具体而言，在食品、饮品相关制造业上市公司所涉及的531件一审判决中，上市公司作为原告的案例有458件，上市公司作为被告的案例有72件，上市公司作为第三人的案例有1件。可见，在一审程序中，食品、饮品相关制造业上市公司主动提起诉讼、发起诉讼程序情况较为多见（见图2－3－4）。

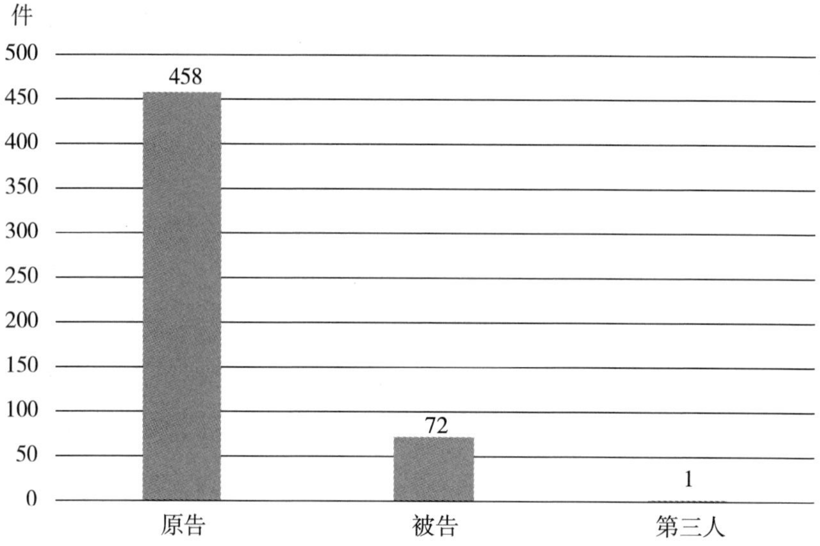

图2－3－4 食品、饮品相关制造业上市公司一审程序诉讼地位分布

在食品、饮品相关制造业上市公司所涉及的170件二审判决中，上市公司作为上诉人的案例有72件，其中同时为原审原告的有30件，同时为原审被告的有42件，同时为原审第三人的有0件；上市公司作为被上诉人的案例有98件，其中同时为原审原告的有88件，同时为原审被告的有9件，同时为原审第三人的有1件。可见，在二审程序中，食品、饮品相关制造业上市公司被动应诉的情况较多（见图2－3－5）。

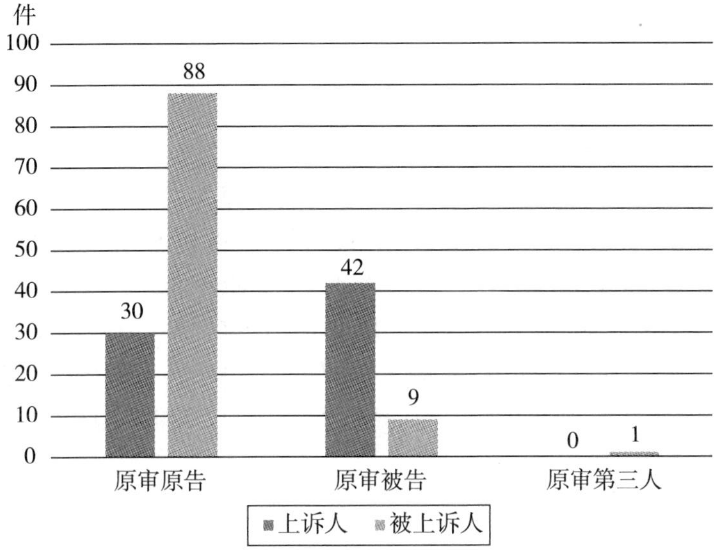

图 2－3－5　食品、饮品相关制造业上市公司二审程序诉讼地位分布

在食品、饮品相关制造业上市公司所涉及的 12 件再审判决中，上市公司作为申请人的案例有 2 件，其中同时为原审原告的有 2 件，同时为原审被告的有 0 件，同时为原审第三人的有 0 件；上市公司作为被申请人的案例有 10 件，其中同时为原审原告的有 3 件，同时为原审被告的有 7 件，同时为原审第三人的有 0 件。可见，在再审程序中，食品、饮品相关制造业上市公司被动应诉的情况较多（见图 2－3－6）。

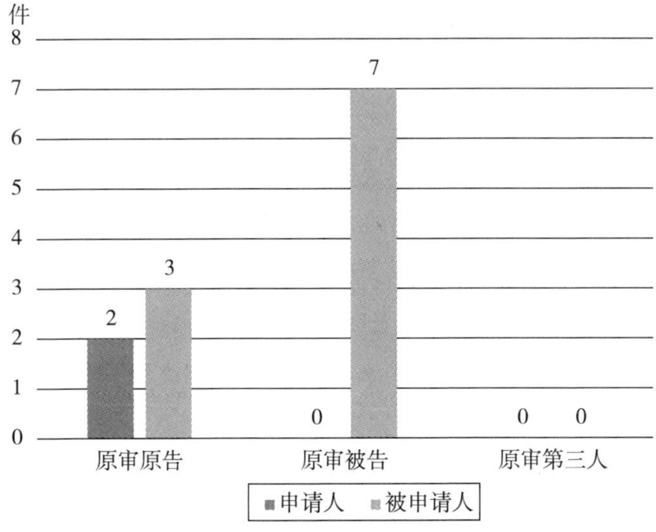

图 2－3－6　食品、饮品相关制造业上市公司再审程序诉讼地位分布

（四）诉讼标的额

除去70件民事案件撤诉、28件被驳回上诉、6件驳回再审申请和2件确认之诉外，从民事诉讼案件的标的额上看，2019年食品、饮品相关制造业上市公司所涉及的556件案件中，诉讼请求金额在1万元以下的案件数量为18件，超过1万元且10万元以下的案件数量为366件，超过10万元且20万元以下的案件数量为52件，超过20万元且50万元以下的案件数量为49件，超过50万元且100万元以下的案件数量为24件，超过100万元且200万元以下的案件数量为15件，超过200万元且500万元以下的案件数量为10件，超过500万元且1000万元以下的案件数量为6件，超过1000万元且2000万元以下的案件数量为4件，超过2000万元的案件数量为12件（见图2－3－7）。

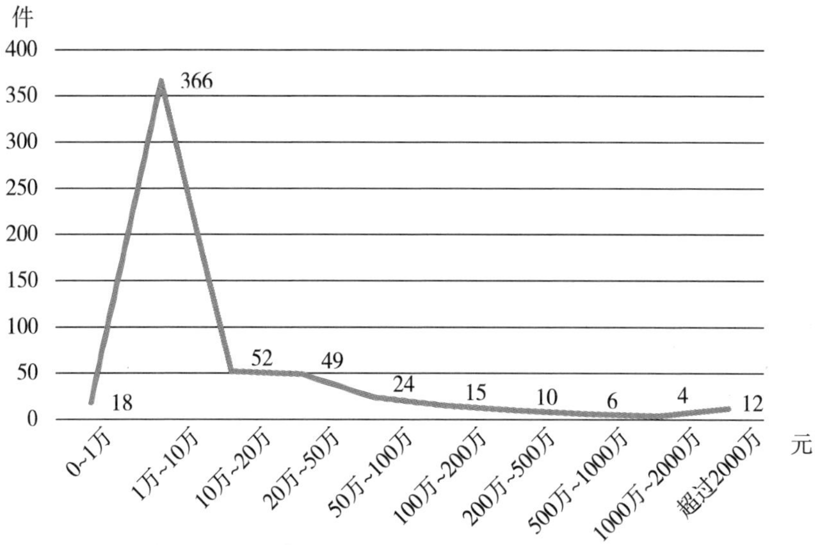

图2－3－7　食品、饮品相关制造业上市公司诉讼标的额分布

具体来看，2019年食品、饮品相关制造业上市公司所涉及的案件中，案件数量最集中的诉讼标的额在1万～10万元区间之内，标的额平均值为4,923,490.51元，中位数为70,000.00元，标的额最大为722,080,000.00元，最小为40,000.00元（见表2－3－4）。

表 2－3－4 食品、饮品相关制造业上市公司诉讼标的额

单位：元

总 额	2,737,460,721.26
平均数	4,923,490.51
中位数	70,000.00
最大金额	722,080,000.00
最小金额	40,000.00

（五）诉讼结果和胜诉率

从诉讼结果上看，2019 年食品、饮品相关制造业上市公司所涉及的 713 件案件中，上市公司胜诉的案例有 525 件，上市公司败诉的案例有 84 件，70 件案例的诉讼结果为原告撤诉，28 件案件被驳回上诉，6 件案件被驳回再审申请。总体来看，食品、饮品相关制造业上市公司胜诉的案件数量占比约为 73.63%，如果排除撤诉、驳回上诉和驳回再审申请的情形，则食品、饮品相关制造业上市公司的总体胜诉率约为 86.21%（见图 2－3－8）。

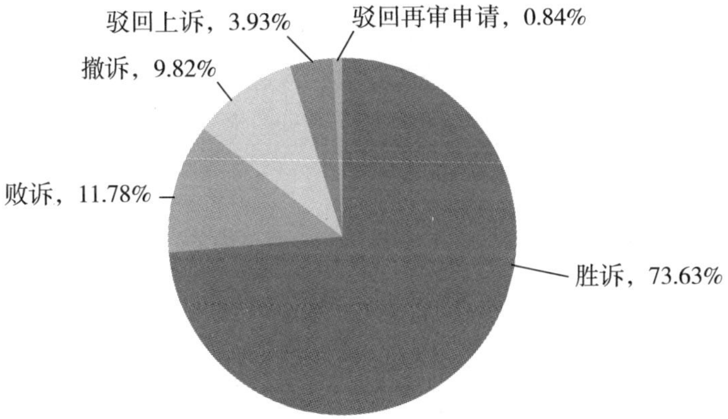

图 2－3－8 食品、饮品相关制造业上市公司诉讼结果占比

具体到不同的诉讼地位上，当食品、饮品相关制造业上市公司为原告时，其胜诉的案件有 494 件，败诉的案件有 38 件，胜诉率约为 92.86%，高于总体胜诉率。当食品、饮品相关制造业上市公司为被告时，其胜诉的案件有 30 件，败诉的案件有 46 件，胜诉率约为 39.47%，低于总体胜诉率。当食品、饮品相关制造业上市公司为第三人时，其胜诉的案件有 1 件，败诉的案件有 0 件（见图 2－3－9）。

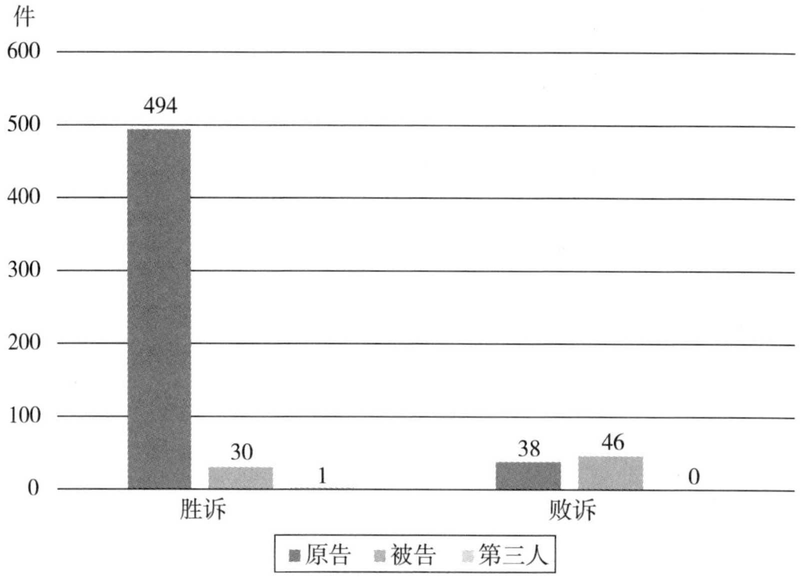

图 2－3－9　食品、饮品相关制造业上市公司胜诉情况与诉讼地位交叉分布情况

具体到不同的诉讼阶段上，在一审判决中，上市公司胜诉的案件有 421 件，败诉的案件有 53 件，胜诉率约为 88.82%，略高于总体胜诉率。在二审判决中，上市公司胜诉的案件有 99 件，败诉的案件有 31 件，胜诉率约为 76.15%，低于总体胜诉率。在再审判决中，上市公司胜诉的案件有 5 件，败诉的案件有 0 件（见图 2－3－10）。

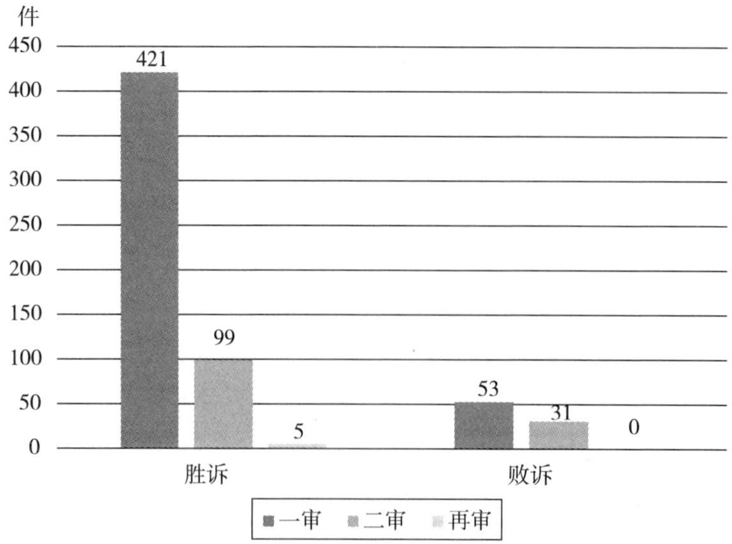

图 2－3－10　食品、饮品相关制造业上市公司胜诉情况与诉讼阶段交叉分布情况

第四节　纺织、服饰相关制造业

一、纺织、服饰相关制造业上市公司概况

纺织、服饰相关制造业即广义的纺织业，纺织业在我国是一个劳动密集程度高且在国际上具有明显的竞争优势。我国是世界上最大的纺织品服装生产和出口国。纺织业是第一次产业革命推动发展起来的具有悠久传统的工业，是各国工业化初期阶段的主导产业和推动工业化的“发动机”根据我国国民经济行业分类，纺织业可以从狭义与广义两个层次进行理解。狭义的纺织业是指用天然纤维或化学纤维加工而成各种纱、丝、绳、织物及其色染制品的工业。按原料性质的不同，可分为棉纺织工业、毛纺织工业、丝纺织工业、麻纺织工业，化学纤维工业等。按生产工艺的不同，可分为纺纱工业、织布工业、针织工业、非织造工业、印染工业等。广义的纺织业，除包括狭义的纺织业的内容外，还包括服装工业。习惯上通常将广义纺织业称为纺织服装业。纺织、服饰相关制造业上市公司作为行业内规模和影响力较大的企业，其经营活动主要围绕衣物等基本生活资料的生产展开。

2019 年前三个季度我国纺织、服饰相关制造业上市公司共计 84 家，从行业小类上看，狭义纺织业上市公司 35 家，纺织服装、服饰业上市公司 38 家，皮革、毛皮、羽毛及其制造业上市公司 11 家，纺织服装、服饰业上市公在纺织、服饰相关制造业上市公司中占据主流。从市场规模上来看，我国上市公司中纺织、服饰相关制造业的整体规模较适中，其数量仅占全部上市公司的约 2.26%，可见纺织、服饰相关制造业在全国范围内具有较大市场影响力的企业还是有的。

二、纺织、服饰相关制造业政策和法律风险新动向

（一）纺织、服饰相关制造业行业政策新动向

政府制定扶持和引导纺织行业发展的相关政策对纺织行业的发展具有重要作用。2019 年 2 月，经国务院批准，《中华人民共和国政府和智利共和国政府关于修订〈自由贸易协定〉及〈自由贸易协定关于服务贸易的补充协定〉的议定书》发布。为了正确确定《中华人民共和国政府和智利共和国政府自由贸易协定》项下进出口货物原产地，促进中国与智利的经贸往来，海关总署同时制定了《中华人民共和国海关〈中华人民共和国政府和智利共和国政府自由贸易协定〉项下进出口货物原产

地管理办法》。2019 年 8 月 28 日,财政部、市场监管总局为了进一步规范和加强国家棉花等纤维公正检验经费的管理下发了《关于印发〈国家棉花等纤维公正检验经费管理暂行办法〉的通知》。各项产业政策的实施为行业发展奠定了良好的政策环境,从产业的发展目标,增长速度,行业规范、重点发展方向及技术手段和下游重点应用领域等方面作出明确的指导,有利于促进整体行业健康快速发展。2019 年 10 月 30 日,国家发展和改革委员会发布了《产业结构调整指导目录(2019 年本)》,鼓励我国纺织行业采取非织造、机织、编织等工艺及多种工艺复合、长效整理等新技术,生产功能性产业用纺织品。

(二)纺织、服饰相关制造业法律风险新动向

2019 年年底突发的新型冠状病毒对我国从事纺织、服饰相关制造业的影响可谓是较严重的,因受疫情影响,我国纺织业也面临着新的法律风险。

目前疫情在全球范围内蔓延较严重,作为纺织服装出口的主要目的地,欧美、东南亚等国家的情况很不乐观,我国纺织行业的出口国政府可能会为了应对本国的疫情而随时出台相应的法律法规、相关政策等,这无疑会给我国纺织业的出口贸易关系带来潜在多变的不确定影响。所以,纺织业在疫情期间应注重合同的违约风险。建议纺织业密切关注海外市场的变化,积极利用保险、担保、银行等保险金融机构和其他专业风险管理机构的相关业务维护自身利益。从事纺织、服饰相关制造业的上市公司应当注意避免以上法律风险。

三、纺织、服饰相关制造业上市公司诉讼情况统计

本书以纺织、服饰相关制造业的 84 家上市公司为当事人检索案例,共收集 2019 年全国法院判决的各类司法判决书 186 份,作为统计分析的样本。

(一)案件类型分布

1. 诉讼类型

如表 2－4－1 所示,从案件诉讼类型上看,2019 年纺织、服饰相关制造业上市公司所涉及的 186 件案件民事诉讼有 169 件,行政诉讼有 17 件,刑事诉讼案件数量为 0 件。

表 2-4-1 纺织、服饰相关制造业上市公司案件诉讼类型

诉讼类型	案件数量(件)
民事诉讼	169
行政诉讼	17
刑事诉讼	0

2. 案由种类

从案件案由种类上看,2019 年纺织、服饰相关制造业上市公司所涉及的 186 件案件中,大多数为商标权权属、侵权纠纷。所涉民事案件 169 件中,关于商标权属、侵权的纠纷案件数量最多为 132 件。买卖合同纠纷,无因管理、不当得利纠纷,借款合同纠纷,债权人代位权纠纷数量较多,分别为 7 件、6 件、5 件和 4 件,合计 22 件。其他案由还包括租赁合同纠纷、承揽合同纠纷、追偿权纠纷、社会保险纠纷、机动车交通事故责任纠纷、健康权纠纷、联营合同纠纷、名誉权纠纷、侵权责任纠纷、债权转让合同纠纷,债务转移合同纠纷等,所涉案件数量皆为 2 件或 1 件。所涉行政案件 17 件,商标申请驳回复审行政纠纷案数量最多,为 10 件,占行政诉讼案由的比例约为 58.82%,其他所涉两个案由为商标权无效宣告请求行政纠纷 5 件,商标权撤销复审行政纠纷 2 件(见表 2-4-2、表 2-4-3)。

表 2-4-2 纺织、服饰相关制造业上市公司案件案由(民事)

案　　由	案件数量(件)
商标权权属、侵权纠纷	132
买卖合同纠纷	7
无因管理、不当得利纠纷	6
借款合同纠纷	5
债权人代位权纠纷	4
租赁合同纠纷	2
承揽合同纠纷	2
追偿权纠纷	2
社会保险纠纷	2
机动车交通事故责任纠纷	1
生命权、健康权、身体权纠纷	1
联营合同纠纷	1

续表

案　　由	案件数量（件）
名誉权纠纷	1
其他侵权责任纠纷	1
债权转让合同纠纷	1
债务转移合同纠纷	1

表 2－4－3　纺织、服饰相关制造业上市公司案件案由（行政）

案　　由	案件数量（件）
商标权撤销复审行政纠纷	2
商标权无效宣告请求行政纠纷	5
商标申请驳回复审行政纠纷	10

（二）案件审理程序

1. 诉讼阶段

从诉讼阶段上看，2019 年纺织、服饰相关制造业上市公司所涉及的 186 件案件中，一审判决书 147 件，占比约为 79.03%；二审判决书 39 件，占比约为 20.97%（见图 2－4－1）。

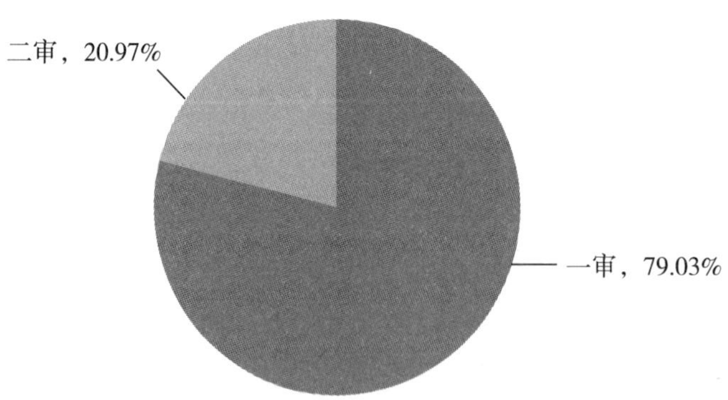

图 2－4－1　纺织、服饰相关制造业上市公司案件诉讼阶段分布

2. 法院层级

如图 2－4－2 所示，从诉讼阶段上看，2019 年纺织、服饰相关制造业上市公司所涉及的 186 件案件中，基层人民法院审结的案例 111 件，占比约为 59.68%；中级人民法院审结的案例 55 件，占比约为 29.57%；高级人民法院审结的案例 20 件，占比约为 10.75%；最高人民法院审结的案例 0 件。

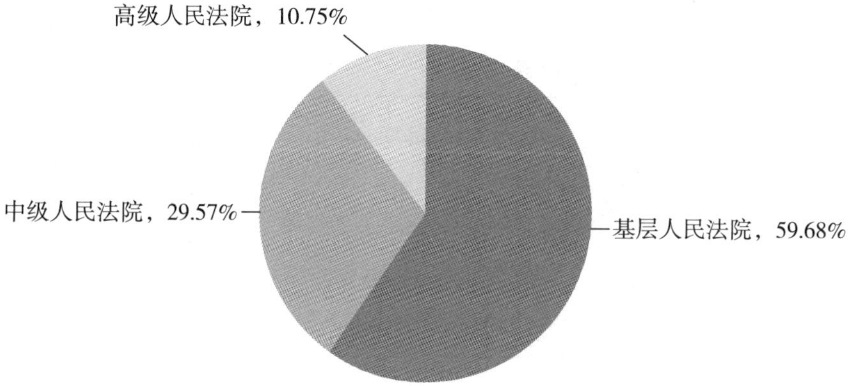

图 2-4-2　纺织、服饰相关制造业上市公司案件审理法院层级分布

（三）上市公司诉讼地位

从上市公司的诉讼地位上看，2019 年纺织、服饰相关制造业上市公司所涉及的 186 件案件中，上市公司作为原告的案例有 148 件，占比约为 79.57%；上市公司作为被告的案例有 38 件，占比约为 20.43%。可见，2019 年纺织、服饰相关制造业上市公司的民事诉讼中，大多数情况下纺织、服饰相关制造业上市公司是作为起诉方主动地参与诉讼（见图 2-4-3）。

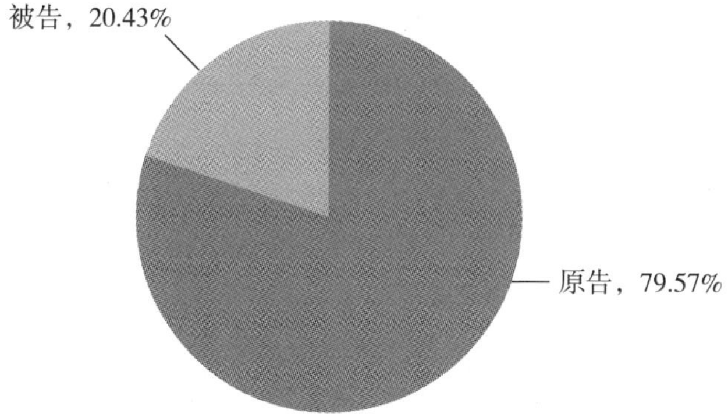

图 2-4-3　纺织、服饰相关制造业上市公司诉讼地位总体分布

具体而言，在纺织、服饰相关制造业上市公司所涉及的 147 件一审判决中，上市公司作为原告的案例有 142 件，上市公司作为被告的案例有 5 件，二者之间占比差别很大。可见，在一审程序中，纺织、服饰相关制造业上市公司主动提起诉讼、发起诉讼程序情况十分常见（见图 2-4-4）。

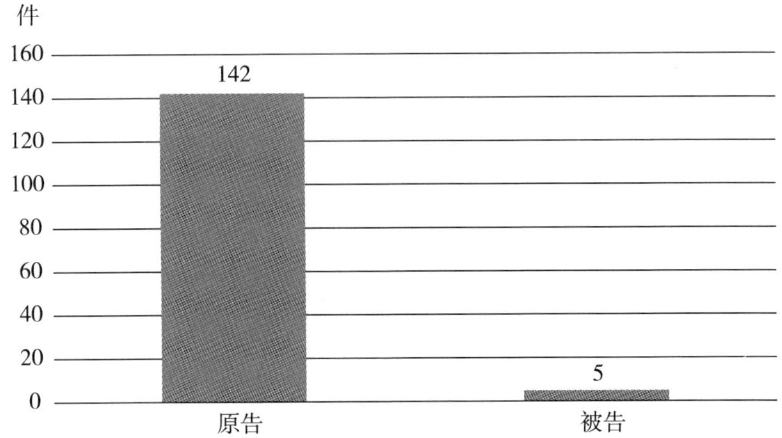

图 2 -4 -4　纺织、服饰相关制造业上市公司一审程序诉讼地位分布

如图 2 -4 -5 所示,在纺织、服饰相关制造业上市公司所涉及的 39 件二审判决中,上市公司作为上诉人的案例有 21 件,其中同时为原审原告的有 6 件,同时为原审被告的有 15 件;上市公司作为被上诉人的案例有 18 件,其中同时为原审原告的有 0 件,同时为原审被告的有 18 件。可见,在二审程序中,纺织、服饰相关制造业上市公司主动提起上诉、继续诉讼程序的情况相比之下较为常见,而且,在二审程序中纺织、服饰相关制造业上市公司作为原审被告的案件数量明显比作为原审原告的数量多,再相较于上面分析的上市公司主动提起上诉的案件较多,所以可以得出原审作为被告的纺织、服饰相关制造业上市公司一般会选择提起上诉,继续诉讼程序维护自己的合法权益。

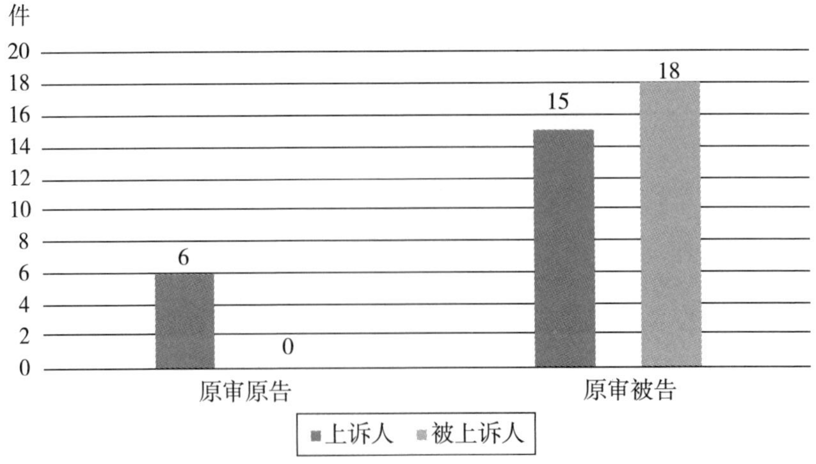

图 2 -4 -5　纺织、服饰相关制造业上市公司二审程序诉讼地位分布

（四）诉讼标的额

如图 2－4－6 所示，从民事诉讼案件的标的额上看，2019 年纺织、服饰相关制造业上市公司所涉及的 186 件案件中，160 件有标的额可查，其中诉讼请求金额在 1 万元以下的案件数量为 2 件，超过 1 万元且 10 万元以下的案件数量为 74 件，超过 10 万元且 20 万元以下的案件数量为 40 件，超过 20 万元且 50 万元以下的案件数量为 25 件，超过 50 万元且 100 万元以下的案件数量为 6 件，超过 100 万元且 200 万元以下的案件数量为 5 件，超过 200 万元且 500 万元以下的案件数量为 2 件，超过 500 万元且 1000 万元以下的案件数量为 3 件，超过 1000 万元且 2000 万元以下的案件数量为 1 件，超过 2000 万元的案件数量为 2 件。

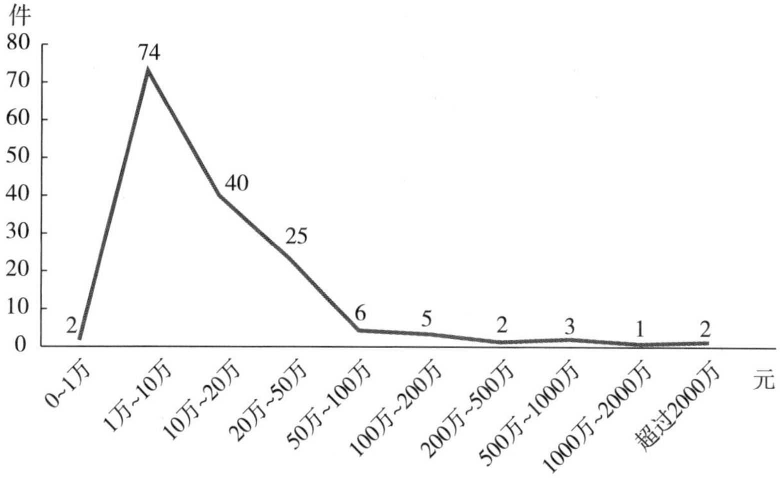

图 2－4－6　纺织、服饰相关制造业上市公司诉讼标的额分布

具体来看，2019 年纺织、服饰相关制造业上市公司所涉及的案件中，有 160 件案件的诉讼可被具体统计，其中，案件数量最集中的诉讼标的额在 1 万～10 万元区间之内，标的额平均值为 9,548,788.59 元，中位数为 112,000.00 元，标的额最大为 1,320,000,000.00 元，最小为 10,000.00 元（见表 2－4－4）。

表 2－4－4　纺织、服饰相关制造业上市公司诉讼标的额

单位：元

总　　额	1,527,806,174.62
平均数	9,548,788.59
中位数	112,000.00
最大金额	1,320,000,000.00
最小金额	10,000.00

（五）诉讼结果和胜诉率

从诉讼结果上看，2019 年纺织、服饰相关制造业上市公司所涉及的 186 件案件中，上市公司胜诉的案例有 157 件，上市公司败诉的案例有 24 件，剩余 5 件案例的诉讼结果 4 件为原告撤诉、1 件为被法院驳回上诉。总体来看，纺织、服饰相关制造业上市公司胜诉的案件数量占比约为 84.41%，如果排除撤诉和被驳回上诉的情形，则纺织、服饰相关制造业上市公司的总体胜诉率约为 89.20%（见图 2－4－7）。

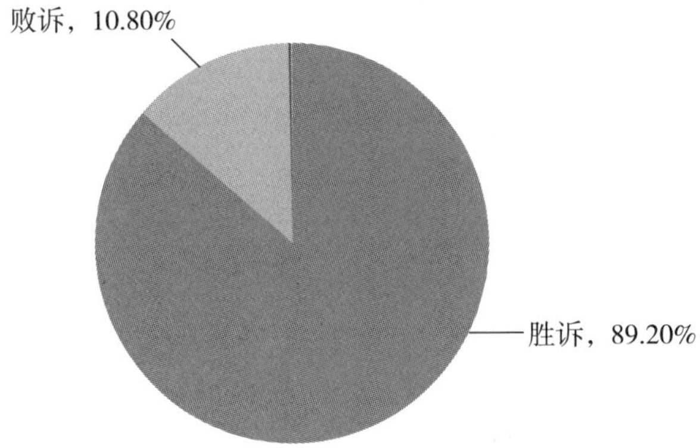

图 2－4－7　纺织、服饰相关制造业上市公司诉讼结果占比

具体到不同的诉讼地位上，当纺织、服饰相关制造业上市公司为原告时，其胜诉的案件有 151 件，败诉的案件有 10 件，胜诉率约为 93.79%，高于总体胜诉率。当纺织、服饰相关制造业上市公司为被告时，其胜诉的案件有 6 件，败诉的案件有 14 件，胜诉率为 30.00%，大大低于总体胜诉率（见图 2－4－8）。

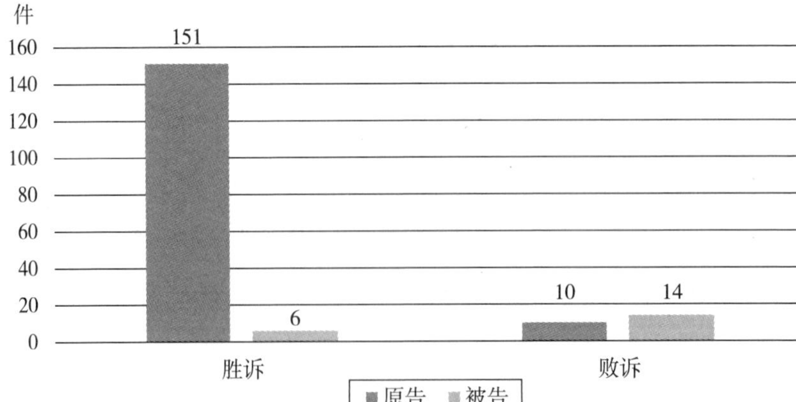

图 2－4－8　纺织、服饰相关制造业上市公司胜诉情况与诉讼地位交叉分布情况

具体到不同的诉讼阶段上，在一审判决中，上市公司胜诉的案件有 136 件，败诉的案件有 8 件，胜诉率约为 94.44%，总于总体胜诉率。在二审判决中，上市公司胜诉的案件有 21 件，败诉的案件有 16 件，胜诉率约为 56.76%，低于总体胜诉率（见图 2－4－9）。

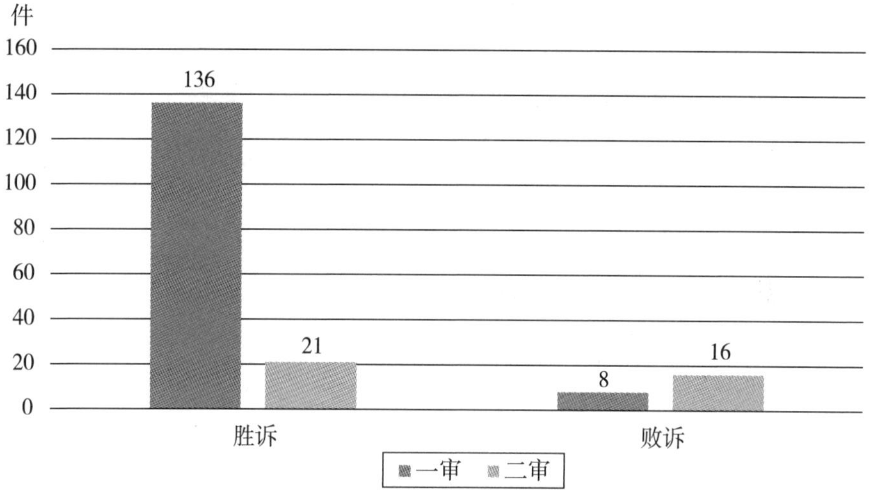

图 2－4－9　纺织、服饰相关制造业上市公司胜诉情况与诉讼阶段交叉分布情况

第五节　木材、家具、造纸相关制造业

一、木材、家具、造纸相关制造业上市公司概况

木材、家具、造纸相关制造业具体包括木材加工及木、竹、藤、棕、草制品业，家具制造业，造纸和纸制品业。各个分类下还有细分行业。中国已经是世界上最大的木业加工、木制品生产基地和最主要的木制品出口国，也是世界上最大的木材采购商之一，我国有不少木制品的年产量已居世界领先地位。木、竹、藤、棕、草制品业指除木材以外，以竹、藤、棕、草等天然植物为原料生产制品的活动，但不包括家具的制造。家具制造业指用木材、金属、塑料、竹、藤等材料制作的，具有坐卧、凭倚、储藏、间隔等功能，可用于住宅、旅馆、办公室、学校、餐馆、医院、剧场、公园、船舰、飞机、机动车等任何场所的各种家具的制造。造纸是指用纸浆或其他原料（如矿渣棉、云母、石棉等）悬浮在流体中的纤维，经过造纸机或其他设备成型，或手工操作而成的纸及纸板的制造。木材、家具、造纸相关制造业上市公司作为行业内规模和影响力较

大的企业，其经营活动主要围绕人民的家居、办公、餐饮等基本生活资料生产展开。

2019年第三季度我国木材、家具、造纸相关制造业上市公司共计62家，从行业小类上看，木材加工及木、竹、藤、棕、草制品业上市公司8家，家具制造业上市公司24家，造纸及纸制品业上市公司30家，造纸及纸制品、家具制造业业上市公司在木材、家具、造纸相关制造业上市公司中占据主流。从市场规模上来看，我国上市公司中木材、家具、造纸相关制造业的整体规模居中，其数量占全部上市公司的约1.67%，可见木材、家具、造纸相关制造业在全国范围内具有较大市场影响力的企业数量不多。

二、木材、家具、造纸相关制造行业政策和法律风险新动向

（一）木材、家具、造纸相关制造业行业政策新动向

人们的生活处处离不开木材，无论是商场还是居家抑或是办公场所木制品与纸制品都是不可或缺的生活必需品。和家具行业有关的新政策有商务部等12部门于2019年2月12日出台了《关于推进商品交易市场发展平台经济的指导意见》，其目的就是将发展平台经济作为流通高质量发展的重要载体，由流通环节切入，以市场为中枢构建平台生态体系，对各环节进行数字化重构，集聚生产、流通和服务资源并运用市场力量进行优化配置，以海量数据资源推动平台形成新的规模效应，以流通创新促进商产融合，带动产业升级和消费升级，推动形成生产、流通、分配和消费顺畅循环，服务供给侧结构性改革，促进形成强大的国内市场。与造纸业有关的行业新政策有2019年6月26日生态环境部《关于印发〈重点行业挥发性有机物综合治理方案〉的通知》，目的是为贯彻落实《中共中央国务院关于全面加强生态环境保护坚决打好污染防治攻坚战的意见》《国务院关于印发打赢蓝天保卫战三年行动计划的通知》有关要求，深入实施《“十三五”挥发性有机物污染防治工作方案》，加强对各地工作指导，提高挥发性有机物（VOCs）治理的科学性、针对性和有效性，协同控制温室气体排放。提出了我国目前在VOCs治理工作中需要重视六个重点行业，提出全面加强VOCs源头减排、无组织控制、末端治理适用技术等治理措施。2019年6月我国对来自美国的木浆、废纸浆、成品纸加征关税，其中基本涵盖所有进口木浆种类，主要纸浆品种化学针叶浆、化学阔叶浆均加征关税5%，源自美国的针叶浆占比约为20%，阔叶浆约为2.7%，对废纸浆加征20%关税。2019年5月13日美国贸易代表办公室（USTR）发布公告称，将就约3000亿美元中国商品加征25%关税征求意见，其中涉及中国书籍、报纸、印刷图画及其他印刷品；手稿、打字稿及设计图纸。

（二）木材、家具、造纸相关制造业法律风险新动向

1. 环境保护不达标。造纸行业是水污染及固废污染的重点行业，2019 年随着各部门下发的环境保护相关政策及第二轮中央环保督察的开展，造纸行业在此环境下不得不适应政策，提高自身的污水处理、固废处理的要求，这可能是造纸业上市公司面临的新挑战。

2. 关税提高的后遗症。2019 年以来，中美在废纸及造纸领域相继发布了关税政策，中美造纸行业贸易摩擦较大，所以造纸行业上市公司将面临艰难的国际市场环境，可能会在经营合作中产生纠纷并对盈利产生影响。

三、木材、家具、造纸相关制造业上市公司诉讼情况统计

本书以木材、家具、造纸相关制造业的 62 家上市公司为当事人检索案例，共收集 2019 年全国法院判决的各类司法判决书 103 份，作为统计分析的样本。

（一）案件类型分布

1. 诉讼类型

如表 2－5－1 所示，从案件诉讼类型上看，2019 年木材、家具、造纸相关制造业上市公司所涉及的 103 件案件中，民事案件有 90 件，行政纠纷占 13 件，刑事诉讼案件数量为 0 件。

表 2－5－1　木材、家具、造纸相关制造业上市公司案件诉讼类型

诉讼类型	案件数量（件）
民事诉讼	90
行政诉讼	13
刑事诉讼	0

2. 案由种类

从案件案由种类上看，2019 年木材、家具、造纸相关制造业上市公司所涉及的 103 件案件中，民事诉讼案件有 90 件，其中大多数为著作权侵权和合同纠纷。其中，商标权权属、侵权纠纷 34 件，著作权权属、侵权纠纷 15 件，买卖合同纠纷 13 件。刚好占该行业所涉案例的一半。其他案由还包括无因管理、不当得利纠纷，仿冒纠纷，专利权权属、侵权纠纷，商业贿赂不正当竞争纠纷，证券欺诈责任纠纷，债权转让合同纠纷，生命权、健康权、身体权纠纷，生命权、健康权、身体权纠纷，广告合同纠

纷，特许经营合同纠纷，承揽合同纠纷，运输合同纠纷，社会保险纠纷，服务合同纠纷，侵害商标权纠纷，财产损害赔偿纠纷，租赁合同纠纷，建设工程合同纠纷，劳务合同纠纷和机动车交通事故责任纠纷；以上案由共计 28 件，约占该行业所涉案例总数 103 件的 27.18%（见表 2－5－2）。另外，13 件行政诉讼案件中，商标申请驳回复审行政纠纷 8 件，商标无效宣告行政纠纷 2 件，商标异议复审行政纠纷 2 件，商标权无效宣告请求行政纠纷 1 件，所涉案件合计约占该行业所涉案件总数 103 件的 12.62%（见表 2－5－3）。

表 2－5－2　木材、家具、造纸相关制造业上市公司案件案由（民事）

案　　由	案件数量（件）
商标权权属、侵权纠纷	34
著作权权属、侵权纠纷	15
买卖合同纠纷	13
无因管理、不当得利纠纷	3
仿冒纠纷	3
专利权权属、侵权纠纷	2
商业贿赂不正当竞争纠纷	2
证券欺诈责任纠纷	2
债券转让合同纠纷	2
生命权、健康权、身体权纠纷	2
广告合同纠纷	1
特许经营合同纠纷	1
承揽合同纠纷	1
运输合同纠纷	1
社会保险纠纷	1
服务合同纠纷	1
财产损害赔偿纠纷	1
侵害商标权纠纷	1
租赁合同纠纷	1
建设工程合同纠纷	1
劳务合同纠纷	1
机动车交通事故责任纠纷	1

表 2－5－3 木材、家具、造纸相关制造业上市公司案件案由(行政)

案 由	案件数量(件)
商标申请驳回复审行政纠纷	8
商标无效宣告行政纠纷	2
商标异议复审行政纠纷	2
商标权无效宣告请求行政纠纷	1

(二)案件审理程序

1. 诉讼阶段

如图 2－5－1 所示,从诉讼阶段上看,2019 年木材、家具、造纸相关制造业上市公司所涉及的 103 件案件中,一审判决书 58 件,占比约为 56.31%;二审判决书 43 件,占比约为 41.75%;再审判决书 2 件,占比约为 1.94%。

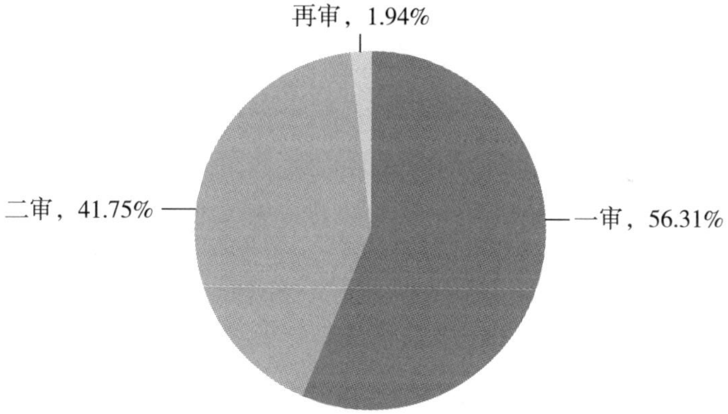

图 2－5－1 木材、家具、造纸相关制造业上市公司案件诉讼阶段分布

2. 法院层级

从诉讼阶段上看,2019 年木材、家具、造纸相关制造业上市公司所涉及的 103 件案件中,基层人民法院审结的案例 37 件,占比约为 35.92%;中级人民法院审结的案例 56 件,占比约为 54.37%;高级人民法院审结的案例 8 件,占比约为 7.77%;最高人民法院审结的案例 2 件,占比约为 1.94%(见图 2－5－2)。

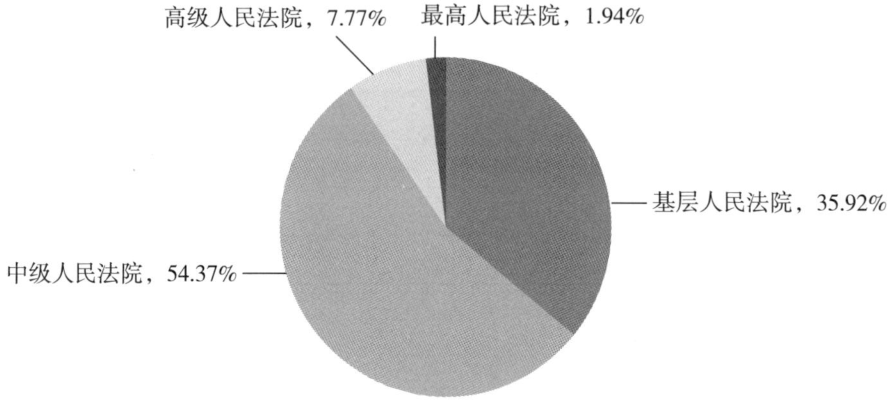

图 2－5－2　木材、家具、造纸相关制造业上市公司案件审理法院层级分布

（三）上市公司诉讼地位

从上市公司的诉讼地位上看，2019 年木材、家具、造纸相关制造业上市公司所涉及的 103 件案件中，上市公司作为原告的案例有 69 件，占比约为 66.99%；上市公司作为被告的案例有 33 件，占比约为 32.04%；上市公司作为第三人的案例有 1 件，占比约为 0.97%。可见，2019 年木材、家具、造纸相关制造业上市公司的民事诉讼中，上市公司主动提起诉讼的情形相对较多，少数情况下上市公司是作为应诉方被动地参与诉讼（见图 2－5－3）。

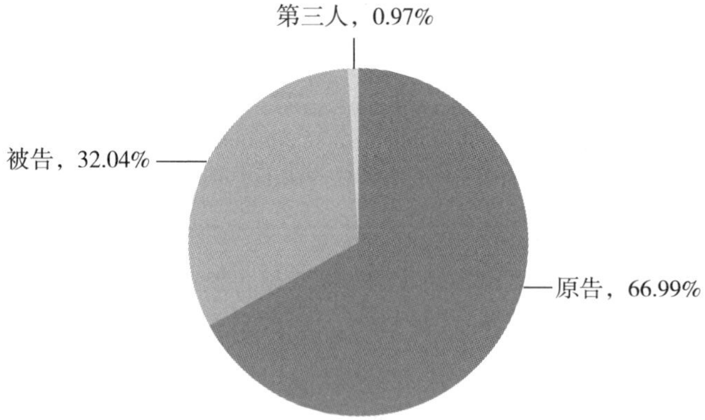

图 2－5－3　木材、家具、造纸相关制造业上市公司诉讼地位总体分布

具体而言，在木材、家具、造纸相关制造业上市公司所涉及的 57 件一审判决中，上市公司作为原告的案例有 46 件，上市公司作为被告的案例有 11 件，二者之间占比差别比较悬殊。可见，在一审程序中，木材、家具、造纸相关制造业上市公司主动提起诉讼、发起诉讼程序情况较为多见(见图 2 - 5 - 4)。

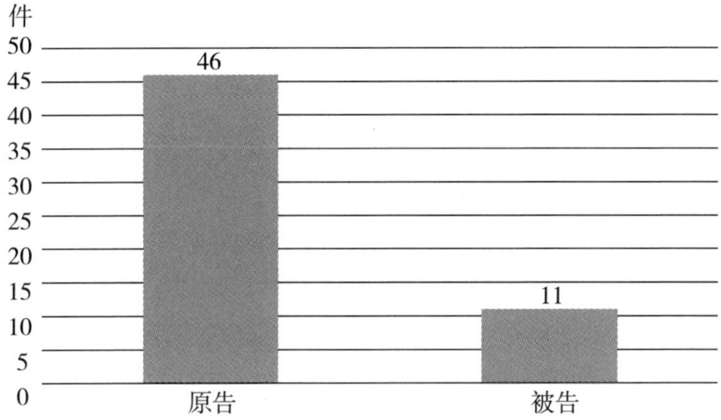

图 2 - 5 - 4　木材、家具、造纸相关制造业上市公司一审程序诉讼地位分布

在木材、家具、造纸相关制造业上市公司所涉及的 46 件二审判决中,上市公司作为上诉人的案例有 26 件,其中同时为原审原告的有 6 件,同时为原审被告的有 19 件,同时为第三人的有 1 件;上市公司作为被上诉人的案例有 18 件,其中同时为原审原告的有 17 件,同时为原审被告的有 1 件;上市公司作为申请人的有 2 件且同时为原审的原告;上市公司作为被申请人的案件为 0 件。可见,在二审程序中,木材、家具、造纸相关制造业上市公司主动提起上诉、继续诉讼程序的情况相对比较常见,但差异并不十分明显(见图 2 - 5 - 5)。

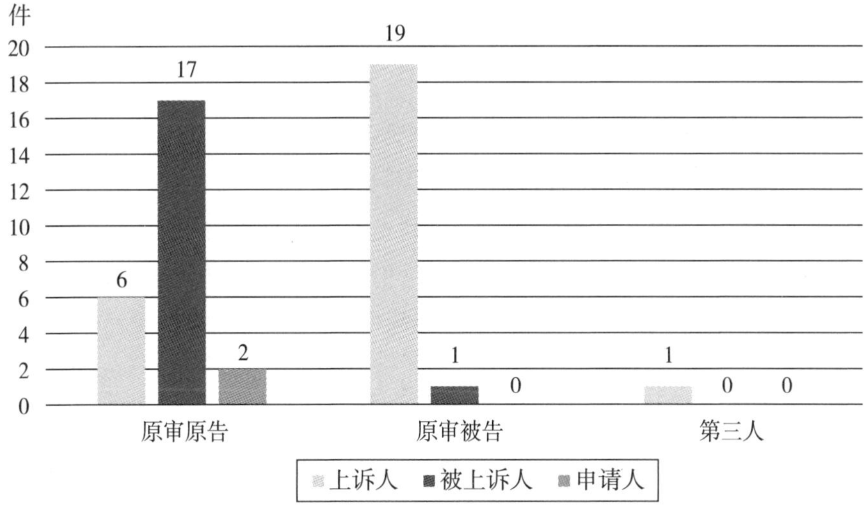

图 2 - 5 - 5　木材、家具、造纸相关制造业上市公司二审程序诉讼地位分布

(四)诉讼标的额

从民事诉讼案件的标的额上看,2019年木材、家具、造纸相关制造业上市公司所涉及的案件中,诉讼请求金额在1万元以下的案件数量为16件,超过1万元且10万元以下的案件数量为20件,超过10万元且20万元以下的案件数量为25件,超过20万元且50万元以下的案件数量为12件,超过50万元且100万元以下的案件数量为4件,超过100万元且200万元以下的案件数量为2件,超过200万元且500万元以下的案件数量为5件,超过500万元且1000万元以下的案件数量为2件,超过1000万元且2000万元以下的案件数量为1件,超过2000万元的案件数量为0件。上述可统计诉讼标的金额的案件数为87件,还有3件是撤诉和被法院驳回上诉之诉。另外,行政诉讼13件,因案件性质未涉及诉讼标的额问题(见图2-5-6)。

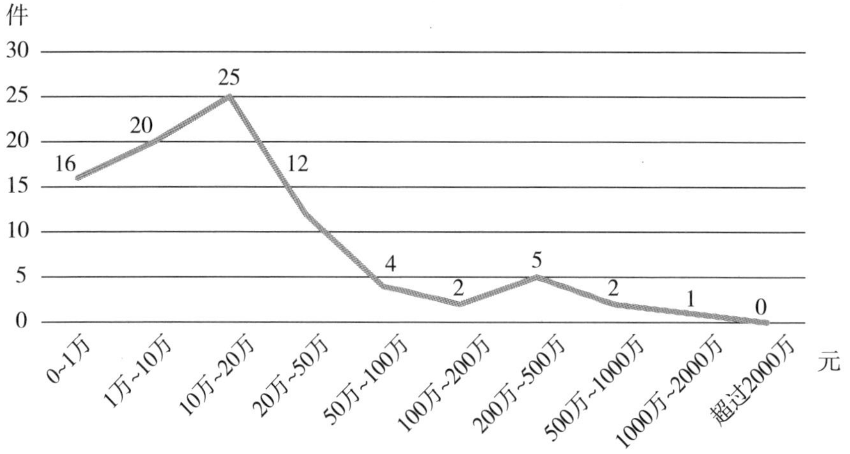

图2-5-6 木材、家具、造纸相关制造业上市公司诉讼标的额分布

具体来看,2019年木材、家具、造纸相关制造业上市公司所涉及的103件案件中,可统计标的额的案件数量为87件,其中案件数量最集中的诉讼标的额在10万~20万元区间之内,标的额平均值为740,891.84元,中位数为176,678.88元,标的额最大为15,137,605.00元,最小为1800.00元(见表2-5-4)。

表 2-5-4　木材、家具、造纸相关制造业上市公司诉讼标的额

单位:元

总　　额	64,457,590.46
平均数	740,891.84
中位数	176,678.88
最大金额	15,137,605.00
最小金额	1800.00

(五)诉讼结果和胜诉率

从诉讼结果上看,2019 年木材、家具、造纸相关制造业上市公司所涉及的 103 件案件中,上市公司胜诉的案例有 62 件,上市公司败诉的案例有 38 件,剩余 3 件案例中,2 件为撤诉案件,1 件为被法院驳回上诉案件。总的来看,木材、家具、造纸相关制造业上市公司胜诉的案件数量占比约为 60.19%,如果排除撤诉和被驳回上诉的情形,则木材、家具、造纸相关制造业上市公司的总体胜诉率约为 63.92%(见图 2-5-7)。

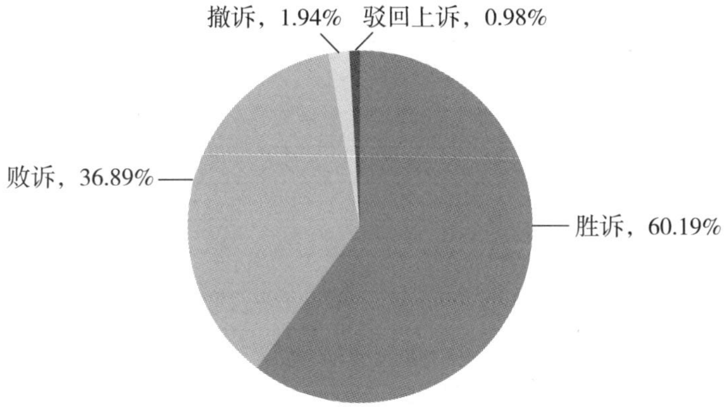

图 2-5-7　木材、家具、造纸相关制造业上市公司诉讼结果占比

具体到不同的诉讼地位上,当木材、家具、造纸相关制造业上市公司为原告时,其胜诉的案件有 56 件,败诉的案件有 12 件,胜诉率约为 82.35%,高于总体胜诉率。当木材、家具、造纸相关制造业上市公司为被告时,其胜诉的案件有 6 件,败诉的案件有 25 件,胜诉率约为 19.35%,低于总体胜诉率。当木材、家具、造纸相关制造业上市公司为第三人时,其败诉的案件有 1 件(见图 2-5-8)。

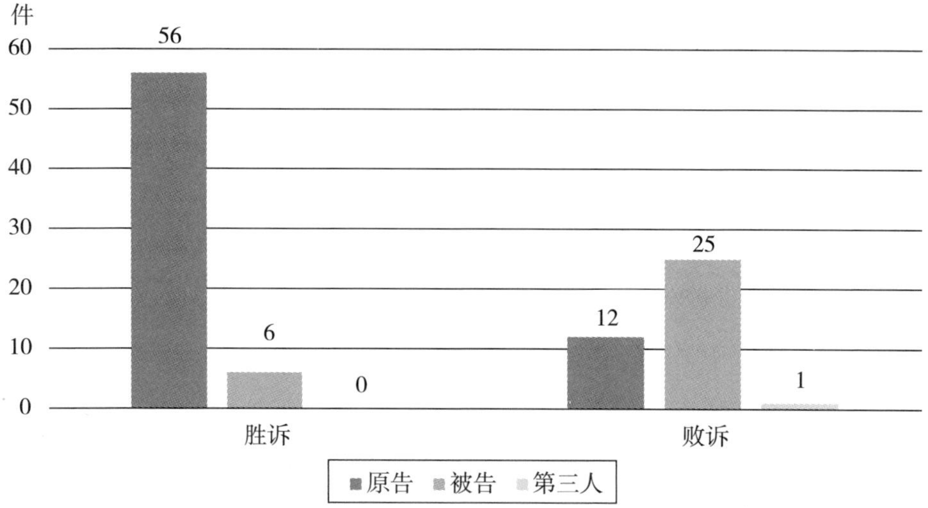

图 2－5－8　木材、家具、造纸相关制造业上市公司胜诉情况与诉讼地位交叉分布情况

具体到不同的诉讼阶段上，在一审判决中，上市公司胜诉的案件有 44 件，败诉的案件有 12 件，胜诉率约为 78.57%，高于总体胜诉率。在二审判决中，上市公司胜诉的案件有 18 件，败诉的案件有 26 件，胜诉率约为 40.9%，低于总体胜诉率（见图 2－5－9）。

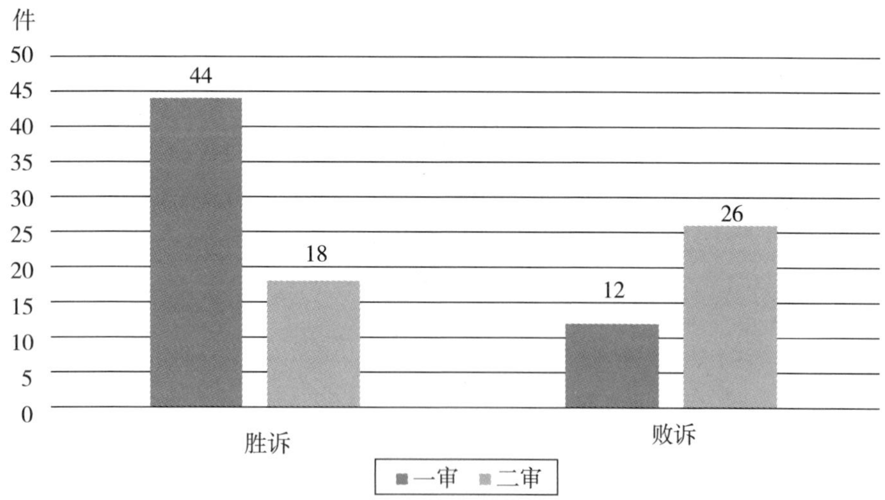

图 2－5－9　木材、家具、造纸相关制造业上市公司胜诉情况与诉讼阶段交叉分布情况

第六节　印刷、文娱相关制品制造业

一、印刷、文娱相关制品制造业上市公司概况

根据我国国民经济行业分类，印刷、文娱相关制品制造业包括印刷和记录媒介复制业和文教、工美、体育和娱乐用品制造业，同属于制造业大类。印刷记录媒介复制业包括印刷、装订及印刷相关服务以及记录媒介复制；文教、工美、体育和娱乐用品制造业则包括文教办公用品制造、乐器制造、工艺美术及礼仪用品制造、体育用品制造、玩具制造和游艺器材及娱乐用品制造。

2019年第三季度我国印刷、文娱相关制品制造业上市公司共计28家。从市场规模上来看，我国上市公司中印刷、文娱相关制品制造业的整体规模小，其数量仅占全部上市公司的约0.75%，可见印刷、文娱相关制品制造业在全国范围内具有较大市场影响力的企业数量很少。

二、印刷、文娱相关制品制造业行业政策和法律风险新动向

（一）印刷、文娱相关制品制造业行业政策新动向

为进一步科学界定冶金等工贸行业范围，2019年1月31日应急管理部办公厅发布关于修订《冶金有色建材机械轻工纺织烟草商贸行业安全监管分类标准（试行）》的通知，其中轻工行业包括23印刷和记录媒介复制业、24文教、工美、体育和娱乐用品制造业。

为提高挥发性有机物（VOCs）治理的科学性、针对性和有效性，协同控制温室气体排放，生态环境部2019年6月26日发布关于印发《重点行业挥发性有机物综合治理方案》的通知，提出对包装印刷行业VOCs综合治理。

2019年版《外商投资准入特别管理措施（负面清单）》指出：出版物印刷须由中方控股。

（二）印刷、文娱相关制品制造业法律风险新动向

生态环境部关于印发《重点行业挥发性有机物综合治理方案》的通知提出对包装印刷等行业排放污染源等加强监测与监控，同时强化监督执法：加大VOCs排放监管执法力度，严厉打击违法排污行为，形成有效震慑作用。对无证排污、未按证排污、不能稳定达标排放、不满足措施性控制要求的企业，综合运用按日连续计罚、查

封扣押、限产停产等手段,依法依规严格处罚,并定期向社会公开。严肃查处弄虚作假、擅自停运环保设施等严重违法行为,依法查处并追究相关人员责任。

三、印刷、文娱相关制品制造业上市公司诉讼情况统计

本书以印刷、文娱相关制品制造业的 28 家上市公司为当事人检索案例,共收集 2019 年全国法院判决的各类司法判决书 16 份,作为统计分析的样本。

(一)案件类型分布

1. 诉讼类型

从案件诉讼类型上看,2019 年印刷、文娱相关制品制造业上市公司所涉及的 16 件案件中,13 件为民事诉讼,3 件行政诉讼,刑事诉讼案件数量为 0 件(见表 2－6－1)。

表 2－6－1　印刷、文娱相关制品制造业上市公司案件诉讼类型

诉讼类型	案件数量(件)
民事诉讼	13
行政诉讼	3
刑事诉讼	0

2. 案由种类

从案件案由种类上看,2019 年印刷、文娱相关制品制造业上市公司所涉及的 16 件案件中,民事案件案由有合同纠纷、知识产权权属、侵权纠纷以及无因管理、不当得利纠纷以及股东损害公司债权人利益责任纠纷;行政案件案由有商标异议复审行政纠纷、商标权无效宣告请求行政纠纷以及无效宣告请求审查决定纠纷(见表 2－6－2、表 2－6－3)。

表 2－6－2　印刷、文娱相关制品制造业上市公司案件案由(民事)

案　　由	案件数量(件)
买卖合同纠纷	4
承揽合同纠纷	3
商标权权属、侵权纠纷	2
专利权权属、侵权纠纷	2
无因管理、不当得利纠纷	1
股东损害公司债权人利益责任纠纷	1

表 2 -6 -3　印刷、文娱相关制品制造业上市公司案件案由(行政)

案　　由	案件数量(件)
商标异议复审行政纠纷	1
商标权无效宣告请求行政纠纷	1
无效宣告请求审查决定纠纷	1

(二)案件审理程序

1. 诉讼阶段

从诉讼阶段上看,2019 年印刷、文娱相关制品制造业上市公司所涉及的 16 件案件中,一审判决书 11 件,占比约为 68.75%;二审判决书 5 件,占比约为 31.25%(见图 2 -6 -1)。

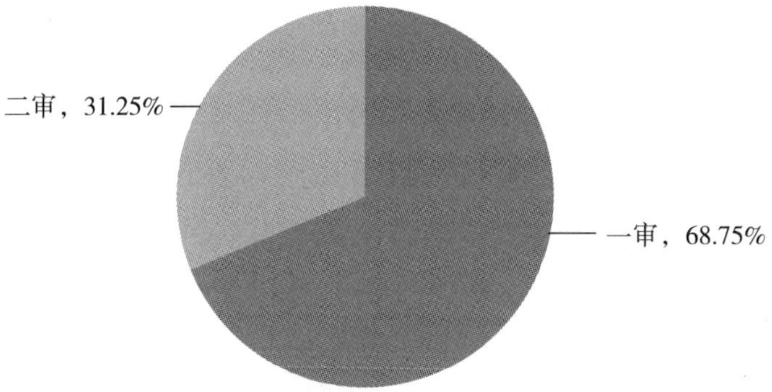

图 2 -6 -1　印刷、文娱相关制品制造业上市公司案件诉讼阶段分布

2. 法院层级

从诉讼阶段上看,2019 年印刷、文娱相关制品制造业上市公司所涉及的 16 件案件中,基层人民法院审结的案例 7 件,占比约为 43.75%;中级人民法院审结的案例 7 件,占比约为 43.75%;高级人民法院审结的案例 2 件,占比约为 12.50%;最高人民法院审结的案例 0 件(见图 2 -6 -2)。

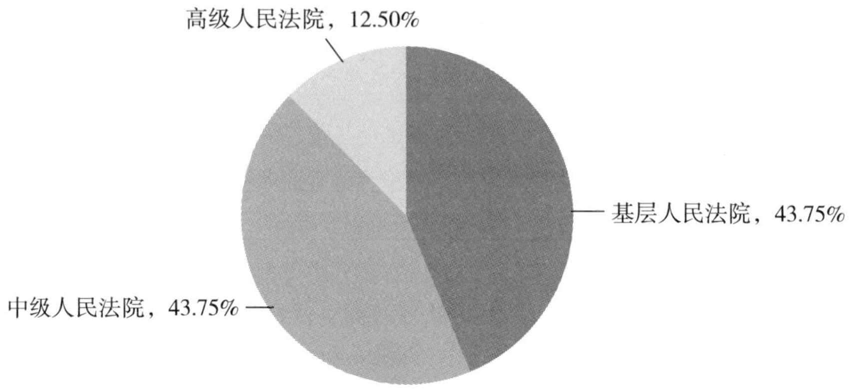

图 2－6－2 印刷、文娱相关制品制造业上市公司案件审理法院层级分布

（三）上市公司诉讼地位

从上市公司的诉讼地位上看，2019 年印刷、文娱相关制品制造业上市公司所涉及的 16 件案件中，上市公司作为原告的案例有 12 件，占比为 75.00%，上市公司作为被告的案例有 4 件，占比为 25.00%。可见，2019 年印刷、文娱相关制品制造业上市公司的民事诉讼中，上市公司主动提起诉讼的情形较多，少数情况下上市公司是作为应诉方被动地参与诉讼（见图 2－6－3）。

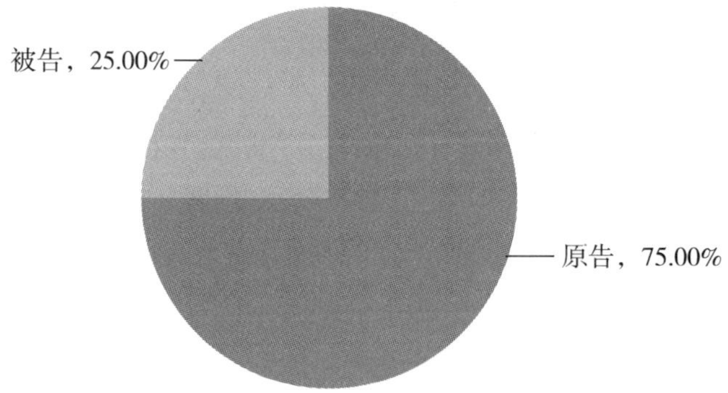

图 2－6－3 印刷、文娱相关制品制造业上市公司诉讼地位总体分布

具体而言，在印刷、文娱相关制品制造业上市公司所涉及的 11 件一审判决中，上市公司作为原告的案例有 9 件，上市公司作为被告的案例有 2 件。可见，在一审程序中，印刷、文娱相关制品制造业上市公司主动提起诉讼、发起诉讼程序情况较为多见（见图 2－6－4）。

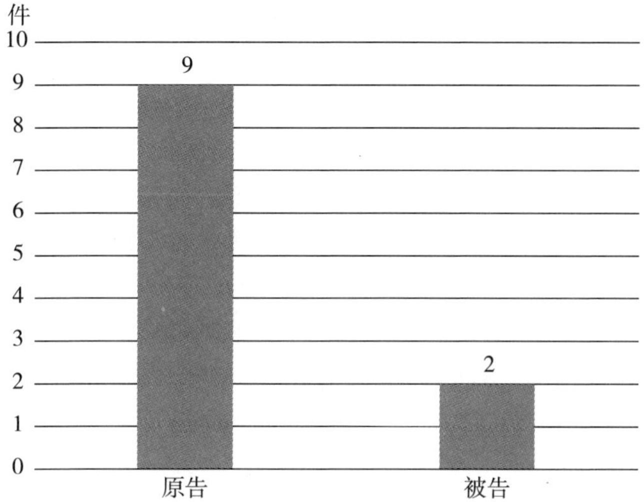

图2-6-4 印刷、文娱相关制品制造业上市公司一审程序诉讼地位分布

在印刷、文娱相关制品制造业上市公司所涉及的5件二审判决中，上市公司作为上诉人的案例有2件，其中同时为原审原告的有2件，同时为原审被告的有0件；上市公司作为被上诉人的案例有3件，其中同时为原审原告的有1件，同时为原审被告的有2件。可见，在二审程序中，印刷、文娱相关制品制造业上市公司被动应诉的情况较为常见（见图2-6-5）。

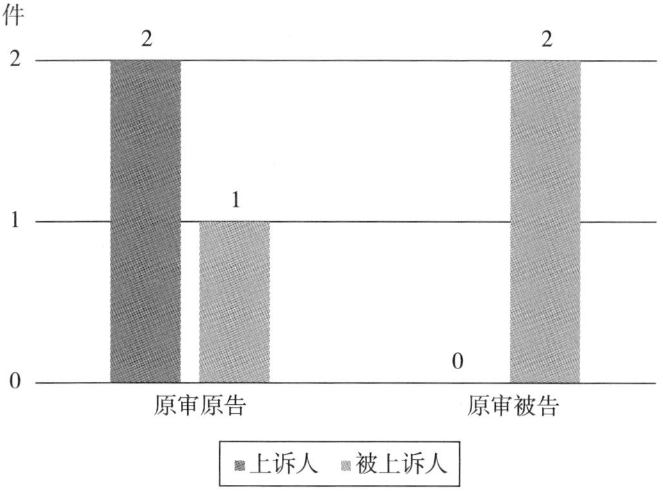

图2-6-5 印刷、文娱相关制品制造业上市公司二审程序诉讼地位分布

(四)诉讼标的额

除去1件民事案件撤诉外,从民事诉讼案件的标的额上看,2019年印刷、文娱相关制品制造业上市公司所涉及的12件民事案件中,诉讼请求金额在1万元以下的案件数量为0件,超过1万元且10万元以下的案件数量为6件,超过10万元且20万元以下的案件数量为4件,超过20万元且50万元以下的案件数量为0件,超过50万元且100万元以下的案件数量为1件,超过100万元且200万元以下的案件数量为1件,超过200万元且500万元以下的案件数量为0件,超过500万元且1000万元以下的案件数量为0件,超过1000万元且2000万元以下的案件数量为0件,超过2000万元的案件数量为0件(见图2-6-6)。

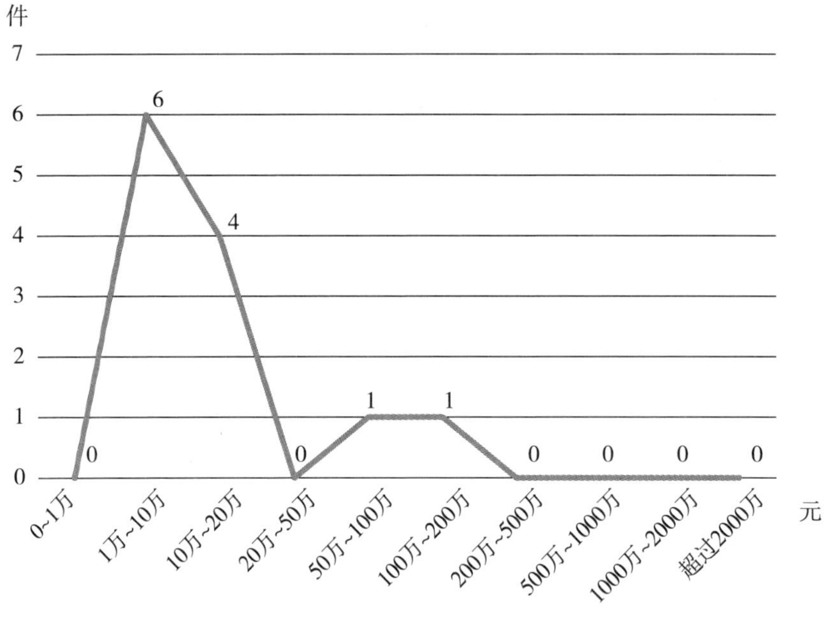

图2-6-6 印刷、文娱相关制品制造业上市公司诉讼标的额分布

具体来看,2019年印刷、文娱相关制品制造业上市公司所涉及的民事案件中,案件数量最集中的诉讼标的额在1万～10万元区间之内,标的额平均值为253,082.28元,中位数为110,000.00元,标的额最大为1,357,620.00元,最小为30,000.00元(见表2-6-4)。

表2-6-4 印刷、文娱相关制品制造业上市公司诉讼标的额

单位:元

总　　额	3,036,987.40
平均数	253,082.28
中位数	110,000.00
最大金额	1,357,620.00
最小金额	30,000.00

(五)诉讼结果和胜诉率

如图6-7所示,从诉讼结果上看,2019年印刷、文娱相关制品制造业上市公司所涉及的16件案件中,上市公司胜诉的案例有11件,上市公司败诉的案例有4件,剩余1件案例的诉讼结果为原告撤诉。总体来看,印刷、文娱相关制品制造业上市公司胜诉的案件数量占比约为68.75%,如果排除撤诉的情形,则印刷、文娱相关制品制造业上市公司的总体胜诉率约为73.33%(见图2-6-7)。

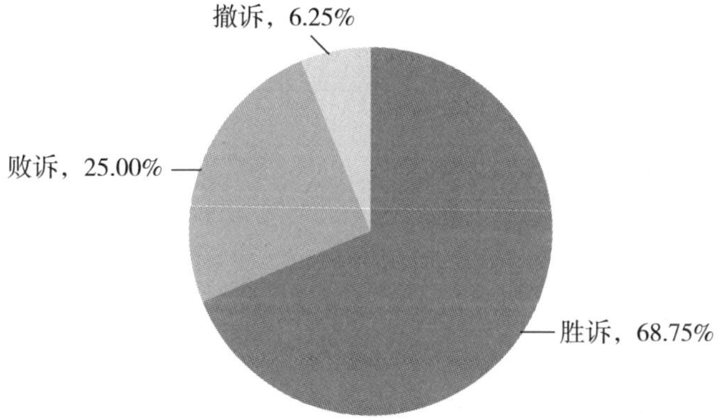

图2-6-7 印刷、文娱相关制品制造业上市公司诉讼结果占比

具体到不同的诉讼地位上,当印刷、文娱相关制品制造业上市公司为原告时,其胜诉的案件有9件,败诉的案件有2件,胜诉率约为81.82%,低于总体胜诉率。当印刷、文娱相关制品制造业上市公司为被告时,其胜诉的案件有2件,败诉的案件有2件,胜诉率约为50.00%,低于总体胜诉率(见图2-6-8)。

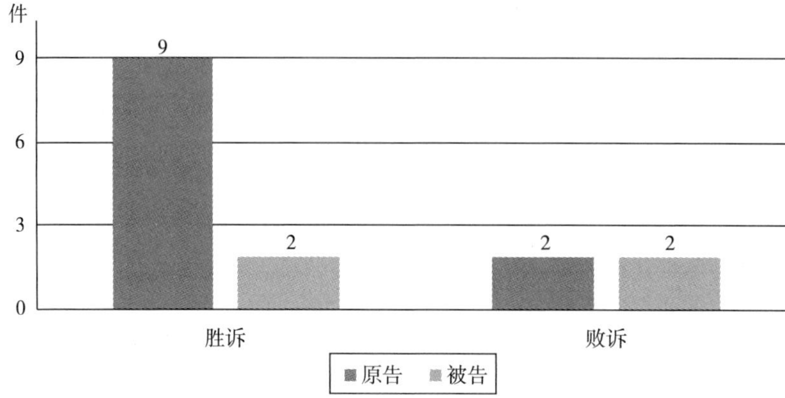

图 2－6－8　印刷、文娱相关制品制造业上市公司胜诉情况与诉讼地位交叉分布情况

具体到不同的诉讼阶段上，在一审判决中，上市公司胜诉的案件有 9 件，败诉的案件有 1 件，胜诉率为 90.00%，高于总体胜诉率。在二审判决中，上市公司胜诉的案件有 2 件，败诉的案件有 3 件，胜诉率为 40%，远低于总体胜诉率（见图 2－6－9）。

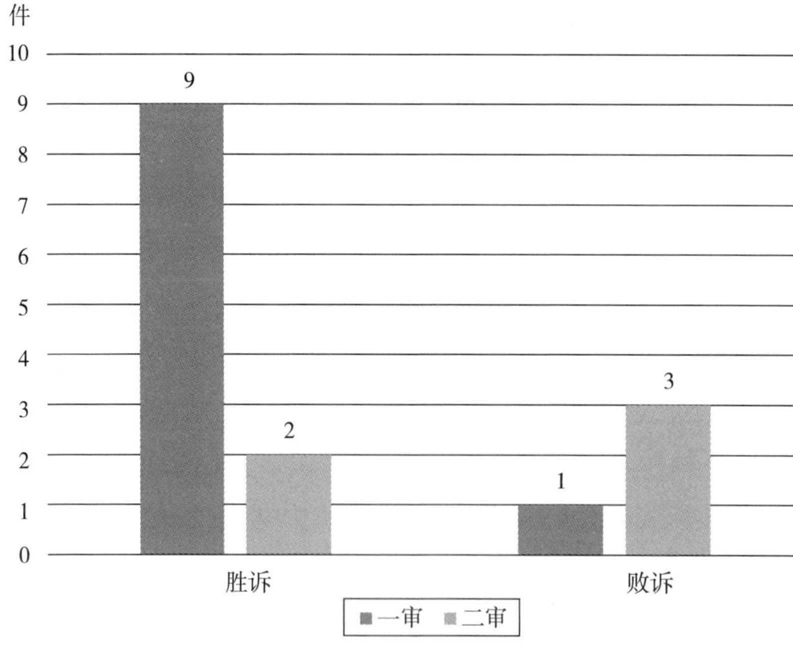

图 2－6－9　印刷、文娱相关制品制造业上市公司胜诉情况与诉讼阶段交叉分布情况

第七节　石油化学工业

一、石油化学工业上市公司概况

石油化学工业，简称石油化工，是我国的支柱产业部门之一，在国民经济的发展中发挥着至关重要的作用。石油化工是指以石油和天然气作为原料，生产石油产品和石油化工产品的加工工业。根据我国国民经济行业分类，石油化工行业细分包括石油加工、炼焦及核燃，化学原料及化学制品制造两大类。在本书前文中我们已经提到农业是我国国民经济的基础产业，而石油化工提供的氮肥占化肥总量的 80%，加之我国大力推广农用塑料薄膜的使用和合理的农药使用，以及不少农业机械所需的各类燃料，石油化工在农业方面发挥着不可替代的作用。石油化学工业上市公司作为行业内规模和影响力较大的企业，其经营活动与人们的生活密切相关，可以说我们的日常生活"衣、食、住、行"都离不开石油化工产品，其主要围绕石油产品和石油化工产品等加工工业展开生产。

2019 年截至第三季度末我国石油化学工业上市公司共计 257 家，从行业小类上看，石油加工、炼焦及核燃上市公司 16 家，化学原料及化学制品制造业上市公司 241 家，化学原料及化学制品制造业上市公司明显在石油化学工业上市公司中占据主流。从市场规模上来看，我国上市公司中石油化学工业的整体规模较大，其数量占全部上市公司的约 6.91%，可见石油化学工业在全国范围内具有较大市场影响力的企业数量较多。

二、石油化学工业行业政策和法律风险新动向

（一）石油化学工业行业政策新动向

石油化工业与人们的生活息息相关，也与我国的生态保护事业息息相关。2019 年 6 月 26 日，生态环境部发布了《重点行业挥发性有机物综合治理方案》，提出了目前在 VOCs（挥发性有机物）治理工作中需要着重解决的一些问题，VOCs 污染排放对大气环境影响很大，VOCs 是形成细颗粒物（PM2.5）和臭氧（O_3）的重要分子，对气候变化产生影响。该治理方案要求相关企业从源头减排，加强对各地的工作指导，提高 VOCs 治理的科学性、针对性及有效性，同步控制温室气体的排放。2019 年 11 月 19 日，国家发展改革委与国家能源局为持续推进"放管服"改革，大力提升国内石油天然气（含煤层气）勘探开发力度，进一步优化国内自营、

对外合作石油天然气(含煤层气)开发项目备案流程,服务中外企业,同时加强项目监管,特制定了《油气开发项目备案及监管暂行办法》。2019年8月12日,在江苏响水"3·12"特别重大爆炸事故发生后,应急管理部为认真贯彻落实党中央、国务院关于危险化学品安全生产工作的决策部署,深入排查化工园区和危险化学品企业安全风险,提高化工园区和危险化学品企业安全管理水平,有效防范危险化学品重特大安全事故,保护人民群众生命财产安全,特组织制定了《化工园区安全风险排查治理导则(试行)》和《危险化学品企业安全风险隐患排查治理导则》。

(二)石油化学工业法律风险新动向

2019年以来,国家发布了多个石油化学工业领域的新规范,推进了一些新的法律制度,可能对石油化学工业上市公司的生产经营活动产生影响,或者带来新的法律风险,具体包括:

1. 节能环保风险。近几年随着环境被污染的恶化,我国绿水蓝天、绿色工厂等呼声越来越高,国家在节能环保方面的要求也愈加严格。石油化工行业作为传统的制造业,其生产中废气废水的排放和废渣的处理不可避免,节能环保任务艰巨。生态环境部发布的《重点行业挥发性有机物综合治理方案》,对VOCs(挥发性有机物)的治理提出了新要求,所以石油化工行业上市公司在进行相关生产经营活动时要规范VOCs治理设施的运行管理,提高自身对VOCs的治理技术水平,达到行业生产经营的相关规定。

2. 健康安全风险。企业一旦发生健康安全事故,便会造成人员伤害和经济损失,健康安全保证是石油化工业上市公司持续稳定发展的经济效益基础。国家应急管理部印发的《化工园区安全风险排查治理导则(试行)》和《危险化学品企业安全风险隐患排查治理导则》要求各化工园区和危险化学品企业要主动学习、认真研究,对照两个导则要求,完善安全风险隐患排查治理制度,落实安全风险排查治理主体责任,建立安全风险隐患排查长效机制;要以防范化解危险化学品重大安全风险为核心,不断提升安全保障能力和水平,坚决遏制重特大事故。对存在重大事故隐患且短期难以整改的危险化学品企业,要挂牌督办并依法责令停产停业整顿整改,经整改仍达不到安全生产条件的,要依法吊销安全生产许可证。即如果企业不规范生产,达不到两个导则的要求会被挂牌督办要求停产停业整改,整改还不合格的将会被吊销安全生产许可证。故,从事石油化工经营的上市公司应当注意避免以上法律风险。

综上所述,石油化工行业的上市公司应努力形成风险管理的自觉意识,强化健康安全管理,严格遵守合法合规经营等,为上市公司自身的建设先铺平道路。

三、石油化学工业上市公司诉讼情况统计

本书以石油化学工业的 257 家上市公司为当事人检索案例,共收集 2019 年全国法院判决的各类司法判决书 363 份,作为统计分析的样本。

(一)案件类型分布

1. 诉讼类型

如表 2－7－1 所示,从案件诉讼类型上看,2019 年石油化学工业上市公司所涉及的 363 件案件中,民事案件占了 359 件,行政诉讼占了 4 件,刑事诉讼案件数量为 0 件。

表 2－7－1　石油化学工业上市公司案件诉讼类型

诉讼类型	案件数量(件)
民事诉讼	359
行政诉讼	4
刑事诉讼	0

2. 案由种类

如表 2－7－2、表 2－7－3 所示,从案件案由种类上看,2019 年石油化学工业上市公司所涉及的 363 件案件中,民事诉讼案件为 359 件,大多数为商标权权属、侵权纠纷,占该行业 2019 年前三季度所涉案件的大部分,数量为 234 件。另外,买卖合同纠纷的案件数量位居第二,为 65 件。两者数量合计占全部案例数量的约 82.37%。其他案由还包括无因管理、不当得利纠纷 9 件;建设工程合同纠纷 8 件;保证合同纠纷 4 件;财产损害赔偿责任纠纷 4 件;承揽合同纠纷 4 件;委托合同纠纷、社会保险纠纷、房屋买卖合同纠纷所涉案皆为 3 件;劳动合同纠纷、票据追索权纠纷、机动车交通事故责任纠纷、产品责任纠纷、证券欺诈责任纠纷、票据利益返还请求权纠纷所涉案件皆为 2 件;上市公司所涉案件皆为 1 件,案由有广告合同纠纷、商业贿赂不正当竞争纠纷、技术合同纠纷、其他侵权责任纠纷、股权转让纠纷、借款合同纠纷、质权纠纷、公司增资纠纷、追偿权纠纷与侵害企业出资人权益纠纷。行政诉讼案件为 4 件,分别为商标申请驳回复审行政纠纷 2 件;商标权撤销复审行政纠纷 1 件;劳动和社会保障行政确认纠纷 1 件。

表2－7－2　石油化学工业上市公司案件案由（民事）

案　　由	案件数量（件）
商标权权属、侵权纠纷	234
买卖合同纠纷	65
无因管理、不当得利纠纷	9
建设工程合同纠纷	8
保证合同纠纷	4
财产损害赔偿纠纷	4
承揽合同纠纷	4
委托合同纠纷	3
社会保险纠纷	3
房屋买卖合同纠纷	3
劳动合同纠纷	2
票据追索权纠纷	2
机动车交通事故责任纠纷	2
产品责任纠纷	2
证券欺诈责任纠纷	2
票据利益返还请求权纠纷	2
广告合同纠纷	1
商业贿赂不正当竞争纠纷	1
技术合同纠纷	1
其他侵权责任纠纷	1
股权转让纠纷	1
借款合同纠纷	1
质权纠纷	1
公司增资纠纷	1
追偿权纠纷	1
侵害企业出资人权益纠纷	1

表 2-7-3　石油化学工业上市公司案件案由(行政)

案　　由	案件数量(件)
商标申请驳回复审行政纠纷	2
商标权撤销复审行政纠纷	1
劳动和社会保障行政确认纠纷	1

(二)案件审理程序

1. 诉讼阶段

从诉讼阶段上看,2019 年石油化学工业上市公司所涉及的 363 件案件中,一审判决书 299 件,占比约为 82.37%;二审判决书 63 件,占比约为 17.35%;再审判决书 1 件,占比约为 0.28%(见图 2-7-1)。

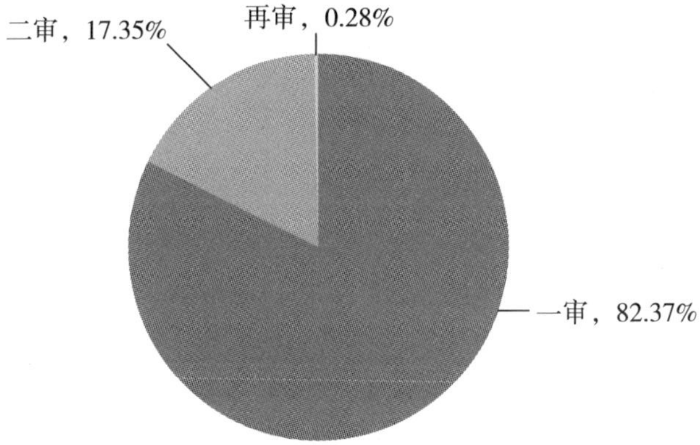

图 2-7-1　石油化学工业上市公司案件诉讼阶段分布

2. 法院层级

从诉讼阶段上看,2019 年石油化学工业上市公司所涉及的 363 件案件中,基层人民法院审结的案例 117 件,占比约为 32.23%;中级人民法院审结的案例 228 件,占比约为62.81%;高级人民法院审结的案例 17 件,占比约为 4.68%;最高人民法院审结的案例 1 件,占比约为 0.28%(见图 2-7-2)。

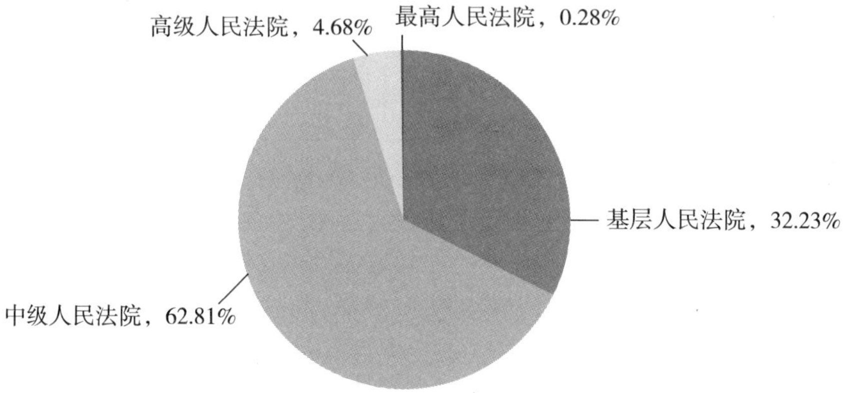

图 2－7－2　石油化学工业上市公司案件审理法院层级分布

（三）上市公司诉讼地位

从上市公司的诉讼地位上看，2019 年石油化学工业上市公司所涉及的 363 件案件中，上市公司作为原告的案例有 317 件，占比约为 87.33%；上市公司作为被告的案例有 45 件，占比约为 12.39%；上市公司作为第三人的案例有 1 件，占比约为 0.28%。可见，2019 年石油化学工业上市公司所涉的 363 件诉讼中，上市公司主动提起诉讼的情形占大多数，小部分情况下上市公司是作为应诉方被动地参与诉讼（见图 2－7－3）。

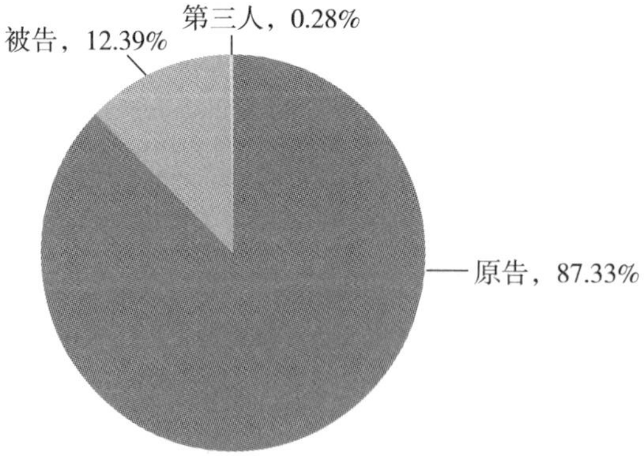

图 2－7－3　石油化学工业上市公司诉讼地位总体分布

具体而言，在石油化学工业上市公司所涉及的 299 件一审判决和 1 件按照一审程序审理的再审判决中，上市公司作为原告的案例有 272 件，上市公司作为被告的案例有 27 件，上市公司作为第三人的案件为 1 件。三者之间占比可谓非常悬殊。

可见,在一审程序中,石油化学工业上市公司主动提起诉讼、发起诉讼程序情况较为常见(见图 2 –7 –4)。

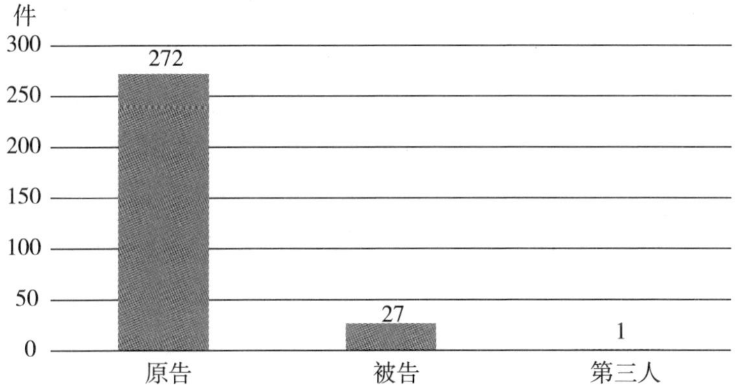

图 2 –7 –4　石油化学工业上市公司一审程序诉讼地位分布

如图 2 –7 –5 所示,在石油化学工业上市公司所涉及的 63 件二审判决中,上市公司作为上诉人的案例有 21 件,其中同时为原审原告的有 10 件,同时为原审被告的有 11 件;上市公司作为被上诉人的案例有 41 件,其中同时为原审原告的有 34 件,同时为原审被告的有 7 件;上市公司作为被申请人且同时为原审原告的案例为 1 件。可见,在二审程序中,石油化学工业上市公司主动提起上诉、继续诉讼程序的情况较为少见。

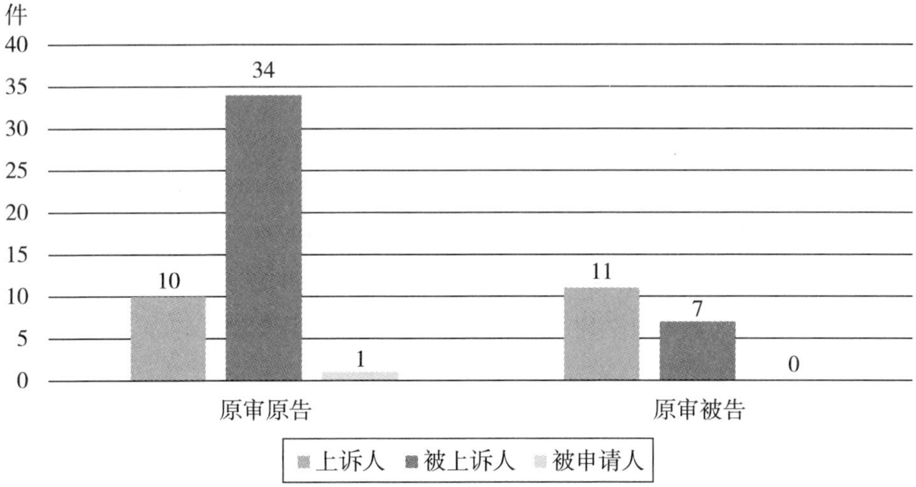

图 2 –7 –5　石油化学工业上市公司二审程序诉讼地位分布

（四）诉讼标的额

从民事诉讼案件的标的额上看，2019 年石油化学工业上市公司所涉及的 363 件案件中，诉讼请求金额在 1 万元以下的案件数量为 17 件，超过 1 万元且 10 万元以下的案件数量为 236 件，超过 10 万元且 20 万元以下的案件数量为 26 件，超过 20 万元且 50 万元以下的案件数量为 28 件，超过 50 万元且 100 万元以下的案件数量为 13 件，超过 100 万元且 200 万元以下的案件数量为 4 件，超过 200 万元且 500 万元以下的案件数量为 12 件，超过 500 万元且 1000 万元以下的案件数量为 3 件，超过 1000 万元且 2000 万元以下的案件数量为 7 件，超过 2000 万元的案件数量为 4 件。以上可统计诉讼标的金额的案件总数为 350 件，还有 13 份判决无法统计所涉标的额，比如撤销诉讼、被驳回上诉之诉、行为之诉等（见图 2－7－6）。

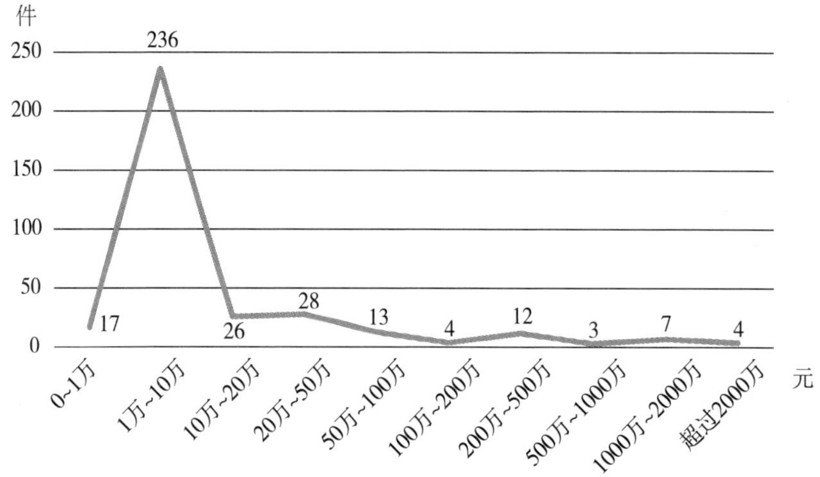

图 2－7－6　石油化学工业上市公司诉讼标的额分布

具体来看，2019 年石油化学工业上市公司所涉及的案件中，案件数量最集中的诉讼标的额在 1 万～10 万元区间之内，标的额平均值为 952,054.52 元，中位数为 23,800.00 元，标的额最大为 50,025,430.50 元，最小为 500.00 元（见表 2－7－4）。

表 2-7-4　石油化学工业上市公司诉讼标的额

单位:元

总　　额	333,219,081.92
平均数	952,054.52
中位数	23,800.00
最大金额	50,025,430.50
最小金额	500.00

（五）诉讼结果和胜诉率

从诉讼结果上看,2019 年石油化学工业上市公司所涉及的 363 件案件中,上市公司胜诉的案例有 315 件,上市公司败诉的案例有 40 件,剩余 8 件案例的诉讼结果为原告撤诉或被法院驳回诉请。总体来看,石油化学工业上市公司胜诉的案件数量占比约为 86.78%,如果排除撤诉、被驳回诉请的情形,则石油化学工业上市公司的总体胜诉率约为 88.73%(见图 2-7-7)。

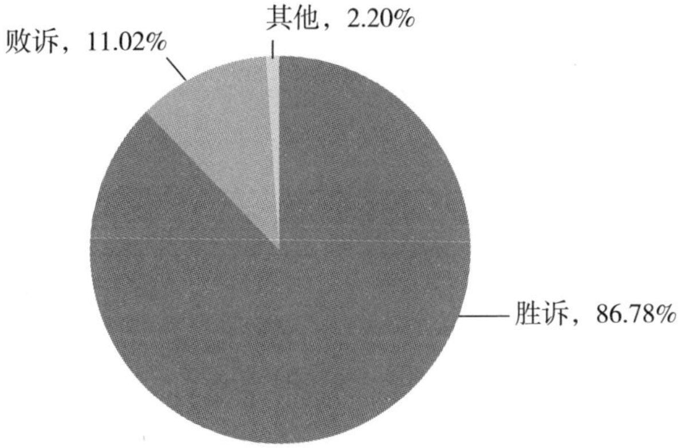

图 2-7-7　石油化学工业上市公司诉讼结果占比

具体到不同的诉讼地位上,当石油化学工业上市公司为原告时,其胜诉的案件有 304 件,败诉的案件有 12 件,胜诉率约为 96.20%,高于总体胜诉率。当石油化学工业上市公司为被告时,其胜诉的案件有 14 件,败诉的案件有 29 件,胜诉率约为 32.56%,低于总体胜诉率(见图 2-7-8)。

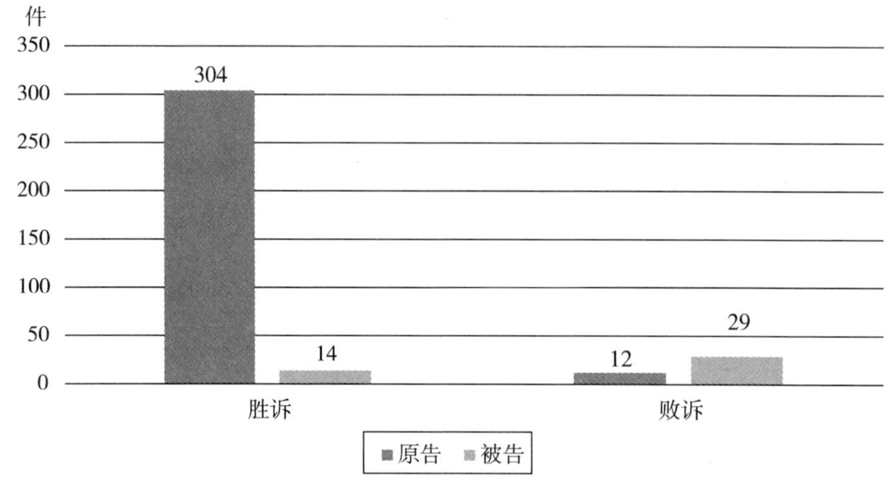

图2－7－8　石油化学工业上市公司胜诉情况与诉讼地位交叉分布情况

具体到不同的诉讼阶段上，在一审判决中，上市公司胜诉的案件有273件，败诉的案件有24件，胜诉率约为91.92%，高于总体胜诉率。在二审判决中，上市公司胜诉的案件有44件，败诉的案件有17件，胜诉率约为72.13%，低于总体胜诉率。再审案件1件，诉讼结果为胜诉(见图2－7－9)。

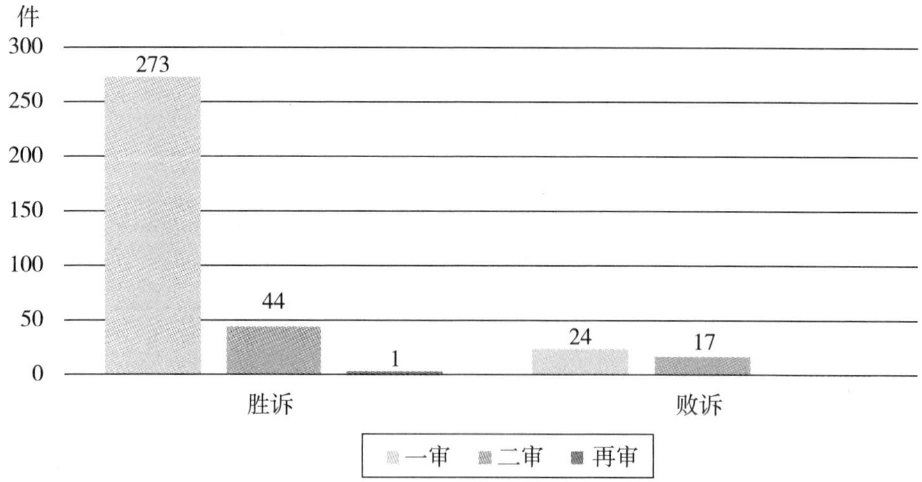

图2－7－9　石油化学工业上市公司胜诉情况与诉讼阶段交叉分布情况

第八节　医药制造业

一、医药制造业上市公司概况

医药是衣食住行外的另外一个关乎民生的行业，医药制造业是指对原料进行物理或者化学加工后成为新的医药类产品的行业。根据我国国民经济行业分类，医药制造业包括化学药品原料药制造、化学药品制剂制造、中药饮片加工、中成药生产、兽用药品制造、生物药品制品制造、卫生材料及医药用品制造以及药用辅料及包装材料。

2019 年第三年度我国医药制造业上市公司共计 218 家，从市场规模上看，我国上市公司中医药制造业的整体规模较大，其数量占全部上市公司的约 5.86%，在全国范围内具有较大市场影响力的企业数量较少。

二、医药制造业行业政策和法律风险新动向

（一）医药制造业行业政策新动向

《国家药品监督管理局关于加快推进药品智慧监管的行动计划》以整合基础平台、畅通网络互联、完善标准规范、强化数据管理、提升应用服务、强化信息安全、促进新技术应用为重点任务，力图在 2020 年建立起符合信息技术发展趋势的药品监管信息化建设技术与应用框架。

《外商投资准入特别管理措施》（负面清单）（2019 年版）以及《自由贸易试验区外商投资准入特别管理措施》（负面清单）（2019 年版）指出“禁止投资中药饮片的蒸、炒、炙、煅等炮制技术的应用及中成药保密处方产品的生产”。

2019 年 8 月 12 日，国家药监局发布《药品质量抽查检验管理办法》，原国家食品药品监督管理局发布的《药品质量抽查检验管理规定》（国食药监市〔2006〕379 号）同时废止。

2019 年，财政部、国家税务总局《关于延续免征国产抗艾滋病病毒药品增值税政策的公告》、国家卫生健康委办公厅、工业和信息化部办公厅等五部门发布《第一批鼓励仿制药品目录》；2020 年国务院办公厅印发的《关于进一步做好短缺药品保供稳价工作的意见》、国家药监局综合司《关于加快医用防护服注册审批和生产许可的通知》以及商务部、海关总署、国家市场监督管理总局《关于进一步加强防疫物资出口质量监管的公告》等政策通知也需要医药制造业上市公司进行了解。

(二)医药制造业法律风险新动向

2019 年 5 月 16 日国家市场监督管理总局发布《进口药材管理办法》,对于首次进口药材的申请与审批、备案、口岸检验、监督管理和法律责任等方面做出相应规定。提出:进口单位提供虚假的证明、文件资料样品或者采取其他欺骗手段取得首次进口药材批件的,依照药品管理法等法律法规的规定处理;进口单位提供虚假证明、文件资料或者采取其他欺骗手段办理备案的,给予警告,并处 1 万元以上 3 万元以下罚款。

《人类遗传资源管理条例》自 2019 年 7 月 1 日起施行,为了有效保护和合理利用我国人类遗传资源,该条例明确了医疗机构、企业等主体以及相关人员应遵守的义务、明确了相应的法律责任。

为了加强疫苗管理,保证疫苗质量和供应,规范预防接种,促进疫苗行业发展,我国制定《疫苗管理法》,自 2019 年 12 月 1 日起开始施行。针对疫苗研制和注册、生产和批签发、流通以及预防接种、疫苗上市后管理等问题进行相应的规定。

三、医药制造业行业上市公司诉讼情况统计

本书以医药制造业的 218 家上市公司为当事人检索案例,共收集 2019 年全国法院判决的各类司法判决书 145 份,作为统计分析的样本。

(一)案件类型分布

1. 诉讼类型

从案件诉讼类型上看,2019 年医药制造业上市公司所涉及的 145 件案件民事诉讼有 136 件,行政诉讼有 9 件,刑事诉讼案件数量为 0 件(见表 2－8－1)。

表 2－8－1　医药制造业上市公司案件诉讼类型

诉讼类型	案件数量(件)
民事诉讼	136
行政诉讼	9
刑事诉讼	0

2. 案由种类

从案件案由种类上看,2019 年医药制造业所涉及的 145 件案件中,民事案件以合同纠纷居多,同时还有著作权权属、侵权纠纷和专利权权属、侵权等知识产权权属、侵权纠纷;肖像权纠纷、名誉权纠纷等人格权纠纷;证券纠纷;与公司有关的纠纷

等。行政案件案由有行政复议决定纠纷、商标申请驳回复审行政纠纷、商标权撤销复审行政纠纷、行政处罚决定纠纷以及行政赔偿(见表 2－8－2、表 2－8－3)。

表 2－8－2　医药制造业上市公司案件案由(民事)

案　　由	案件数量(件)
著作权权属、侵权纠纷	41
买卖合同纠纷	16
仿冒纠纷	11
证券欺诈责任纠纷	11
商标权权属、侵权纠纷	10
专利权权属、侵权纠纷	7
无因管理、不当得利纠纷	7
建设工程合同纠纷	7
借款合同纠纷	4
技术合同纠纷	3
生命权、健康权、身体权纠纷	3
产品责任纠纷	2
承揽合同纠纷	2
票据付款请求权纠纷	2
委托合同纠纷	1
质权纠纷	1
肖像权纠纷	1
名誉权纠纷	1
服务合同纠纷	1
供用热力合同纠纷	1
社会保险纠纷	1
公司决议纠纷	1
其他侵权责任纠纷	1
确认合同效力纠纷	1

表 2－8－3　医药制造业上市公司案件案由(行政)

案　　由	案件数量(件)
行政复议决定纠纷	4
商标申请驳回复审行政纠纷	2
商标权撤销复审行政纠纷	1
行政处罚决定纠纷	1
行政赔偿	1

(二)案件审理程序

1. 诉讼阶段

从诉讼阶段上看,2019 年医药制造业上市公司所涉及的 145 件案件中,一审判决书 103 件,占比约为 71.03%;二审判决书 42 件,占比约为 28.97%(见图 2－8－1)。

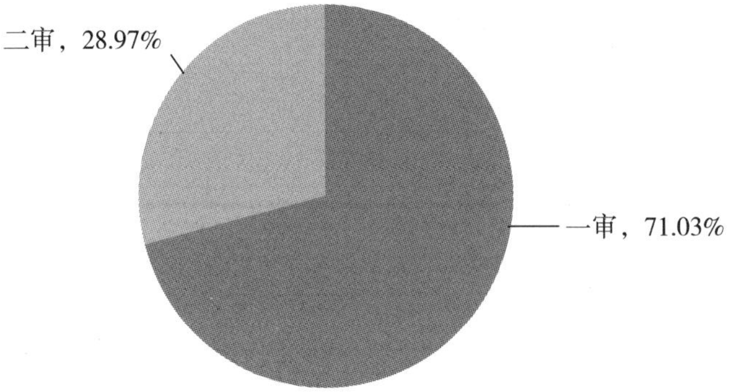

图 2－8－1　医药制造业上市公司案件诉讼阶段分布

2. 法院层级

从诉讼阶段上看,2019 年医药制造业上市公司所涉及的 145 件案件中,基层人民法院审结的案例 57 件,占比约为 39.31%;中级人民法院审结的案例 76 件,占比约为 52.41%;高级人民法院审结的案例 12 件,占比约为 8.28%;最高人民法院审结的案例为 0 件(见图 2－8－2)。

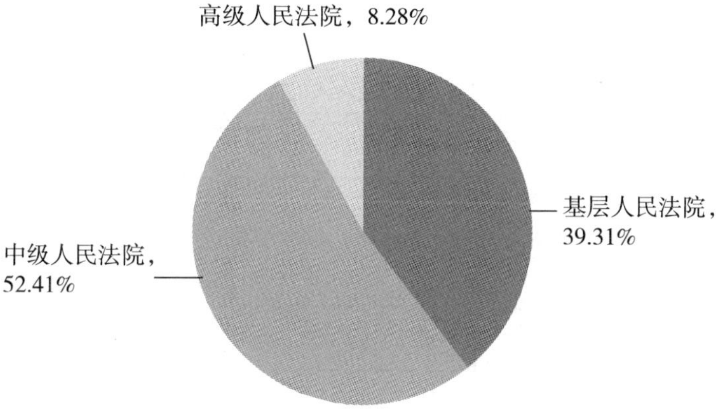

图 2－8－2　医药制造业上市公司案件审理法院层级分布

（三）上市公司诉讼地位

从上市公司的诉讼地位上看，2019 年医药制造业上市公司所涉及的 145 件案件中，上市公司作为原告的案例有 59 件，占比 40.69%；上市公司作为被告的案例有 86 件，占比 59.31%。可见，2019 年医药制造业上市公司的诉讼中，上市公司主动提起诉讼的情形较少，多数情况下上市公司是被动地参与诉讼（见图 2－8－3）。

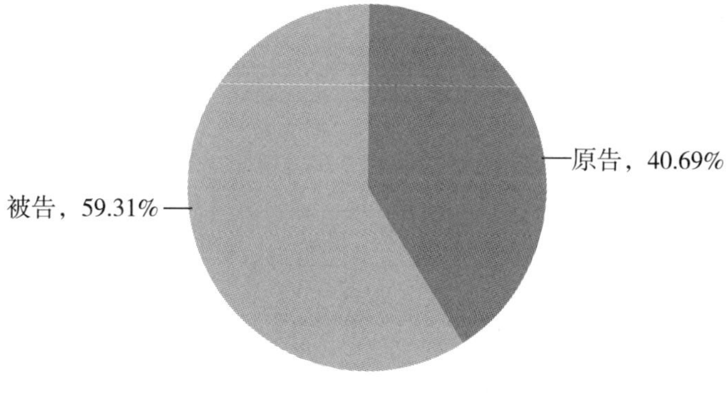

图 2－8－3　医药制造业上市公司诉讼地位总体分布

具体而言，在医药制造业上市公司所涉及的 88 件一审判决中，上市公司作为原告的案例有 46 件，上市公司作为被告的案例有 42 件，二者之间占比差别不大（见图 2－8－4）。

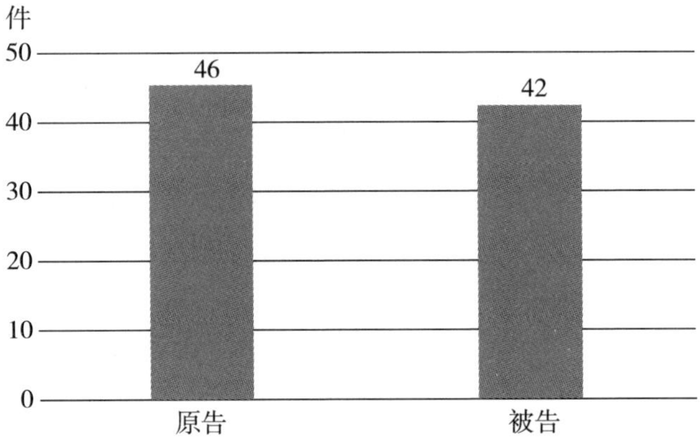

图 2-8-4　医药制造业上市公司一审程序诉讼地位分布

在医药制造业上市公司所涉及的 57 件二审判决中，上市公司作为上诉人的案例有 38 件，其中同时为原审原告的有 4 件，同时为原审被告的有 34 件；上市公司作为被上诉人的案例有 19 件，其中同时为原审原告的有 9 件，同时为原审被告的有 10 件。可见，在二审程序中，医药制造业上市公司主动提起上诉、继续诉讼程序的情况较为常见（见图 2-8-5）。

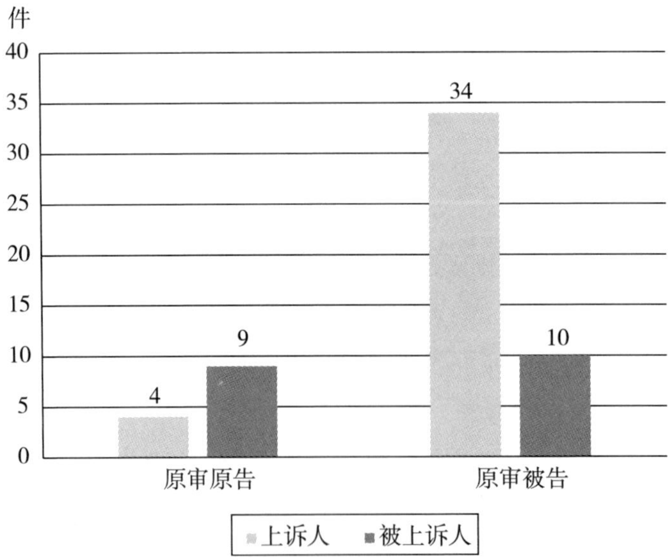

图 2-8-5　医药制造业上市公司二审程序诉讼地位分布

（四）诉讼标的额

除 1 件原告撤诉、3 件驳回上诉、1 件确认之诉的案件外，从民事诉讼案件的标的额上看，2019 年医药制造业上市公司所涉及的 131 件民事案件中，诉讼请求金额在 1 万元以下的案件数量为 45 件，超过 1 万元且 10 万元以下的案件数量为 17 件，超过 10 万元且 20 万元以下的案件数量为 10 件，超过 20 万元且 50 万元以下的案件数量为 19 件，超过 50 万元且 100 万元以下的案件数量为 12 件，超过 100 万元且 200 万元以下的案件数量为 4 件，超过 200 万元且 500 万元以下的案件数量为 5 件，超过 500 万元且 1000 万元以下的案件数量为 6 件，超过 1000 万元且 2000 万元以下的案件数量为 8 件，超过 2000 万元的案件数量为 5 件（见图 2－8－6）。

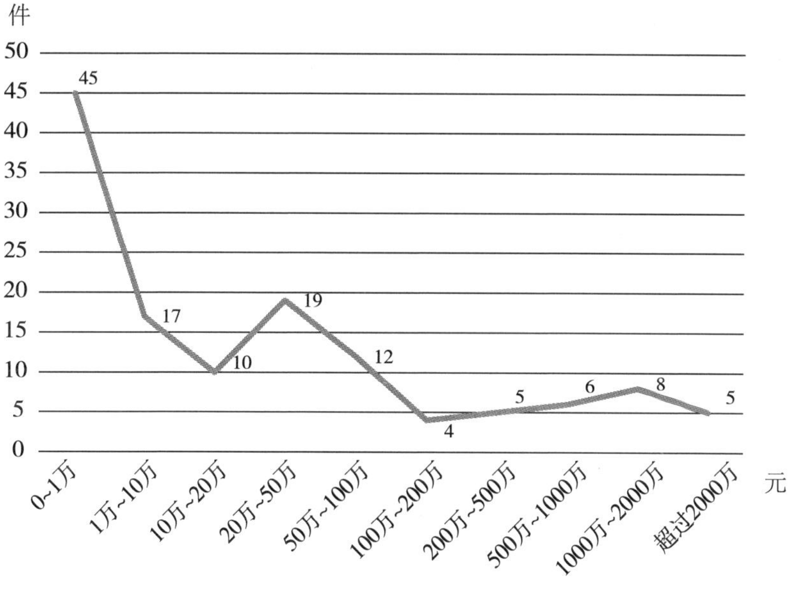

图 2－8－6 医药制造业上市公司诉讼标的额分布

具体来看，2019 年医药制造业上市公司所涉及的案件中（除 1 件原告撤诉、3 件驳回上诉、1 件确认之诉的案件外），案件数量最集中的诉讼标的额在 0 万～1 万元区间之内，标的额平均值为 7，111，181.02 元，中位数为 150，000.00 元，标的额最大为 591，657，864.00 元，最小为 1.00 元（见表 2－8－4）。

表 2－8－4　医药制造业上市公司诉讼标的额

单位:元

总　　额	931,564,713.26
平均数	7,111,181.02
中位数	150,000.00
最大金额	591,657,864.00
最小金额	1.00

(五)诉讼结果和胜诉率

从诉讼结果上看,2019 年医药制造业上市公司所涉及的 145 件案件中,上市公司胜诉的案例有 67 件,上市公司败诉的案例有 74 件,上市公司撤诉的案例有 1 件,驳回上诉的案件有 3 件。总体来看,医药制造业上市公司胜诉的案件数量占比约为 46.21%,除去驳回上诉和撤诉案件外,医药制造业上市公司的总体胜诉率约为 47.52%(见图 2－8－7)。

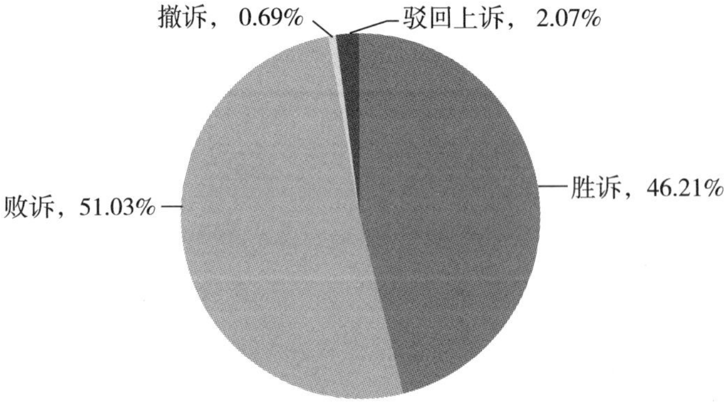

图 2－8－7　医药制造业上市公司诉讼结果占比

具体到不同的诉讼地位上,当医药制造业上市公司为原告时,其胜诉的案件有 45 件,败诉的案件有 12 件,胜诉率约为 78.95%,高于总体胜诉率。当医药制造业上市公司为被告时,其胜诉的案件有 22 件,败诉的案件有 62 件,胜诉率约为 26.19%,低于总体胜诉率(见图 2－8－8)。

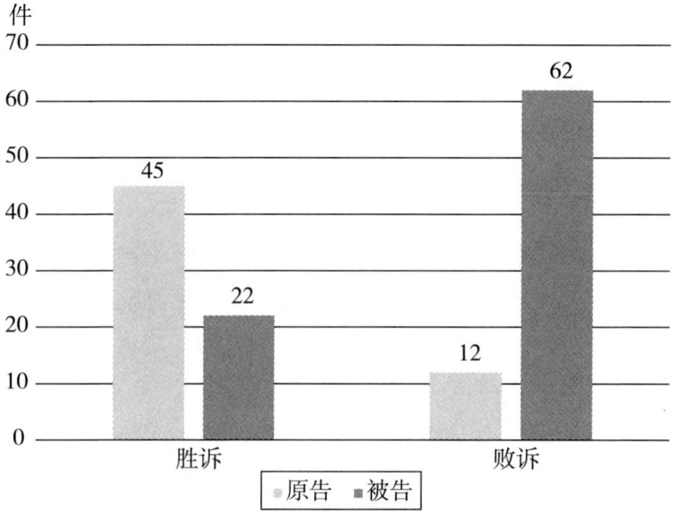

图 2－8－8　医药制造业上市公司胜诉情况与诉讼地位交叉分布情况

具体到不同的诉讼阶段上，在一审判决中，上市公司胜诉的案件有 47 件，败诉的案件有 39 件，胜诉率约为 54.65%，略高于总体胜诉率。在二审判决中，上市公司胜诉的案件有 20 件，败诉的案件有 35 件，胜诉率约为 36.36%，低于总体胜诉率（见图 2－8－9）。

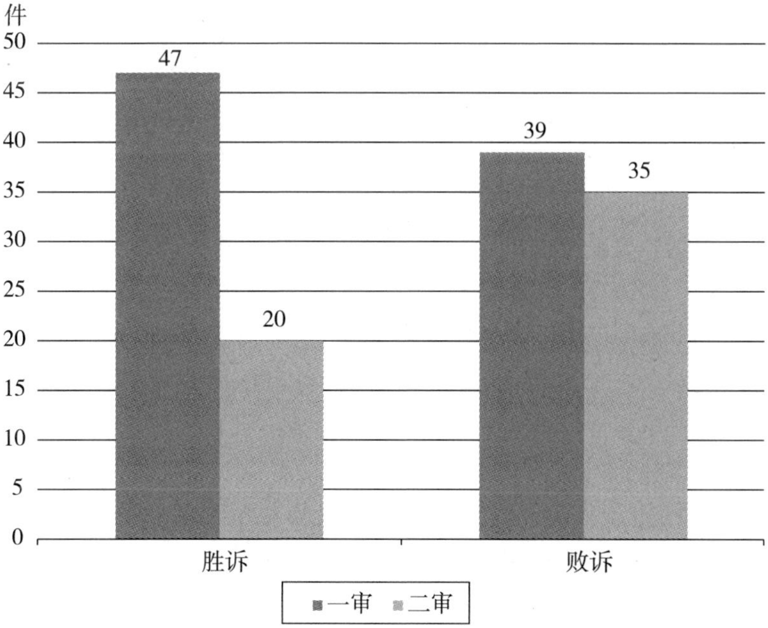

图 2－8－9　医药制造业上市公司胜诉情况与诉讼阶段交叉分布情况

第九节　化纤、橡胶、塑料相关制造业

一、化纤、橡胶、塑料相关制造业上市公司概况

化纤、橡胶、塑料相关制造业从属于制造业大类，化纤制造业指利用原料以化学方式生产纤维的活动；橡胶制造业是指以天然及合成橡胶为原料生产各种橡胶制品的活动，还包括利用废橡胶再生产橡胶制品的活动；塑料制造业指以合成树脂（高分子化合物）为主要原料，经采用挤塑、注塑、吹塑、压延、层压等工艺加工成型的各种制品的生产，以及利用回收的废旧塑料加工再生产塑料制品的活动。根据我国国民经济行业分类，化纤、橡胶、塑料相关制造业被划分为“化学纤维制造业”和“橡胶和塑料制品业”。

2019 年第三年度我国化纤、橡胶、塑料相关制造业上市公司共计 100 家，从市场规模上看，我国上市公司中化纤、橡胶、塑料相关制造业的整体规模处于平均位置，但其数量占全部上市公司的约 2.69%，其在全国范围内具有较大市场影响力的企业数量较少。

二、化纤、橡胶、塑料相关制造业行业政策和法律风险新动向

塑料在生产生活中应用广泛，是重要的基础材料。不规范生产、使用塑料制品和回收处置塑料废弃物，会造成能源资源浪费和环境污染，加大资源环境压力。2020 年 1 月 16 日，国家发展改革委、生态环境部发布了《关于进一步加强塑料污染治理的意见》，禁止、限制使用的塑料制品同时推广应用替代产品和模式，规范塑料废弃物回收利用和处置，强化组织实施，并以规章制度、支持政策、科技支撑、执法监督去完善支撑保障体系。主要目标为到 2020 年，率先在部分地区、部分领域禁止、限制部分塑料制品的生产、销售和使用；到 2022 年，一次性塑料制品消费量明显减少，替代产品得到推广，塑料废弃物资源化能源化利用比例大幅提升；在塑料污染问题突出领域和电商、快递、外卖等新兴领域，形成一批可复制、可推广的塑料减量和绿色物流模式；到 2025 年，塑料制品生产、流通、消费和回收处置等环节的管理制度基本建立，多元共治体系基本形成，替代产品开发应用水平进一步提升，重点城市塑料垃圾填埋量大幅降低，塑料污染得到有效控制。

三、化纤、橡胶、塑料相关制造业行业上市公司诉讼情况统计

本书以化纤、橡胶、塑料相关制造业的 100 家上市公司为当事人检索案例，共收集 2019 年全国法院判决的各类司法判决书 60 份，作为统计分析的样本。

（一）案件类型分布

1. 诉讼类型

如表 2－9－1 所示，从案件诉讼类型上看，2019 年化纤、橡胶、塑料相关制造业上市公司所涉及的 60 件案件全部为民事诉讼，其他行政和刑事诉讼案件数量为 0 件。

表 2－9－1　化纤、橡胶、塑料相关制造业上市公司案件诉讼类型

诉讼类型	案件数量（件）
民事诉讼	60
行政诉讼	0
刑事诉讼	0

2. 案由种类

如表 2－9－2 所示，从案件案由种类上看，2019 年化纤、橡胶、塑料相关制造业所涉及的 60 件案件中，大多数为合同纠纷，其中，买卖合同纠纷数量最多，为 30 件，占全部案例数量的一半。其他案由还包括借款合同纠纷、承揽合同纠纷等合同纠纷；无因管理、不当得利纠纷、追偿权纠纷、机动车交通事故责任纠纷等。

表 2－9－2　化纤、橡胶、塑料相关制造业上市公司案件案由

案　　由	案件数量（件）
买卖合同纠纷	30
借款合同纠纷	8
承揽合同纠纷	8
无因管理、不当得利纠纷	3
追偿权纠纷	2
商标权权属、侵权纠纷	2
融资租赁合同纠纷	1

续表

案　　由	案件数量(件)
建设工程合同纠纷	1
居间合同纠纷	1
机动车交通事故责任纠纷	1
确认合同效力纠纷	1
返还原物纠纷	1
名誉权纠纷	1

(二)案件审理程序

1. 诉讼阶段

从诉讼阶段上看,2019 年化纤、橡胶、塑料相关制造业上市公司所涉及的 60 件案件中,一审判决书 43 件,占比约为 71.67%;二审判决书 17 件,占比约为 28.33%(见图 2－9－1)。

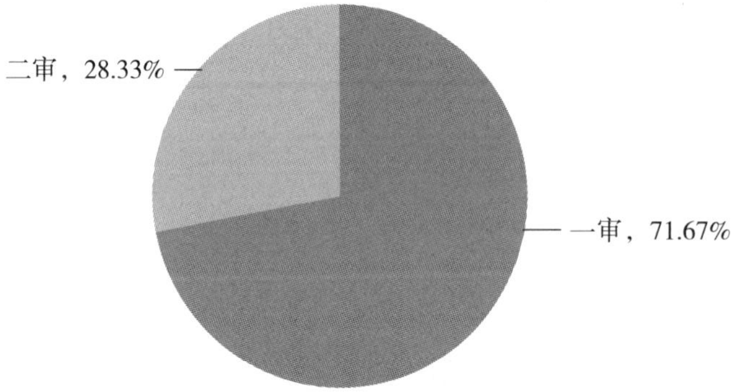

图 2－9－1　化纤、橡胶、塑料相关制造业上市公司案件诉讼阶段分布

2. 法院层级

从诉讼阶段上看,2019 年化纤、橡胶、塑料相关制造业上市公司所涉及的 60 件案件中,基层人民法院审结的案例 42 件,占比为 70.00%;中级人民法院审结的案例 17 件,占比约为 28.33%;高级人民法院审结的案例 1 件,占比约为 1.67%;最高人民法院审结的案例为 0 件(见图 2－9－2)。

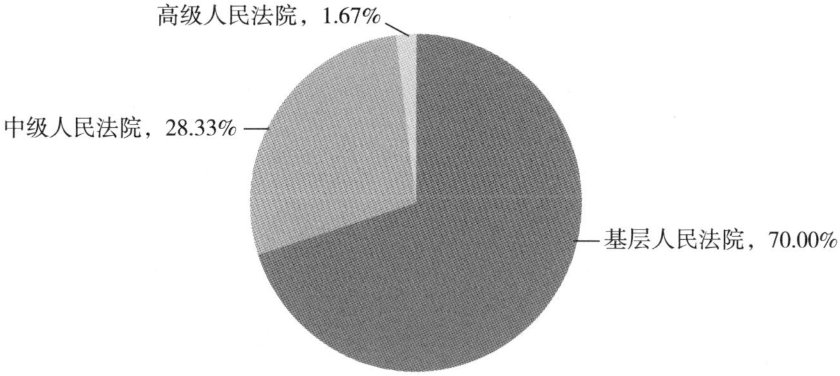

图 2－9－2　化纤、橡胶、塑料相关制造业上市公司案件审理法院层级分布

（三）上市公司诉讼地位

从上市公司的诉讼地位上看，2019 年化纤、橡胶、塑料相关制造业上市公司所涉及的 60 件案件中，上市公司作为原告的案例有 40 件，占比约为 66.67%，上市公司作为被告的案例有 20 件，占比约为 33.33%。可见，2019 年化纤、橡胶、塑料相关制造业上市公司的民事诉讼中，上市公司主动提起诉讼的情形较多，大多数情况下上市公司是作为起诉方主动地参与诉讼（见图 2－9－3）。

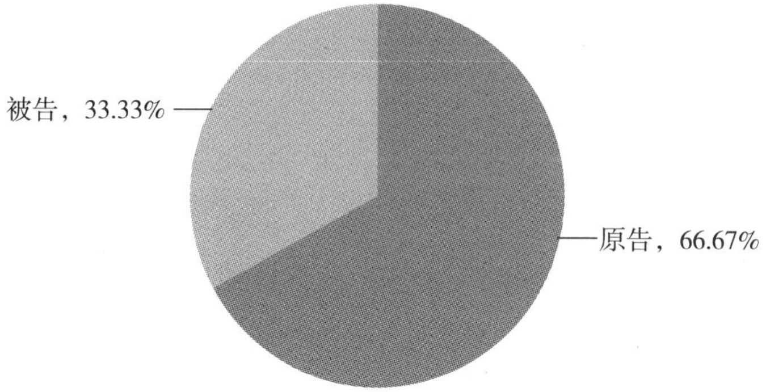

图 2－9－3　化纤、橡胶、塑料相关制造业上市公司诉讼地位总体分布

具体而言，在化纤、橡胶、塑料相关制造业上市公司所涉及的 43 件一审判决中，上市公司作为原告的案例有 31 件，上市公司作为被告的案例有 12 件，二者之间占比差别较大。可见，在一审程序中，农林牧渔业上市公司主动提起诉讼情况比较多见（见图 2－9－4）。

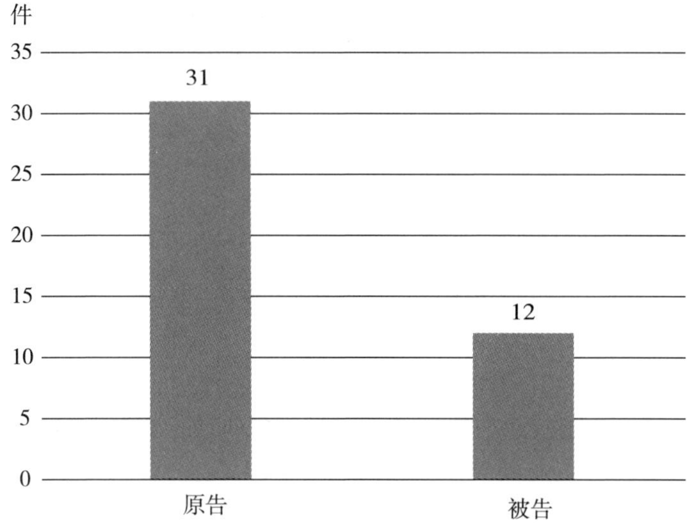

图 2－9－4　化纤、橡胶、塑料相关制造业上市公司一审程序诉讼地位分布

在农林牧渔业上市公司所涉及的 17 件二审判决中，上市公司作为上诉人的案例有 10 件，其中同时为原审原告的有 5 件，同时为原审被告的有 5 件；上市公司作为被上诉人的案例有 7 件，其中同时为原审原告的有 4 件，同时为原审被告的有 3 件。可见，在二审程序中，化纤、橡胶、塑料相关制造业上市公司主动提起上诉、继续诉讼程序的情况较为常见（见图 2－9－5）。

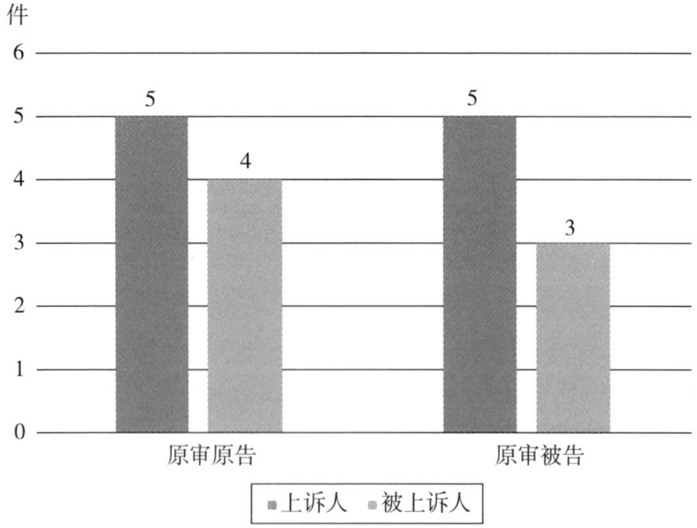

图 2－9－5　化纤、橡胶、塑料相关制造业上市公司二审程序诉讼地位分布

（四）诉讼标的额

除一件确认之诉外，从民事诉讼案件的标的额上看，2019 年化纤、橡胶、塑料相关制造业上市公司所涉及的 59 件案件中，诉讼请求金额在 1 万元以下的案件数量为 0 件，超过 1 万元且 10 万元以下的案件数量为 7 件，超过 10 万元且 20 万元以下的案件数量为 4 件，超过 20 万元且 50 万元以下的案件数量为 11 件，超过 50 万元且 100 万元以下的案件数量为 7 件，超过 100 万元且 200 万元以下的案件数量为 7 件，超过 200 万元且 500 万元以下的案件数量为 7 件，超过 500 万元且 1000 万元以下的案件数量为 6 件，超过 1000 万元且 2000 万元以下的案件数量为 2 件，超过 2000 万元的案件数量为 8 件（见图 2 –9 –6）。

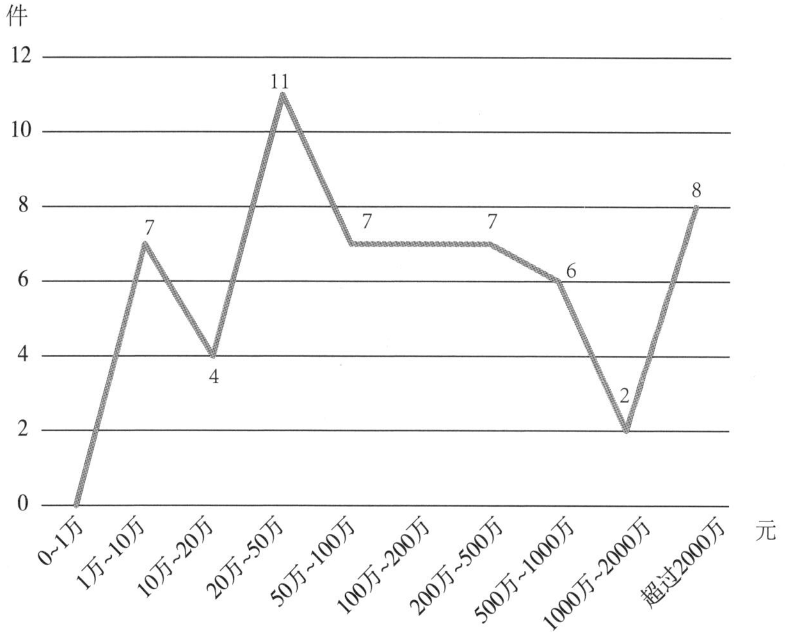

图 2 –9 –6　化纤、橡胶、塑料相关制造业上市公司诉讼标的额分布

如表 2 –9 –3 所示，具体来看，2019 年化纤、橡胶、塑料相关制造业上市公司所涉及的 59 件案件中（除确认之诉外），案件数量最集中的诉讼标的额在 20 万 ~50 万元区间之内，标的额平均值为 8，031，682. 25 元，中位数为 1，064，164. 85 元，标的额最大为 90，266，000. 00 元，最小为 13，324. 40 元。

表 2－9－3　化纤、橡胶、塑料相关制造业上市公司诉讼标的额

单位:元

总　　额	473,869,252.71
平均数	8,031,682.25
中位数	1,064,164.85
最大金额	90,266,000.00
最小金额	13,324.40

（五）诉讼结果和胜诉率

从诉讼结果上看,2019 年化纤、橡胶、塑料相关制造业上市公司所涉及的 60 件案件中,上市公司胜诉的案例有 41 件,上市公司败诉的案例有 19 件。总体来看,农林牧渔业上市公司胜诉的案件数量占比 68%,即化纤、橡胶、塑料相关制造业上市公司的总体胜诉率为 68%(见图 2－9－7)。

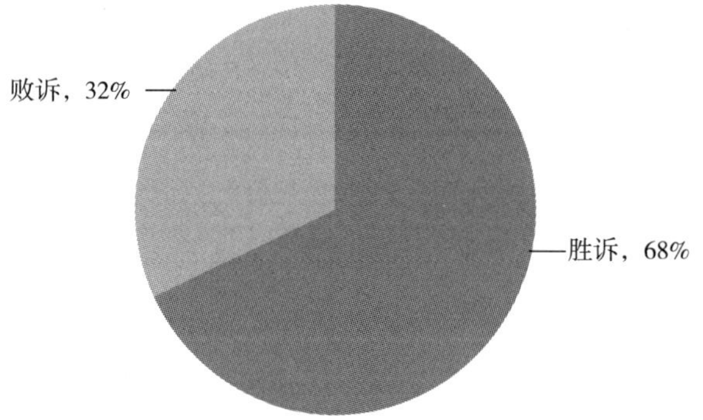

图 2－9－7　化纤、橡胶、塑料相关制造业上市公司诉讼结果占比

具体到不同的诉讼地位上,当化纤、橡胶、塑料相关制造业上市公司为原告时,其胜诉的案件有 32 件,败诉的案件有 8 件,胜诉率为 80.00%,高于总体胜诉率。当化纤、橡胶、塑料相关制造业上市公司为被告时,其胜诉的案件有 9 件,败诉的案件有 11 件,胜诉率为 45.00%,低于总体胜诉率(见图 2－9－8)。

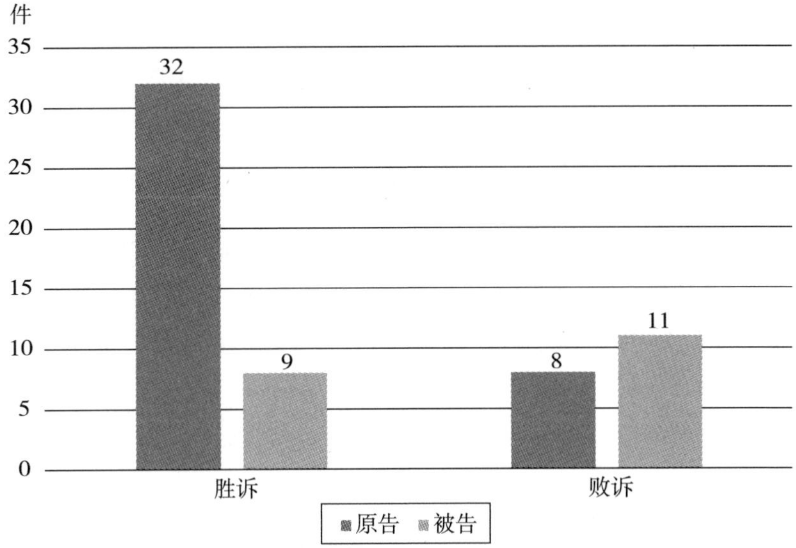

图 2－9－8　化纤、橡胶、塑料相关制造业上市公司胜诉情况与诉讼地位交叉分布情况

具体到不同的诉讼阶段上，在一审判决中，上市公司胜诉的案件有 32 件，败诉的案件有 11 件，胜诉率约为 74.42%，略高于总体胜诉率。在二审判决中，上市公司胜诉的案件有 9 件，败诉的案件有 8 件，胜诉率约为 52.94%，低于总体胜诉率（见图 2－9－9）。

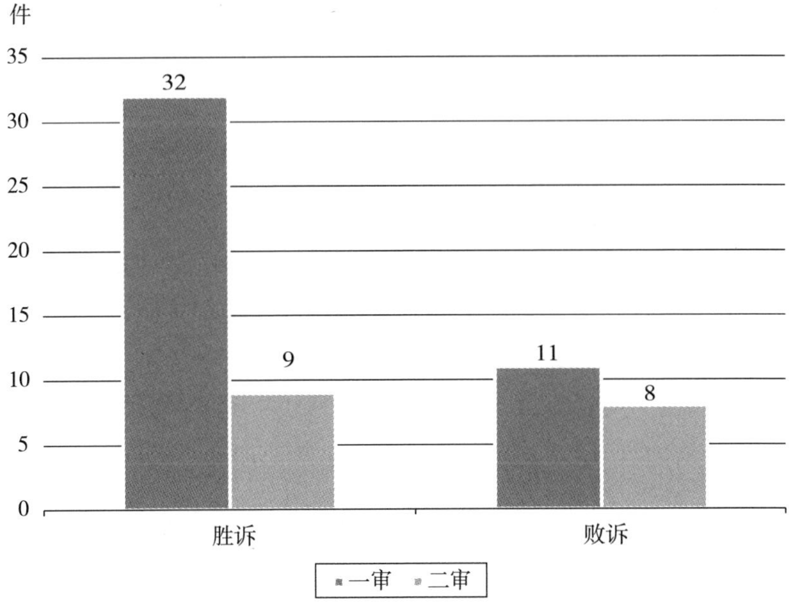

图 2－9－9　化纤、橡胶、塑料相关制造业上市公司胜诉情况与诉讼阶段交叉分布情况

第十节　非金属矿物制品业

一、非金属矿物制品业上市公司概况

非金属矿物制品是以非金属矿物材料经过进一步加工形成的产品，而非金属矿物制品业当然是以生产、制造非金属矿物制品的产业。根据我国国民经济分类，非金属矿物制品业包括水泥、石灰和石膏制造；石膏、水泥制品及类似制品制造；砖瓦、石材等建筑材料制造；玻璃制造；玻璃制品制造；玻璃纤维和玻璃纤维增强塑料制品制造；陶瓷制品制造；耐火材料制品制造以及石墨及其他非金属矿物制品制造。

2019 年第三季度我国非金属矿物制品业上市公司共计 84 家。从市场规模上看，我国上市公司中非金属矿物制品业的整体规模较小，其数量仅占全部上市公司的约 2.26%，可见非金属矿物制品业在全国范围内具有较大市场影响力的企业数量较少。

二、非金属矿物制品业行业政策和法律风险新动向

（一）非金属矿物制品业行业政策新动向

为加快推动非金属制品制造业改造提升，浙江省工业转型升级领导小组办公室发布《非金属制品业改造提升实施方案（2017－2020 年）》。在分析浙江省非金属制品制造业基本现状的前提下，以质量效益、供给优化、创新能力、融合拓展、绿色发展为目标定位，意图在水泥及制品行业等重点领域深化实施技术创新突破、深化实施“互联网＋”示范试点、加快推进绿色生产、加快培育领军企业、加快提高优质供给、加快增强人才支撑，并以省工业转型升级领导小组和非金属制品制造业改造提升专项工作组共同组织实施。

（二）非金属矿物制品业法律风险新动向

为了规范深圳证券交易所上市公司从事非金属建材相关业务的信息披露行为，保护投资者的合法权益，深圳证券交易所 2019 年 11 月 3 日发布《深圳证券交易所行业信息披露指引第 13 号——上市公司从事非金属建材相关业务》。该指引共 18 条，其中，明确了必须履行信息披露义务的主体；披露信息、引用数据、使用专业术语的相应要求；上市公司应当在“经营情况讨论与分析”中披露哪些反映行业和

自身生产经营特征的信息；上市公司在年度报告、半年度报告的“重要事项”中应当披露哪些环境保护信息；上市公司一旦发生环境事故或者重大安全事故的应当及时披露哪些信息；上市公司根据《公开发行证券的公司信息披露编报规则第 15 号——财务报告的一般规定》披露财务报告附注时，应当披露哪些信息等。该规范可能会对非金属矿物制品业从事业务时所负有的信息披露义务产生影响，或者带来新的法律风险，非金属矿物制品业上市公司应当严格遵守上述指引，避免法律风险发生。

三、非金属矿物制品业上市公司诉讼情况统计

本书以非金属矿物制品业的 84 家上市公司为当事人检索案例，共收集 2019 年全国法院判决的各类司法判决书 72 份，作为统计分析的样本。

（一）案件类型分布

1. 诉讼类型

如表 2－10－1 所示，从案件诉讼类型上看，2019 年非金属矿物制品业上市公司所涉及的 72 件案件中，64 件为民事诉讼，行政诉讼案件 8 件，刑事诉讼案件数量为 0 件。

表 2－10－1 非金属矿物制品业上市公司案件诉讼类型

诉讼类型	案件数量（件）
民事诉讼	64
行政诉讼	8
刑事诉讼	0

2. 案由种类

如表 2－10－2、表 2－10－3 所示，从案件案由种类上看，2019 年非金属矿物制品业上市公司所涉及的 64 件民事案件中，大多数为合同纠纷，其中，买卖合同纠纷最多，为 28 件。其他案由还包括股东损害公司债权人利益责任纠纷、票据利益返还请求权纠纷、票据付款请求权纠纷等与票据有关的纠纷以及无因管理、不当得利纠纷等。其余 8 件行政诉讼案件，分别有 5 件案由为商标权撤销复审行政纠纷、1 件行政复议和 2 件商标申请驳回复审行政纠纷。

表2－10－2　非金属矿物制品业上市公司案件案由（民事）

案　　由	案件数量（件）
买卖合同纠纷	28
劳务合同纠纷	10
无因管理、不当得利纠纷	4
借款合同纠纷	4
商标权权属、侵权纠纷	3
技术合同纠纷	2
租赁合同纠纷	2
专利权权属、侵权纠纷	2
股东损害公司债权人利益责任纠纷	2
票据利益返还请求权纠纷	1
票据付款请求权纠纷	1
生命权、健康权、身体权纠纷	1
承揽合同纠纷	1
劳动合同纠纷	1
票据追索权纠纷	1
房屋买卖合同纠纷	1

表2－10－3　非金属矿物制品业上市公司案件案由（行政）

案　　由	案件数量（件）
商标权撤销复审行政纠纷	5
行政复议	1
商标申请驳回复审行政纠纷	2

（二）案件审理程序

1.诉讼阶段

从诉讼阶段上看，2019年非金属矿物制品业上市公司所涉及的72件案件中，一审判决书51件，占比约为70.83%；二审判决书21件，占比29.17%（见图2－10－1）。

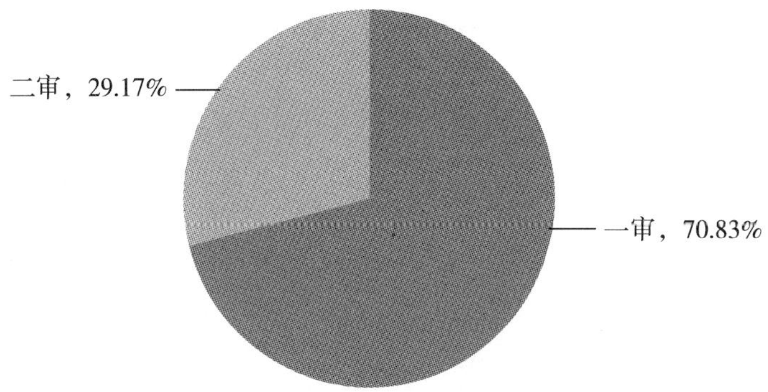

图 2-10-1 非金属矿物制品业上市公司案件诉讼阶段分布

2. 法院层级

从诉讼阶段上看，2019 年非金属矿物制品业上市公司所涉及的 72 件案件中，基层人民法院审结的案例 45 件，占比约为 62.50%；中级人民法院审结的案例 21 件，占比约为 29.17%；高级人民法院审结的案例 6 件，占比约为 8.33%；最高人民法院审结的案例为 0 件（见图 2-10-2）。

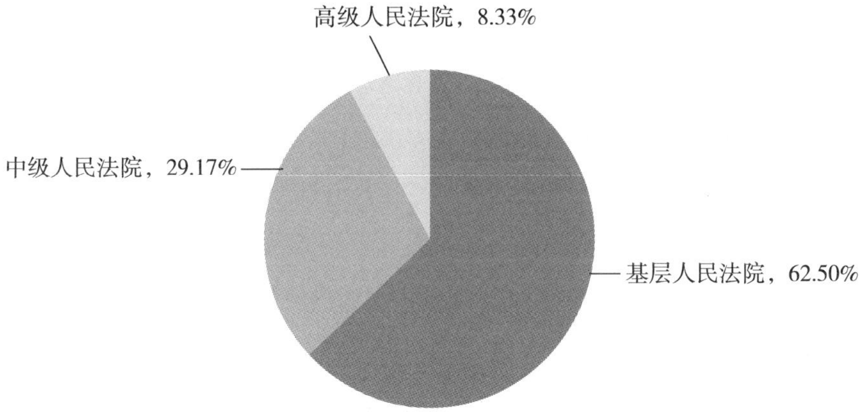

图 2-10-2 非金属矿物制品业上市公司案件审理法院层级分布

（三）上市公司诉讼地位

从上市公司的诉讼地位上看，2019 年非金属矿物制品业上市公司所涉及的 72 件案件中，上市公司作为原告的案例有 38 件，占比约为 52.78%；上市公司作为被告的案例有 34 件，占比约为 47.22%。可见，2019 年非金属矿物制品业上市公司的诉讼中，上市公司主动提起诉讼的情形与被动参与诉讼的情形数量相差无几（见图 2-10-3）。

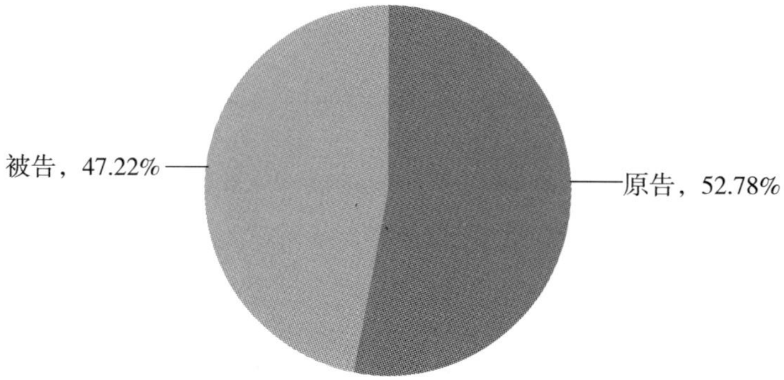

图 2－10－3　非金属矿物制品业上市公司诉讼地位总体分布

具体而言，在非金属矿物制品业上市公司所涉及的 52 件一审判决中，上市公司作为原告的案例有 34 件，上市公司作为被告的案例有 18 件，二者之间占比差别较大。可见，在一审程序中，非金属矿物制品业上市公司主动提起诉讼、发起诉讼程序情况较为多见（见图 2－10－4）。

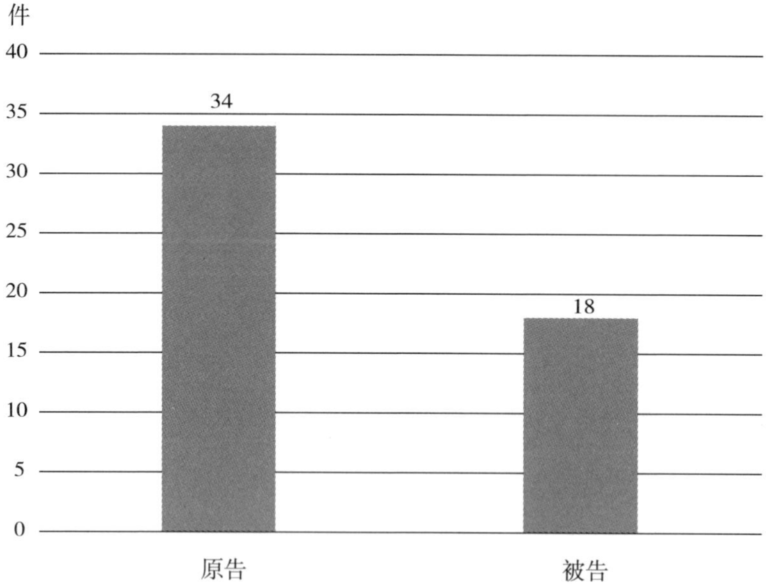

图 2－10－4　非金属矿物制品业上市公司一审程序诉讼地位分布

在非金属矿物制品业上市公司所涉及的 20 件二审判决中，上市公司作为上诉人的案例有 10 件，其中同时为原审原告的有 1 件，同时为原审被告的有 9 件；上市公司作为被上诉人的案例有 10 件,其中同时为原审原告的有 3 件,同时为原审被告的有 7 件(见图 2-10-5)。

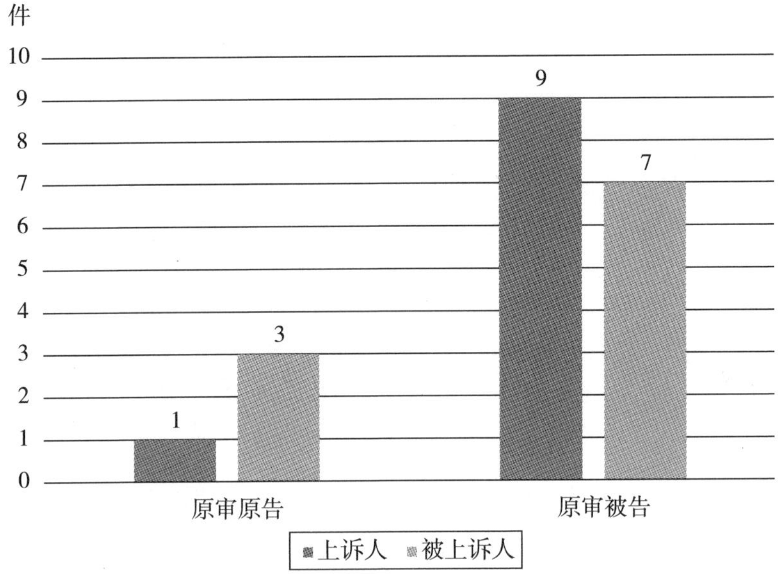

图 2-10-5 非金属矿物制品业上市公司二审程序诉讼地位分布

(四)诉讼标的额

从民事诉讼案件的标的额上看,2019 年非金属矿物制品业上市公司所涉及的 64 件民事案件中,除去 1 件原告撤诉、1 件驳回上诉案件外,诉讼请求金额在 1 万元以下的案件数量为 10 件,超过 1 万元且 10 万元以下的案件数量为 4 件,超过 10 万元且 20 万元以下的案件数量为 6 件,超过 20 万元且 50 万元以下的案件数量为 15 件,超过 50 万元且 100 万元以下的案件数量为 6 件,超过 100 万元且 200 万元以下的案件数量为 6 件,超过 200 万元且 500 万元以下的案件数量为 5 件,超过 500 万元且 1000 万元以下的案件数量为 5 件,超过 1000 万元且 2000 万元以下的案件数量为 3 件,超过 2000 万元的案件数量为 2 件(见图 2-10-6)。

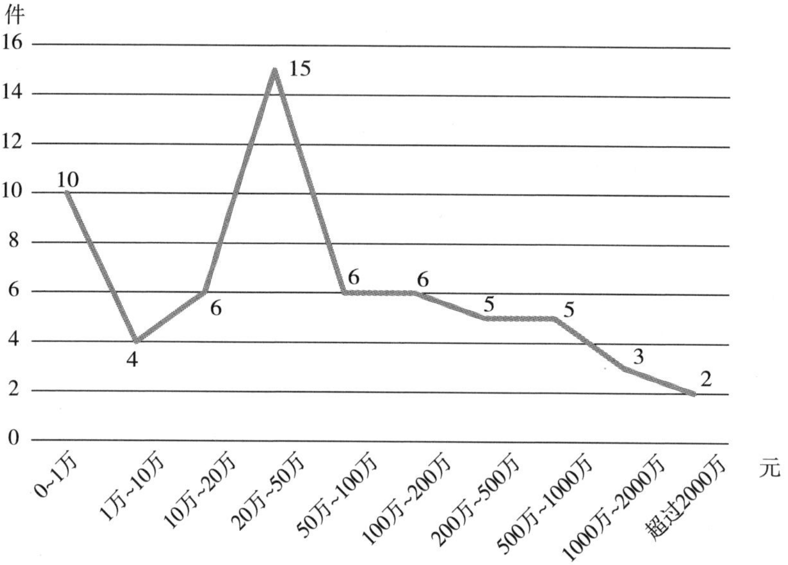

图 2－10－6　非金属矿物制品业上市公司诉讼标的额分布

如表 2－10－4 所示，具体来看，2019 年非金属矿物制品业上市公司所涉及的民事案件中（除撤诉和驳回上诉外），案件数量最集中的诉讼标的额在 20 万～50 万元区间之内，标的额平均值为 2,570,840.92 元，中位数为 430,667.10 元，标的额最大为 31,850,000.00 元，最小为 0.00 元。

表 2－10－4　非金属矿物制品业上市公司诉讼标的额

单位：元

总　　额	159,392,137.14
平均数	2,570,840.92
中位数	430,667.10
最大金额	31,850,000.00
最小金额	0.00

（五）诉讼结果和胜诉率

如图 2－10－7 所示，从诉讼结果上看，2019 年非金属矿物制品业上市公司所涉及的 72 件案件中，上市公司胜诉的案例有 60 件，上市公司败诉的案例有 10 件，1 件案例的诉讼结果为原告撤诉，1 件为驳回上诉。总体来看，非金属矿物制品业上市公司胜诉的案件数量占比约为 83.33%，如果排除撤诉和驳回上诉的情形，则非金属矿物制品业上市公司的总体胜诉率约为 85.71%。

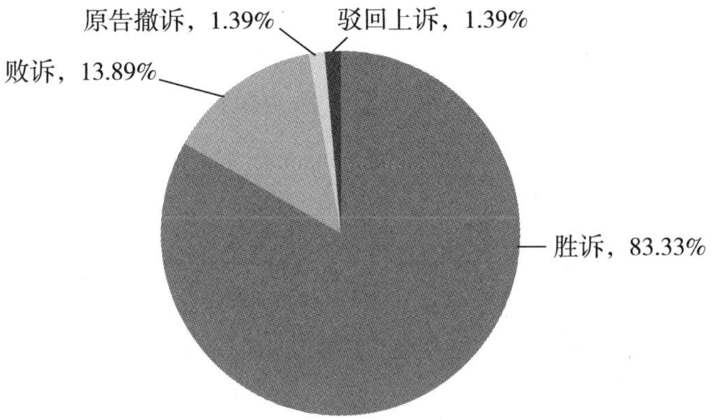

图2－10－7　非金属矿物制品业上市公司诉讼结果占比

具体到不同的诉讼地位上，当非金属矿物制品业上市公司为原告时，其胜诉的案件有34件，败诉的案件有2件，胜诉率约为94.44%，高于总体胜诉率。当非金属矿物制品业上市公司为被告时，其胜诉的案件有26件，败诉的案件有8件，胜诉率约为76.47%，低于总体胜诉率（见图2－10－8）。

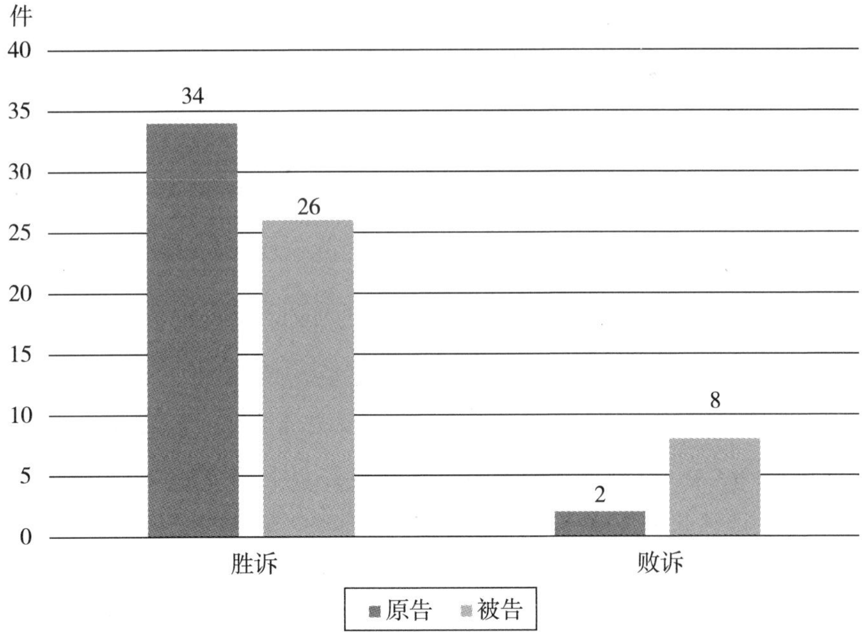

图2－10－8　非金属矿物制品业上市公司胜诉情况与诉讼地位交叉分布情况

具体到不同的诉讼阶段上，在一审判决中，上市公司胜诉的案件有44件，败诉的案件有6件，胜诉率为88.00%，略高于总体胜诉率。在二审判决中，上市公司胜诉的案件有 16 件，败诉的案件有 4 件，胜诉率为 80.00%，略低于总体胜诉率（见图 2－10－9）。

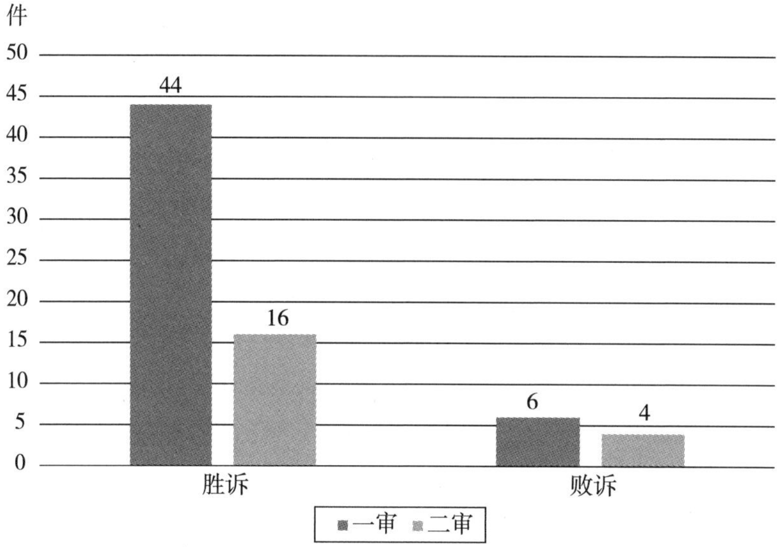

图2－10－9　非金属矿物制品业上市公司胜诉情况与诉讼阶段交叉分布情况

第十一节　金属相关制造业

一、金属相关制造业上市公司概况

根据我国国民经济行业分类，金属相关制造业包括黑色金属冶炼和压延加工业、有色金属冶炼和压延加工业和金属制品业，属于制造业大类。金属相关制造业上市公司的经营活动主要围绕金属材料的生产和制造展开。

2019 年第三季度我国金属相关制造业上市公司共计 156 家，从市场规模上看，我国上市公司中金属相关制造业的整体规模较大，但其数量仅占全部上市公司的约 4.19%，可见金属相关制造业在全国范围内具有较大市场影响力的企业数量较少。

二、金属相关制造业行业政策和法律风险新动向

（一）金属相关制造业行业政策新动向

为保护和合理开发优势矿产资源，2019 年 2 月，自然资源部、工业和信息化部

发布《关于下达 2019 年度稀土矿钨矿开采总量控制指标(第一批)的通知》,将稀土矿、钨矿开采总量控制指标分两批下达。同月,自然资源部与工业和信息化部发布《关于下达 2019 年第一批稀土开采、冶炼分离总量控制计划的通知》,将 2019 年第一批稀土开采、冶炼分离总量控制计划下达各稀土集团。

自然资源资产产权制度是加强生态保护、促进生态文明建设的重要基础性制度。中共中央办公厅、国务院办公厅 2019 年 4 月 14 日印发了《关于统筹推进自然资源资产产权制度改革的指导意见》,将以健全自然资源资产产权体系、明确自然资源资产产权主体、开展自然资源统一调查监测评价、加快自然资源统一确权登记、强化自然资源整体保护、促进自然资源资产集约开发利用、推动自然生态空间系统修复和合理补偿、健全自然资源资产监管体系和完善自然资源资产产权法律体系为主要任务。

(二)金属相关制造业法律风险新动向

2019 年以来,国家实行了多个金属相关制造业领域的法律制度,可能会对金属相关制造业上市公司的生产经营活动产生影响,或者带来新的法律风险。

2019 年 6 月发布的《自由贸易试验区外商投资准入特别管理措施》(负面清单)(2019 年版)规定,禁止投资放射性矿产冶炼、加工,核燃料生产。

为了适应稀土行业发展和税收信息化建设需要,国家将稀土企业等纳入增值税汉字防伪项目管理企业开具增值税发票,同时国家税务总局也发布了相关问题公告。金属相关制造业上市公司应当熟悉上述公告并严格守法、积极预防相关法律风险的发生。

三、金属相关制造业上市公司诉讼情况统计

本书以金属相关制造业的 156 家上市公司为当事人检索案例,共收集 2019 年全国法院判决的各类司法判决书 114 份,作为统计分析的样本。

(一)案件类型分布

1. 诉讼类型

如表 2 - 11 - 1 所示,从案件诉讼类型上看,2019 年金属相关制造业上市公司所涉及的 114 件案件中,民事诉讼为 112 件,行政诉讼为 2 件,刑事诉讼案件数量为 0 件。

表 2－11－1　金属相关制造业上市公司案件诉讼类型

诉讼类型	案件数量(件)
民事诉讼	112
行政诉讼	2
刑事诉讼	0

2. 案由种类

如表 2－11－2、表 2－11－3 所示,从案件案由种类上看,2019 年金属相关制造业上市公司所涉及的 112 件民事案件中,种类复杂,合同纠纷较多,其中,买卖合同纠纷、建设工程合同纠纷数量最多,分别为 38 件和 13 件,其他案由还包括证券欺诈责任纠纷、票据追索权纠纷、提供劳务者受害责任纠纷等。另外,2 件行政案件的案由均为商标权撤销复审行政纠纷。

表 2－11－2　金属相关制造业上市公司案件案由(民事)

案　　由	案件数量(件)
买卖合同纠纷	38
建设工程合同纠纷	13
证券欺诈责任纠纷	11
无因管理、不当得利纠纷	11
商标权权属、侵权纠纷	3
票据追索权纠纷	3
借款合同纠纷	3
机动车交通事故责任纠纷	3
生命权、健康权、身体权纠纷	2
租赁合同纠纷	2
财产损害赔偿纠纷	2
票据付款请求权纠纷	2
提供劳务者受害责任纠纷	2
著作权权属、侵权纠纷	2
承揽合同纠纷	1
铁路运输损害责任纠纷	1
其他海事海商纠纷	1
追偿权纠纷	1

续表

案　　由	案件数量(件)
人身保险合同纠纷	1
环境污染责任纠纷	1
运输合同纠纷	1
劳动合同纠纷	1
其他侵权责任纠纷	1
确认合同效力纠纷	1
服务合同纠纷	1
融资租赁合同纠纷	1
因申请诉中财产保全损害责任纠纷	1
对外追收债权纠纷	1

表 2－11－3　金属相关制造业上市公司案件案由(行政)

案　　由	案件数量(件)
商标权撤销复审行政纠纷	1

(二)案件审理程序

1. 诉讼阶段

从诉讼阶段上看,2019 年金属相关制造业上市公司所涉及的 114 件案件中,一审判决书 70 件,占比约为 61.40%;二审判决书 40 件,占比约为 35.09%;再审判决书 4 件,占比约为 3.51%(见图 2－11－1)。

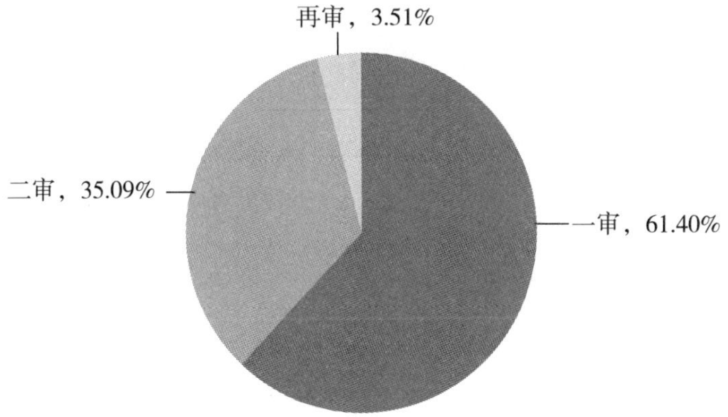

图 2－11－1　金属相关制造业上市公司案件诉讼阶段分布

2. 法院层级

如图 2－11－2 所示，从诉讼阶段上看，2019 年金属相关制造业上市公司所涉及的 114 件案件中，基层人民法院审结的案例 61 件，占比约为 53.51%；中级人民法院审结的案例 34 件，占比约为 29.82%；高级人民法院审结的案例 15 件，占比约为 13.16%；最高人民法院审结的案例 4 件，占比约为 3.51%。

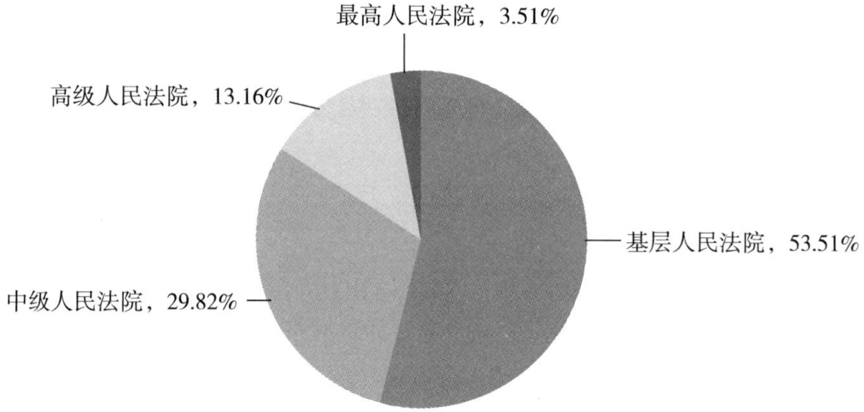

图 2－11－2　金属相关制造业上市公司案件审理法院层级分布

（三）上市公司诉讼地位

从上市公司的诉讼地位上看，2019 年金属相关制造业上市公司所涉及的 114 件案件中，上市公司作为原告的案例有 67 件，占比约为 58.77%，上市公司作为被告的案例有 47 件，占比约为 41.23%。可见，2019 年金属相关制造业上市公司的诉讼中，上市公司主动提起诉讼的情形较多（见图 2－11－3）。

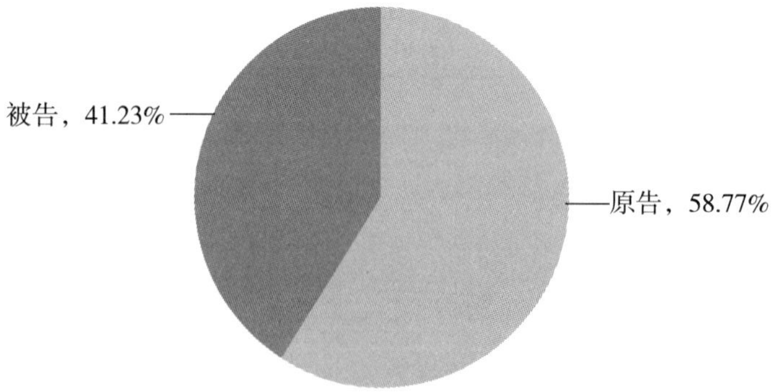

图 2－11－3　金属相关制造业上市公司诉讼地位总体分布

具体而言，在金属相关制造业上市公司所涉及的 70 件一审判决中，上市公司作为原告的案例有 39 件，上市公司作为被告的案例有 31 件，二者之间占比差距不大（见图 2－11－4）。

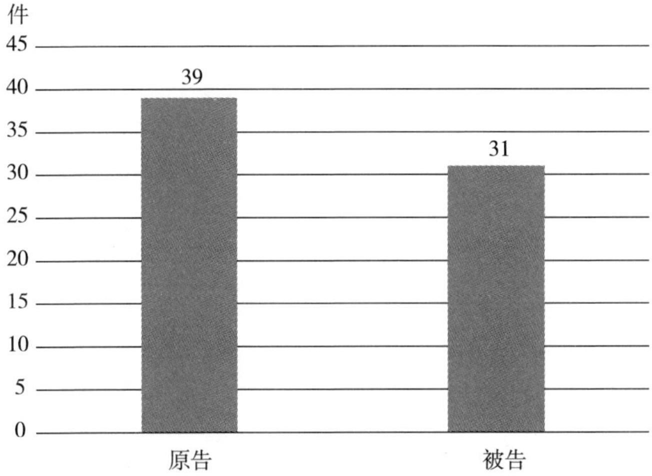

图 2－11－4　金属相关制造业上市公司一审程序诉讼地位分布

在金属相关制造业上市公司所涉及的 40 件二审判决中，上市公司作为上诉人的案例有 28 件，其中同时为原审原告的有 23 件，同时为原审被告的有 5 件；上市公司作为被上诉人的案例有 12 件，其中同时为原审原告的有 4 件，同时为原审被告的有 8 件。可见，在二审程序中，金属相关制造业上市公司主动提起上诉、继续诉讼程序的情况较为常见（见图 2－11－5）。

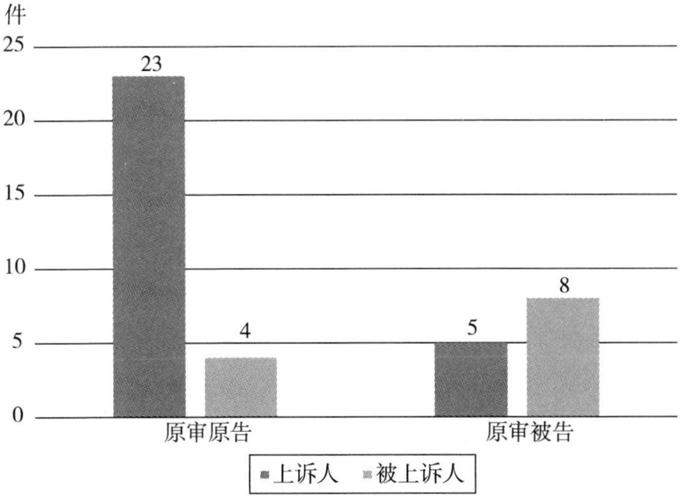

图 2－11－5　金属相关制造业上市公司二审程序诉讼地位分布

在金属相关制造业上市公司所涉及的4件再审判决中，上市公司作为申请人的案例有2件，其中同时为原审原告的有1件，同时为原审被告的有1件；上市公司作为被申请人的案例有2件，其中同时为原审原告的有0件，同时为原审被告的有2件（见图2-11-6）。

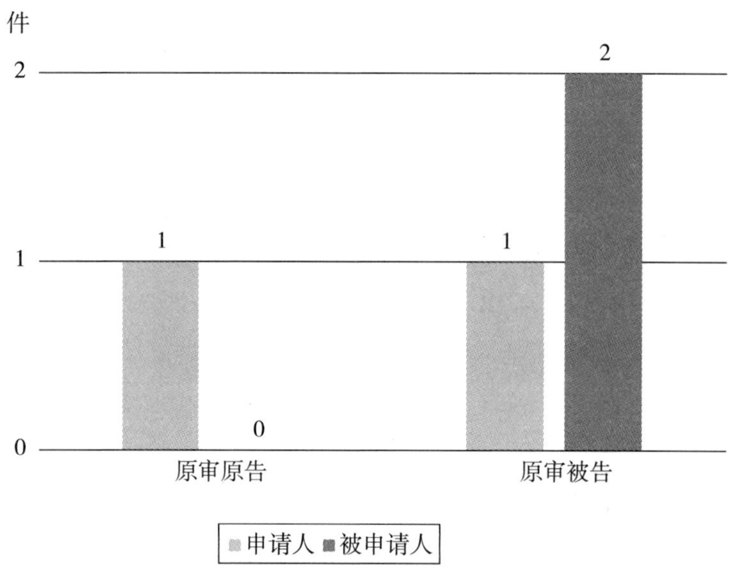

图2-11-6 金属相关制造业上市公司再审程序诉讼地位分布

（四）诉讼标的额

从民事诉讼案件的标的额上看，除1件撤诉、1件确认之诉以及7件驳回上诉外，2019年金属相关制造业上市公司所涉及的105个案件中，诉讼请求金额在1万元以下的案件数量为10件，超过1万元且10万元以下的案件数量为20件，超过10万元且20万元以下的案件数量为9件，超过20万元且50万元以下的案件数量为15件，超过50万元且100万元以下的案件数量为8件，超过100万元且200万元以下的案件数量为15件，超过200万元且500万元以下的案件数量为14件，超过500万元且1000万元以下的案件数量为6件，超过1000万元且2000万元以下的案件数量为3件，超过2000万元的案件数量为5件（见图2-11-7）。

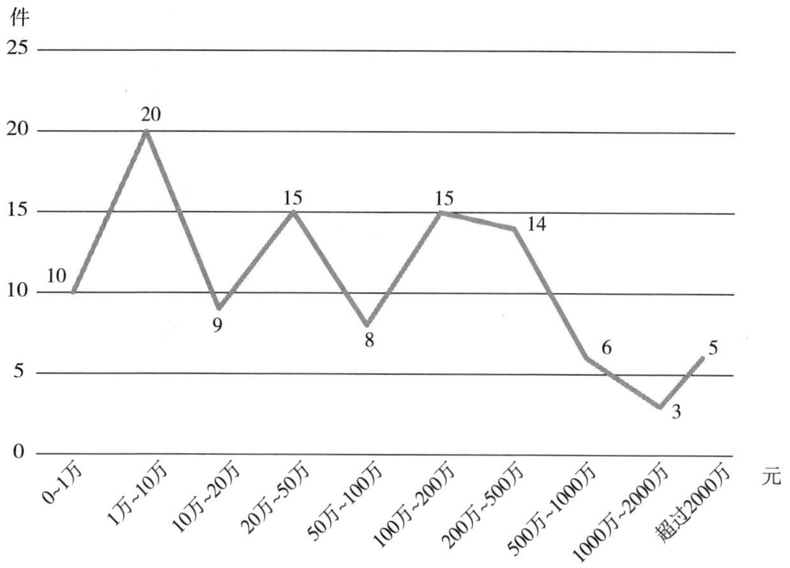

图 2-11-7 金属相关制造业上市公司诉讼标的额分布

具体来看,2019 年金属相关制造业上市公司所涉及的案件中,案件数量最集中的诉讼标的额在 1 万~10 万元区间之内,标的额平均值为 12,844,653.26 元,中位数为 500,000.00 元,标的额最大为 606,323,894.00 元,最小为 0 元(见表 2-11-4)。

表 2-11-4 金属相关制造业上市公司诉讼标的额

单位:元

总　　额	1,348,688,592.13
平均数	12,844,653.26
中位数	500,000.00
最大金额	606,323,894.00
最小金额	0

(五)诉讼结果和胜诉率

从诉讼结果上看,2019 年金属相关制造业上市公司所涉及的 114 件案件中,上市公司胜诉的案例有 64 件,上市公司败诉的案例有 42 件,1 件案例的诉讼结果为原告撤诉,7 件案例诉讼结果为驳回上诉。总的来看,金属相关制造业上市公司胜诉的案件数量占比约为 56.14%,如果排除撤诉和驳回上诉的情形,则金属相关制造业上市公司的总体胜诉率约为 60.38%(见图 2-11-8)。

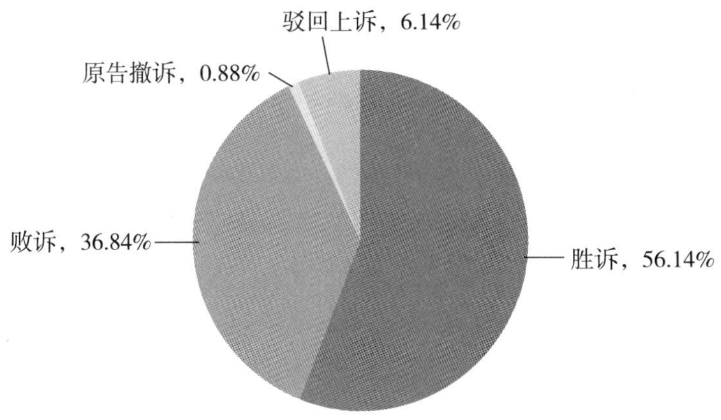

图 2－11－8　金属相关制造业上市公司诉讼结果占比

具体到不同的诉讼地位上，当金属相关制造业上市公司为原告时，其胜诉的案件有 44 件，败诉的案件有 19 件，胜诉率约为 69.84%，略高于总体胜诉率。当金属相关制造业上市公司为被告时，其胜诉的案件有 20 件，败诉的案件有 23 件，胜诉率约为 46.51%，低于总体胜诉率（见图 2－11－9）。

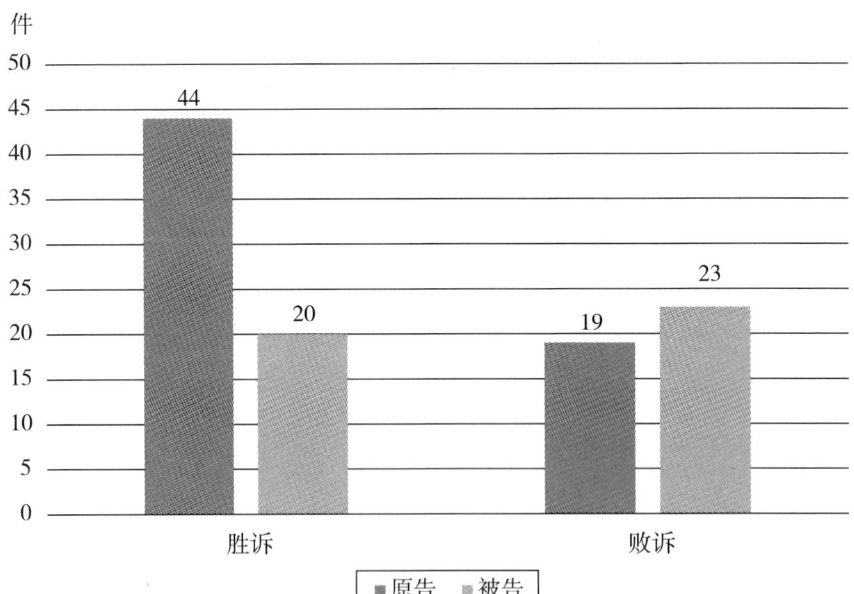

图 2－11－9　金属相关制造业上市公司胜诉情况与诉讼地位交叉分布情况

具体到不同的诉讼阶段上，在一审判决中，上市公司胜诉的案件有 48 件，败诉的案件有 21 件，胜诉率为 69.57%，高于总体胜诉率。在二审判决中，上市公司胜诉的案件有 14 件,败诉的案件有 20 件,胜诉率为 41% ,远低于总体胜诉率。在再审判决中,胜诉的案件有 2 件,败诉的案例有 1 件,胜诉率约为 66.67% ,略高于总体胜诉率(见图 2 - 11 - 10)。

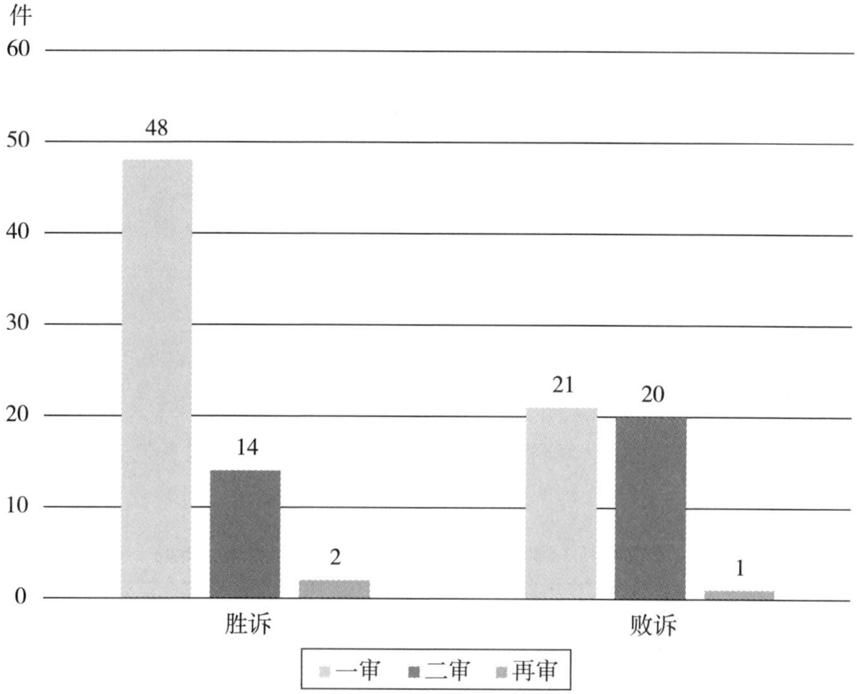

图 2 - 11 - 10 金属相关制造业上市公司胜诉情况与诉讼阶段交叉分布情况

第十二节 通用设备制造业

一、通用设备制造业上市公司概况

通用设备制造业,是指使用于 1 个以上行业的设备制造,与专业设备制造业相区分。根据我国国民经济行业分类,通用设备制造业从属于制造业大类,包括锅炉及原动设备制造;金属加工机械制造;物料搬运设备制造;泵、阀门、压缩机及类似机械制造;轴承、齿轮和传动部件制造;烘炉、风机、包装等设备制造;文化、办公用机械制造;通用零部件制造以及其他通用设备制造业。

2019 年第三季度我国通用设备制造业上市公司共计 136 家,从市场规模上看,我国上市公司中通用设备制造业的整体规模处于平均位置，但其数量仅占全部上市公司的约3.66%，可见通用设备制造业在全国范围内具有较大市场影响力的企业数量较少。

二、通用设备制造业行业政策和法律风险新动向

查询无相关政策与法律风险。

三、通用设备制造业上市公司诉讼情况统计

本书以通用设备制造业的136家上市公司为当事人检索案例，共收集2019年全国法院判决的各类司法判决书140份，作为统计分析的样本。

（一）案件类型分布

1. 诉讼类型

如表2－12－1所示，从案件诉讼类型上看，2019年通用设备制造业上市公司所涉及的140件案件中138件为民事诉讼，行政和刑事诉讼案件数量均为1件。

表2－12－1　通用设备制造业上市公司案件诉讼类型

诉讼类型	案件数量（件）
民事诉讼	138
行政诉讼	1
刑事诉讼	1

2. 案由种类

如表2－12－2、表2－12－3所示，从案件案由种类上看，2019年通用设备制造业上市公司所涉及的138件民事案件中，大多数为合同纠纷，其中，买卖合同纠纷、承揽合同纠纷、借款合同纠纷数量最多，分别为73件、17件和10件，合计100件，占全部案例数量的大部分。其他案由还包括票据追索权纠纷、机动车交通事故责任纠纷、破产债权确认纠纷、不当得利纠纷、不正当竞争纠纷等。另外，唯一行政案件案由为变更登记行政纠纷、唯一刑事案件案由为虚开增值税专用发票罪。

表 2-12-2 通用设备制造业上市公司案件案由(民事)

案 由	案件数量(件)
买卖合同纠纷	73
承揽合同纠纷	17
借款合同纠纷	10
票据追索权纠纷	4
商标权权属、侵权纠纷	4
债权转让合同纠纷	3
服务合同纠纷	3
机动车交通事故责任纠纷	3
运输合同纠纷	3
建设工程合同纠纷	2
提供劳务者受害责任纠纷	2
融资租赁合同纠纷	2
居间合同纠纷	1
产品责任纠纷	1
保证合同纠纷	1
破产债权确认纠纷	1
招标投标买卖合同纠纷	1
特许经营合同纠纷	1
典当纠纷	1
证券回购合同纠纷	1
无因管理、不当得利纠纷	1
租赁合同纠纷	1
请求确认债务人行为无效纠纷	1
仿冒纠纷	1

表 2-12-3 通用设备制造业上市公司案件案由(行政、刑事)

案 由	案件数量(件)
变更登记行政纠纷	1
虚开增值税专用发票罪	1

（二）案件审理程序

1. 诉讼阶段

从诉讼阶段上看，2019 年通用设备制造业上市公司所涉及的 140 件案件中，一审判决书 96 件，占比约为 68.57%；二审判决书 43 件，占比约为 30.72%；再审判决书 1 件，占比约为 0.71%（见图 2-12-1）。

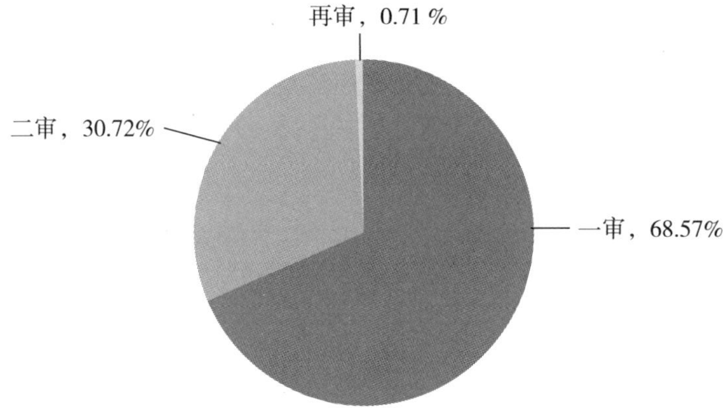

图 2-12-1　通用设备制造业上市公司案件诉讼阶段分布

2. 法院层级

如图 2-12-2 所示，从诉讼阶段上看，2019 年通用设备制造业上市公司所涉及的 140 件案件中，基层人民法院审结的案例 90 件，占比约为 64.29%；中级人民法院审结的案例 46 件，占比约为 32.86%；高级人民法院审结的案例 4 件，占比约为 2.85%；最高人民法院审结的案例 0 件。

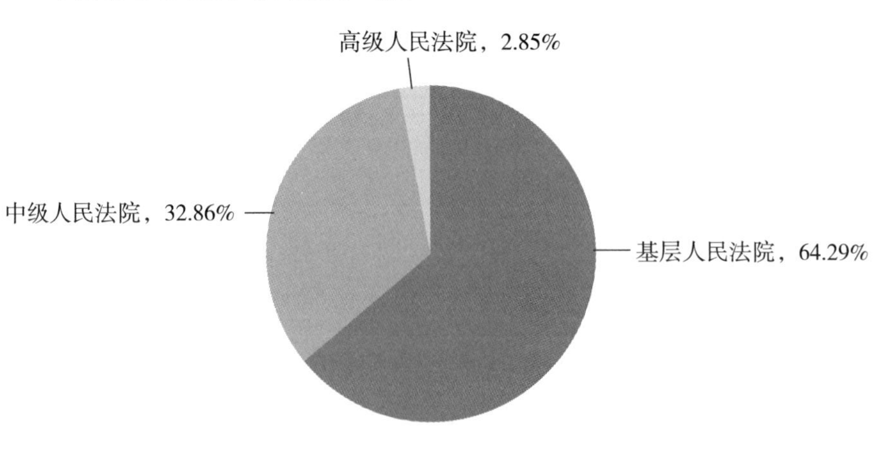

图 2-12-2　通用设备制造业上市公司案件审理法院层级分布

(三)上市公司诉讼地位

从上市公司的诉讼地位上看,2019 年通用设备制造业上市公司所涉及的 140 件案件中,上市公司作为原告的案例有 77 件,占比为 55.00%,上市公司作为被告的案例有 61 件,占比约为 43.57%,上市公司作为第三人的案例有 2 件,占比约为 1.43%。可见,2019 年通用设备制造业上市公司的诉讼中,上市公司主动提起诉讼略高于上市公司被动参与诉讼的情形(见图 2 - 12 - 3)。

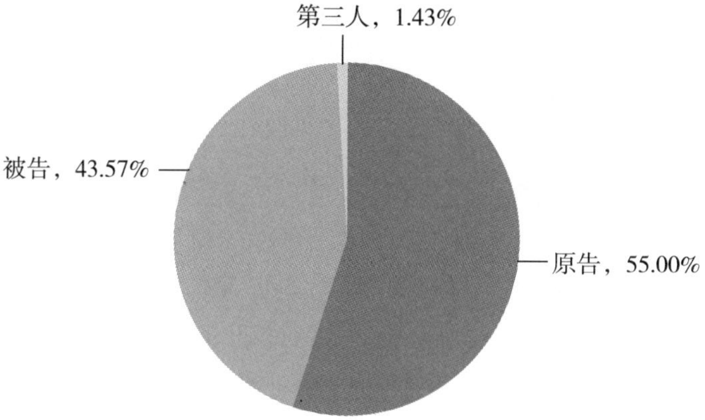

图 2 - 12 - 3　通用设备制造业上市公司诉讼地位总体分布

具体而言,在通用设备制造业上市公司所涉及的 95 件一审判决中,上市公司作为原告的案例有 63 件,上市公司作为被告的案例有 31 件,上市公司作为第三人的案例有 1 件,三者之间占比差别更为悬殊。可见,在一审程序中,通用设备制造业上市公司主动提起诉讼、发起诉讼程序情况较为多见(见图 2 - 12 - 4)。

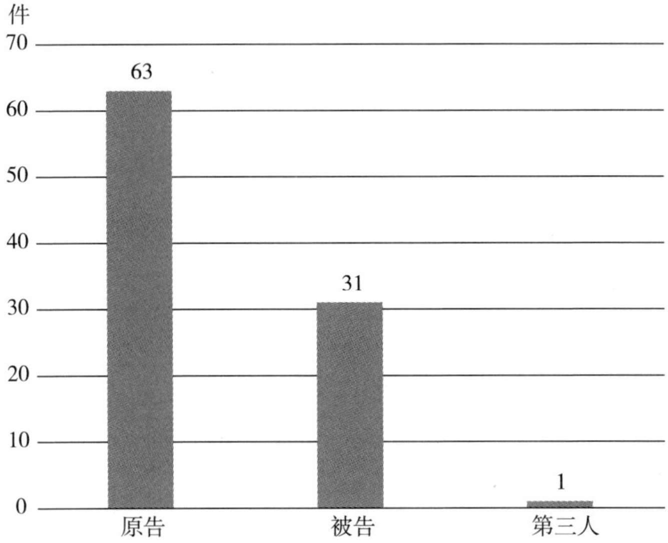

图 2－12－4　通用设备制造业上市公司一审程序诉讼地位分布

在通用设备制造业上市公司所涉及的 45 件二审判决中，上市公司作为上诉人的案例有 25 件，其中同时为原审原告的有 3 件，同时为原审被告的有 22 件；上市公司作为被上诉人的案例有 20 件，其中同时为原审原告的有 11 件，同时为原审被告的有 8 件，同时为原审第三人的有 1 件。可见，在二审程序中，通用设备制造业上市公司主动提起上诉、继续诉讼程序的情况较多（见图 2－12－5）。

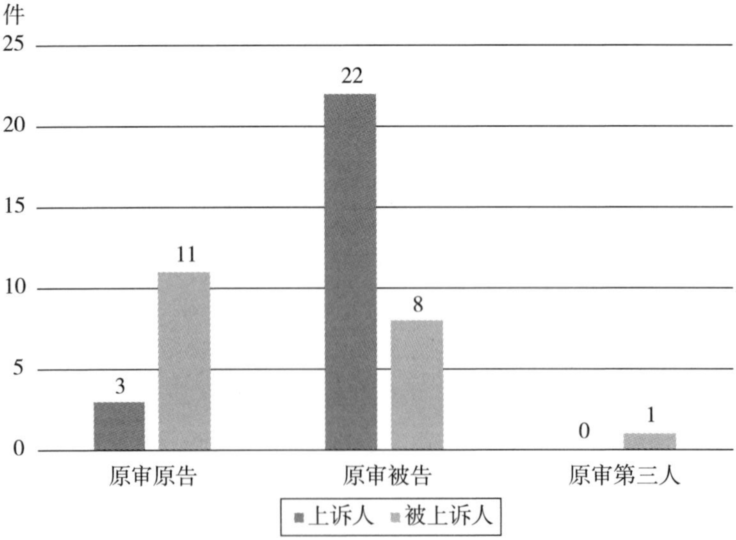

图 2－12－5　通用设备制造业上市公司二审程序诉讼地位分布

（四）诉讼标的额

从民事诉讼案件的标的额上看，除 1 件撤诉和 2 件驳回上诉案件外，2019 年通用设备制造业上市公司所涉及的 135 件民事案件中，诉讼请求金额在 1 万元以下的案件数量为 0 件，超过 1 万元且 10 万元以下的案件数量为 11 件，超过 10 万元且 20 万元以下的案件数量为 17 件，超过 20 万元且 50 万元以下的案件数量为 26 件，超过 50 万元且 100 万元以下的案件数量为 20 件，超过 100 万元且 200 万元以下的案件数量为 22 件，超过 200 万元且 500 万元以下的案件数量为 13 件，超过 500 万元且 1000 万元以下的案件数量为 7 件，超过 1000 万元且 2000 万元以下的案件数量为 6 件，超过 2000 万元的案件数量为 13 件（见图 2－12－6）。

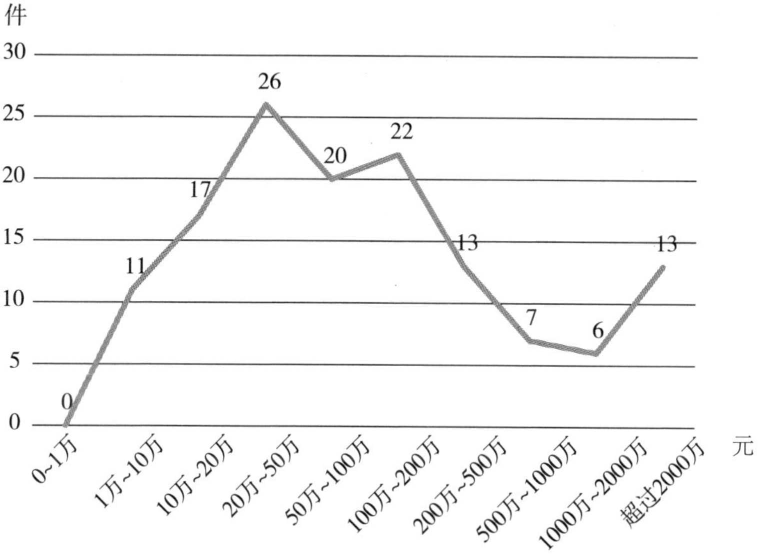

图 2－12－6　通用设备制造业上市公司诉讼标的额分布

具体来看，2019 年通用设备制造业上市公司所涉及的案件中，案件数量最集中的诉讼标的额在 20 万～50 万元区间之内，标的额平均值为 14，120，640.09 元，中位数为 846，943.06 元，标的额最大为 968，554，939.70 元，最小为 36，200.00 元（见表 2－12－4）。

表 2－12－4　通用设备制造业上市公司诉讼标的额

单位：元

总　　额	1,906,286,412.39
平均数	14,120,640.09
中位数	846,943.06
最大金额	968,554,939.70
最小金额	36,200.00

（五）诉讼结果和胜诉率

从诉讼结果上看，2019 年通用设备制造业上市公司所涉及的 140 件案件中，上市公司胜诉的案例有 88 件，上市公司败诉的案例有 49 件，1 件案例的诉讼结果为原告撤诉，2 件为驳回上诉。总的来看，通用设备制造业上市公司胜诉的案件数量占比约为 62.86%，如果排除撤诉和驳回上诉的情形，则通用设备制造业上市公司的总体胜诉率约为 64.23%（见图 2－12－7）。

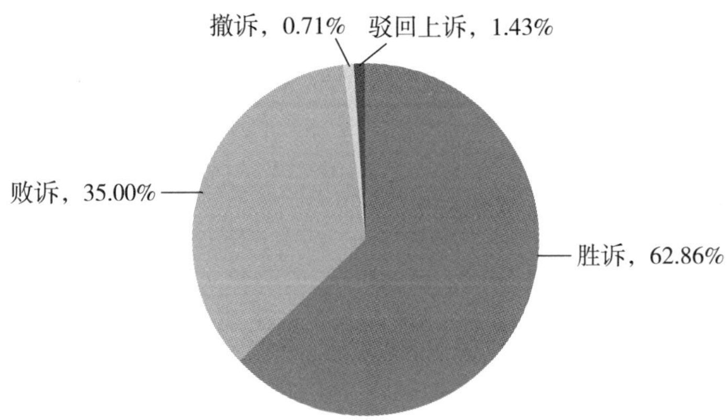

图 2－12－7　通用设备制造业上市公司诉讼结果占比

具体到不同的诉讼地位上，当通用设备制造业上市公司为原告时，其胜诉的案件有 71 件，败诉的案件有 6 件，胜诉率约为 92.21%，高于总体胜诉率。当通用设备制造业上市公司为被告时，其胜诉的案件有 16 件，败诉的案件有 42 件，胜诉率约为 27.59%，低于总体胜诉率。当通用设备制造业上市公司为第三人时，其胜诉的案件有 1 件，败诉的案件有 1 件，胜诉率为 50.00%（见图 2－12－8）。

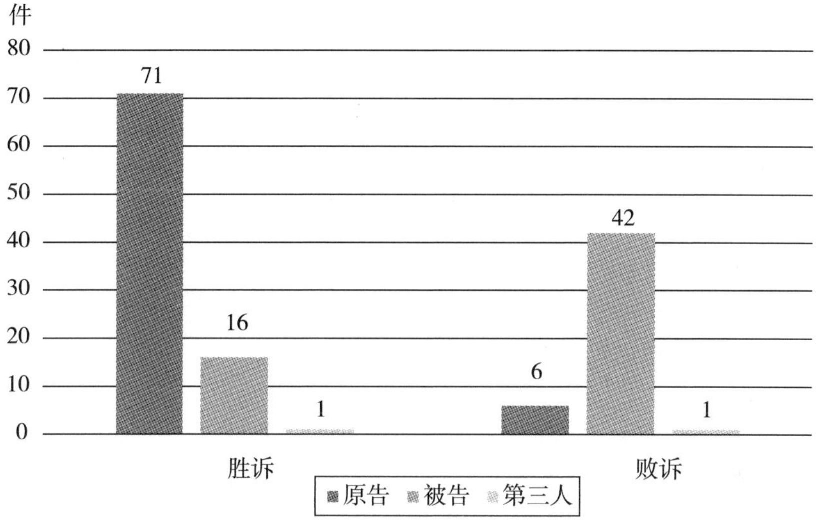

图 2－12－8　通用设备制造业上市公司胜诉情况与诉讼地位交叉分布情况

具体到不同的诉讼阶段上，在一审判决中，上市公司胜诉的案件有 70 件，败诉的案件有 24 件，胜诉率约为 74.47%，略高于总体胜诉率。在二审判决中，上市公司胜诉的案件有 18 件，败诉的案件有 25 件，胜诉率约为 41.86%，低于总体胜诉率（见图 2－12－9）。

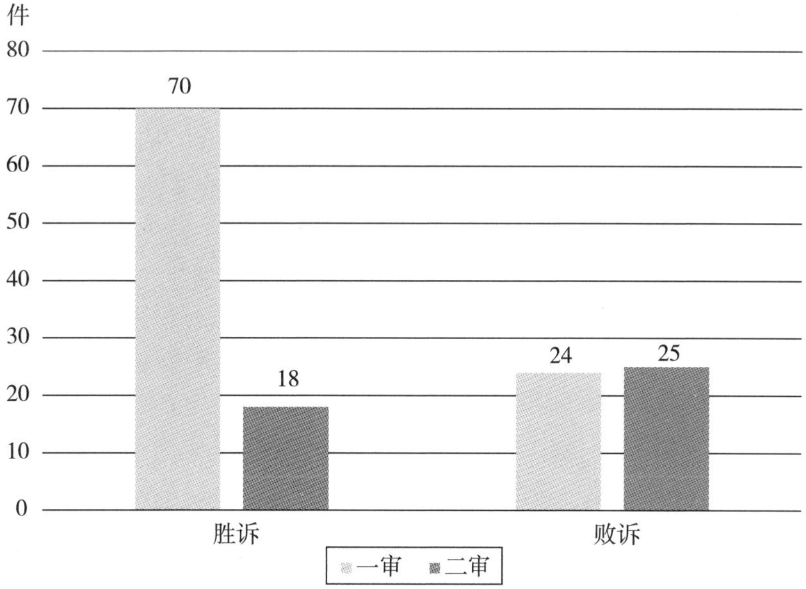

图 2－12－9　通用设备制造业上市公司胜诉情况与诉讼阶段交叉分布情况

第十三节　专用设备制造业

一、专用设备制造业上市公司概况

专用设备的关键在于专用,是相对通用设备而言的。通俗意义上来说,专门为1个行业服务应用的设备归类于专用设备制造业,而可以应用于2个行业及其以上的设备归类于通用设备制造业。即使是同一类设备也有区分,如机床,就有通用机床和用于特殊场合的专用机床之分。专用设备通常是在某一特定行业或者企业中使用的,如汽车制造流水线,而通用装备如发电机,一般会在很多行业都有应用。虽然专用设备并不像通用设备那样平常可见,但是对于一些特定行业的大型设备来说,其产量和产值可能要高于某些通用设备,如船舶制造装备等。

专用设备制造业是国民经济行业分类GB/T 4754—2017中的大类行业,专用设备制造业的行业代码是35。专用设备制造业中属于机械工业的中类行业有9个,即采矿、冶金、建筑专用设备制造(351)、化工、木材、非金属加工专用设备制造(352)、食品、饮料、烟草及饲料生产专用设备制造(353)、印刷、制药、日化及日用品生产专用设备制造(354)、纺织、服装和皮革加工专用设备制造(355)、电子和电工机械专用设备制造(356)、农、林、牧、渔专用机械制造(357)、医疗仪器设备及器械制造(358)、环保、邮政、社会公共安全及其他专用设备制造(359)。

2019年前三个季度我国专用设备制造业上市公司共计215家,占全部上市公司的约5.78%。2019年全年度专用设备制造所有上市公司的利润总额为1,740,080.31万元,前10家企业利润总额占比约为94.36%;榜单中有10家公司的利润规模超过25,053万元大关,排名前两家分别突破697,427万元和316,081万元,分别是紫金矿业集团股份有限公司和江西铜业股份有限公司。紫金矿业集团股份有限公司成为2019年专用设备制造利润规模最大的中国公司,利润高达697,427.88万元,江西铜业股份有限公司紧随其后,利润达到316,081.32万元。

2019年中国专用设备制造上市公司利润规模排行榜(全年度)数据统计显示,前27家利润总额企业中,注册地址在广州市的企业数量最多,共有11家企业上榜,占据了榜单总数的约40.74%;注册地址在厦门市的企业数量排在第二,共有4家企业上榜,其次是龙岩市、鹰潭市等地区,分别有2家、1家。

二、专用设备制造业政策和法律风险新动向

（一）专用设备制造业行业政策新动向

我国已经开启制造强国战略，要完成制造业由大变强的历史跨越。专用设备行业作为“中国制造 2025”战略规划的重要内容，是我国政策支持发展的行业。近年来，行业相关政策密集出台，涉及高档数控机床与基础制造装备等专用设备、农机设备、康复辅助器具、环保装备、制药装备等领域。行业发展的政策环境良好。

2018 年以来，全球经济温和复苏，我国经济发展继续保持稳中向好的态势，固定资产投资延续放缓态势，基础设施建设投资持续稳定在较高水平，房地产投资增速有所回升，但整体调控趋势不变。在经济放缓背景下，专用设备行业需求整体平稳，下行压力仍然存在。在全球经济复苏和我国调整周期持续发展的背景下，发展模式的转变是未来的主要方向，特别是节能、环保、创新、实业等都将成为下一阶段发展的核心动力。环保设备、医疗设备等细分领域前景较好。

近年来，由于环保政策力度不断加强，环保设备需求大幅度增长；受供给侧改革影响，采矿业利润持续改善；化纤制造业受行业集中度上升，行业供给下降，供给方定价能力上升，同时叠加外需拉动下游纺织服装业转暖，带动化纤行需求转暖；非金属矿物制品业受供给侧限产和环保督查导致供应“短缺”影响，利润持续改善。

中美贸易摩擦频频升温，美国针对中国制定了相关的贸易保护政策，重点突出在与“中国制造 2025”相关的产业，我国机电类产品对美出口占比较高，这将对我国专用设备贸易出口造成相当大的影响。

随着我国经济结构调整，对环保要求的提高，专用设备制造业的政策风险点依旧在环保方面。2018 年，环保力度继续加强，环境保护税于 2018 年 1 月 1 日起开征。这就要求专用设备制造业中具有高能耗，高污染的特征的企业必须加快转型，否则就面临着经营成本增加，甚至被淘汰的风险。

（二）专用设备制造业法律风险新动向

2019 年的疫情对专用设备零部件行业的影响将涉及产业链各大环节与所有主体：企业的管理效率大幅降低、正常上下班严重受挫、车间排产严重紊乱、网点拓展被迫推迟、市场营销被迫减缓、品牌塑造被迫调整、市场销量大幅度下滑、企业与职工收益纷纷受损……对专用设备零部件冲击的具体程度，取决于新冠病毒的防控

效果，对一季度等短期内的剧烈冲击已不可避免。2020 年中国专用设备零部件整体情况取决于新冠病毒防控效率。

建议专用设备零部件企业 2020 年销售考核指标与奖惩标准，由追求绝对销量向提升市占率倾斜，由冲锋战转向阵地战转变，精统筹大放权……2020 年新型冠状病毒疫情加速中国专用设备零部件优胜劣汰，间接推动 2020～2025 年中国专用设备零部件产业链转型升级，由做大做强中国品牌，向做大做强中国专用设备零部件产业链转型升级。

三、专用设备制造业上市公司诉讼情况统计

本书以专用设备制造业的 215 家上市公司为当事人检索案例，共收集 2019 年全国法院判决的各类司法判决书 307 份，作为统计分析的样本。

（一）案件类型分布

1. 诉讼类型

如表 2－13－1 所示，从案件诉讼类型上看，2019 年专业设备制造业上市公司所涉及的 307 件案件中，民事诉讼有 301 件，行政诉讼有 6 件，刑事诉讼案件数量为 0 件。

表 2－13－1　专业设备制造业上市公司案件诉讼类型

诉讼类型	案件数量（件）
民事诉讼	301
行政诉讼	6
刑事诉讼	0

2. 案由种类

如表 2－13－2、表 2－13－3 所示，从案件案由种类上看，2019 年专业设备制造业上市公司所涉及的 307 件案件中，大多数为买卖合同纠纷。所涉民事案件 301 件中，关于买卖合同的纠纷案件数量最多，为 124 件。著作权权属、侵权纠纷、追偿权纠纷、承揽合同纠纷、建设工程合同纠纷、证券欺诈责任纠纷数量也比较多，分别为 50 件、32 件、19 件、12 件和 9 件，合计 122 件。其他案由还包括租赁合同纠纷、借款合同纠纷、产品责任纠纷、股东资格确认纠纷、财产损害赔偿纠纷、票据追索权纠纷、劳动合同纠纷、公司盈余分配责任纠纷等，所涉案件数量大多皆为 2 件或 1 件，个别为 3 件以上。所涉行政案件 6 件，行政管理纠纷 2 件，专利权异议复审行政纠纷 2

件，商标权无效宣告请求行政纠纷和商标权异议复审行政纠纷各 1 件。

表 2－13－2　专用设备制造业上市公司案件案由（民事）

案　　由	案件数量（件）
买卖合同纠纷	124
著作权权属、侵权纠纷	50
追偿权纠纷	32
承揽合同纠纷	19
建设工程合同纠纷	12
证券欺诈责任纠纷	9
租赁合同纠纷	6
借款合同纠纷	5
产品责任纠纷	4
财产损害赔偿纠纷	4
其他侵权责任纠纷	3
股东资格确认纠纷	3
票据追索权纠纷	3
案外人执行异议之诉	2
生命权、健康权、身体权纠纷	2
招标投标买卖合同纠纷	2
劳动合同纠纷	2
公司盈余分配纠纷	2
房屋买卖合同纠纷	1
融资租赁合同纠纷	1
保证合同纠纷	1
商标权权属、侵权纠纷	1
无因管理、不当得利纠纷	1
股权转让纠纷	1
质押合同纠纷	1
定金合同纠纷	1
清算责任纠纷	1
因申请诉前财产保全损害责任纠纷	1

续表

案　　由	案件数量(件)
债权人代位权纠纷	1
取回权纠纷	1
合伙协议纠纷	1
委托合同纠纷	1
票据损害责任纠纷	1
返还原物纠纷	1
其他合同纠纷	1

表 2－13－3　专业设备制造业上市公司案件案由(行政)

案　　由	案件数量(件)
行政管理纠纷	2
专利权异议复审行政纠纷	2
商标权无效宣告请求行政纠纷	1
商标权异议复审行政纠纷	1

(二)案件审理程序

1. 诉讼阶段

从诉讼阶段上看,2019 年专业设备制造业上市公司所涉及的 307 件案件中,一审判决书 190 件,占比约为 61.89%;二审判决书 116 件,占比约为 37.78%;再审判决书 1 件,占比约为 0.33%(见图 2－13－1)。

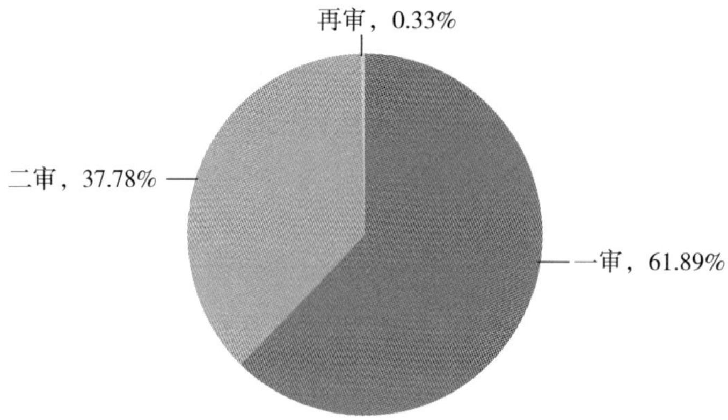

图 2－13－1　专用设备制造业上市公司案件诉讼阶段分布

2. 法院层级

如图 2－13－2 所示，从诉讼阶段上看，2019 年专业设备制造业上市公司所涉及的 307 件案件中，基层人民法院审结的案例 173 件，占比约为 56.35%；中级人民法院审结的案例 125 件，占比约为 40.72%；高级人民法院审结的案例 8 件，占比约为 2.61%；最高人民法院审结的案例 1 件，占比约为 0.32%。

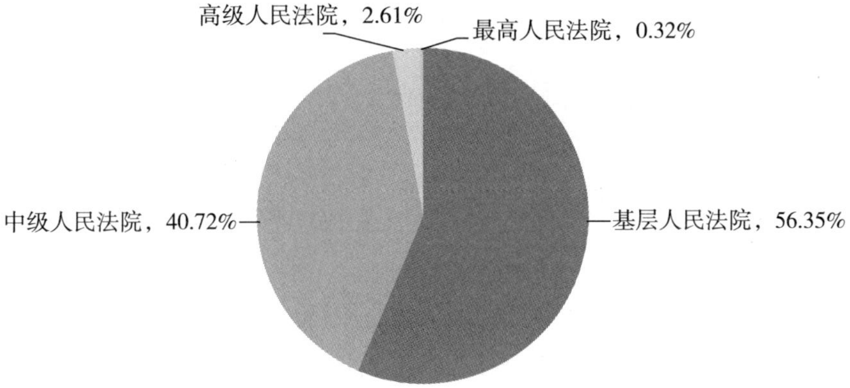

图 2－13－2　专用设备制造业上市公司案件审理法院层级分布

（三）上市公司诉讼地位

从上市公司的诉讼地位上看，2019 年专用设备制造业上市公司所涉及的 307 件案件中，上市公司作为原告的案例有 165 件，占比约为 53.75%；上市公司作为被告的案例有 142 件，占比约为 46.25%（见图 2－13－3）。

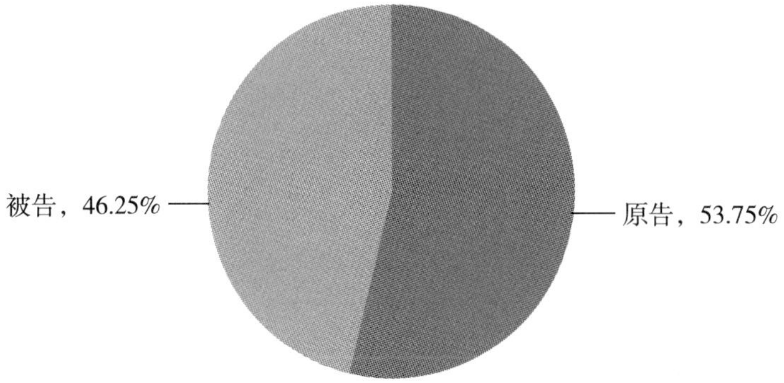

图 2－13－3　专用设备制造业上市公司诉讼地位总体分布

具体而言，在专用设备制造业上市公司所涉及的 190 件一审民事判决中，上市公司作为原告的案例有 130 件，上市公司作为被告的案例有 60 件，二者之间占比差别很大。可见,在一审程序中,专用设备制造业上市公司主动提起诉讼、发起诉讼程序情况十分常见(见图2－13－4)。

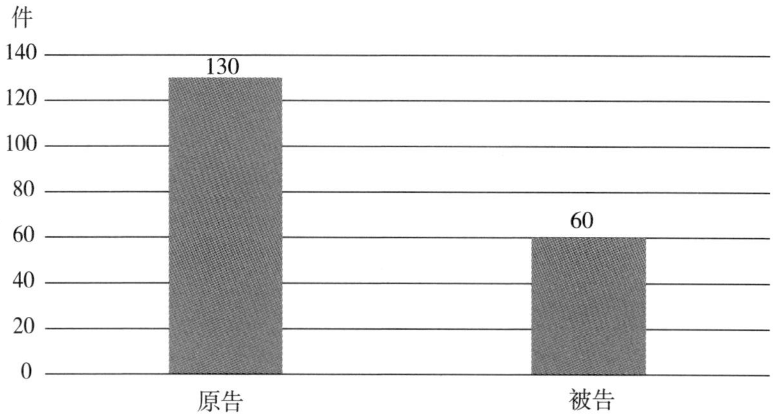

图2－13－4　专用设备制造业上市公司一审程序诉讼地位分布

在专用设备制造业上市公司所涉及的116件二审判决中,上市公司作为上诉人的案例有78件,其中同时为原审原告的有16件,同时为原审被告的有62件;上市公司作为被上诉人的案例有38件,其中同时为原审原告的有18件,同时为原审被告的有20件。可见,在二审程序中,专用设备制造业上市公司主动提起上诉、继续诉讼程序的情况相比之下较为常见,而且,在二审程序中专用设备制造业上市公司作为原审被告的案件数量明显比作为原审原告的数量多,再相较于上面分析的上市公司主动提起上诉的案件较多,所以可以得出原审作为被告的专用设备制造业上市公司一般会选择提起上诉,继续诉讼程序维护自己的合法权益(见图2－13－5)。

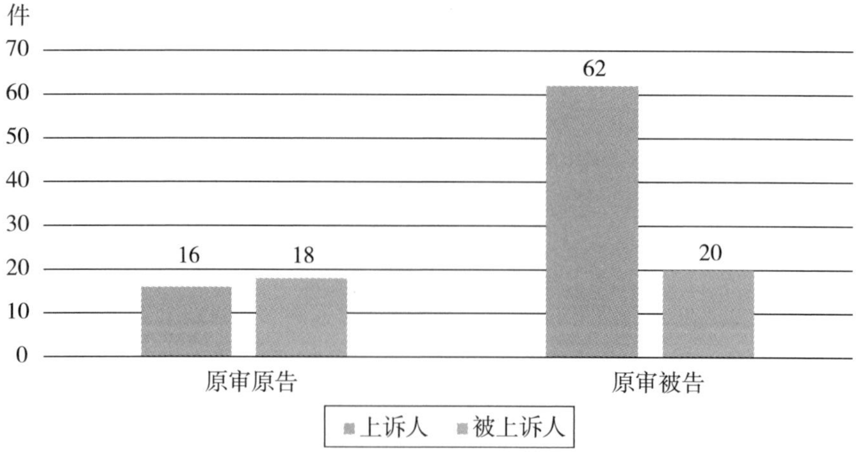

图2－13－5　专用设备制造业上市公司二审程序诉讼地位分布

（四）诉讼标的额

从民事诉讼案件的标的额上看，2019 年专用设备制造业上市公司所涉及的 301 件民事案件中，可统计诉讼标的金额的案件总数为 289 件，其中，诉讼请求金额在 1 万元以下的案件数量为 51 件，超过 1 万元且 10 万元以下的案件数量为 33 件，超过 10 万元且 20 万元以下的案件数量为 25 件，超过 20 万元且 50 万元以下的案件数量为 40 件，超过 50 万元且 100 万元以下的案件数量为 41 件，超过 100 万元且 200 万元以下的案件数量为 23 件，超过 200 万元且 500 万元以下的案件数量为 35 件，超过 500 万元且 1000 万元以下的案件数量为 18 件，超过 1000 万元且 2000 万元以下的案件数量为 11 件，超过 2000 万元的案件数量为 12 件（见图 2－13－6）。

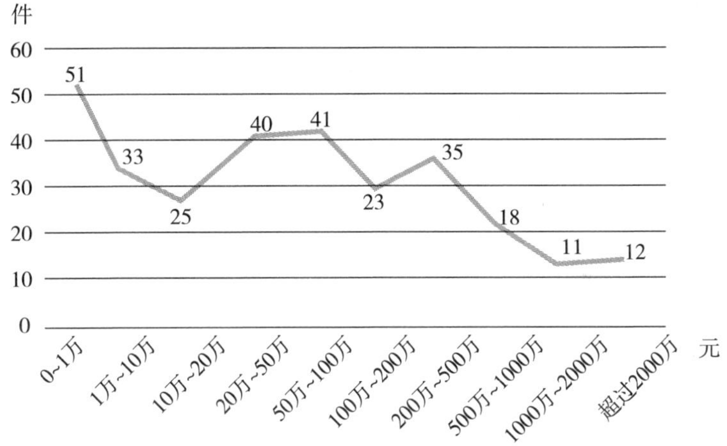

图 2－13－6　专用设备制造业上市公司诉讼标的额分布

具体来看，2019 年专用设备制造业上市公司所涉及的案件中，案件数量最集中的诉讼标的额在 0～1 万元、20 万～50 万元、50 万～100 万元这三个区间，标的额平均值为 5,891,262.90 元，中位数为 484,200.54 元，标的额最大为 378,041,131.00 元，最小为 10,000.00 元（见表 2－13－4）。

表 2－13－4　专业设备制造业上市公司诉讼标的额

单位：元

总　　额	1,702,574,977.56
平均数	5,891,262.90
中位数	484,200.54
最大金额	378,041,131.00
最小金额	10,000.00

（五）诉讼结果和胜诉率

从诉讼结果上看，2019 年专用设备制造业上市公司所涉及的 307 件案件中，上市公司胜诉的案例有 165 件、上市公司败诉的案例有 132 件，剩余 10 件案例的诉讼结果为原告撤诉 2 件、被法院驳回上诉 8 件。总的来看，专用设备制造业上市公司胜诉的案件数量占比约为 53.75%，如果排除撤诉和被驳回上诉的情形，则专用设备制造业上市公司的总体胜诉率约为 55.56%（见图 2－13－7）。

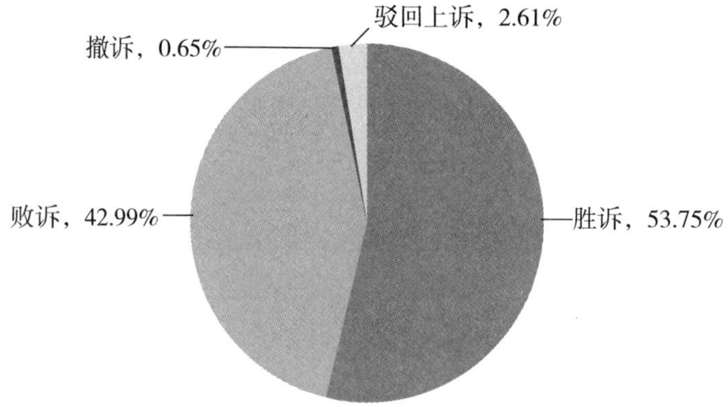

图 2－13－7　专用设备制造业上市公司诉讼结果占比

具体到不同的诉讼地位上，当专用设备制造业上市公司为原告时，其胜诉的案件有 138 件，败诉的案件有 24 件，胜诉率约为 85.19%，高于总体胜诉率。当专用设备制造业上市公司为被告时，其胜诉的案件有 27 件，败诉的案件有 108 件，胜诉率为 20.00%，大大低于总体胜诉率（见图 2－13－8）。

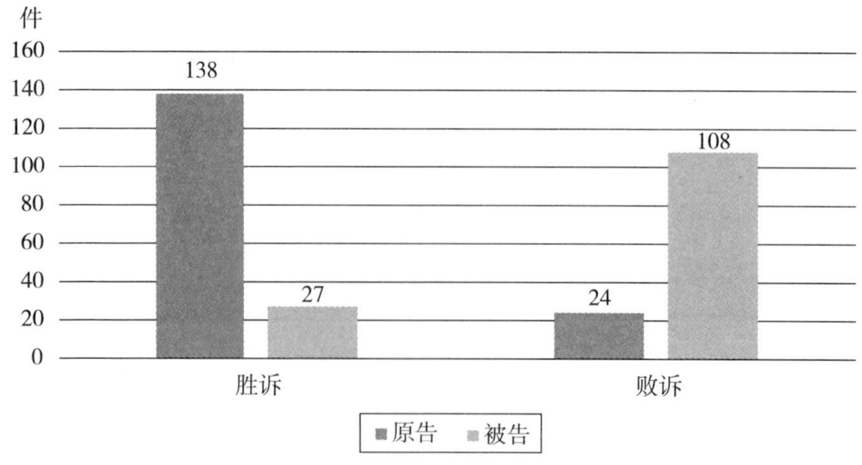

图 2－13－8　专用设备制造业上市公司诉讼情况与诉讼地位交叉分布情况

具体到不同的诉讼阶段上，在一审判决中，上市公司胜诉的案件有 128 件，败诉的案件有 62 件，胜诉率约为 67.37%，高于总体胜诉率。在二审判决中，上市公司胜诉的案件有 36 件，败诉的案件有 70 件，胜诉率约为 33.96%，低于总体胜诉率（见图 2－13－9）。

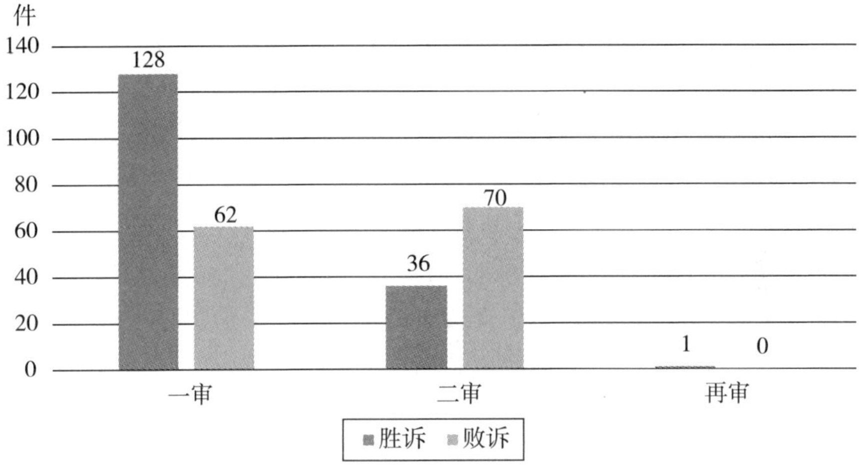

图 2－13－9　专用设备制造业上市公司诉讼情况与诉讼阶段交叉分布情况

第十四节　汽车制造业

一、汽车制造业上市公司概况

汽车制造行业是重要的中游制造行业，是一个资本密集型和技术密集型行业，行业集中度相对较高，在各个细分的整车制造行业里面均呈现垄断竞争格局。汽车制造行业细分子行业较少，除汽车整车制造外还有零配件及设备生产，汽车制造行业企业多进行纵向一体化生产。区别主要在于产品端，即轿车、SUV、客车等细分产品的不同。

汽车制造行业上游对接零部件、钢铁、橡胶原料企业及生产设备制造业等，中游为汽车整车制造，利润来源为汽车销售，主要包括车展、4S 店等直销模式，汽车交易市场、渠道分销等分销模式，并辅以电子商务平台。汽车企业的下游则对接需求端，主要包括矿山开采、公路交通运输、特种用途车辆等的需求，企事业单位商务和个人家庭用车需求以及汽车维修、服务等延伸需求。

随着我国经济的跨越式增长，汽车制造业经历了从无到有的发展，并已在国民经济的发展中占据举足轻重的地位。21 世纪以来，随着国民经济的高速增长和国民生活水平的不断提高，汽车市场的需求量急剧上升，早在 2013 年，我国汽车产销量双双突破 2000 万辆，全面超越美国成为全球第一大市场。因此，各大汽车集团在立足传统的生产区域范围基础上，形成了以长江三角洲、珠江三角洲、京津冀地区、东北地区、华中地区和西南地区为主的六大汽车生产区。截至 2019 年年底，我国共有 182 家汽车制造业上市公司，占全部上市公司的约 4.89%。

汽车制造业虽为我国主要的制造产业之一，但近年来，受宏观经济放缓、汽车市场趋向饱和、国六排放提前实施等多种因素影响，我国汽车制造业规模以上工业企业经营效益下滑。据国家统计局数据显示，2019 年，我国汽车制造业规模以上工业企业营业收入约 80,846.7 亿元。目前，中国汽车消费正处于低迷期。从利润总额来看，由于汽车销量减少，2019 年，我国汽车制造业上工业企业利润总额有所下滑。据国家统计局数据显示，2019 年，我国汽车制造业规上工业企业利润总额为 5087 亿元，较 2018 年下降约 15.9%。

二、汽车制造业政策和法律风险新动向

（一）汽车制造业行业政策新动向

汽车行业的突飞猛进，离不开背后技术发展与政策支持。汽车零部件再制造产业在我国还属于起步阶段，但从政府、企业到消费者的需求和理念来看，循环利用、节能减排是生产制造业必然的发展趋势。再制造作为制造业和服务业的交叉点，有助于赋能汽车后市场、配件维修市场甚至保险市场的发展。

早在 2005 年，国务院就颁布了《关于加快发展循环经济的若干意见》，其中明确表示要支持废旧电机产品再制造。另外，国家发改委和工信部已确立建设 8 个再制造产业基地，以促进产业的规模化发展。为贯彻实施《环境保护法》和《清洁生产促进法》，保护环境，提高企业清洁生产水平，我国在 2006 年通过了关于发布《清洁生产标准汽车制造业（涂装）》等两项国家环境保护行业标准的公告。

2018 年 12 月 25 日，为加快车联网（智能网联汽车）产业发展，大力培育增长点、形成新动能，工业和信息化部印发了《车联网（智能网联汽车）产业发展行动计划》。明确以网络通信技术、电子信息技术和汽车制造技术融合发展为主线，充分发挥我国网络通信产业的技术优势、电子信息产业的市场优势和汽车产业的规模优势，推动优化政策环境，加强跨行业合作，突破关键技术，夯实产业基础，形成深度融合、创新活跃、安全可信、竞争力强的车联网产业新生态。

（二）汽车制造业法律风险新动向

疫情对汽车产业的影响有近期和长期之分，两者相互交织，最终对产业的不同层面产生全方位的影响。在疫情影响下，汽车产业将加快优胜劣汰，企业之间的兼并重组、合作联盟将成为未来一段时间的主旋律。为有效应对短期的疫情影响及长期的产业重构，与传统的兼并重组模式相比，资源组合的抱团取暖应成为本轮优胜劣汰的核心方式。

疫情影响涉及研产供销整个体系，考验企业生产运营、供应链管理、市场销售等的全面应对能力。车企必须加快从“以产定销”向“以销定产”转变，这将对供应体系提出更高的要求。另外，企业希望能够提升供应链的受控度，但这绝不是简单地由某地转入或转出的问题，如何有效减少对外依赖并有效兼顾经济效益才是布局的关键，如何提升产业布局的灵活性将成为企业未来关注的重点。

除此之外，为了更好应对疫情，汽车制造行业还需要进行以下措施：(1)上下游增强协作：建议各整车厂和上游供应商、下游经销商进行密切协作，通过增强信息透明度获取信任感，强化供应链弹性，以实现在合适的时间，将合适的车型和配件送往合适的地点。(2)灵活调整供需节奏：建议厂商与经销商就供需节奏的调整建立方案。总体思路是增强前线在订单、提车方面的话语权，同时松绑目标考核要求、提供可共享的线上营销平台，以便更及时有效地应对随时变化的市场。(3)合资品牌与国际总部的沟通：建议合资品牌和国外总部进行积极沟通，及时反馈中国市场情况、设立合理预期。

三、汽车制造业上市公司诉讼情况统计

本书以汽车制造业的 182 家上市公司为当事人检索案例，共收集 2019 年全国法院判决的各类司法判决书 92 份，作为统计分析的样本。

（一）案件类型分布

1. 诉讼类型

如表 2－14－1 所示，从案件诉讼类型上看，2019 年汽车制造业上市公司所涉及的 92 件案件中，民事诉讼有 86 件，行政诉讼有 6 件，刑事诉讼案件数量为 0 件。

表 2－14－1　汽车制造业上市公司案件诉讼类型

诉讼类型	案件数量(件)
民事诉讼	86
行政诉讼	6
刑事诉讼	0

2. 案由种类

如表 2－14－2、表 2－14－3 所示，从案件案由种类上看，2019 年汽车制造业上市公司所涉及 86 件民事案件中，关于买卖合同纠纷案件数量最多为 26 件，其次，证券欺诈责任纠纷案件数量为 16 件，产品责任纠纷案件数量为 12 件，商标权权属、侵权纠纷案件数量为 7 件。其他案由还包括承揽合同纠纷、追偿权纠纷、建设工程合同纠纷、借款合同纠纷、服务合同纠纷、票据追索权纠纷等，所涉案件数量皆为 3 件以下，且大部分为 1 件。所涉行政案件 6 件，商标权申请驳回复审行政纠纷案数量最多，为 3 件，占行政诉讼案由的比例为 50.00%，其他案由为行政处罚纠纷、商标权撤销复审行政纠纷以及专利权申请驳回复审行政纠纷的案件各 1 件。

特点：主要为合同方面的纠纷，最常见的是买卖合同纠纷，其他还有借款合同纠纷、建设工程合同纠纷、服务合同纠纷、运输合同纠纷；其次，证券欺诈责任纠纷以及产品责任纠纷案件也不在少数。

表 2－14－2　汽车制造业上市公司案件案由(民事)

案　　由	案件数量(件)
买卖合同纠纷	26
证券欺诈责任纠纷	16
产品责任纠纷	12
商标权权属、侵权纠纷	7
承揽合同纠纷	3
追偿权纠纷	3
借款合同纠纷	3
建设工程合同纠纷	2
服务合同纠纷	2
运输合同纠纷	1

续表

案　　由	案件数量(件)
票据追索权纠纷	1
物权确认纠纷	1
融资租赁合同纠纷	1
委托合同纠纷	1
著作权权属、侵权纠纷	1
技术合同纠纷	1
无因管理、不当得利纠纷	1
机动车交通事故责任纠纷	1
劳动合同纠纷	1
股东损害公司债权人利益责任纠纷	1
船舶建造合同纠纷	1

表 2－14－3　汽车制造业上市公司案件案由(行政)

案　　由	案件数量(件)
商标权申请驳回复审行政纠纷	3
行政处罚纠纷	1
商标权撤销复审行政纠纷	1
专利权申请驳回复审行政纠纷	1

(二)案件审理程序

1. 诉讼阶段

从诉讼阶段上看,2019 年汽车制造业上市公司所涉及的 92 件案件中,一审判决书48 件,占比为52.17%;二审判决书43 件,占比约为46.74%;再审判决书1 件,占比约为1.09%(见图2－14－1)。

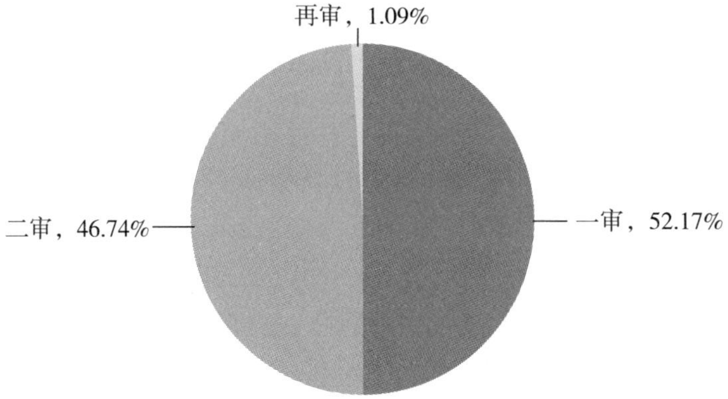

图2－14－1　汽车制造业上市公司案件诉讼阶段分布

2. 法院层级

如图2－14－2所示，从诉讼阶段上看，2019年汽车制造业上市公司所涉及的92件案件中，基层人民法院审结的案例41件，占比约为44.57%；中级人民法院审结的案例28件，占比约为30.43%；高级人民法院审结的案例22件，占比约为23.91%；最高人民法院审结的案例1件，占比约为1.09%。

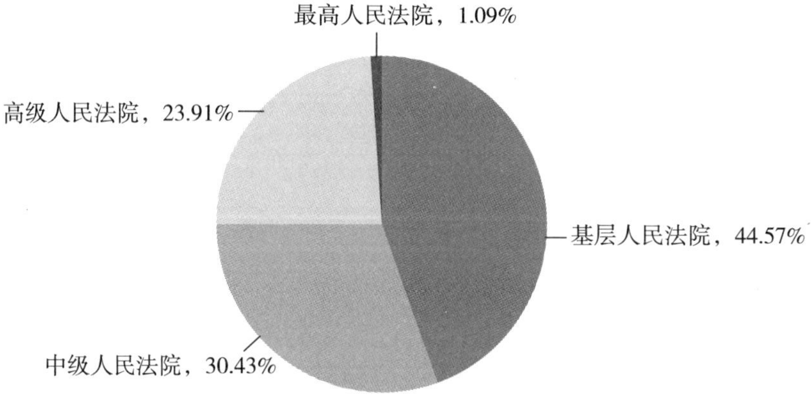

图2－14－2　汽车制造业上市公司案件审理法院层级分布

（三）上市公司诉讼地位

从上市公司的诉讼地位上看，2019年汽车制造业上市公司所涉及的92件案件中，上市公司作为原告的案例有35件，占比约为38.04%；上市公司作为被告的案例有57件，占比约为61.96%。可见，2019年汽车制造业上市公司的民事诉讼中，上市公司主动提起诉讼的情形较少，大多数情况下汽车制造业上市公司是作为被告方被动地参与诉讼(见图 2 - 14 - 3)。

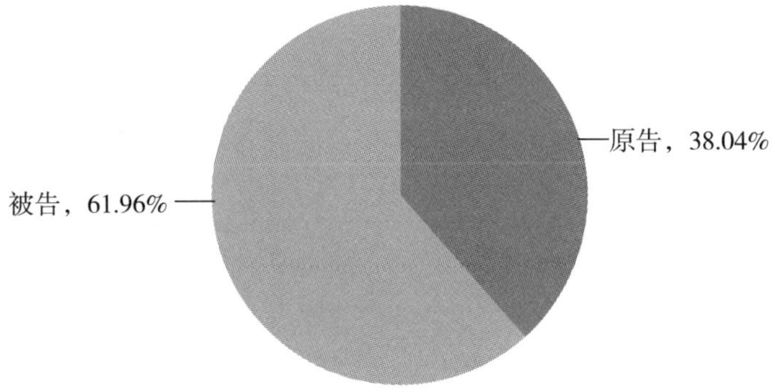

图 2 - 14 - 3　汽车制造业上市公司诉讼地位整体分布

具体而言,在汽车制造业上市公司所涉及的 48 件一审判决中(包括反诉案件),上市公司作为原告的案例有 25 件,上市公司作为被告的案例有 23 件,二者之间占比差别不大(见图 2 - 14 - 4)。

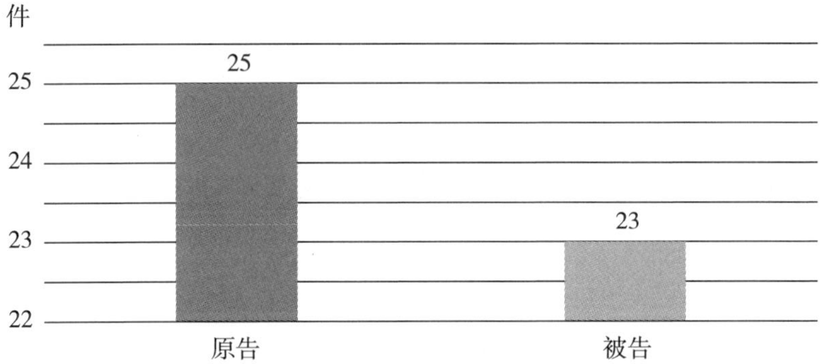

图 2 - 14 - 4　汽车制造业上市公司一审程序诉讼地位分布

在汽车制造业上市公司所涉及的 43 件二审判决中,上市公司作为上诉人的案例有 37 件,其中同时为原审原告的有 7 件,同时为原审被告的有 30 件;上市公司作为被上诉人的案例有 6 件,其中同时为原审原告的有 3 件,同时为原审被告的有 3 件。可见,在二审程序中,汽车制造业上市公司主动提起上诉、继续诉讼程序的情况相比之下较为常见,而且,在二审程序中汽车制造业上市公司作为原审被告的案件数量明显比作为原审原告的数量多,再相较于上面分析的上市公司主动提起上诉的案件较多,所以可以得出原审作为被告的汽车制造业上市公司一般会选择提起上诉,继续诉讼程序维护自己的合法权益(见图 2 - 14 - 5)。

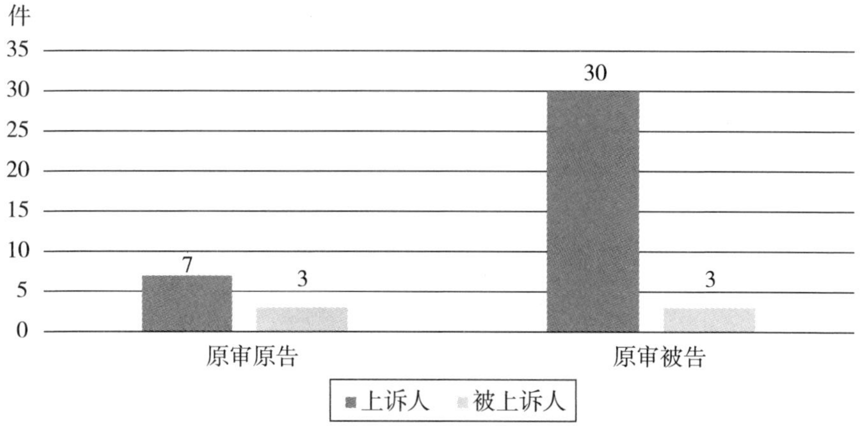

图 2－14－5　汽车制造业上市公司二审程序诉讼地位分布

（四）诉讼标的额

从民事诉讼案件的标的额上看，2019 年汽车制造业上市公司所涉及的 86 件民事案件中，可统计诉讼标的金额的案件总数为 79 件，其中诉讼请求金额在 1 万元以下的案件数量为 0 件，超过 1 万元且 10 万元以下的案件数量为 23 件，超过 10 万元且 20 万元以下的案件数量为 5 件，超过 20 万元且 50 万元以下的案件数量为 14 件，超过 50 万元且 100 万元以下的案件数量为 10 件，超过 100 万元且 200 万元以下的案件数量为 5 件，超过 200 万元且 500 万元以下的案件数量为 13 件，超过 500 万元且 1000 万元以下的案件数量为 4 件，超过 1000 万元且 2000 万元以下的案件数量为 3 件，超过 2000 万元的案件数量为 2 件（见图 2－14－6）。

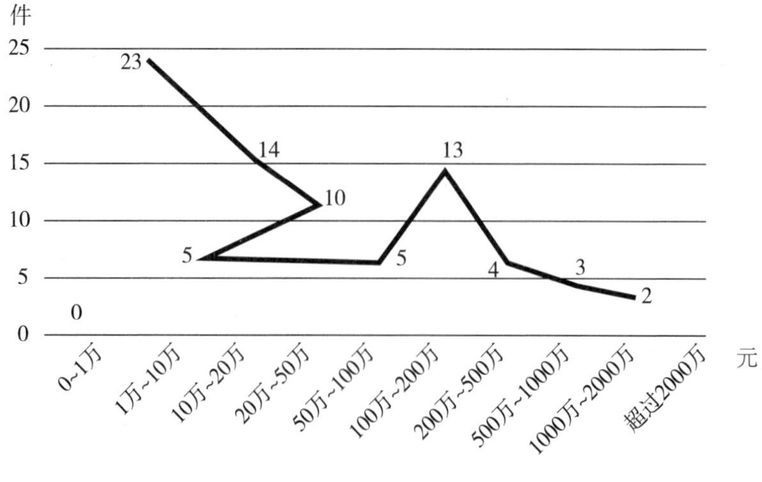

图 2－14－6　汽车制造业上市公司诉讼标的额分布

如表 2－14－4 所示，具体来看，2019 年汽车制造业上市公司所涉及的案件中，案件数量最集中的诉讼标的额在 1 万～10 万元区间之内，标的额平均值为 6,033,434.74元，中位数为 418,770.00 元，标的额最大为 181,458,810.00 元，最小为 11,071.00 元。

表 2－14－4　汽车制造业上市公司诉讼标的额

单位：元

总　　额	476,641,344.64
平均数	6,033,434.74
中位数	418,770.00
最大金额	181,458,810.00
最小金额	11,071.00

（五）诉讼结果和胜诉率

从诉讼结果上看，2019 年汽车制造业上市公司所涉及的 92 件案件中，上市公司胜诉的案例有 35 件，上市公司败诉的案例有 55 件，上市公司撤诉的有 2 件。总的来看，汽车制造业上市公司胜诉的案件数量占比约为 38.04%，败诉占比约为 59.79%，如果排除撤诉和被驳回上诉的情形，则汽车制造业上市公司的总体胜诉率约为 38.89%（见图 2－14－7）。

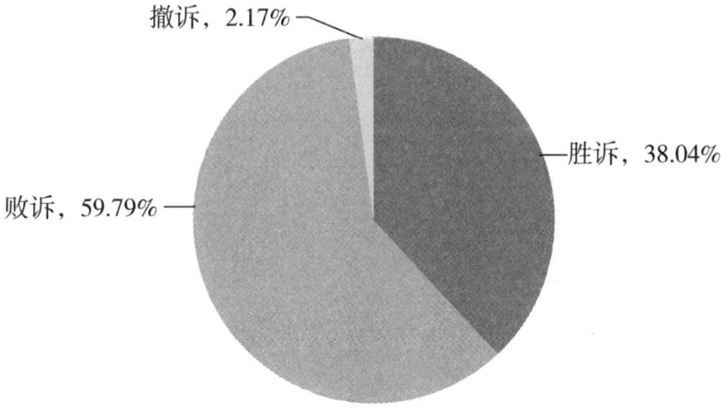

图 2－14－7　汽车制造业上市公司诉讼结果占比

具体到不同的诉讼地位上，当汽车制造业上市公司为原告时，其胜诉的案件有 26 件，败诉的案件有 8 件，胜诉率约为 76.47%，大大高于总体胜诉率。当汽车制造业上市公司为被告时，其胜诉的案件有 9 件，败诉的案件有 47 件，胜诉率约为 16.07%，低于总体胜诉率（见图 2－14－8）。

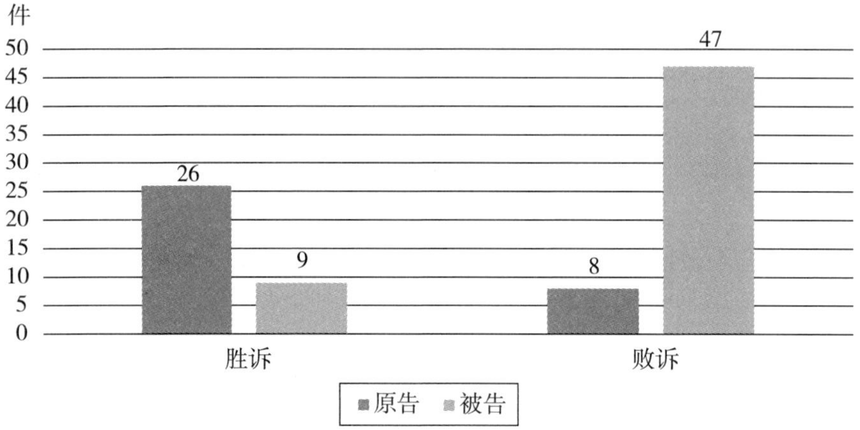

图 2－14－8　汽车制造业上市公司诉讼情况与诉讼地位交叉分布情况

具体到不同的诉讼阶段上，在一审判决中，上市公司胜诉的案件有 24 件，败诉的案件有 23 件，胜诉率约为 51.06%，高于总体胜诉率。在二审判决中，上市公司胜诉的案件有 11 件，败诉的案件有 32 件，胜诉率约为 25.58%，低于总体胜诉率（见图 2－14－9）。

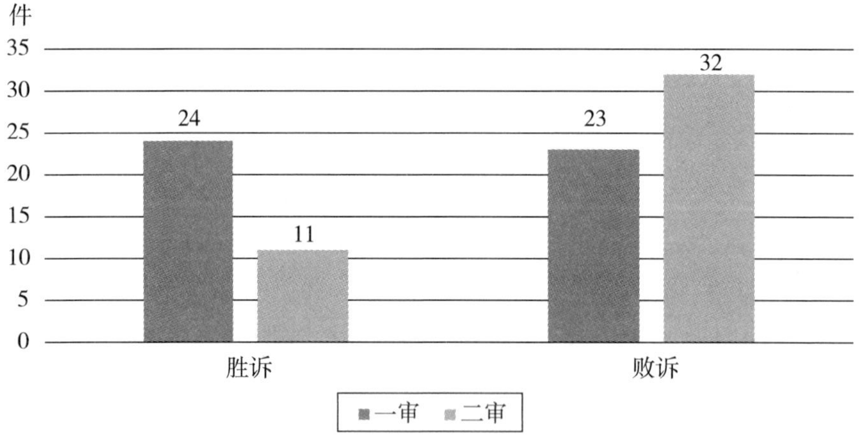

图 2－14－9　汽车制造业上市公司诉讼情况与诉讼阶段交叉分布情况

第十五节　电气机械和器材制造业

一、电气机械和器材制造业上市公司概况

电气机械和器材制造业（C38）是国民经济的重要基础产业。大规模的电能从生产到使用要经过发电、输电、配电和用电四个环节，一个完整的电力系统由分布在各地的各种类型的发电厂、输配电线路、用电设备等组成。而国内有大量的制造业企业涉及电机制造、输配电及控制设备制造业企业，其发展也将决定国民整体用电的安全与质量。

目前我国已有的输配电产品生产企业已超过 3000 家，其中有上市公司 233 家，占全部上市公司的约 6.26%。但行业密集度较低，低端市场竞争较为激烈，高端市场企业稀少的形势将继续维持现状。输配电与控制设备制造行业存在一定技术准入壁垒，但因资金规模限制，自主研发能力弱、技术研发费用大且失败率高等原因，造成高端产品市场被外资品牌占领，低端产品市场竞争持续增大。目前我国电力系统中配电网损耗在 15% ~20%，个别地区达到 30%。输配电产品设备技术较差，耗能较高。

在宏观经济发展增速减缓的背景下，电气机械和器材制造业行业整体发展趋于稳定。而用电量需求低速增长，促使发电、输电、配电相关行业企业发展增速随之放缓。大中型电机制造业企业发展趋势将趋于稳定，中小型电机制造业企业将面临更加严酷的竞争环境。创新、技术、降低产品能耗的能力将成为输配电及控制设备制造业行业中企业的后续发展支柱，且节能政策预计将影响此行业未来一段时间的竞争格局。

二、电气机械和器材制造业政策和法律风险新动向

（一）电气机械和器材制造业行业政策新动向

2014 年 11 月国家发展和改革委员会发布《节能中长期专项规划》，要求未来采购先进的输、变、配电技术和设备，逐步淘汰能耗高的老旧设备。政策倾向将进一步使规模较小，技术储备不足，创新能力较弱的企业面临政策风险，而身处中高端产品市场的企业预计将在行业政策壁垒提高的形势下，逐步扩大竞争优势。

针对 2020 年年初的疫情对中国各方面的影响，中共中央、国务院 2020 年 1 月 2 日发布《关于抓好“三农”领域重点工作，确保如期实现全面小康的意见》文件中提出，要加大农村公共基础设施建设力度，基本实现行政村光纤网络和第四代移动通

信网络普遍覆盖，完成“三区三州”和抵边村寨电网升级改造攻坚计划，该意见对电缆、电气设备和光纤行业较为利好。2020 年 2 月 24 日，工信部和信息化印发《关于有序推动工业通信业企业复工复产的指导意见》，文件指出有序推动工业通信业企业复工复产，优先支持汽车、电子、船舶、航空、电力装备、机床等产业链长、带动能力强的产业。电气设备产业在列，复工复产有望加快。

（二）电气机械和器材制造业法律风险新动向

2020 年 1 月中下旬，新冠肺炎疫情在湖北暴发并蔓延至全国，制造业在疫情防控应急一级响应下基本进入“停滞”状态，2 月中国制造业采购经理指数（PMI）为 35.7% 环比下降 14.3 个百分点，其中电气机械及器材制造业（PMI）指数低至 29.4%，显示行业整体信心较弱。数据显示，2 月行业生产指数、新订单数、在手订单指数等环比下降均较为明显。

广东制造业隐形冠军（南海）研究院研判认为，当前，尽管国内疫情已得到有效控制，复工复产有序推进，但国外，尤其是日本、韩国等国家疫情形势严峻，对电气设备制造业高端零配件进口与成品出口将带来较大冲击。此外，各细分行业受影响程度不一，短期来看变压器、光电设备和电缆行业受影响程度较大。

三、电气机械和器材制造业上市公司诉讼情况统计

本书以电气机械和器材制造业的 233 家上市公司为当事人检索案例，共收集 2019 年全国法院判决的各类司法判决书 366 份，作为统计分析的样本。

（一）案件类型分布

1. 诉讼类型

如表 2－15－1 所示，从案件诉讼类型上看，2019 年电气机械和器材制造业上市公司所涉及的 366 件案件中，民事诉讼有 347 件，行政诉讼有 19 件，刑事诉讼案件数量为 0 件。

表 2－15－1　电气机械和器材制造业上市公司案件诉讼类型

案件类型	案件数量（件）
民事诉讼	347
行政诉讼	19
刑事诉讼	0

2. 案由种类

如表 2－15－2、表 2－15－3 所示，从案件案由种类上看，2019 年电气机械和器材制造业上市公司所涉及 347 件民事案件中，关于买卖合同纠纷案件数量最多为 140 件，其次，商标权权属、侵权纠纷案件数量为 86 件，证券欺诈责任纠纷案件数量为 23 件，借款合同纠纷案件数量为 15 件，承揽合同纠纷案件数量为 13 件，专利权权属、侵权纠纷案件数量为 11 件。其他案由还包括建设工程合同纠纷、产品责任纠纷、票据方面的纠纷、股权转让纠纷、生命权、健康权、身体权纠纷、委托合同纠纷等，所涉案件数量皆为 6 件以下，且绝大部分不超过 3 件。

所涉行政案件 19 件，商标权无效宣告请求行政纠纷案件数量最多，为 9 件，其次为商标权申请驳回复审行政纠纷案为 6 件，其他案由为专利权无效宣告请求行政纠纷、专利权申请驳回复审行政纠纷以及实用新型专利权无效行政纠纷。

特点：民事案件主要为合同方面的纠纷，最常见的是买卖合同纠纷，其他还有借款合同纠纷、承揽合同纠纷、建设工程合同纠纷等；其次，知识产权权属、侵权纠纷的案件数量仅次于买卖合同纠纷，而行政案件都是有关于知识产权方面的纠纷，其中，绝大多数都是商标权方面的纠纷。

表 2－15－2　电气机械和器材制造业上市公司案件案由（民事）

案　　由	案件数量（件）
买卖合同纠纷	140
商标权权属、侵权纠纷	86
证券欺诈责任纠纷	23
借款合同纠纷	15
承揽合同纠纷	13
专利权权属、侵权纠纷	11
建设工程合同纠纷	6
产品责任纠纷	6
票据付款请求权纠纷	6
票据利益返还请求权纠纷	5
股权转让纠纷	4
委托合同纠纷	4
生命权、健康权、身体权纠纷	3

续表

案　　由	案件数量(件)
票据追索权纠纷	3
财产损害赔偿纠纷	2
著作权权属、侵权纠纷	2
机动车交通事故责任纠纷	2
债权人代位权纠纷	2
租赁合同纠纷	2
票据损害责任纠纷	2
破产债权确认纠纷	2
返还原物纠纷	1
确认合同效力纠纷	1
招标投标买卖合同纠纷	1
追偿权纠纷	1
保证合同纠纷	1
股东损害公司债权人利益责任纠纷	1
供用电合同纠纷	1
仿冒纠纷	1

表2-15-3　电气机械和器材制造业上市公司案件案由(行政)

案　　由	案件数量(件)
商标权无效宣告请求行政纠纷	9
商标权驳回复审行政纠纷	6
专利权无效宣告请求行政纠纷	2
专利权驳回复审行政纠纷	1
实用新型专利权无效行政纠纷	1

(二)案件审理程序

1.诉讼阶段

从诉讼阶段上看,2019年电气机械和器材制造业上市公司所涉及的366件案件中,一审判决书269件,占比约为73.50%;二审判决书97件,占比26.50%;再审判决书0件(见图2－15－1)。

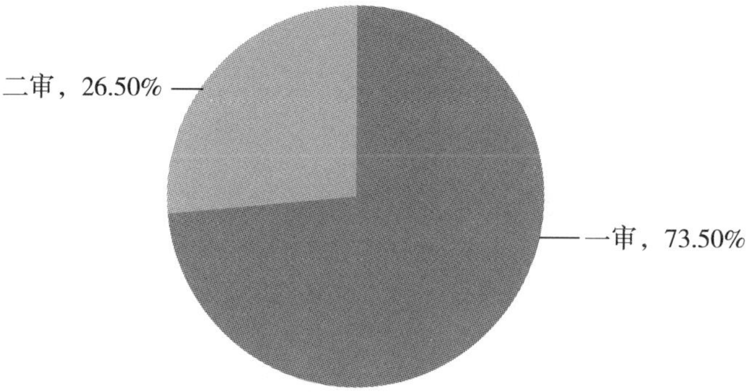

图2－15－1　电器机械及器材制造业上市公司案件诉讼阶段分布

2. 法院层级

从诉讼阶段上看,2019年电气机械和器材制造业上市公司所涉及的366件案件中,基层人民法院审结的案例181件,占比约为49.46%;中级人民法院审结的案例162件,占比约为44.26%;高级人民法院审结的案例23件,占比约为6.28%;最高人民法院审结的案例0件(见图2－15－2)。

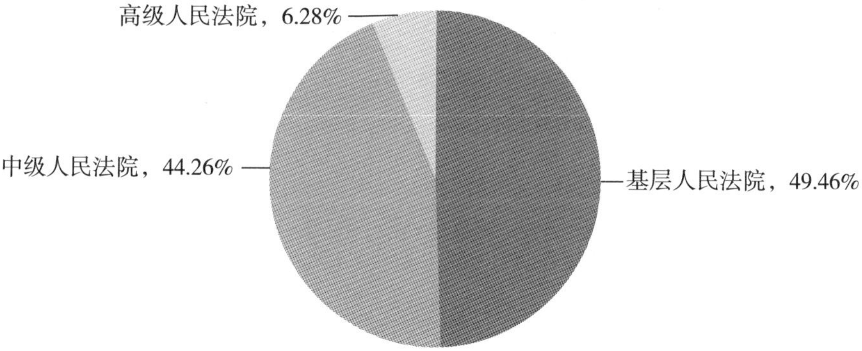

图2－15－2　电器机械及器材制造业上市公司案件审理法院层级分布

(三)上市公司诉讼地位

从上市公司的诉讼地位上看,2019年电气机械和器材制造业上市公司所涉及的366件案件中,上市公司作为原告的案例有265件,占比约为72.40%,上市公司作为被告的案例有101件,占比约为27.60%。可见,2019年的电气机械和器材制造业,上市公司主动提起诉讼,维护己方合法权益的情形较多(见图2－15－3)。

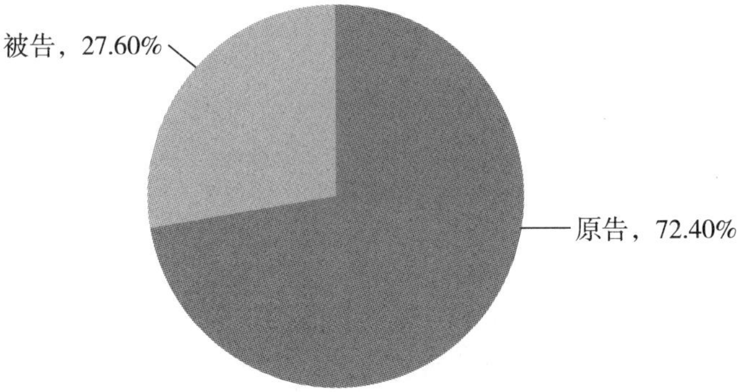

图 2－15－3　电器机械及器材制造业上市公司诉讼地位整体分布

具体而言，在电气机械和器材制造业上市公司所涉及的 269 件一审判决中，上市公司作为原告的案例有 196 件，上市公司作为被告的案例有 73 件，二者之间占比差别较大（见图 2－15－4）。

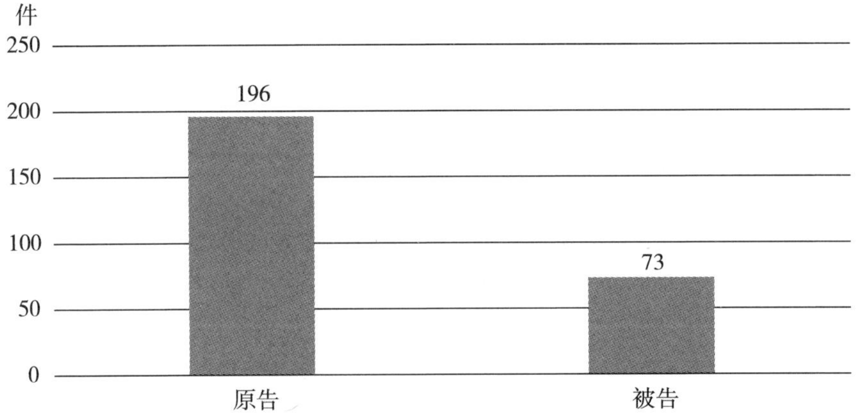

图 2－15－4　电器机械及器材制造业上市公司一审程序诉讼地位分布

在电气机械和器材制造业上市公司所涉及的 97 件二审判决中，上市公司作为上诉人的案例有 43 件，其中同时为原审原告的有 23 件，同时为原审被告的有 20 件；上市公司作为被上诉人的案例有 54 件，其中同时为原审原告的有 46 件，同时为原审被告的有 8 件。可见，在二审程序中，电气机械和器材制造业上市公司作为被上诉人，被动参见诉讼的情形较为常见，而且，在二审程序中电气机械和器材制造业上市公司作为原审原告的案件数量明显比作为原审被告的数量多，再相较于上面分析的上市公司被动参加二审程序的案件较多，可以得出原审作为原告的电气机械和器材制造业上市公司一般较少会选择提起上诉（见图 2－15－5）。

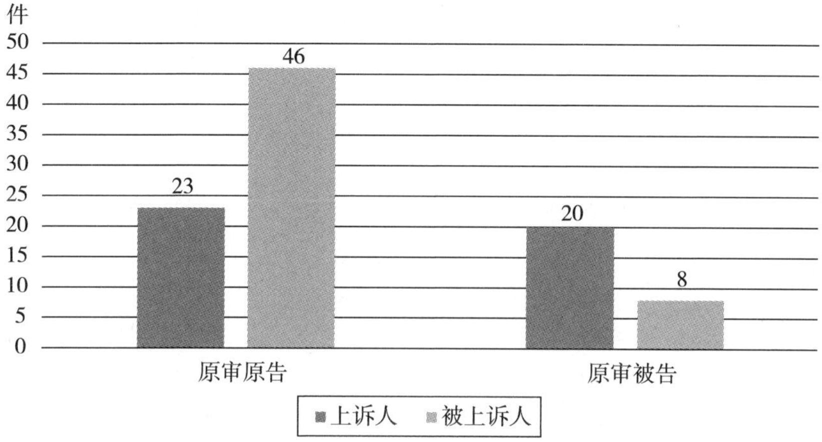

图 2 -15 -5　电气机械及器材制造业上市公司二审程序诉讼地位分布

(四)诉讼标的额

从民事诉讼案件的标的额上看,2019 年电气机械和器材制造业上市公司所涉及的 347 件民事案件中,可统计诉讼标的金额的案件总数为 341 件,其中诉讼请求金额在 1 万元以下的案件数量为 12 件,超过 1 万元且 10 万元以下的案件数量为 87 件,超过 10 万元且 20 万元以下的案件数量为 32 件,超过 20 万元且 50 万元以下的案件数量为 46 件,超过 50 万元且 100 万元以下的案件数量为 46 件,超过 100 万元且 200 万元以下的案件数量为 40 件,超过 200 万元且 500 万元以下的案件数量为 38 件,超过 500 万元且 1000 万元以下的案件数量为 15 件,超过 1000 万元且 2000 万元以下的案件数量为 8 件,超过 2000 万元的案件数量为 17 件(见图 2 -15 -6)。

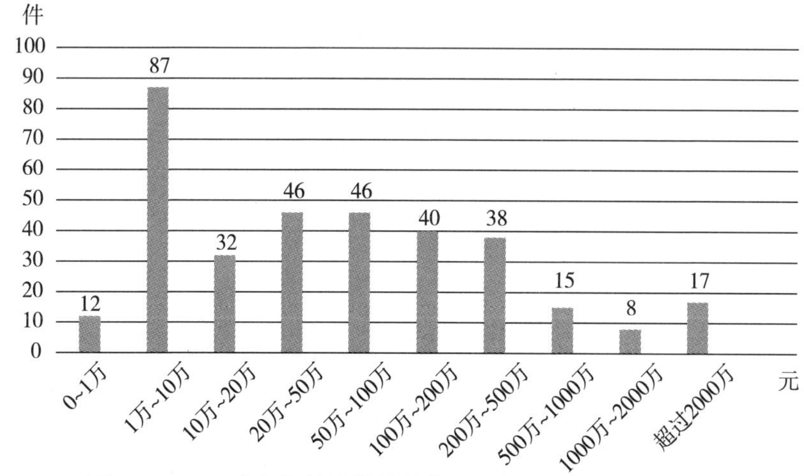

图 2 -15 -6　电气机械及器材制造业上市公司诉讼标的额分布

具体来看,2019 年电气机械和器材制造业上市公司所涉及的案件中,案件数量最集中的诉讼标的额在 1 万～10 万元区间之内,标的额平均值为 3,940,123.43 元,中位数为 413,200.00 元,标的额最大为 129,067,377.00 元,最小为 4056.00 元(见表 2－15－4)。

表 2－15－4　电气机械和器材制造业上市公司诉讼标的额

单位:元

总　　额	1,343,582,088.48
平均数	3,940,123.43
中位数	413,200.00
最大金额	129,067,377.00
最小金额	4056.00

(五)诉讼结果和胜诉率

从诉讼结果上看,2019 年电气机械和器材制造业上市公司所涉及的 366 件案件中,上市公司胜诉的案例有 272 件,上市公司败诉的案例有 91 件,上市公司撤诉的有 3 件。总的来看,电气机械和器材制造业上市公司胜诉的案件数量占比约为 74.32%,败诉占比约为 24.86%,如果排除撤诉和被驳回上诉的情形,则电气机械和器材制造业上市公司的总体胜诉率约为 74.93%(见图 2－15－7)。

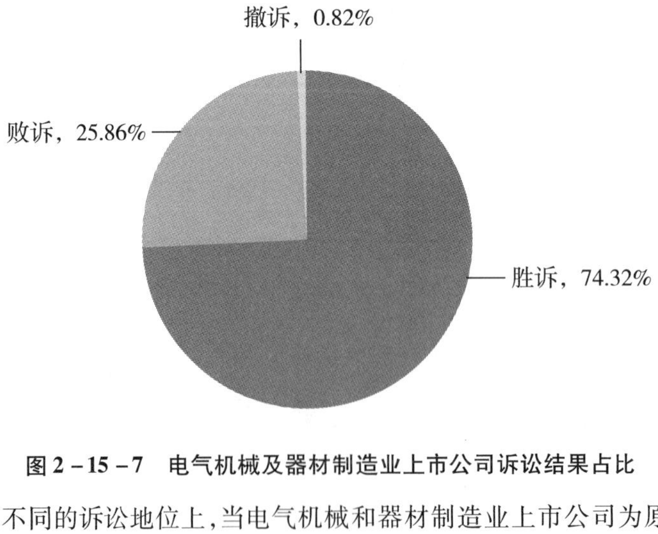

图 2－15－7　电气机械及器材制造业上市公司诉讼结果占比

具体到不同的诉讼地位上,当电气机械和器材制造业上市公司为原告时,其胜诉的案件 225 件,败诉的案件有 37 件,胜诉率约为 85.88%,高于总体胜诉率。当电气机械和器材制造业上市公司为被告时,其胜诉的案件有 47 件,败诉的案件有 54

件，胜诉率约为 46.53%，低于总体胜诉率（见图 2－15－8）。

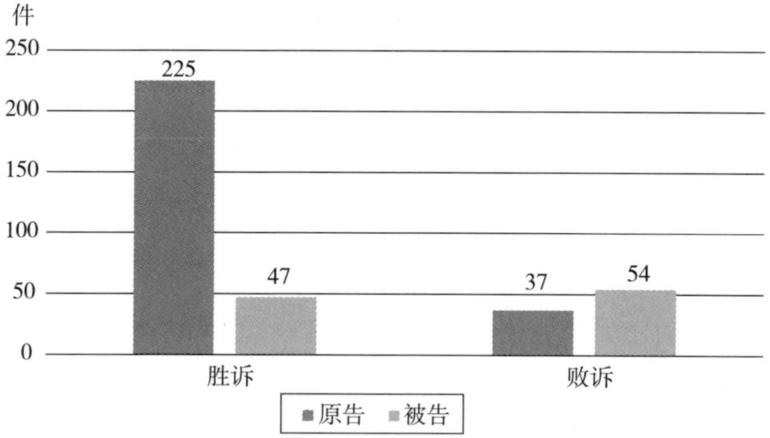

图 2－15－8　电气机械及器材制造业上市公司诉讼情况与诉讼地位交叉分布情况

具体到不同的诉讼阶段上，在一审判决中，上市公司胜诉的案件有 204 件，败诉的案件有 62 件，胜诉率约为 76.69%，略高于总体胜诉率。在二审判决中，上市公司胜诉的案件有 68 件，败诉的案件有 29 件，胜诉率约为 70.10%，略低于总体胜诉率（见图 2－15－9）。

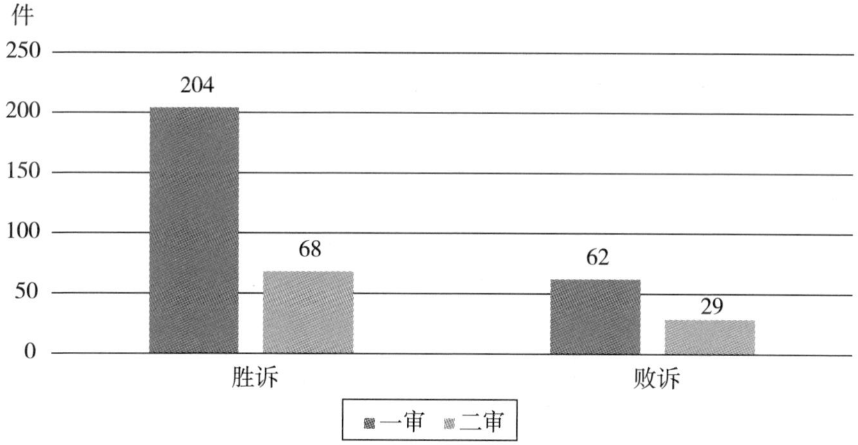

图 2－15－9　电气机械及器材制造业上市公司诉讼情况与诉讼阶段交叉分布情况

第十六节　计算机、通信和其他电子设备制造业

一、计算机、通信和其他电子设备制造业上市公司概况

计算机、通信和其他电子设备制造业属于制造业大类，在制造业中处于比较重要的位置。根据我国国民经济行业分类，计算机、通信和其他电子设备制造业包括计算机制造、通信设备制造、广播电视设备制造、雷达及配套设备制造、非专业视听设备制造、智能消费设备制造、电子器件制造、电子元件及电子专用材料制造和其他电子设备制造。

2019 年第三季度我国计算机、通信和其他电子设备制造业上市公司共 375 家，从市场规模上看，我国上市公司中计算机、通信和其他电子设备制造业的整体规模较大，其数量占全部上市公司的约 10.08%。可见计算机、通信和其他电子设备制造业在全国范围内具有较大市场影响力的企业数量较多。

二、计算机、通信和其他电子设备制造业行业政策和法律风险新动向

（一）计算机、通信和其他电子设备制造业行业政策新动向

2017 年 12 月 12 日，工业和信息化部发布《工业控制系统信息安全行动计划（2018－2020 年）》，提出加强防护技术研究，探索工业云、工业大数据等新兴应用的安全架构设计，开展工业互联网安全防护技术研究和创新，加快“工业互联网”平台安全等急用先行标准的发布和应用。

2017 年 11 月 19 日，国务院发布《关于深化“互联网＋先进制造业”发展工业互联网的指导意见》提出加快建设和发展工业互联网，推动互联网、大数据、人工智能和实体经济深度融合，发展先进制造业，支持传统产业优化升级。力图在 2018～2020 年三年起步阶段，初步建成低时延、高可靠、广覆盖的工业互联网网络基础设施，初步构建工业互联网标识解析体系，初步形成各有侧重、协同集聚发展的工业互联网平台体系，初步建立工业互联网安全保障体系。

原科学技术部于 2017 年 4 月 14 日发布《“十三五”先进制造技术领域科技创新专项规划》，强化制造核心基础件和智能制造关键基础技术，重点从“系统集成、智能装备、制造基础和先进制造科技创新示范工程”四个层面，围绕增材制造、激光制造、智能机器人、智能成套装备、新型电子制造装备等主要方向开展重点任务部署。

工业和信息化部、财政部于 2016 年 9 月 28 日发布《智能制造发展规划（2016－

2020 年)》(以下简称《规划》)提出十个重点任务：一是加快智能制造装备发展，攻克关键技术装备，提高质量和可靠性，推进在重点领域的集成应用；二是加强关键共性技术创新，突破一批关键共性技术，布局和积累一批核心知识产权；三是建设智能制造标准体系，开展标准研究与实验验证，加快标准制修订和推广应用；四是构筑工业互联网基础，研发新型工业网络设备与系统、信息安全软硬件产品，构建试验验证平台，建立健全风险评估、检查和信息共享机制；五是加大智能制造试点示范推广力度，开展智能制造新模式试点示范，遴选智能制造标杆企业，不断总结经验和模式，在相关行业移植、推广；六是推动重点领域智能转型，在“中国制造2025”十大重点领域试点建设数字化车间/智能工厂，在传统制造业推广应用数字化技术、系统集成技术、智能制造装备；七是促进中小企业智能化改造，引导中小企业推进自动化改造，建设云制造平台和服务平台；八是培育智能制造生态体系，加快培育一批系统解决方案供应商，大力发展龙头企业集团，做优做强一批“专精特”配套企业；九是推进区域智能制造协同发展，推进智能制造装备产业集群建设，加强基于互联网的区域间智能制造资源协同；十是打造智能制造人才队伍，健全人才培养计划，加强智能制造人才培训，建设智能制造实训基地，构建多层次的人才队伍。同时《规划》提出了加强统筹协调、完善创新体系、加大财税支持力度、创新金融扶持方式、发挥行业组织作用、深化国际合作交流等六个方面的保障措施。

工业和信息化部于 2016 年 10 月 12 日发布《信息化和工业化融合发展规划(2016－2020 年)》力图构建基于互联网的制造业“双创”新体系，激发创业创新活力；推广网络化生产新模式，引领生产方式持续变革；培育平台化服务新业态，推动产业价值链向高端跃升；营造跨界融合新生态，提高行业融合创新能力；普及两化融合管理体系标准，创新企业组织管理模式；发展智能装备和产品，增强产业核心竞争力；完善基础设施体系，提升支撑服务能力。

国务院于 2016 年 5 月 13 日发布《关于深化制造业与互联网融合发展的指导意见》明确了深化制造业与互联网融合发展的 7 项主要任务包括打造制造企业互联网“双创”平台；推动互联网企业构建制造业“双创”服务体系；支持制造企业与互联网企业跨界融合；培育制造业与互联网融合新模式；强化融合发展基础支撑；提升融合发展系统解决方案能力；提高工业信息系统安全水平。

同时，还有工业和信息化部联合国家发展改革委发布的《信息产业发展指南》(实施期限为 2016～2020 年)、《中华人民共和国国民经济和社会发展第十三个五年规划纲要》《中国制造 2025》《“十三五”国家战略性新兴产业发展规划》《国家中长期科学和技术发展规划纲要(2006－2020 年)》等政策文件需要注意。

(二)计算机、通信和其他电子设备制造业法律风险新动向

工业和信息化部于 2017 年 2 月 8 日发布《信息产业发展指南》要求落实行政审批制度改革要求,积极推动电信法、网络安全法等立法。加强事中事后监管,完善监测和惩戒机制。健全产业安全审查机制和法规体系,加强业务开放情况下的网络与信息安全风险控制。加快发展信息产业技术市场,健全知识产权创造、运用、管理、保护机制,严打假冒伪劣。

国务院发布的《关于深化“互联网 + 先进制造业”发展工业互联网的指导意见》指出要建立健全法规制度。完善工业互联网规则体系,明确工业互联网网络的基础设施地位,建立涵盖工业互联网网络安全、平台责任、数据保护等的法规体系。细化工业互联网网络安全制度,制定工业互联网关键信息基础设施和数据保护相关规则,构建工业互联网网络安全态势感知预警、网络安全事件通报和应急处置等机制。建立工业互联网数据规范化管理和使用机制,明确产品全生命周期各环节数据收集、传输、处理规则,探索建立数据流通规范。加快新兴应用领域法规制度建设,推动开展人机交互、智能产品等新兴领域信息保护、数据流通、政府数据公开、安全责任等相关研究,完善相关制度。

三、计算机、通信和其他电子设备制造业上市公司诉讼情况统计

本书以计算机、通信和其他电子设备制造业的 375 家上市公司为当事人检索案例,共收集 2019 年全国法院判决的各类司法判决书 152 份,作为统计分析的样本。

(一)案件类型分布

1. 诉讼类型

如表 2－16－1 所示,从案件诉讼类型上看,2019 年计算机、通信和其他电子设备制造业上市公司所涉及的 152 件案件中,146 件为民事诉讼,6 件为行政诉讼,刑事诉讼案件数量为 0 件。

表 2－16－1　计算机、通信和其他电子设备制造业上市公司案件诉讼类型

诉讼类型	案件数量(件)
民事诉讼	146
行政诉讼	6
刑事诉讼	0

2. 案由种类

如表 2－16－2、表 2－16－3 所示，从案件案由种类上看，2019 年计算机、通信和其他电子设备制造业上市公司所涉及的 152 件案件中，大多数为合同纠纷，其中，买卖合同纠纷 58 件数量最多。其他案由还包括证券虚假陈述责任纠纷、侵害作品信息网络传播权纠纷、票据追索权纠纷、新增资本认购纠纷、物件损害责任纠纷等。

表 2－16－2　计算机、通信和其他电子设备制造业上市公司案件案由（民事）

案　　由	案件数量（件）
买卖合同纠纷	58
证券欺诈责任纠纷	19
劳动合同纠纷	16
其他合同纠纷	8
承揽合同纠纷	8
著作权权属、侵权纠纷	5
建设工程合同纠纷	4
借款合同纠纷	3
票据追索权纠纷	2
服务合同纠纷	2
租赁合同纠纷	2
企业承包经营合同纠纷	2
股东损害公司债权人利益责任纠纷	2
债权转让合同纠纷	1
新增资本认购纠纷	1
物件损害责任纠纷	1
提供劳务者受害责任纠纷	1
损害公司利益责任纠纷	1
确认合同效力纠纷	1
票据利益返还请求权纠纷	1
票据付款请求权纠纷	1
著作权合同纠纷	1
机动车交通事故责任纠纷	1

续表

案　　由	案件数量(件)
合伙协议纠纷	1
公司解散纠纷	1
返还原物纠纷	1
产品责任纠纷	1
保证合同纠纷	1

表 2－16－3　计算机、通信和其他电子设备制造业上市公司案件案由(行政)

案　　由	案件数量(件)
实用新型专利无效行政纠纷	1
实用新型专利权无效行政纠纷	1
商标申请驳回复审行政纠纷	1
商标申请驳回复审行政纠纷	2
商标权无效宣告请求行政纠纷	1

(二)案件审理程序

1. 诉讼阶段

从诉讼阶段上看,2019 年计算机、通信和其他电子设备制造业上市公司所涉及的 152 件案件中,一审判决书 95 件,占比为 62.50%;二审判决书 55 件,占比约为 36.18%;再审判决 2 件,占比约为 1.32%(见图 2－16－1)。

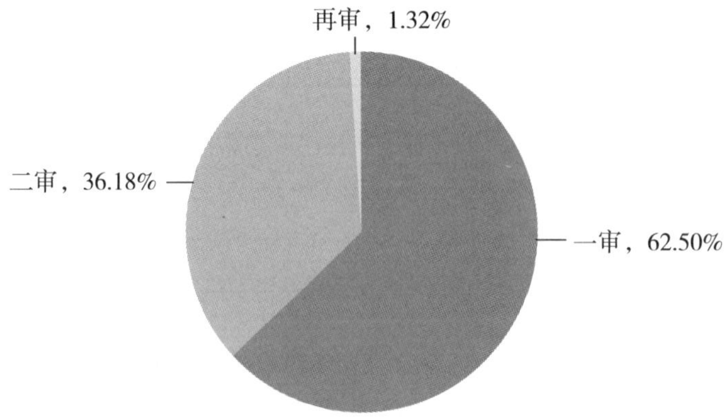

图 2－16－1　计算机、通信和其他电子设备制造业上市公司案件诉讼阶段分布

2. 法院层级

如图 2－16－2 所示，从诉讼阶段上看，2019 年计算机、通信和其他电子设备制造业上市公司所涉及的 152 件案件中，基层人民法院审结的案例 72 件，占比约为 47.37%；中级人民法院审结的案例 72 件，占比约为 47.37%；高级人民法院审结的案例 6 件，占比约为 3.95%；最高人民法院审结的案例 2 件，占比约为 1.31%。

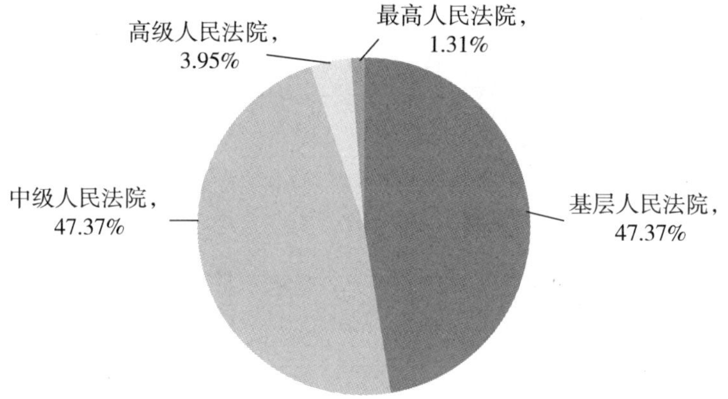

图 2－16－2　计算机、通信和其他电子设备制造业上市公司案件审理法院层级分布

（三）上市公司诉讼地位

从上市公司的诉讼地位上看，2019 年计算机、通信和其他电子设备制造业上市公司所涉及的 152 件案件中，上市公司作为原告的案例有 86 件，占比约为 56.58%；上市公司作为被告的案例有 66 件，占比约为 43.42%。可见，2019 年计算机、通信和其他电子设备制造业上市公司的民事诉讼中，上市公司主动提起诉讼的情形较多，较少情况下上市公司是作为应诉方被动地参与诉讼（见图 2－16－3）。

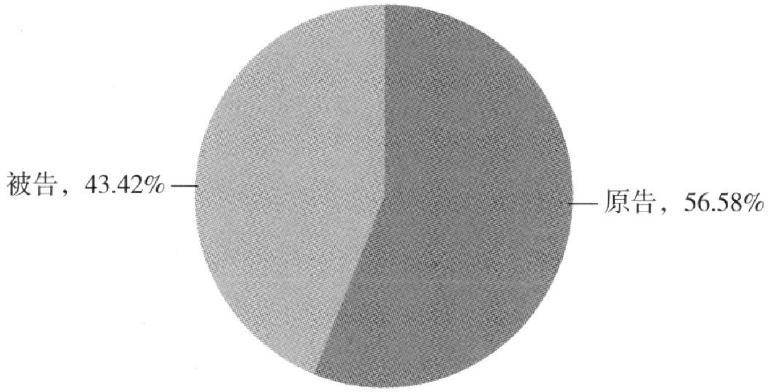

图 2－16－3　计算机、通信和其他电子设备制造业上市公司诉讼地位总体分布

具体而言，在计算机、通信和其他电子设备制造业上市公司所涉及的95件一审判决中，上市公司作为原告的案例有件53件，上市公司作为被告的案例有42件。可见，在一审程序中，计算机、通信和其他电子设备制造业上市公司主动提起诉讼、发起诉讼程序情况较多（见图2－16－4）。

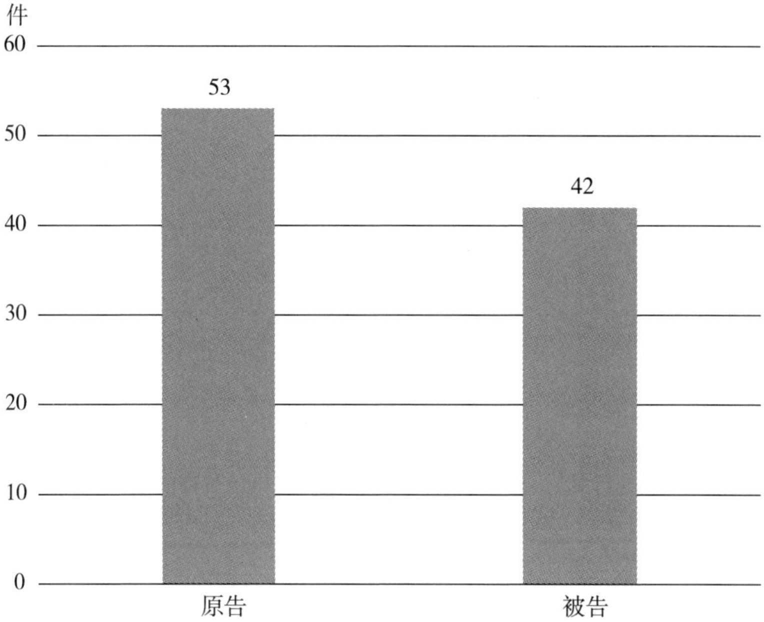

图2－16－4　计算机、通信和其他电子设备制造业上市公司一审程序诉讼地位分布

在计算机、通信和其他电子设备制造业上市公司所涉及的55件二审判决中，上市公司作为上诉人的案例有28件，其中同时为原审原告的有14件，同时为原审被告的有14件；上市公司作为被上诉人的案例有27件，其中同时为原审原告的有18件，同时为原审被告的有9件（见图2－16－5）。

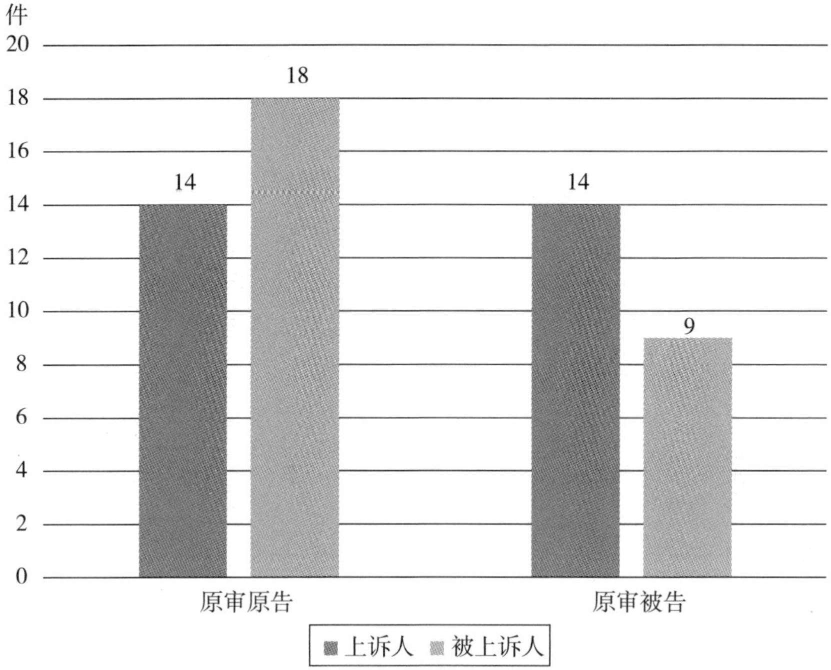

图 2-16-5　计算机、通信和其他电子设备制造业上市公司二审程序诉讼地位分布

在计算机、通信和其他电子设备制造业上市公司所涉及的 2 件再审判决中，上市公司作为申请人的案例有 1 件，其中同时为原审原告的有 0 件，同时为原审被告的有 1 件；上市公司作为被申请人的案例有 1 件，其中同时为原审原告的有 0 件，同时为原审被告的有 1 件（见图 2-16-6）。

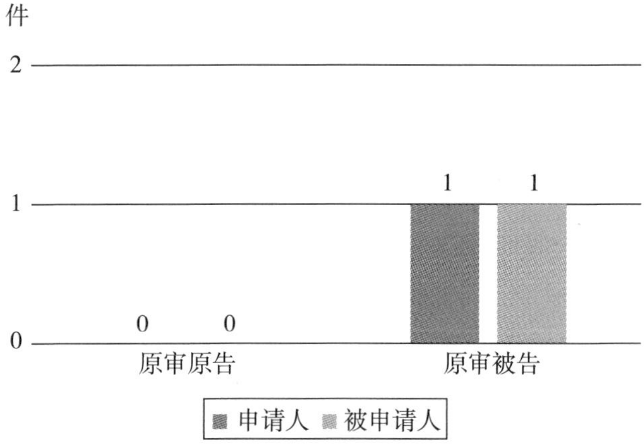

图 2-16-6　计算机、通信和其他电子设备制造业上市公司再审程序诉讼地位分布

（四）诉讼标的额

从民事诉讼案件的标的额上看，2019 年计算机、通信和其他电子设备制造业上市公司所涉及的、可统计金额的 138 件民事案件中（除去 4 件案件驳回上诉、2 件驳回再审申请、2 件案件为行为之诉），诉讼请求金额在 1 万元以下的案件数量为 3 件，超过 1 万元且 10 万元以下的案件数量为 32 件，超过 10 万元且 20 万元以下的案件数量为 20 件，超过 20 万元且 50 万元以下的案件数量为 23 件，超过 50 万元且 100 万元以下的案件数量为 15 件，超过 100 万元且 200 万元以下的案件数量为 9 件，超过 200 万元且 500 万元以下的案件数量为 16 件，超过 500 万元且 1000 万元以下的案件数量为 7 件，超过 1000 万元且 2000 万元以下的案件数量为 7 件，超过 2000 万元的案件数量为 6 件（见图 2－16－7）。

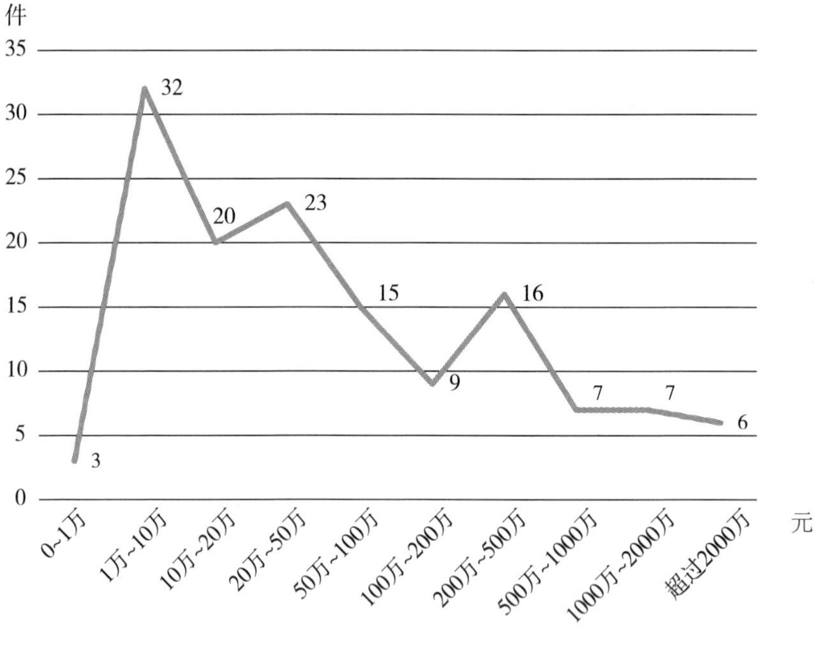

图 2－16－7　计算机、通信和其他电子设备制造业上市公司诉讼标的额分布

如表 2－16－4 所示，具体来看，2019 年计算机、通信和其他电子设备制造业上市公司所涉及的案件中，案件数量最集中的诉讼标的额在 1 万～10 万元区间之内，标的额平均值为 3，356，807.70 元，中位数为 333，389.50 元，标的额最大为 50，054，375.00 元，最小为 3527.30 元。

表 2-16-4　计算机、通信和其他电子设备制造业上市公司诉讼标的额

单位:元

总　额	463,239,462.78
平均数	3,356,807.70
中位数	333,389.50
最大金额	50,054,3750
最小金额	3527.30

(五)诉讼结果和胜诉率

从诉讼结果上看,2019 年计算机、通信和其他电子设备制造业上市公司所涉及的 146 件民事案件中,除 4 件案件驳回上诉、2 件案件驳回再审申请外,上市公司胜诉的案例有 87 件,上市公司败诉的案例有 53 件。总体来看,计算机、通信和其他电子设备制造业上市公司胜诉的案件数量占比约为 59.59%,如果排除驳回上诉和驳回再审申请的情形,则计算机、通信和其他电子设备制造业上市公司的总体胜诉率约为 64.93%(见图 2-16-8)。

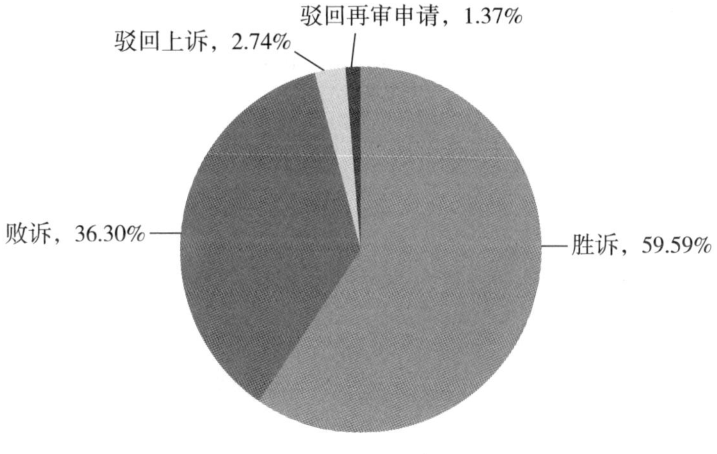

图 2-16-8　计算机、通信和其他电子设备制造业上市公司诉讼结果占比

具体到不同的诉讼地位上,当计算机、通信和其他电子设备制造业上市公司为原告时,其胜诉的案件有 46 件,败诉的案件有 30 件,胜诉率约为 60.53%,略低于总体胜诉率。当计算机、通信和其他电子设备制造业上市公司为被告时,其胜诉的案件有 41 件,败诉的案件有 23 件,胜诉率约为 64.06%,略高于总体胜诉率(见图 2-16-9)。

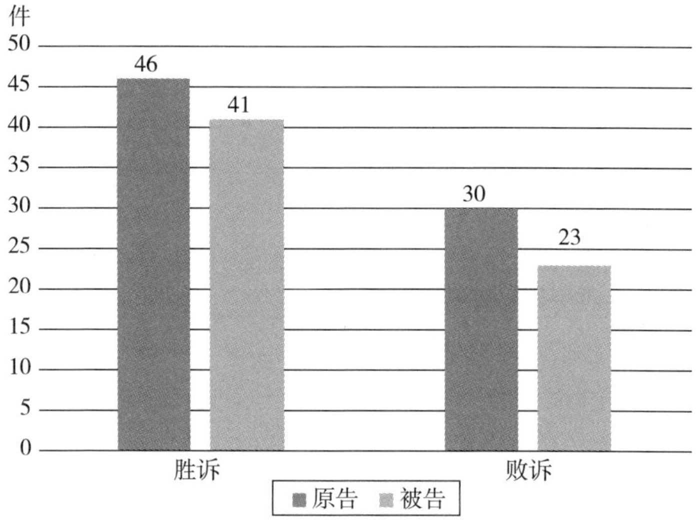

图 2－16－9　计算机、通信和其他电子设备制造业上市公司胜诉情况与诉讼地位交叉分布情况

具体到不同的诉讼阶段上，在一审判决中，上市公司胜诉的案件有 42 件，败诉的案件有 50 件，胜诉率约为 45.65%，远低于总体胜诉率。在二审判决中，上市公司胜诉的案件有 45 件，败诉的案件有 3 件，胜诉率为 93.75%，远高于总体胜诉率（见图 2－16－10）。

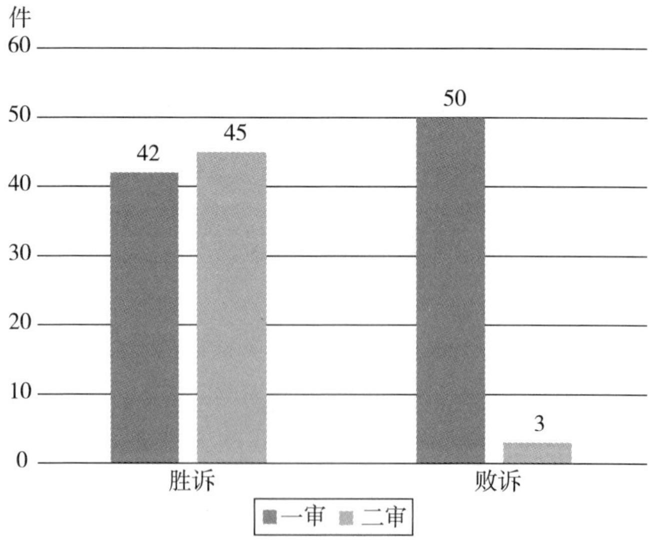

图 2－16－10　计算机、通信和其他电子设备制造业上市公司胜诉情况与诉讼阶段交叉分布情况

第十七节 仪器仪表等其他制造业

一、仪器仪表等其他制造业上市公司概况

根据我国国民经济行业分类,仪器仪表等其他制造业属于制造业大类,同时包括仪器仪表制造业、其他制造业、废弃资源综合利用业和金属制品、机械和设备修理业。仪器仪表制造业是为国民经济发展以及基础设施建设等提供专业检测设备的先进制造业;其他制造业包括日用杂品制造、核辐射加工以及其他未列明制造业;废弃资源综合利用业是指在矿产资源开发、生产以及其余社会生产和消费过程中产生的废物资源进行回收和再利用的产业;金属制品、机械和设备修理业更是在工业生产上占有很重要的地位。

2019 年第三季度我国仪器仪表等其他制造业上市公司共计 72 家,从市场规模上看,我国上市公司中仪器仪表等其他制造业的整体规模较小,但其数量仅占全部上市公司的约 1.94%,可见仪器仪表等其他制造业在全国范围内具有较大市场影响力的企业数量较少。

二、仪器仪表等其他制造业行业政策和法律风险新动向

查询无相关政策与法律规定。

三、仪器仪表等其他制造业上市公司诉讼情况统计

本书以仪器仪表等其他制造业的 72 家上市公司为当事人检索案例,共收集 2019 年全国法院判决的各类司法判决书 73 份,作为统计分析的样本。

(一)案件类型分布

1. 诉讼类型

如表 2-17-1 所示,从案件诉讼类型上看,2019 年仪器仪表等其他制造业上市公司所涉及的 73 件案件中,72 件为民事诉讼,1 件行政诉讼,刑事诉讼案件数量为 0 件。

表 2－17－1　仪器仪表等其他制造业上市公司案件诉讼类型

诉讼类型	案件数量(件)
民事诉讼	72
行政诉讼	1
刑事诉讼	0

2. 案由种类

如表 2－17－2、表 2－17－3 所示，从案件案由种类上看，2019 年仪器仪表等其他制造业上市公司所涉及的 73 件民事案件中，大多数为合同纠纷，有买卖合同纠纷、借款合同纠纷、保证合同纠纷、借款合同纠纷等；另外，侵害商标权纠纷有 32 件，数量最多；其他民事案由还包括票据利益返还请求权纠纷、民间借贷纠纷、侵害实用新型专利权纠纷等。另外，唯一行政案件案由为商标权撤销复审行政纠纷。

表 2－17－2　仪器仪表等其他制造业上市公司案件案由(民事)

案　　由	案件数量(件)
商标权权属、侵权纠纷	32
买卖合同纠纷	21
借款合同纠纷	8
票据利益返还请求权纠纷	4
其他合同纠纷	2
建设工程合同纠纷	1
专利权权属、侵权纠纷	1
保证合同纠纷	1
服务合同纠纷	1
供用热力合同纠纷	1

表 2－17－3　仪器仪表等其他制造业上市公司案件案由(行政)

案　　由	案件数量(件)
商标权撤销复审行政纠纷	1

(二)案件审理程序

1. 诉讼阶段

从诉讼阶段上看,2019 年仪器仪表等其他制造业上市公司所涉及的 73 件案件中,一审判决书 52 件,占比约为 71.23%;二审判决书 21 件,占比约为 28.77%(见图 2-17-1)。

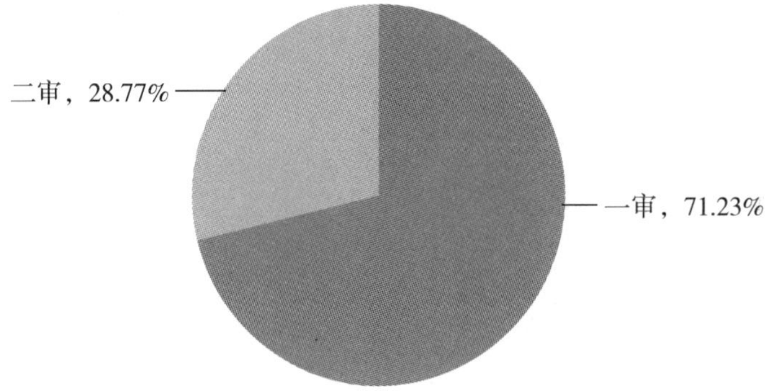

图 2-17-1　仪器仪表等其他制造业上市公司案件诉讼阶段分布

2. 法院层级

如图 2-17-2 所示,从诉讼阶段上看,2019 年仪器仪表等其他制造业上市公司所涉及的 73 件案件中,基层人民法院审结的案件 47 件,占比约为 64.38%;中级人民法院审结的案件 16 件,占比约为 21.92%;高级人民法院审结的案件 10 件,占比约为13.70%;最高人民法院审结的案件 0 件。

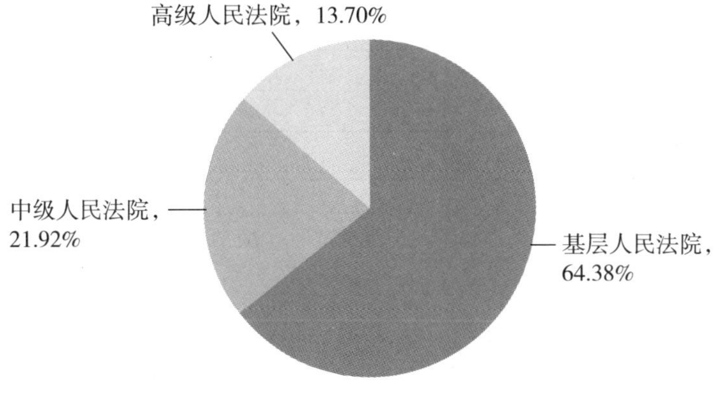

图 2-17-2　仪器仪表等其他制造业上市公司案件审理法院层级分布

（三）上市公司诉讼地位

从上市公司的诉讼地位上看，2019年仪器仪表等其他制造业上市公司所涉及的73件案件中，上市公司作为原告的案例有60件，占比约为82.19%；上市公司作为被告的案例有13件，占比约为17.81%。可见，2019年仪器仪表等其他制造业上市公司的诉讼中，上市公司主动提起诉讼的情形远多于上市公司被动参与诉讼的情形（见图2－17－3）。

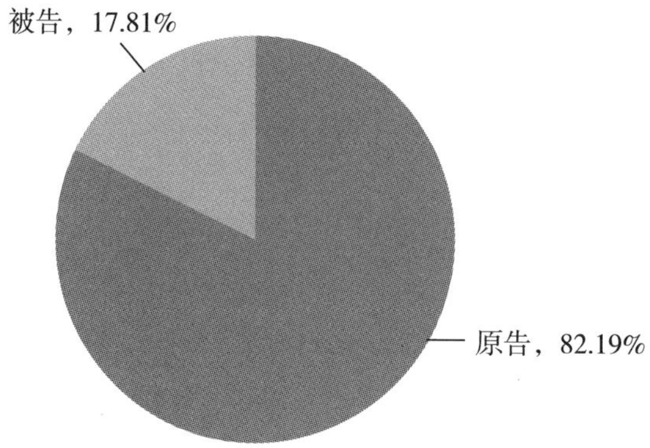

图2－17－3　仪器仪表等其他制造业上市公司诉讼地位总体分布

具体而言，在仪器仪表等其他制造业上市公司所涉及的52件一审判决中，上市公司作为原告的案例有42件，上市公司作为被告的案例有10件。可见，在一审程序中，仪器仪表等其他制造业上市公司主动提起诉讼、发起诉讼程序情况较为多见（见图2－17－4）。

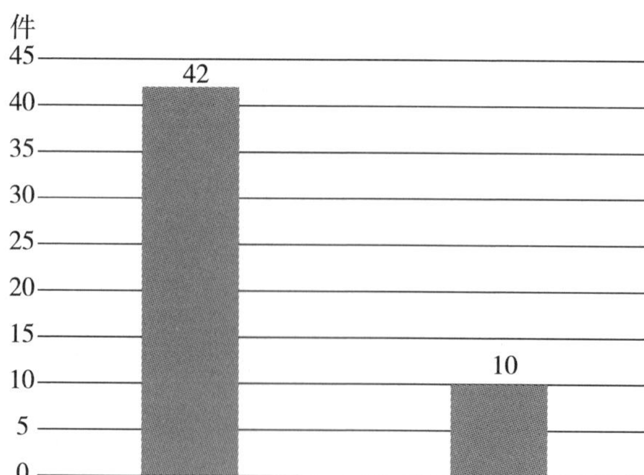

图2－17－4　仪器仪表等其他制造业上市公司一审程序诉讼地位分布

在仪器仪表等其他制造业上市公司所涉及的 21 件二审判决中，上市公司作为上诉人的案例有 7 件，其中同时为原审原告的有 4 件，同时为原审被告的有 3 件；上市公司作为被上诉人的案例有 14 件，其中同时为原审原告的有 14 件，同时为原审被告的有 0 件。可见，在二审程序中，仪器仪表等其他制造业上市公司主动提起上诉、继续诉讼程序的情况较少（见图 2－17－5）。

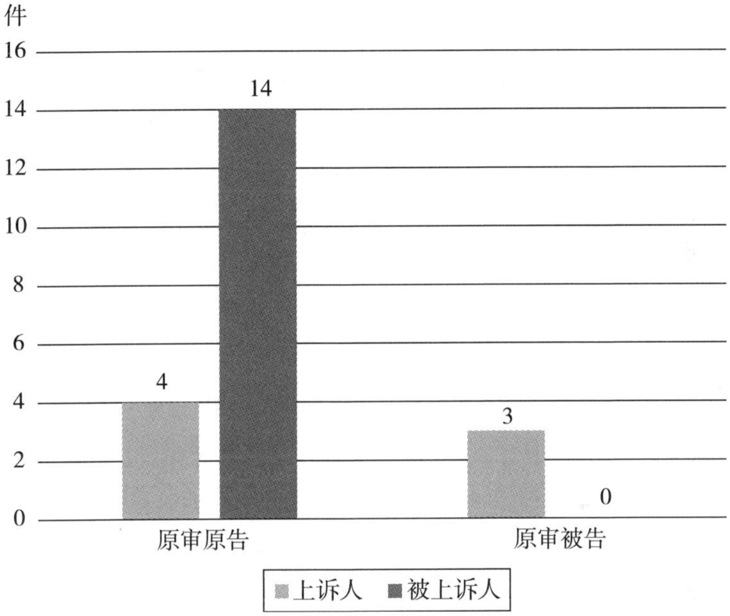

图 2－17－5　仪器仪表等其他制造业上市公司二审程序诉讼地位分布

（四）诉讼标的额

从民事诉讼案件的标的额上看，除 1 件驳回上诉案件外，2019 年仪器仪表等其他制造业上市公司所涉及的 71 件案件中，诉讼请求金额在 1 万元以下的案件数量为 7 件，超过 1 万元且 10 万元以下的案件数量为 29 件，超过 10 万元且 20 万元以下的案件数量为 4 件，超过 20 万元且 50 万元以下的案件数量为 5 件，超过 50 万元且 100 万元以下的案件数量为 8 件，超过 100 万元且 200 万元以下的案件数量为 3 件，超过 200 万元且 500 万元以下的案件数量为 3 件，超过 500 万元且 1000 万元以下的案件数量为 2 件，超过 1000 万元且 2000 万元以下的案件数量为 1 件，超过 2000 万元的案件数量为 9 件（见图 2－17－6）。

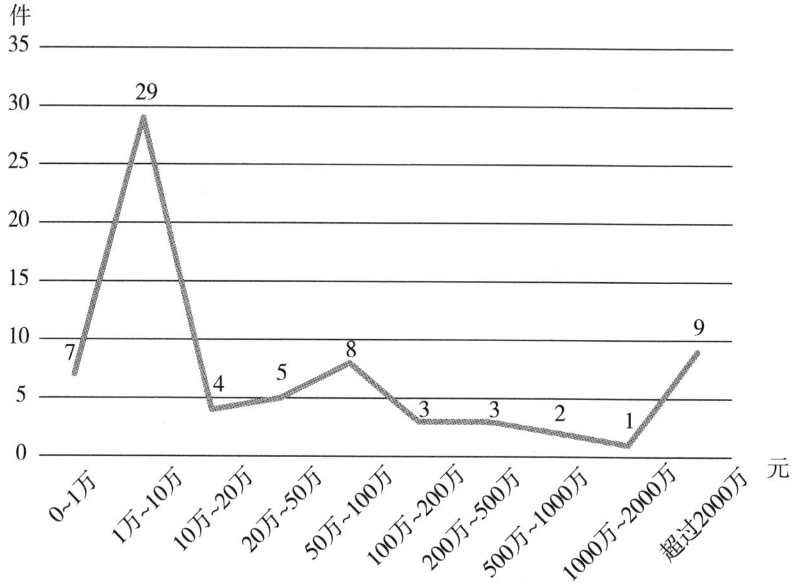

图 2－17－6　仪器仪表等其他制造业上市公司诉讼标的额分布

如表 2－17－4 所示，具体来看，除一件案件驳回上诉外，2019 年仪器仪表等其他制造业上市公司所涉及的案件中，案件数量最集中的诉讼标的额在 1 万～10 万元区间之内，标的额平均值为 19,171,526.70 元，中位数为 96,960.00 元，标的额最大为 479,659,209.90 元，最小为 10,000.00 元。

表 2－17－4　仪器仪表等其他制造业上市公司诉讼标的额

单位：元

总　　额	1,361,178,395.56
平均数	19,171,526.70
中位数	96,960.00
最大金额	479,659,209.90
最小金额	10,000.00

（五）诉讼结果和胜诉率

从诉讼结果上看，2019 年仪器仪表等其他制造业上市公司所涉及的 73 件案件中，上市公司胜诉的案例有 29 件，上市公司败诉的案例有 43 件，1 件案例的诉讼结果为驳回上诉。总的来看，仪器仪表等其他制造业上市公司胜诉的案件数量占比约为 39.73%，如果排除驳回上诉的情形，则仪器仪表等其他制造业上市公司的总体胜诉率约为 40.28%（见图 2－17－7）。

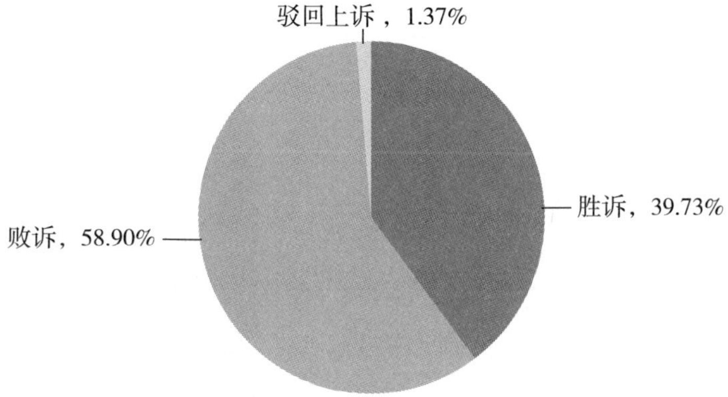

图 2－17－7　仪器仪表等其他制造业上市公司诉讼结果占比

具体到不同的诉讼地位上，当仪器仪表等其他制造业上市公司为原告时，其胜诉的案件有 25 件，败诉的案件有 34 件，胜诉率约为 42.37%，略高于总体胜诉率。当仪器仪表等其他制造业上市公司为被告时，其胜诉的案件有 4 件，败诉的案件有 9 件，胜诉率约为 30.77%，低于总体胜诉率（见图 2－17－8）。

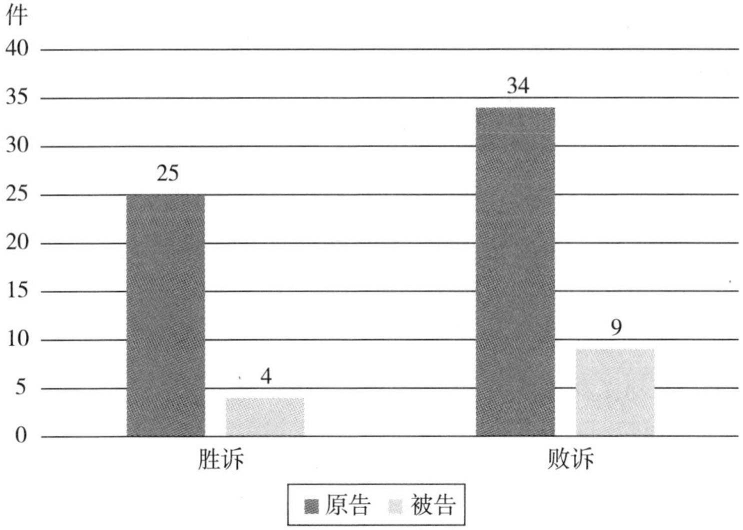

图 2－17－8　仪器仪表等其他制造业上市公司胜诉情况与诉讼地位交叉分布情况

具体到不同的诉讼阶段上，在一审判决中，上市公司胜诉的案件有 24 件，败诉的案件有 28 件，胜诉率约为 46.15%，略高于总体胜诉率。在二审判决中，上市公司胜诉的案件有 5 件，败诉的案件有 15 件，胜诉率为 25%，低于总体胜诉率（见

图 2－17－9）。

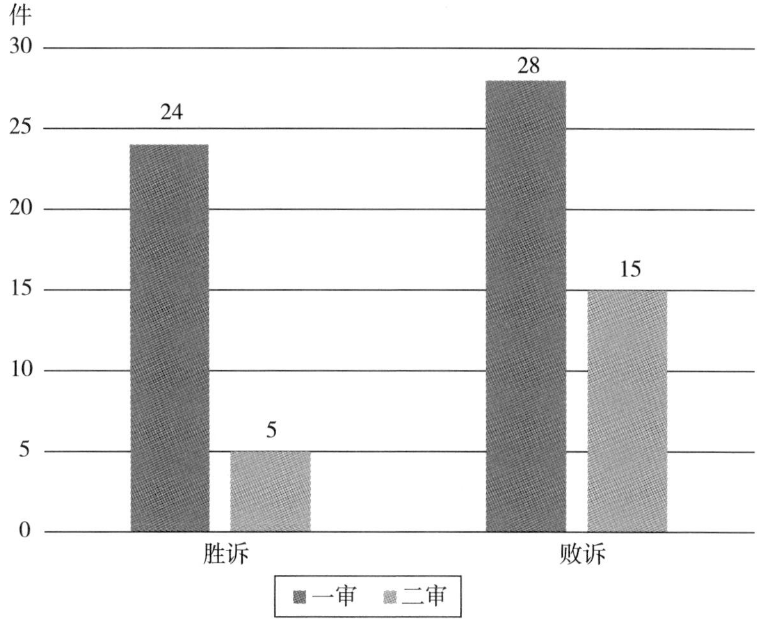

图 2－17－9　仪器仪表等其他制造业上市公司胜诉情况与诉讼阶段交叉分布情况

第十八节　电力、热力、燃气及水生产和供应业

一、电力、热力、燃气及水生产和供应业上市公司概况

电力、热力、燃气及水生产和供应业是国民生活之必需。根据我国国民经济行业分类，电力、热力、燃气及水生产和供应业包括电力、热力生产和供应业；燃气生产和供应业；水的生产和供应业三部分。

2019 年第三年度我国电力、热力、燃气及水生产和供应业上市公司共计 108 家，从市场规模上看，我国上市公司中电力、热力、燃气及水生产和供应业的整体规模较小，其数量占全部上市公司的约 2.90%，其在全国范围内具有较大市场影响力的企业数量较少。

二、电力、热力、燃气及水生产和供应业行业政策和法律风险新动向

（一）电力、热力、燃气及水生产和供应业行业政策新动向

非水可再生能源是能源供应体系的重要组成部分，是保障能源安全的重要内

容。当前，非水可再生能源发电已进入产业转型升级和技术进步的关键期，风电、光伏等可再生能源已基本具备与煤电等传统能源平价的条件。2020 年 1 月 20 日，财政部、国家发展改革委、国家能源局发布《关于促进非水可再生能源发电健康发展的若干意见》以完善现行补贴方式、完善市场配置资源和补贴退坡机制、优化补贴兑付流程、加强组织领导四个方面促进非水可再生能源发电健康稳定发展。

2019 年 7 月 31 日发布的《关于深化电力现货市场建设试点工作的意见》中国家发展改革委、国家能源局以合理设计电力现货市场建设方案、统筹协调电力现货市场衔接机制、建立健全电力现货市场运营机制、强化提升电力现货市场运营能力、规范建设电力现货市场运营平台；建立完善电力现货市场配套机制、做好电力现货市场建设组织实施几个方面提出对试点工作的意见。

2019 年 9 月 4 日国家能源局发布的《关于加强电力中长期交易监管的意见》以规范制定市场交易规则、规范组织市场交易、规范参与交易行为、做好市场交易服务、促进售电企业公平参与市场交易、加强市场成员行为自律监督、加强运营监控和风险防控、规范市场干预行为、加强市场交易事中事后监管、加强信息披露和报送监管、加强市场信用监管、建立政府监管与外部专业化监督密切配合的监管体系为主要任务，并针对任务提出相关要求。

《外商投资准入特别管理措施（负面清单）（2019 年版）》《自由贸易试验区外商投资准入特别管理措施（负面清单）（2019 年版）》指出，核电站的建设、经营须由中方控股；城市人口 50 万以上的城市供排水管网的建设、经营须由中方控股。

为落实国务院办公厅《能源发展战略行动计划（2014 - 2020 年）》关于风电 2020 年实现与煤电平价上网的目标要求，科学合理引导新能源投资，实现资源高效利用，促进公平竞争和优胜劣汰，推动风电产业健康可持续发展，国家发展改革委 2019 年 5 月 21 日发布了《关于完善风电上网电价政策的通知》。

（二）电力、热力、燃气及水生产和供应业法律风险新动向

为促进可再生能源开发利用，规范可再生能源电价附加资金管理，提高资金使用效率，根据《预算法》《可再生能源法》等要求，财政部、国家发展改革委、国家能源局 2020 年 1 月 20 日共同修订了《可再生能源电价附加资金管理办法》，相关上市公司应当严格遵守此管理办法。

三、电力、热力、燃气及水生产和供应业行业上市公司诉讼情况统计

本书以电力、热力、燃气及水生产和供应业的 108 家上市公司为当事人检索案

例，共收集 2019 年全国法院判决的各类司法判决书 101 份，作为统计分析的样本。

（一）案件类型分布

1. 诉讼类型

如表 2－18－1 所示，从案件诉讼类型上看，2019 年电力、热力、燃气及水生产和供应业上市公司所涉及的 101 件案件，全部为民事诉讼，行政诉讼和刑事诉讼案件数量为 0 件。

表 2－18－1　电力、热力、燃气及水生产和供应业上市公司案件诉讼类型

诉讼类型	案件数量（件）
民事诉讼	101
行政诉讼	0
刑事诉讼	0

2. 案由种类

如表 2－18－2 所示，从案件案由种类上看，2019 年电力、热力、燃气及水生产和供应业所涉及的 145 件案件中，案由种类多样，有以买卖合同纠纷、建筑工程施工合同纠纷等合同纠纷；股权转让纠纷、公司决议纠纷等与公司有关的纠纷；票据付款请求权纠纷等票据纠纷等。

表 2－18－2　电力、热力、燃气及水生产和供应业上市公司案件案由

案　　由	案件数量（件）
买卖合同纠纷	17
供用热力合同纠纷	12
建设工程合同纠纷	10
票据追索权纠纷	8
财产损害赔偿纠纷	7
房屋买卖合同纠纷	6
生命权、健康权、身体权纠纷	4
机动车交通事故责任纠纷	4
其他合同纠纷	3
触电人身损害责任纠纷	3

续表

案　　由	案件数量（件）
供用电合同纠纷	3
证券交易合同纠纷	3
股权转让纠纷	2
供用气合同纠纷	2
借款合同纠纷	2
公司决议纠纷	1
租赁合同纠纷	1
票据利益返还请求权纠纷	1
票据付款请求权纠纷	1
其他侵权责任纠纷	1
侵害集体经济组织成员权益纠纷	1
提供劳务者受害责任纠纷	1
服务合同纠纷	1
公司解散纠纷	1
确认合同效力纠纷	1
劳动合同纠纷	1
股东资格确认纠纷	1
物件损害责任纠纷	1
恢复原状纠纷	1
融资租赁合同纠纷	1

（二）案件审理程序

1. 诉讼阶段

从诉讼阶段上看，2019 年电力、热力、燃气及水生产和供应业上市公司所涉及的 101 件案件中，一审判决书 68 件，占比约为 67.33%；二审判决书 33 件，占比约为 32.67%（见图 2－18－1）。

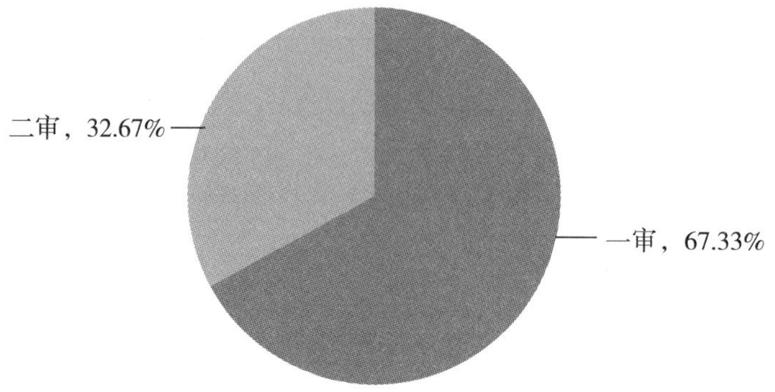

图2-18-1　电力、热力、燃气及水生产和供应业上市公司案件诉讼阶段分布

2. 法院层级

如图2-18-2所示，从诉讼阶段上看，2019年电力、热力、燃气及水生产和供应业上市公司所涉及的101件案件中，基层人民法院审结的案例59件，占比约为58.42%；中级人民法院审结的案例41件，占比约为40.59%；高级人民法院审结的案例1件，占比约为0.99%；最高人民法院审结的案例0件。

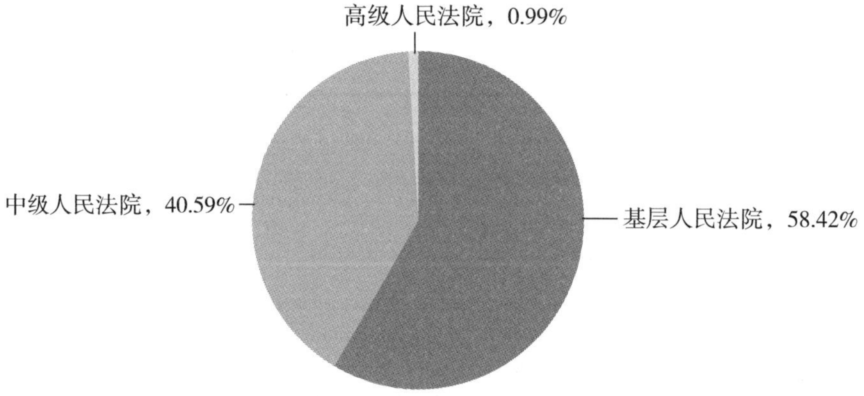

图2-18-2　电力、热力、燃气及水生产和供应业上市公司案件审理法院层级分布

（三）上市公司诉讼地位

从上市公司的诉讼地位上看，2019年电力、热力、燃气及水生产和供应业上市公司所涉及的101件案件中，上市公司作为原告的案例有15件，占比约为14.85%，上市公司作为被告的案例有84件，占比约为83.17%，上市公司作为第三人的案例有2件，占比约为1.98%。可见，2019年电力、热力、燃气及水生产和供应业上市公司的诉讼中，上市公司主动提起诉讼的情形较少，多数情况下上市公司是被动地参与诉讼(见图 2－18－3)。

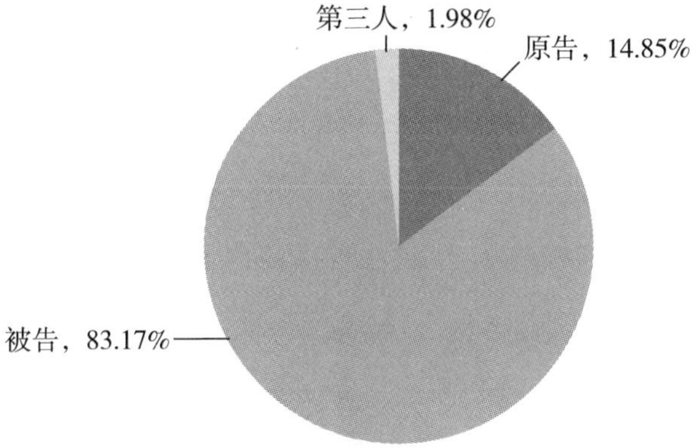

图 2－18－3 电力、热力、燃气及水生产和供应业上市公司诉讼地位总体分布

具体而言,在电力、热力、燃气及水生产和供应业上市公司所涉及的 68 件一审判决中,上市公司作为原告的案例有 11 件,上市公司作为被告的案例有 56 件,上市公司作为第三人的案例有 1 件(见图 2－18－4)。

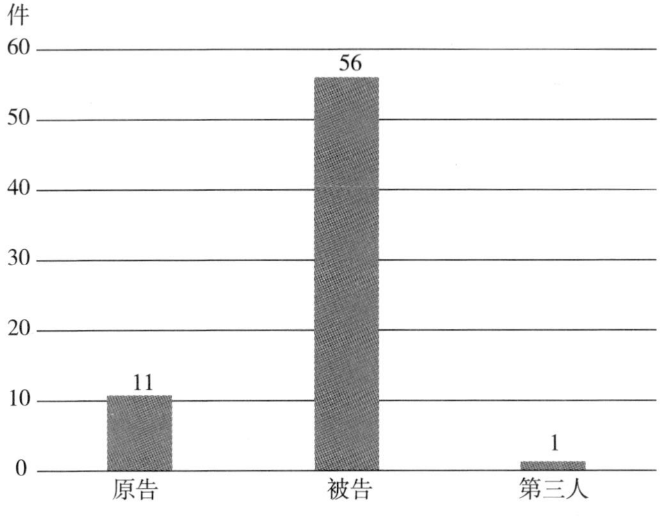

图 2－18－4 电力、热力、燃气及水生产和供应业上市公司一审程序诉讼地位分布

在电力、热力、燃气及水生产和供应业上市公司所涉及的 33 件二审判决中,上市公司作为上诉人的案例有 27 件,其中同时为原审原告的有 3 件,同时为原审被告的有 23 件,同时为原审第三人的有 1 件;上市公司作为被上诉人的案例有 6 件,其中同时为原审原告的有 1 件,同时为原审被告的有 5 件,同时为原审第三人的有 0

件。可见，在二审程序中，电力、热力、燃气及水生产和供应业上市公司主动提起上诉、继续诉讼程序的情况较为常见(见图2－18－5)。

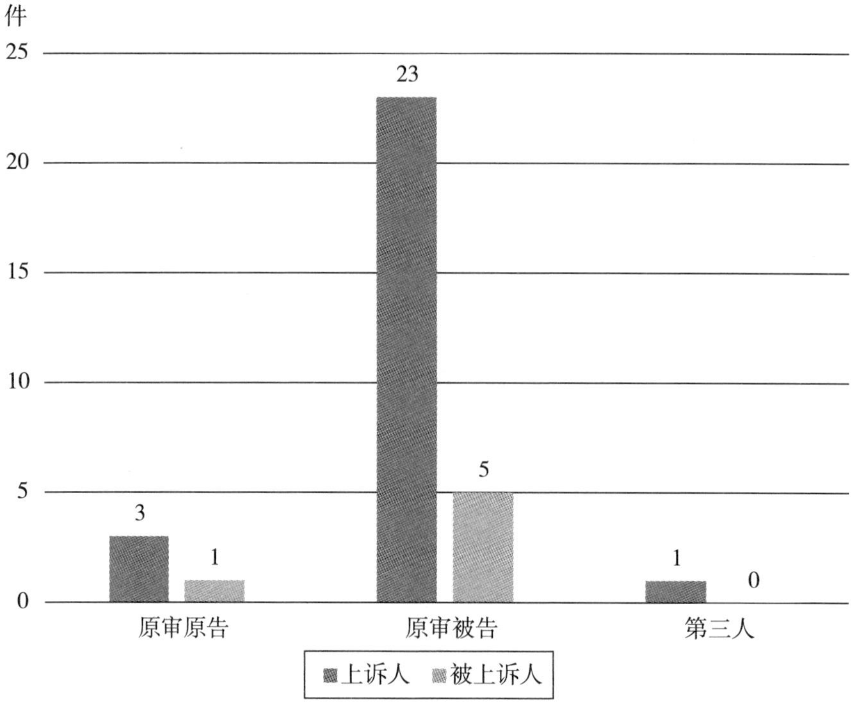

图2－18－5　电力、热力、燃气及水生产和供应业上市公司二审程序诉讼地位分布

(四)诉讼标的额

除3件驳回上诉、2件确认之诉、1件行为之诉的案件外，从民事诉讼案件的标的额上看，2019年电力、热力、燃气及水生产和供应业上市公司所涉及的95件案件中，诉讼请求金额在1万元以下的案件数量为8件，超过1万元且10万元以下的案件数量为17件，超过10万元且20万元以下的案件数量为16件，超过20万元且50万元以下的案件数量为19件，超过50万元且100万元以下的案件数量为12件，超过100万元且200万元以下的案件数量为2件，超过200万元且500万元以下的案件数量为7件，超过500万元且1000万元以下的案件数量为3件，超过1000万元且2000万元以下的案件数量为0件，超过2000万元的案件数量为11件(见图2－18－6)。

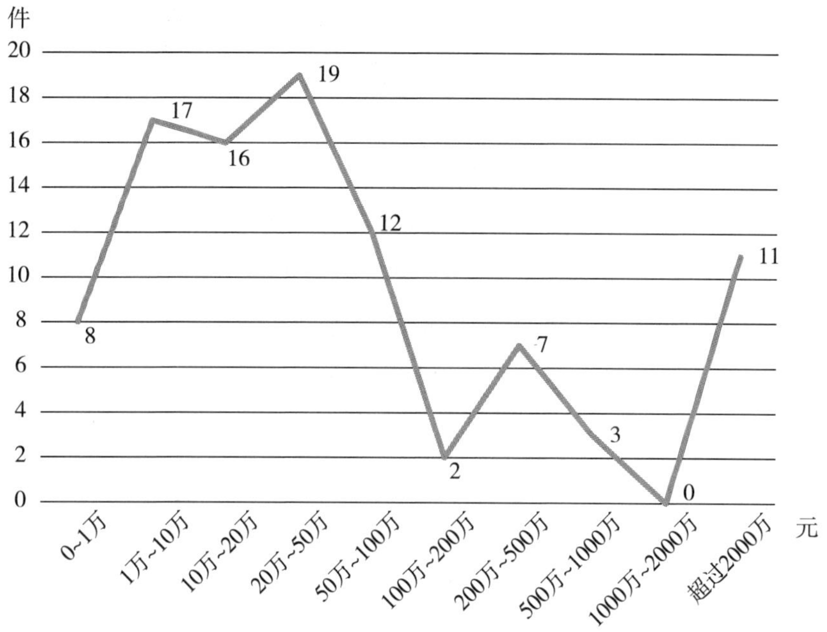

图 2－18－6　电力、热力、燃气及水生产和供应业上市公司诉讼标的额分布

如表 2－18－3 所示，具体来看，2019 年电力、热力、燃气及水生产和供应业上市公司所涉及的案件中（除 3 件驳回上诉、2 件确认之诉、1 件行为之诉外），案件数量最集中的诉讼标的额在 20 万～50 万元区间之内，标的额平均值为 9,025,359.96 元，中位数为 349,040.40 元，标的额最大为 312,160,960.80 元，最小为 410.10 元。

表 2－18－3　电力、热力、燃气及水生产和供应业上市公司诉讼标的额

单位：元

总　　额	857,409,196.32
平均数	9,025,359.96
中位数	349,040.40
最大金额	312,160,960.80
最小金额	410.40

（五）诉讼结果和胜诉率

从诉讼结果上看，2019 年电力、热力、燃气及水生产和供应业上市公司所涉及的 101 件案件中，上市公司胜诉的案例有 39 件，上市公司败诉的案例有 59 件，上市公司被驳回上诉的案件有 3 件。总的来看，电力、热力、燃气及水生产和供应业上市公司胜诉的案件数量占比约为 38.61%，除去驳回上诉案件外，电力、热力、燃气及水生产和供应业上市公司的总体胜诉率约为39.80%（见图2－18－7）。

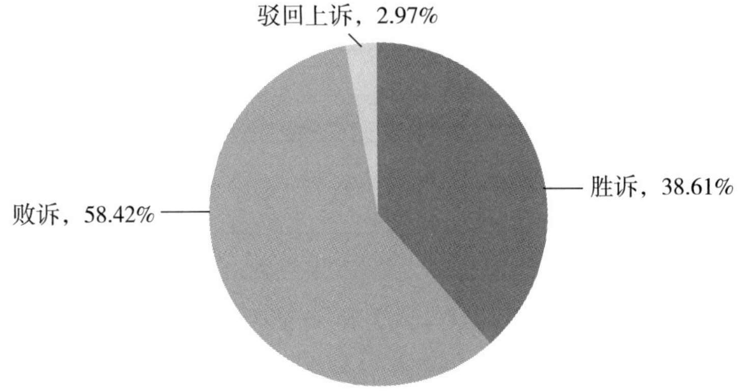

图2－18－7　电力、热力、燃气及水生产和供应业上市公司诉讼结果占比

具体到不同的诉讼地位上，当电力、热力、燃气及水生产和供应业上市公司为原告时，其胜诉的案件有6件，败诉的案件有8件，胜诉率约为42.86%，略高于总体胜诉率。当电力、热力、燃气及水生产和供应业上市公司为被告时，其胜诉的案件有32件，败诉的案件有50件，胜诉率约为39.02%，略低于总体胜诉率（见图2－18－8）。

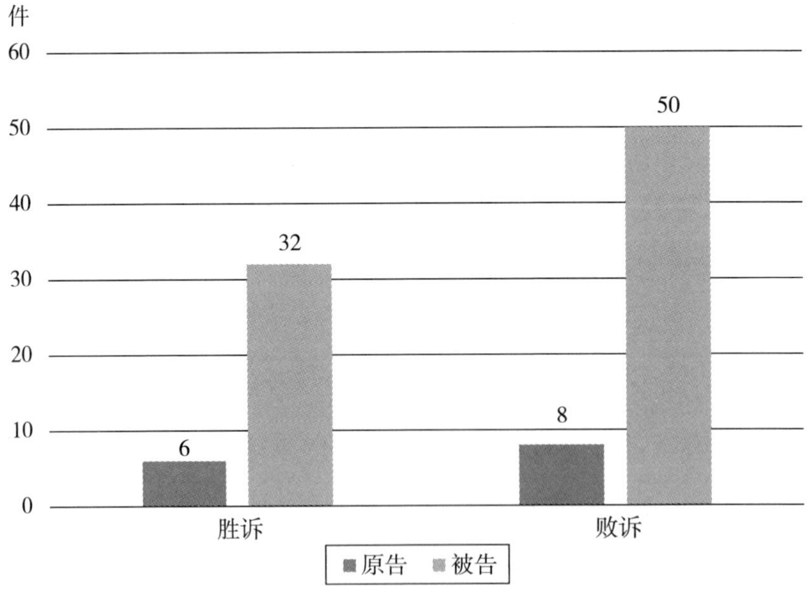

图2－18－8　电力、热力、燃气及水生产和供应业上市公司胜诉情况与诉讼地位交叉分布情况

具体到不同的诉讼阶段上，在一审判决中，上市公司胜诉的案件有33件，败诉的案件有35件，胜诉率约为48.53%，高于总体胜诉率。在二审判决中，上市公司胜诉的案件有6件，败诉的案件有24件，胜诉率为20.00%，低于总体胜诉率（见图2－18－9）。

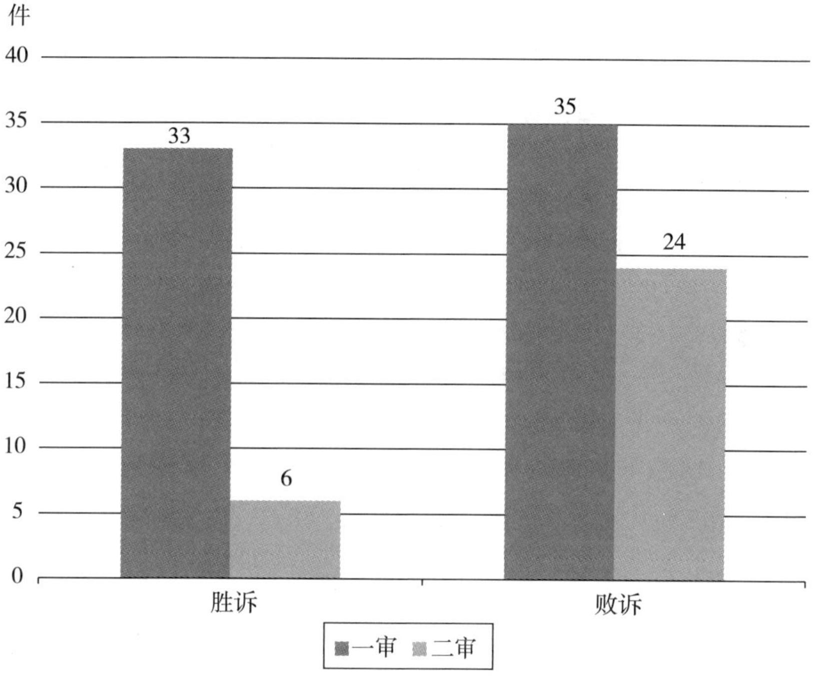

图2－18－9　电力、热力、燃气及水生产和供应业上市公司胜诉情况与诉讼阶段交叉分布情况

第十九节　建　筑　业

一、建筑业上市公司概况

建筑业是国民经济的重要物质生产部门，其完成的产值在社会总产值中占有相当比重，与整个国家经济的发展和人民生活的改善有着密切的关系。根据我国国民经济行业分类，建筑业包括房屋建筑业、土木工程建筑业、建筑安装业以及建筑装饰、装修和其他建筑业5个大类。房屋建筑业是指房屋主体工程的施工活动；土木工程建筑业是指土木工程主体的施工活动；建筑安装业是指建筑物主体工程竣工后，建筑物内各种设备的安装活动，以及施工中的线路敷设和管道安装活动；

建筑装饰、装修和其他建筑业则包括建筑装饰和装修业、建筑物拆除和场地准备活动、提供施工设备服务和其他未列明建筑业。

2019 年第三季度我国建筑业上市公司共计 94 家。从市场规模上来看，我国上市公司中房地产业的整体规模较小，其数量仅占全部上市公司的约 2.53%，可见房地产业在全国范围内具有较大市场影响力的企业数量少。

二、建筑业行业政策和法律风险新动向

（一）建筑业行业政策新动向

住房和城乡建设部办公厅于 2019 年 6 月 18 日发布的《关于建筑施工企业安全生产许可证等证书电子化的意见》指出，按照《安全生产法》《安全生产许可证条例》等法律法规的规定，省级住房和城乡建设主管部门负责本行政区域内建筑施工企业安全生产许可证、“安管人员”安全生产考核合格证书、建筑施工特种作业人员操作资格证书的颁发和管理工作。各省级住房和城乡建设主管部门可根据工作需要，对相关证书实行电子化管理作出明确规定，其他地区住房和城乡建设主管部门对依法核发的电子证书应予认可。

国务院办公厅转发住房和城乡建设部 2019 年 9 月 15 日发布《关于完善质量保障体系提升建筑工程品质指导意见的通知》，进一步突出建设单位首要责任，落实施工单位的主体责任，明确房屋使用安全主体责任，履行政府的工程质量监管责任；同时，从改革工程建设组织模式、完善招标投标制度、推行工程担保与保险、加强工程设计建造管理、推行绿色建造方式和支持既有建筑合理保留利用五个方面完善相关管理体制并健全支撑体系、加强监督管理和组织实施。

交通运输部 2019 年 11 月 29 日发布《关于加强通航建筑物和航运枢纽大坝运行安全管理的意见》，对通航建筑物和航运枢纽大坝建立健全安全生产责任体系、推进安全风险管理和隐患治理机制建设、加强安全保障能力建设并开展安全管理专项行动、加强相关保障措施。

（二）建筑业法律风险新动向

国务院办公厅转发住房和城乡建设部《关于完善质量保障体系提升建筑工程品质指导意见的通知》要求加大建筑工程质量责任追究力度，强化工程质量终身责任落实，对违反有关规定、造成工程质量事故和严重质量问题的单位和个人依法严肃查处曝光，加大资质资格、从业限制等方面处罚力度。强化个人执业资格管理，对存在证书挂靠等违法违规行为的注册执业人员，依法给予暂扣、吊销资格证书直至

终身禁止执业的处罚。同时,也分别突出和落实了建设单位的首要责任和施工单位的主体责任:建设单位要切实落实项目法人责任制并建立工程质量公示制度;施工单位要完善质量管理体系,建立岗位责任制度,设置质量管理机构,配备专职质量负责人,加强全面质量管理。推行工程质量安全手册制度,推进工程质量管理标准化,将质量管理要求落实到每个项目和员工。建立质量责任标识制度,对关键工序、关键部位隐蔽工程实施举牌验收,加强施工记录和验收资料管理,实现质量责任可追溯。施工单位对建筑工程的施工质量负责,不得转包、违法分包工程。

三、建筑业上市公司诉讼情况统计

本书以建筑业的 94 家上市公司为当事人检索案例,共收集 2019 年全国法院判决的各类司法判决书 352 份,作为统计分析的样本。

(一)案件类型分布

1. 诉讼类型

如表 2-19-1 所示,从案件诉讼类型上看,2019 年建筑业上市公司所涉及的 352 件案件中,民事诉讼有 349 件,行政诉讼 3 件,刑事诉讼案件数量为 0 件。

表 2-19-1 建筑业上市公司案件诉讼类型

案件类型	案件数量(件)
民事诉讼	349
行政诉讼	3
刑事诉讼	0

2. 案由种类

如表 2-19-2、表 2-19-3 所示,从案件案由种类上看,2019 年建筑业上市公司所涉及 349 件民事案件中,关于建设工程合同纠纷案件数量最多为 142 件,其次,买卖合同纠纷案件数量为 95 件,租赁合同纠纷案件数量为 13 件,承揽合同纠纷案件数量为 13 件,提供劳务者受害责任纠纷案件数量为 12 件,借款合同纠纷案件数量为 11 件,劳动合同纠纷案件数量为 10 件,运输合同纠纷案件数量为 9 件,生命权、健康权、身体权纠纷案件数量为 7 件,财产损害赔偿纠纷案件数量为 4 件。其他案由还包括追偿权纠纷、机动车交通事故责任纠纷、劳务合同纠纷、债权转让合同纠纷、证券欺诈责任纠纷等,所涉案件数量皆为 3 件及以下。

所涉行政案件 3 件,皆为工伤行政确认纠纷。

特点：民事案件主要为合同方面的纠纷，最常见的是建设工程合同纠纷以及买卖合同纠纷，其他还有借款合同纠纷、承揽合同纠纷、租赁合同纠纷等。

表2－19－2　建筑业上市公司案件案由（民事）

案　　由	案件数量（件）
建设工程合同纠纷	142
买卖合同纠纷	95
租赁合同纠纷	13
承揽合同纠纷	13
提供劳务者受害责任纠纷	12
借款合同纠纷	11
劳动合同纠纷	10
运输合同纠纷	9
生命权、健康权、身体权纠纷	7
财产损害赔偿纠纷	4
追偿权纠纷	3
机动车交通事故责任纠纷	3
劳务合同纠纷	3
债权转让合同纠纷	3
证券欺诈责任纠纷	3
招标投标买卖合同纠纷	2
请求公司收购股份纠纷	2
委托合同纠纷	2
股权转让纠纷	2
商标权权属、侵权纠纷	2
恢复原状纠纷	1
对外追收债权纠纷	1
物件损害责任纠纷	1
票据追索权纠纷	1
债权人代位权纠纷	1
无因管理、不当得利纠纷	1
仿冒纠纷	1
服务合同纠纷	1

表 2-19-3 建筑业上市公司案件案由(行政)

案由	案件数量(件)
工伤行政确认纠纷	3

(二)案件审理程序

1. 诉讼阶段

从诉讼阶段上看,2019 年建筑业上市公司所涉及的 352 件案件中,一审判决书 208 件,占比约为 59.09%;二审判决书 144 件,占比约为 40.91%;再审判决书 0 件(见图 2-19-1)。

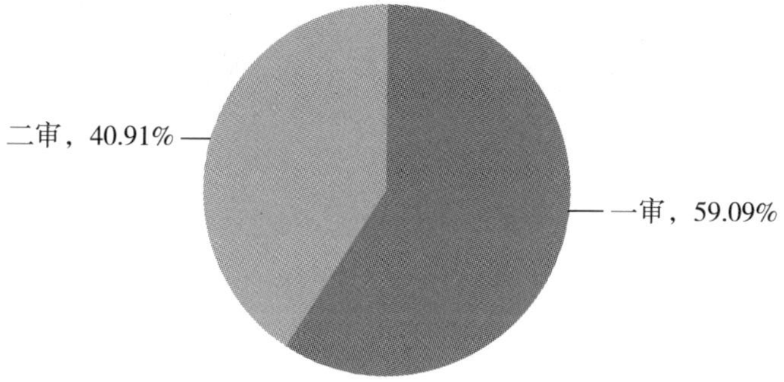

图 2-19-1 建筑业上市公司案件诉讼阶段分布

2. 法院层级

如图 2-19-2 所示,从诉讼阶段上看,2019 年建筑业上市公司所涉及的 352 件案件中,基层人民法院审结的案例 197 件,占比约为 55.97%;中级人民法院审结的案例 146 件,占比约为 41.48%;高级人民法院审结的案例 9 件,占比约为 2.55%;最高人民法院审结的案例 0 件。

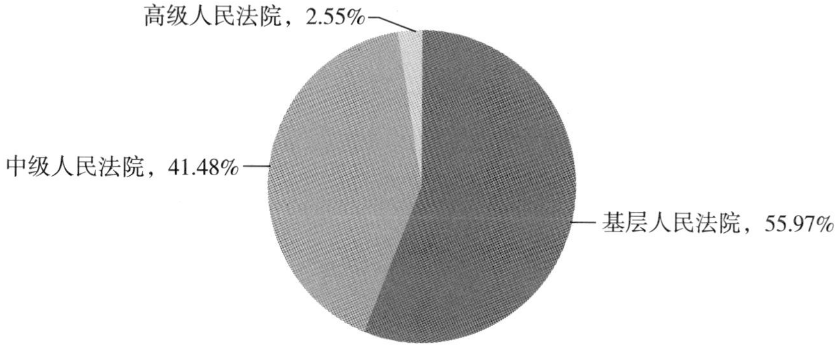

图 2-19-2 建筑业上市公司案件审理法院层级分布

（三）上市公司诉讼地位

从上市公司的诉讼地位上看，2019 年建筑业上市公司所涉及的 352 件案件中，上市公司作为原告的案例有 163 件，占比约为 46.31%；上市公司作为被告的案例有 189 件，占比约为 53.69%。可见，2019 年的建筑业，上市公司作为被告的案件整体比作为原告的多，但是二者数量相差不大（见图 2－19－3）。

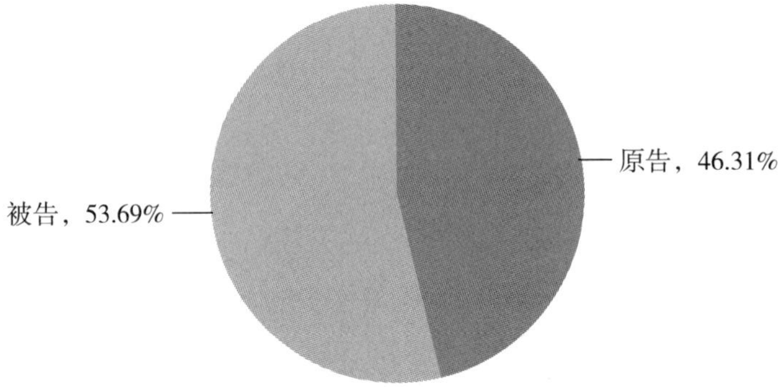

图 2－19－3　建筑业上市公司诉讼地位整体分布

具体而言，在建筑业上市公司所涉及的 208 件一审判决中，上市公司作为原告的案例有 56 件，上市公司作为被告的案例有 152 件，二者之间占比差别较大（见图 2－19－4）。

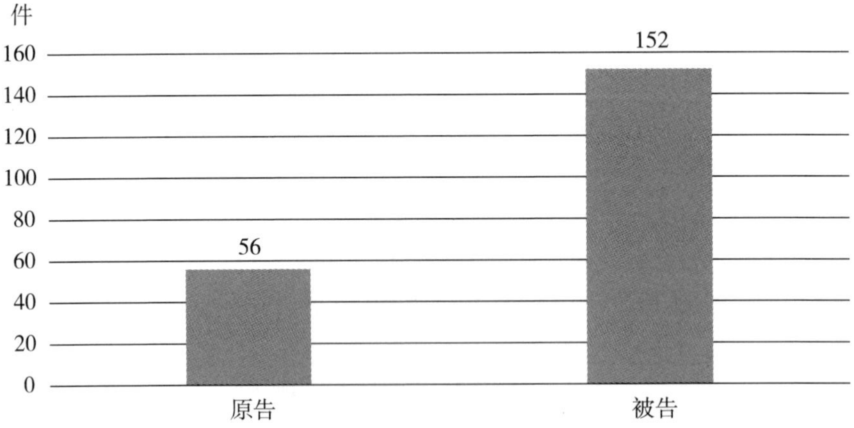

图 2－19－4　建筑业上市公司一审程序诉讼地位分布

在建筑业上市公司所涉及的 144 件二审判决中，上市公司作为上诉人的案例有 102 件，其中同时为原审原告的有 86 件，同时为原审被告的有 16 件；上市公司作为被上诉人的案例有 42 件，其中同时为原审原告的有 21 件，同时为原审被告的有 21 件。可见，在二审程序中，建筑业上市公司作为上诉人，主动继续参加诉讼的情形较为常见，而且，在二审程序中建筑业上市公司作为原审原告的案件数量明显比作为原审被告的数量多，再相较于上面分析的上市公司主动参加二审程序的案件较多，可以得出原审作为原告的建筑业上市公司大多都会选择提起上诉（见图 2－19－5）。

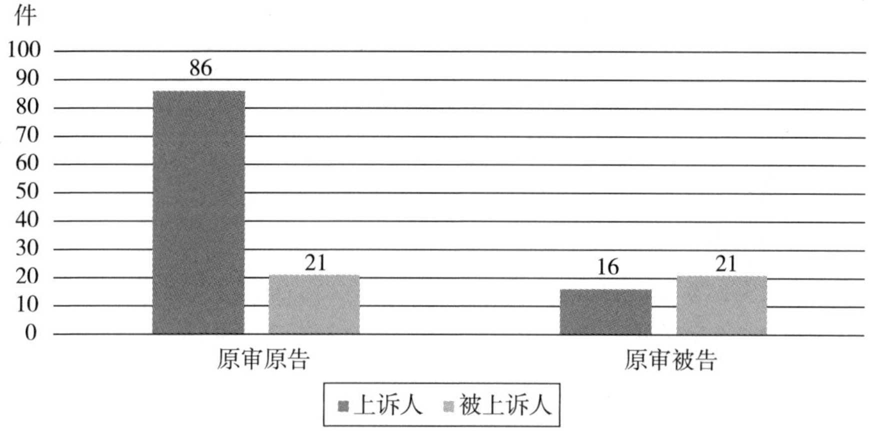

图 2－19－5　建筑业上市公司二审程序诉讼地位分布

（四）诉讼标的额

从民事诉讼案件的标的额上看，2019 年建筑业上市公司所涉及的民事案件中，可统计诉讼标的金额的案件总数为 334 件，其中诉讼请求金额在 1 万元以下的案件数量为 5 件，超过 1 万元且 10 万元以下的案件数量为 52 件，超过 10 万元且 20 万元以下的案件数量为 34 件，超过 20 万元且 50 万元以下的案件数量为 57 件，超过 50 万元且 100 万元以下的案件数量为 48 件，超过 100 万元且 200 万元以下的案件数量为 43 件，超过 200 万元且 500 万元以下的案件数量为 43 件，超过 500 万元且 1000 万元以下的案件数量为 18 件，超过 1000 万元且 2000 万元以下的案件数量为 19 件，超过 2000 万元的案件数量为 15 件（见图 2－19－6）。

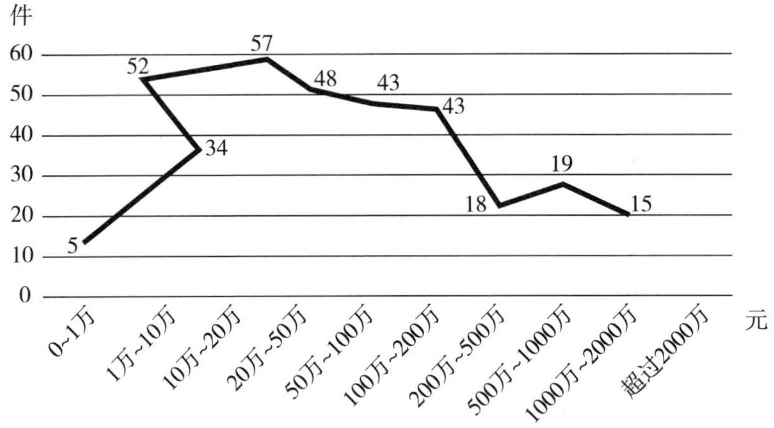

图 2－19－6　建筑业上市公司诉讼标的额分布

如表 2－19－4 所示，具体来看，2019 年建筑业上市公司所涉及的 349 件民事案件中，案件数量最集中的诉讼标的额在 20 万～50 万元区间之内，标的额平均值为 4,385,679.35 元，中位数为 673,067.74 元，标的额最大为 138,013,237.50 元，最小为 4263.45 元。

表 2－19－4　建筑业上市公司诉讼标的额

单位：元

总　　额	1,464,816,903.30
平均数	4,385,679.35
中位数	673,067.74
最大金额	138,013,237.50
最小金额	4263.45

（五）诉讼结果和胜诉率

从诉讼结果上看，2019 年建筑业上市公司所涉及的 352 件案件中，上市公司胜诉的案例有 126 件，上市公司败诉的案例有 217 件，上市公司撤诉的有 0 件，驳回上诉的有 9 件。总的来看，建筑业上市公司胜诉的案件数量占比约为 35.80%，败诉占比约为 61.65%，如果排除撤诉和被驳回上诉的情形，则建筑业上市公司的总体胜诉率约为 36.73%（见图 2－19－7）。

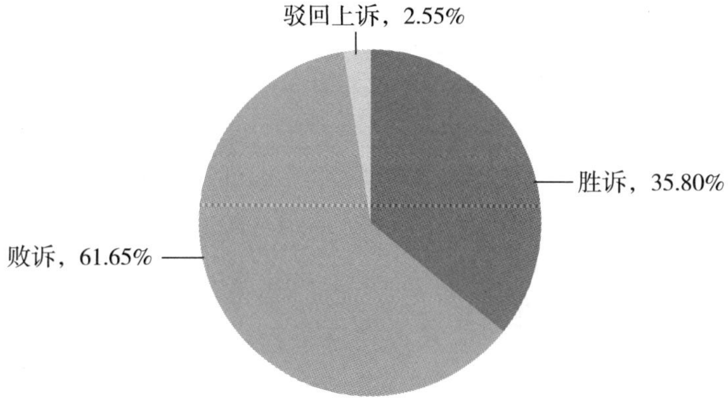

图 2-19-7 建筑业上市公司诉讼结果占比

具体到不同的诉讼地位上，当建筑业上市公司为原告时，其胜诉的案件 66 件，败诉的案件有 91 件，胜诉率约为 42.04%，高于总体胜诉率。当建筑业上市公司为被告时，其胜诉的案件有 60 件，败诉的案件有 126 件，胜诉率约为 32.26%，低于总体胜诉率（见图 2-19-8）。

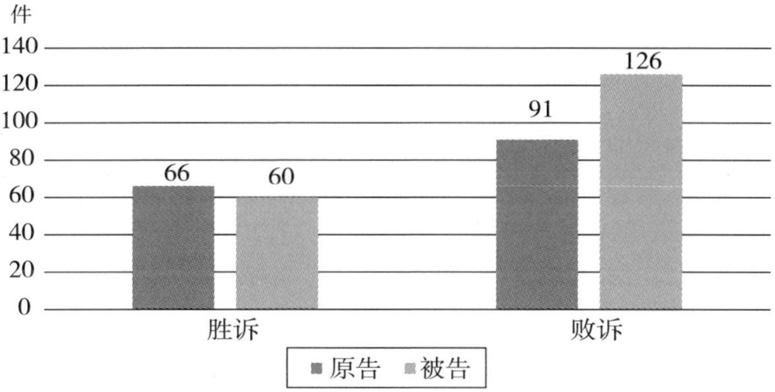

图 2-19-8 建筑业上市公司诉讼情况与诉讼地位交叉分布情况

具体到不同的诉讼阶段上，在一审判决中，上市公司胜诉的案件有 78 件，败诉的案件有 130 件，胜诉率为 37.50%，略高于总体胜诉率。在二审判决中，上市公司胜诉的案件有 48 件，败诉的案件有 87 件，胜诉率约为 35.56%，略低于总体胜诉率（见图 2-19-9）。

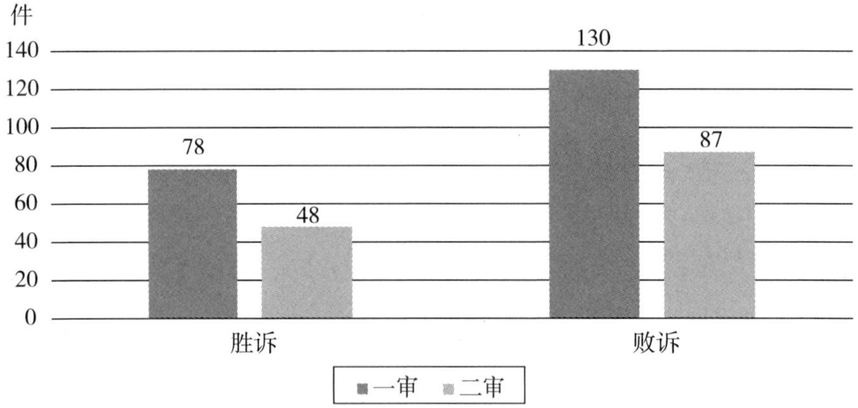

图 2－19－9　建筑业上市公司诉讼情况与诉讼阶段交叉分布情况

第二十节　批　发　业

一、批发业上市公司概况

批发业指向其他批发或零售单位（含个体经营者）及其他企事业单位、机关团体等批量销售生活用品、生产资料的活动，以及从事进出口贸易和贸易经纪与代理的活动，包括拥有货物所有权，并以本单位（公司）的名义进行交易活动，也包括不拥有货物的所有权，收取佣金的商品代理、商品代售活动；本类还包括各类商品批发市场中固定摊位的批发活动，以及以销售为目的的收购活动。批发业细分为农林牧渔产品批发，食品、饮料及烟草制品批发，纺织、服装及家庭用品批发，文化、体育用品及器材批发，医药及医疗器材批发，矿产品、建材及化工产品批发，机械设备、五金产品及电子产品批发，贸易经济与代理和其他批发业。批发业是社会化大生产过程中的重要环节，在经济运行速度、质量和效益上发挥着至关重要的作用。批发业上市公司作为行业内规模和影响力较大的企业，其经营活动主要以售给国民经济各行业用于生产经营、勘察设计、科研试验等商品为主；售给批发和零售业、餐饮业和其他服务行业用于转卖或经营的商品为主，包括售给外贸部门出口或加工后出口的商品；以直接向国（境）外出口的商品和委托外贸部门代理出口的商品为主。批发业的销售对象是另一个生产经营或转卖（含直接出口商品）的企业，销售的商品有生产经营用途，也有生活消费用途，交易额、商圈一般较大。

截至 2019 年第三季度我国批发业上市公司共计 79 家，从市场规模上来看，我国上市公司中批发业的整体规模适中,其数量占全部上市公司的约 2.12%,可见批发业在全国范围内具有较大市场影响力的企业数量不少。

二、批发业行业政策和法律风险新动向

(一)批发业行业政策新动向

批发业是我国市场化程度最高、竞争最为激烈的行业之一。但其具有极强的商业性质,所以国内很少单以该行业为对象对其进行立法。批发业适用的基础性法律法规为《民法通则》《合同法》《公司法》等民事法律法规,适用销售类法律法规《药品网络销售监督管理办法》《价格法》《产品质量法》等。具体的行业政策详见批发业细分下的相关产业的最新政策规定。

(二)批发业法律风险新动向

2020 年年初暴发的新型冠状病毒肺炎的迅速蔓延,致使全国各省市启动了国家重大突发公共卫生事件一级响应,采取了严格的防控措施。使批发业也遭遇到了未有的寒冬。除过一些必要的生活用品,中国就像被按住了暂停键,一切都在变得愈加萧条,政府带头鼓励大家居家不外出。这期间批发业可能遭遇的法律风险有:

1. 未按约供货的违约责任。因受疫情的影响无法按照合同约定供货,即使构成因不可抗力不能履行,也并不意味着在所有的情况下都可以理所当然的援引疫情的不可抗力来主张免责,而是应该同时兼顾公平、诚实信用原则等综合考虑双方的实际情况。所以,在此期间,如果批发业上市公司不能届期履行其自身义务的应当及时和对方当事人沟通,避免不必要的经济损失。

2. 产品质量不因疫情而降低标准。质量是商品的生命线,即使发生了类似于新冠病毒的不可抗力,也不能降低产品的质量标准,所以批发业上市公司应保证自己产品的质量要求,出现质量问题,不可以疫情作为抗辩理由。

3. 商品销售不佳不能以疫情作为退货理由。批发业上市公司与其他当事人所签订的买售协议,一般有约定退货理由等相关条款,那么民商合同的履行原则为,有约定依约定,同时兼顾公平原则,所以退货的事由一般是事前约定好的,而且疫情的产生是双方都无法提前预料到的,一方以疫情为由退货,明显对另一方显失公平。若不幸双方产生了纠纷,应抱着友好合作共赢的态度及时去交涉,以减轻双方的损失。尽量在不违约的前提下找寻其他解决方案。

三、批发业上市公司诉讼情况统计

本书以批发业的 79 家上市公司为当事人检索案例,共收集 2019 年全国法院判

决的各类司法判决书 243 份，作为统计分析的样本。

（一）案件类型分布

1. 诉讼类型

从案件诉讼类型上看，2019 年批发业上市公司所涉及的 243 件案件全部为民事诉讼，其他行政和刑事诉讼案件数量为 0 件（见表 2－20－1）。

表 2－20－1　批发业上市公司案件诉讼类型

诉讼类型	案件数量（件）
民事诉讼	243
行政诉讼	0
刑事诉讼	0

2. 案由种类

从案件案由种类上看，2019 年批发业上市公司所涉及的 243 件案件中，绝大多数为证券欺诈责任纠纷，该案由所涉案件有 223 件，约占全部案例数量的约 91.77%。其他案由还包括买卖合同纠纷、委托合同纠纷、仓储合同纠纷、机动车交通事故责任纠纷、借款合同纠纷、服务合同纠纷、票据追索权纠纷、不当得利纠纷、（海上）通海水域保险合同纠纷（见表 2－20－2）。

表 2－20－2　批发业上市公司案件案由

案　由	案件数量（件）
证券欺诈责任纠纷	223
买卖合同纠纷	11
委托合同纠纷	2
仓储合同纠纷	1
机动车交通事故责任纠纷	1
借款合同纠纷	1
服务合同纠纷	1
票据追索权纠纷	1
无因管理、不当得利纠纷	1
海上、通海水域保险合同纠纷	1

(二)案件审理程序

1. 诉讼阶段

从诉讼阶段上看,2019 年批发业上市公司所涉及的 243 件案件中,一审判决书 9 件,占比约为 3.70%;二审判决书 234 件,占比约为 96.30%(见图 2-20-1)。

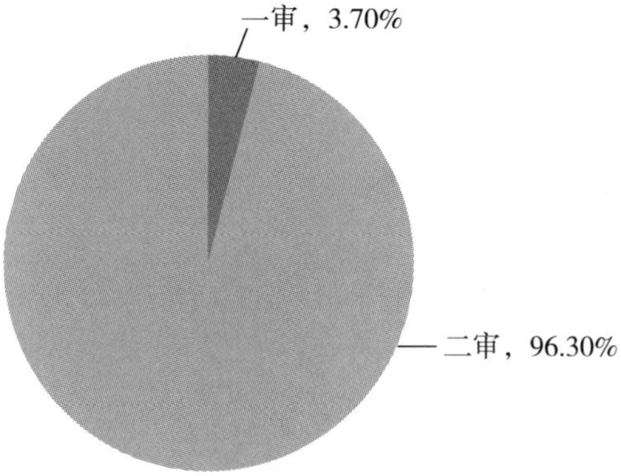

图 2-20-1 批发业上市公司案件诉讼阶段分布

2. 法院层级

如图 2-20-2 所示,从诉讼阶段上看,2019 年批发业上市公司所涉及的 243 件案件中,基层人民法院审结的案例 9 件,占比约为 3.70%;中级人民法院审结的案例 9 件,占比约为 3.70%;高级人民法院审结的案例 225 件,占比约为 92.60%;最高人民法院审结的案例 0 件。

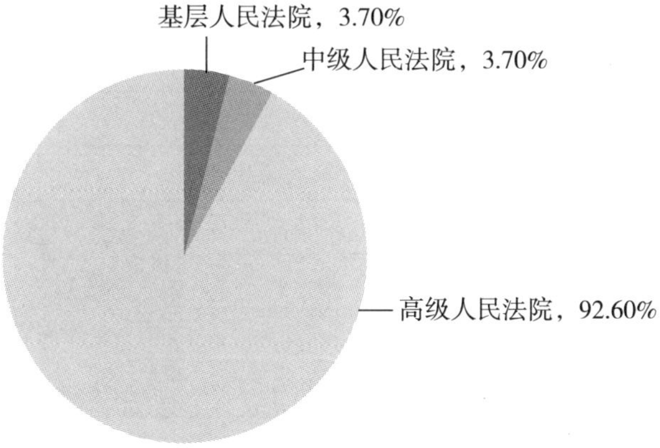

图 2-20-2 批发业上市公司案件审理法院层级分布

（三）上市公司诉讼地位

从上市公司的诉讼地位上看，2019 年批发业上市公司所涉及的 243 件民事案件中，上市公司作为原告的案例有 233 件，占比约为 95.88%；上市公司作为被告的案例有 10 件，占比约为 4.12%。可见，2019 年批发业上市公司的民事诉讼中，大都是上市公司主动提起的诉讼案件，极少数是上市公司作为应诉方被动地参与到诉讼当中（见图 2－20－3）。

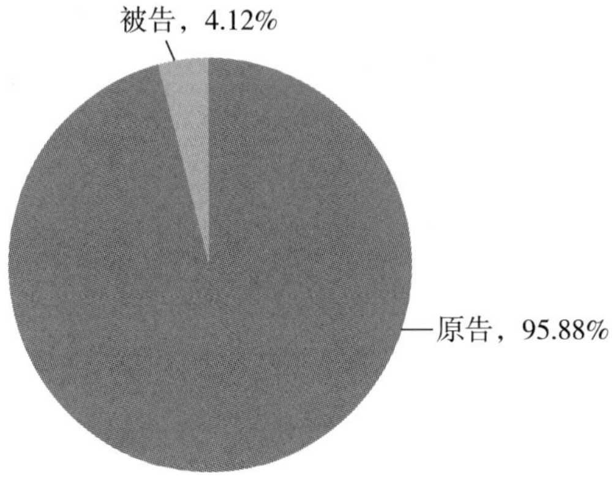

图 2－20－3　批发业上市公司诉讼地位总体分布

具体而言，在批发业上市公司所涉及的 9 件一审判决中，上市公司作为原告的案例有 5 件，上市公司作为被告的案例有 4 件，二者之间占比较为均衡，可见，在一审程序中，批发业上市公司主动提起诉讼和被动参与案件的数量差异并不明显（见图 2－20－4）。

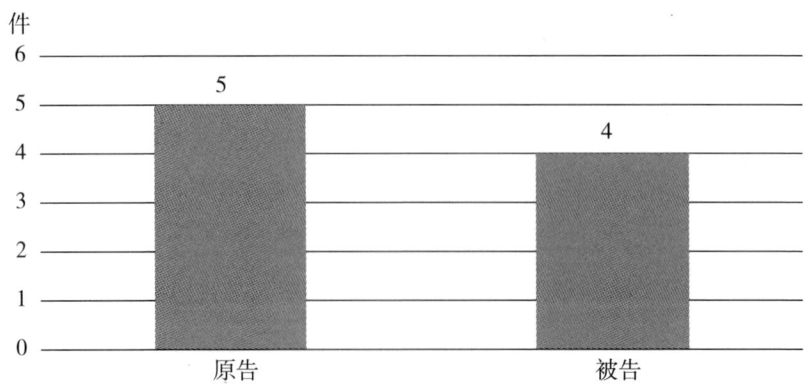

图 2－20－4　批发业上市公司一审程序诉讼地位分布

在批发业上市公司所涉及的 234 件二审判决中，上市公司作为上诉人的案例有 226 件，其中同时为原审原告的有 225 件，同时为原审被告的有 1 件；上市公司作为被上诉人的案例有 8 件，其中同时为原审原告的有 3 件，同时为原审被告的有 5 件。可见，在二审程序中，批发业上市公司主动提起上诉、继续诉讼程序的情况较为常见（见图 2－20－5）。

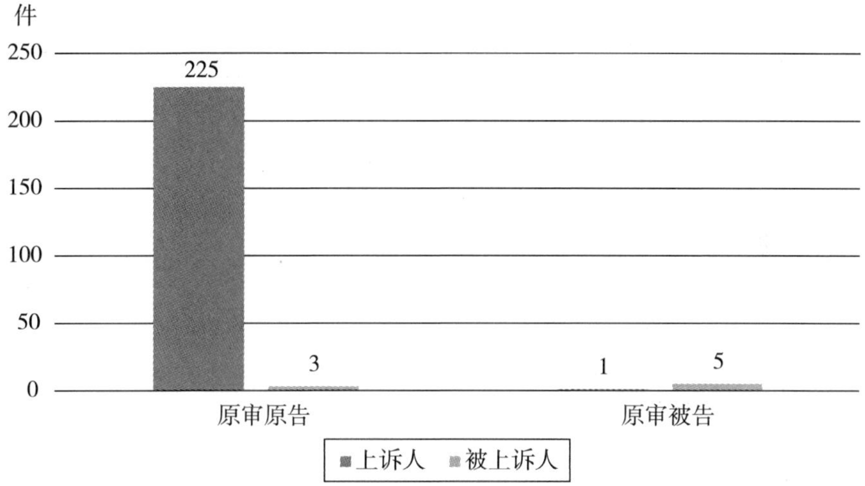

图 2－20－5　批发业上市公司二审程序诉讼地位分布

（四）诉讼标的额

从民事诉讼案件的标的额上看，2019 年批发业上市公司所涉及的案件中，诉讼请求金额在 1 万元以下的案件数量为 16 件，超过 1 万元且 10 万元以下的案件数量为 77 件，超过 10 万元且 20 万元以下的案件数量为 40 件，超过 20 万元且 50 万元以下的案件数量为 57 件，超过 50 万元且 100 万元以下的案件数量为 30 件，超过 100 万元且 200 万元以下的案件数量为 8 件，超过 200 万元且 500 万元以下的案件数量为 7 件，超过 500 万元且 1000 万元以下的案件数量为 3 件，超过 1000 万元且 2000 万元以下的案件数量为 3 件，超过 2000 万元的案件数量为 1 件。以上可统计诉讼标的额的案件总数为 242 件，被法院驳回上诉的案件为 1 件（见图 2－20－6）。

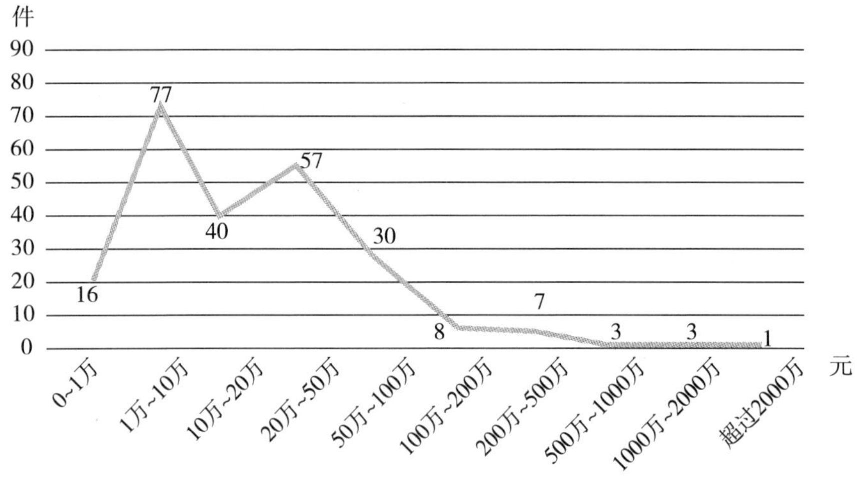

图 2－20－6　批发业上市公司诉讼标的额分布

如表 2－20－3 所示，具体来看，2019 年批发业上市公司所涉及的 243 件案件中，案件数量最集中的诉讼标的额在 1 万～10 万元区间之内，标的额平均值为 956,523.81 元，中位数为 162,513.96 元，标的额最大为 84,537,575.34 元，最小为 2040.28 元。

表 2－20－3　批发业上市公司诉讼标的额

单位：元

总　　额	231,478,762.45
平均数	956,523.81
中位数	162,513.96
最大金额	84,537,575.34
最小金额	2040.28

（五）诉讼结果和胜诉率

从诉讼结果上看，2019 年批发业上市公司所涉及的 243 件案件中，上市公司胜诉的案例有 11 件，上市公司败诉的案例有 232 件。总的来看，批发业上市公司胜诉的案件数量占比约为 4.53%（见图 2－20－7）。

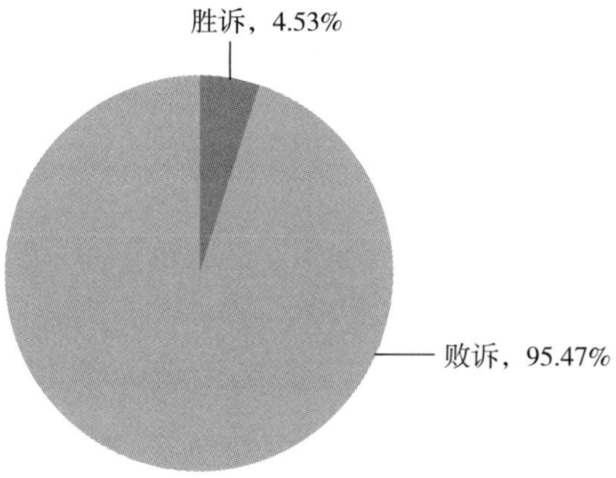

图 2－20－7　批发业上市公司诉讼结果占比

具体到不同的诉讼地位上，当批发业上市公司为原告时，其胜诉的案件有 5 件，败诉的案件有 228 件，胜诉率约为 2.15%，低于总体胜诉率。当批发业上市公司为被告时，其胜诉的案件有 6 件，败诉的案件有 4 件，胜诉率为 60.00%，高于总体胜诉率（见图 2－20－8）。

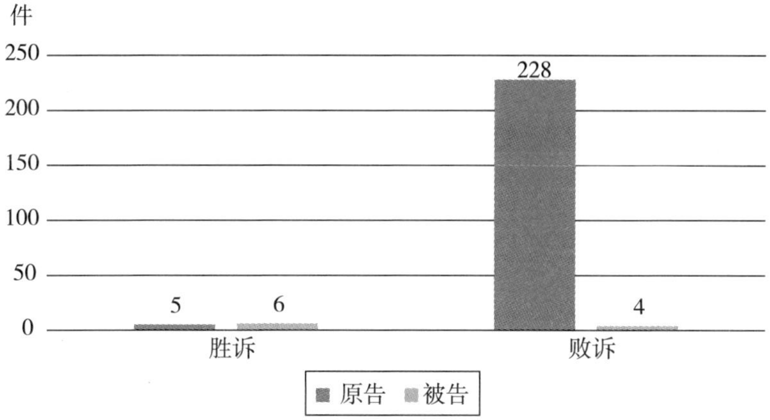

图 2－20－8　批发业上市公司胜诉情况与诉讼地位交叉分布情况

具体到不同的诉讼阶段上，在一审判决中，上市公司胜诉的案件有 6 件，败诉的案件有 3 件，胜诉率约为 66.67%，远高于总体胜诉率。在二审判决中，上市公司胜诉的案件有 5 件，败诉的案件有 229 件，胜诉率约为 2.14%，低于总体胜诉率（见图 2－20－9）。

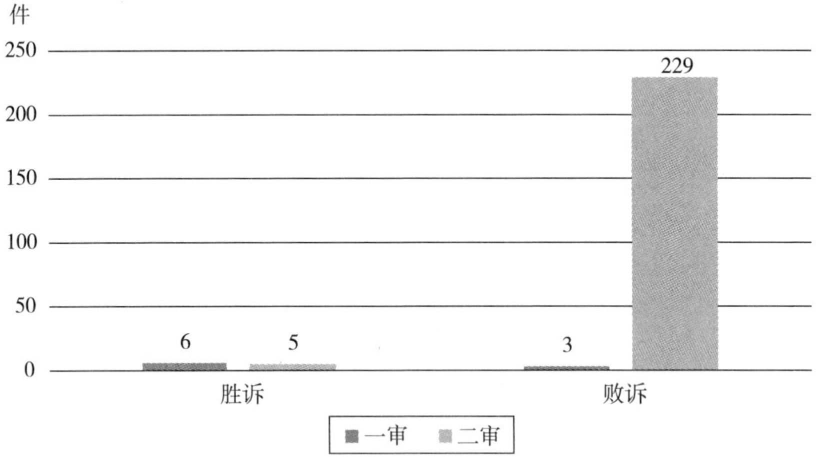

图2－20－9　批发业上市公司胜诉情况与诉讼阶段交叉分布情况

第二十一节　零　售　业

一、零售业上市公司概况

零售业是指百货商店、超级市场、专门零售商店、品牌专卖店、售货摊等主要面向最终消费者（如居民等）的销售活动。以互联网、邮政、电话、售货机等方式的销售活动，还包括在同一地点，后面加工生产，前面销售的店铺（如面包房）；谷物、种子、饲料、牲畜、矿产品、生产用原料、化工原料、农用化工产品、机械设备（乘用车、计算机及通信设备除外）等生产资料的销售不作为零售活动。多数零售商对其销售的货物拥有所有权，但有些则是充当委托人的代理人，进行委托销售或以收取佣金的方式进行销售。零售业按销售渠道分为有店铺零售和无店铺零售，其中有店铺零售分为综合零售和专门零售。根据我国国民经济行业分类，零售业属于批发零售业大类。

2019 年第三季度我国零售业上市公司共计 88 家。从市场规模上来看，我国上市公司中零售业的整体规模较小，其数量仅占全部上市公司的约 2.37%，可见零售业在全国范围内具有较大市场影响力的企业数量较少。

二、零售业行业政策和法律风险新动向

（一）零售业行业政策新动向

为支持跨境电子商务健康发展，推动外贸模式创新，国家税务总局发布《关于

跨境电子商务综合试验区零售出口企业所得税核定征收有关问题的公告》,进一步明确跨境电商企业所得税核定征收有关问题,促进跨境电商企业更好开展出口业务。从核定征收范围、条件、方式、程序、优惠政策等方面对综试区内跨境电商企业核定征收企业所得税相关事项进行了规定,公告自 2020 年 1 月 1 日起实施。具体指出:跨境电商企业是指符合财税〔2018〕103 号文件规定的企业,即自建跨境电子商务销售平台或利用第三方跨境电子商务平台开展电子商务出口的企业。跨境电商企业通过商务平台出口货物,是近几年发展的新业态。为鼓励跨境电商发展,针对跨境电商企业出口货物无法取得进货发票的实际情况,财政部、商务部、海关总署和税务总局联合发布了财税〔2018〕103 号文件,跨境电商企业符合规定条件,可以试行"无票免税"政策,对于这些企业,符合本公告规定的,企业所得税可以试行采取核定方式征收等。

(二)零售业法律风险新动向

上文所介绍的《关于跨境电子商务综合试验区零售出口企业所得税核定征收有关问题的公告》从核定征收范围、条件、方式、程序、优惠政策等方面对综试区内跨境电商企业核定征收企业所得税相关事项进行了规定。因此,综试区跨境电商企业应当充分熟悉此税收政策并严格遵守,规避相关法律风险。

三、零售业上市公司诉讼情况统计

本书以零售业的 88 家上市公司为当事人检索案例,共收集 2019 年全国法院判决的各类司法判决书 196 份,作为统计分析的样本。

(一)案件类型分布

1. 诉讼类型

如表 2 - 21 - 1 所示,从案件诉讼类型上看,2019 年零售业上市公司所涉及的 196 件案件中,188 件为民事诉讼,8 件为行政诉讼,刑事诉讼案件数量为 0 件。

表 2 - 21 - 1 零售业上市公司案件诉讼类型

诉讼类型	案件数量(件)
民事诉讼	188
行政诉讼	8
刑事诉讼	0

2. 案由种类

如表 2－21－2、表 2－21－3 所示，从案件案由种类上看，2019 年零售业上市公司所涉及的 196 件案件中，大多数为合同纠纷，其中，买卖合同纠纷数量最多，为 84 件。其他案由还包括产品责任纠纷、商标权权属、侵权纠纷、违反安全保障义务责任纠纷、生命权、健康权、身体权纠纷、建设工程合同纠纷等。

表 2－21－2　零售业上市公司案件案由（民事）

案　　由	案件数量（件）
买卖合同纠纷	84
产品责任纠纷	25
租赁合同纠纷	24
其他合同纠纷	6
商标权权属、侵权纠纷	5
服务合同纠纷	5
借款合同纠纷	5
生命权、健康权、身体权纠纷	5
其他侵权责任纠纷	5
违反安全保障义务责任纠纷	4
著作权权属、侵权纠纷	4
专利权权属、侵权纠纷	4
建设工程合同纠纷	2
返还原物纠纷	2
联营合同纠纷	2
劳动合同纠纷	2
财产保险合同纠纷	2
承揽合同纠纷	1
机动车交通事故责任纠纷	1

表 2－21－3　零售业上市公司案件案由（行政）

案　　由	案件数量（件）
商标申请驳回复审行政纠纷	4
商标权无效宣告行政纠纷	2
商标权无效宣告请求行政纠纷	1
工商行政确认	1

(二)案件审理程序

1. 诉讼阶段

从诉讼阶段上看,2019 年零售业上市公司所涉及的 196 件案件中,一审判决书 97 件,占比约为 49.49%;二审判决书 94 件,占比约为 47.96%;再审判决书 5 件,占比约为 2.55%(见图 2-21-1)。

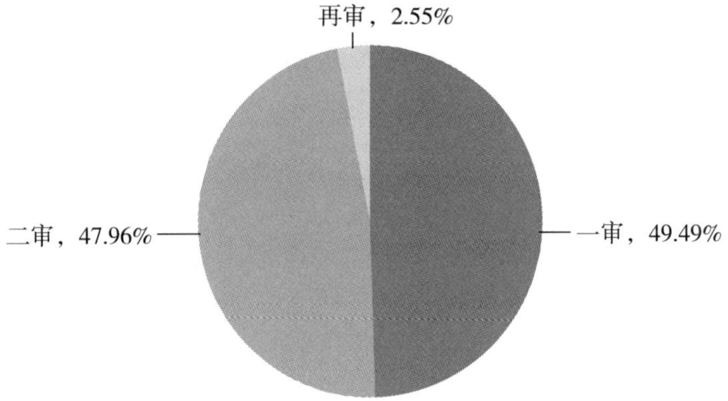

图 2-21-1　零售业上市公司案件诉讼阶段分布

2. 法院层级

如图 2-21-2 所示,从诉讼阶段上看,2019 年零售业上市公司所涉及的 196 件案件中,基层人民法院审结的案例 92 件,占比约为 46.94%;中级人民法院审结的案例 90 件,占比约为 45.92%;高级人民法院审结的案例 13 件,占比约为 6.63%;最高人民法院审结的案例 1 件,占比 0.51%。

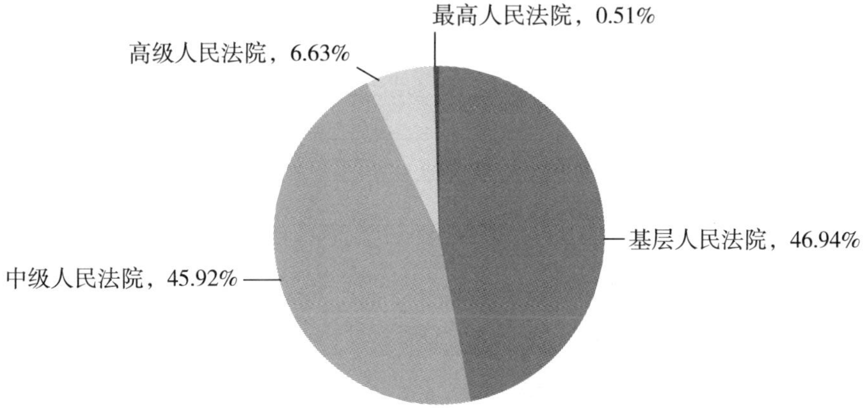

图 2-21-2　零售业上市公司案件审理法院层级分布

（三）上市公司诉讼地位

从上市公司的诉讼地位上看，2019 年零售业上市公司所涉及的 196 件案件中，上市公司作为原告的案例有 42 件，占比约为 21.43%；上市公司作为被告的案例有 153 件，占比约为 78.06%；上市公司作为第三人的案例有 1 件，占比约为 0.51%。可见，2019 年零售业上市公司的民事诉讼中，上市公司主动提起诉讼的情形较少，大多数情况下上市公司是作为应诉方被动地参与诉讼（见图 2－21－3）。

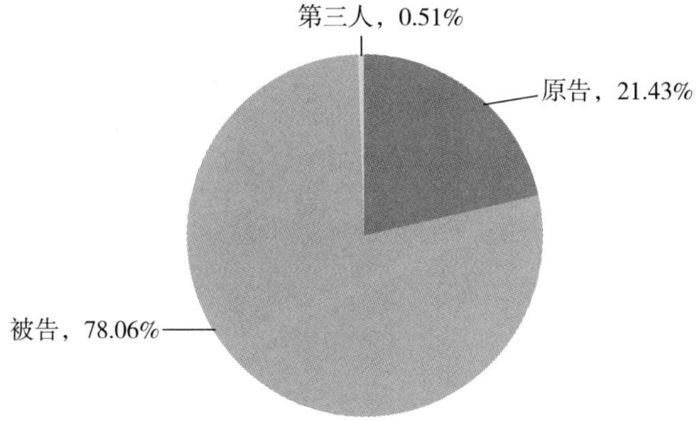

图 2－21－3　零售业上市公司诉讼地位总体分布

具体而言，在零售业上市公司所涉及的 97 件一审判决中，上市公司作为原告的案例有 15 件，上市公司作为被告的案例有 82 件，二者之间占比差别更为悬殊。可见，在一审程序中，零售业上市公司主动提起诉讼、发起诉讼程序情况较为少见（见图 2－21－4）。

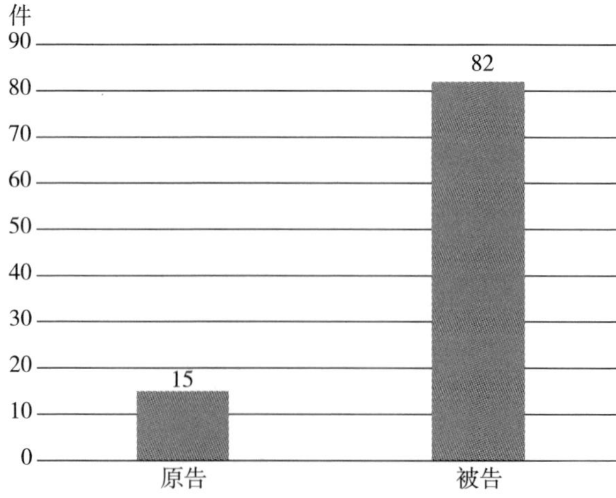

图 2－21－4　零售业上市公司一审程序诉讼地位分布

在零售业上市公司所涉及的94件二审判决中，上市公司作为上诉人的案例有40件，其中同时为原审原告的有12件，同时为原审被告的有28件，同时为原审第三人的有0件；上市公司作为被上诉人的案例有54件，其中同时为原审原告的有14件，同时为原审被告的有39件，同时为原审第三人的有1件。可见，在二审程序中，零售业上市公司被动应诉的情况较为常见（见图2－21－5）。

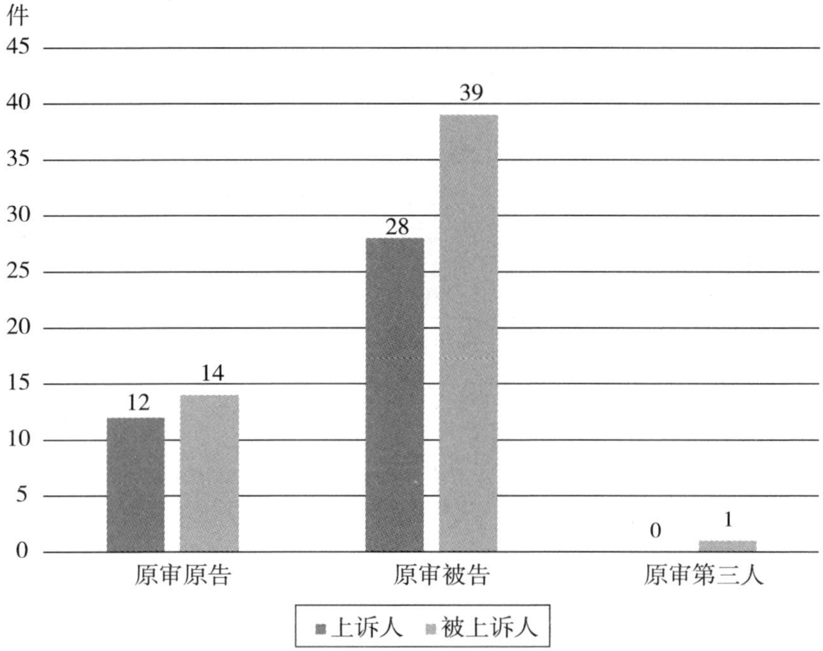

图2－21－5 零售业上市公司二审程序诉讼地位分布

在零售业上市公司所涉及的5件再审判决中，上市公司作为申请人的案例有5件，其中同时为原审原告的有1件，同时为原审被告的有4件，同时为原审第三人的有0件；上市公司作为被申请人的案例有53件，其中同时为原审原告的有0件，同时为原审被告的有0件，同时为原审第三人的有0件（见图2－21－6）。

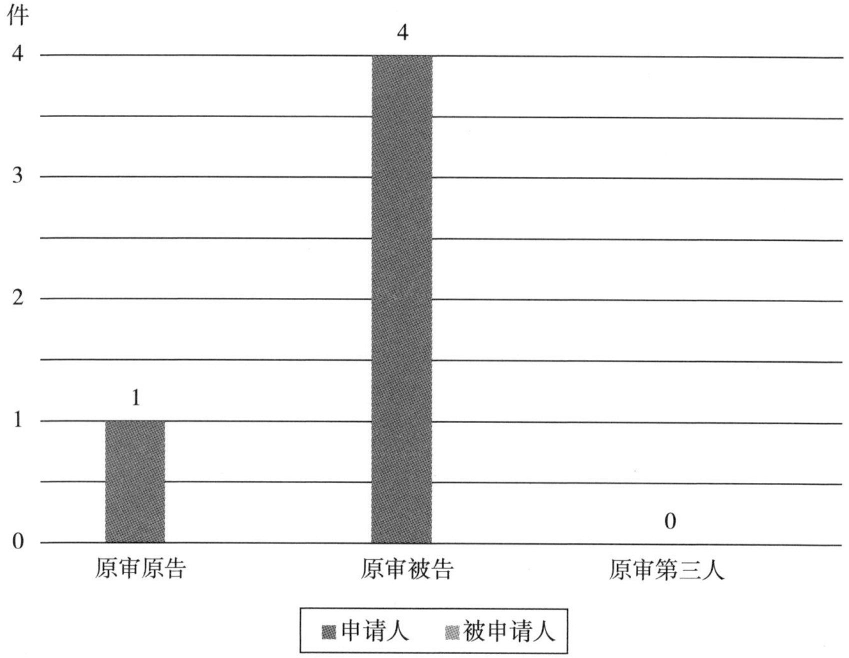

图 2－21－6　零售业上市公司再审程序诉讼地位分布

（四）诉讼标的额

除去 2 件案件驳回上诉外，从民事诉讼案件的标的额上看，2019 年零售业上市公司所涉及的 196 件案件中，186 件有标的额可查，其中诉讼请求金额在 1 万元以下的案件数量为 66 件，超过 1 万元且 10 万元以下的案件数量为 46 件，超过 10 万元且 20 万元以下的案件数量为 14 件，超过 20 万元且 50 万元以下的案件数量为 17 件，超过 50 万元且 100 万元以下的案件数量为 15 件，超过 100 万元且 200 万元以下的案件数量为 11 件，超过 200 万元且 500 万元以下的案件数量为 3 件，超过 500 万元且 1000 万元以下的案件数量为 6 件，超过 1000 万元且 2000 万元以下的案件数量为 5 件，超过 2000 万元的案件数量为 3 件（见图 2－21－7）。

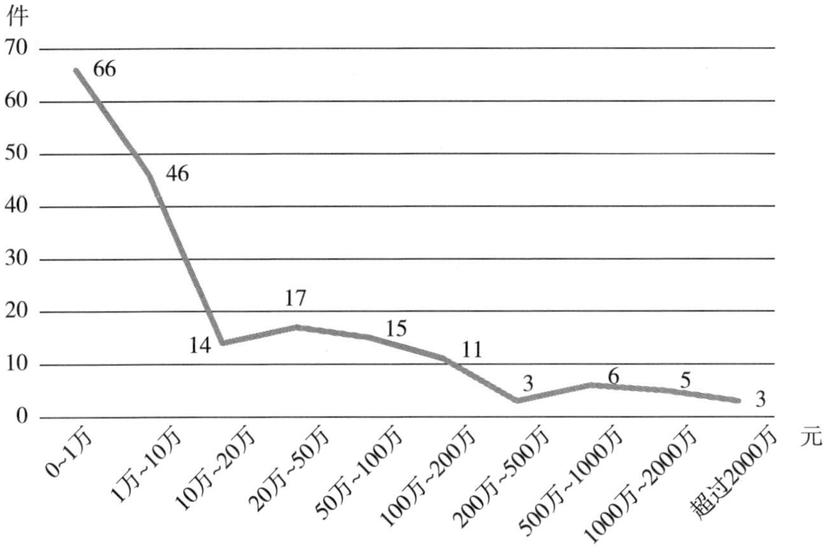

图2－21－7 零售业上市公司诉讼标的额分布

如表2－21－4所示，具体来看，上述2019年零售业上市公司所涉及的案件中，案件数量最集中的诉讼标的额在0～1万元区间之内，标的额平均值为1,329,266.91元，中位数为48,854.00元，标的额最大为32,715,707.10元，最小为29.95元。

表2－21－4 零售业上市公司诉讼标的额

单位：元

总　额	247,243,645.14
平均数	1,329,266.91
中位数	48,854.00
最大金额	32,715,707.10
最小金额	29.95

（五）诉讼结果和胜诉率

从诉讼结果上看，2019年零售业上市公司所涉及的196件案件中，上市公司胜诉的案例有110件，上市公司败诉的案例有84件，剩余2件案例的诉讼结果为驳回上诉。总的来看，零售业上市公司胜诉的案件数量占比约为56.12%，如果排除驳回上诉的情形，则零售业上市公司的总体胜诉率约为56.70%（见图2－21－8）。

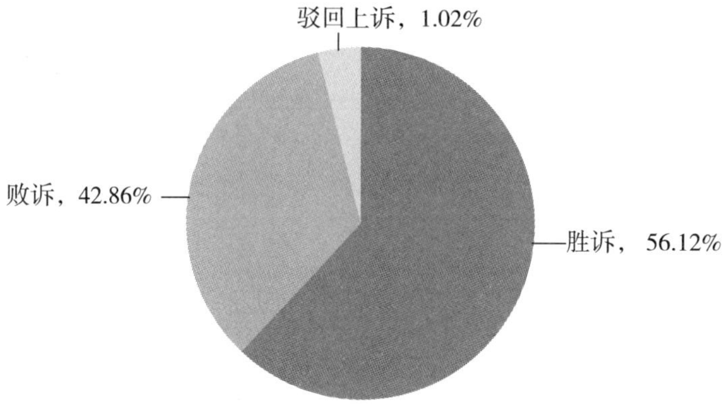

图 2－21－8 零售业上市公司诉讼结果占比

具体到不同的诉讼地位上，当零售业上市公司为原告时，其胜诉的案件有 33 件，败诉的案件有 9 件，胜诉率约为 78.57%，高于总体胜诉率。当零售业上市公司为被告时，其胜诉的案件有 76 件，败诉的案件有 75 件，胜诉率约为 50.33%，略低于总体胜诉率。当零售业上市公司为第三人时，其胜诉的案件有 1 件，败诉的案件有 0 件，胜诉率为 100%（见图 2－21－9）。

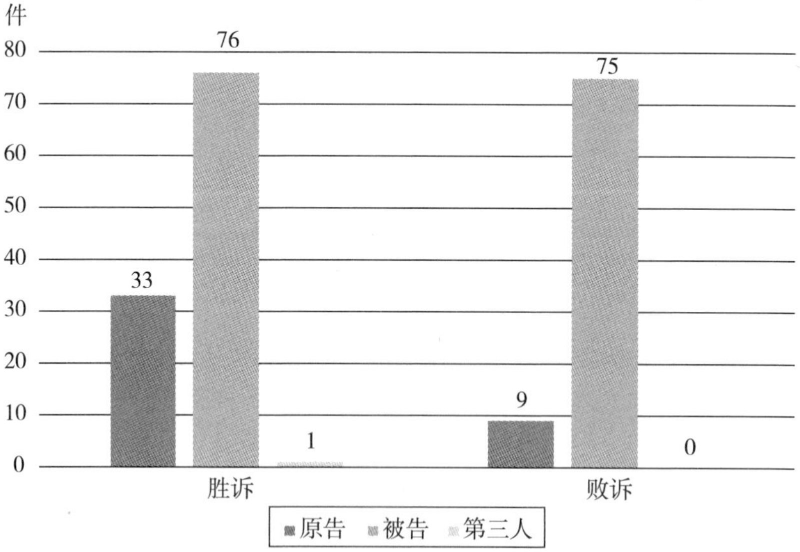

图 2－21－9 零售业上市公司胜诉情况与诉讼地位交叉分布情况

具体到不同的诉讼阶段上，在一审判决中，上市公司胜诉的案件有 45 件，败诉的案件有 52 件，胜诉率约为 46.39%，低于总体胜诉率。在二审判决中，上市公司胜诉的案件有 61 件,败诉的案件有 31 件,胜诉率约为 66.30%,高于总体胜诉率。在再审判决中,上市公司胜诉的案件有 4 件,败诉的案件有 1 例,胜诉率为 80.00%,远高于总体胜诉率(见图 2 - 21 - 10)。

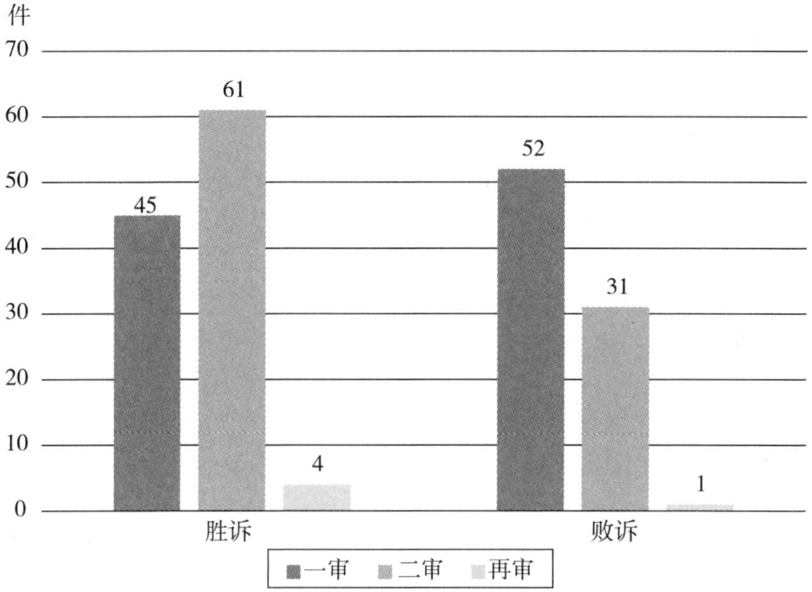

图 2 - 21 - 10　零售业上市公司胜诉情况与诉讼阶段交叉分布情况

第二十二节　运输仓储食宿服务业

一、运输仓储食宿服务业上市公司概况

运输仓储食宿服务业,根据我国国民经济行业分类包括交通运输、仓储和邮政业,住宿和餐饮业。交通运输、仓储和邮政业下又细分为铁路运输业、道路运输业、水上运输业、航空运输业、管道运输业、多式联运和运输代理业、装卸搬运和仓储业、邮政业;住宿和餐饮业下面又细分为住宿业与餐饮业。住宿业指为旅行者提供短期留宿场所的活动,有些单位只提供住宿,也有些单位提供住宿、饮食、商务、娱乐一体的服务,本类不包括主要按月或按年长期出租房屋住所的活动。餐饮业指通过即时制作加工、商业销售和服务性劳动等,向消费者提供食品和消费场所及设施的服务。

2019 年第三季度我国运输仓储食宿服务业上市公司共计 104 家,从行业小类上看，铁路运输业上市公司4家，道路运输业上市公司36家，水上运输业上市公司29家，航空运输业上市公司13家，装卸搬运和其他运输代理上市公司8家，仓储业上市公司9家，邮政业上市公司5家。从市场规模上来看，我国上市公司中运输仓储食宿服务业的整体规模较大，其数量仅占全部上市公司的约2.80%，可见运输仓储食宿服务业在全国范围内具有较大市场影响力的企业数量不多。

二、运输仓储食宿服务业行业政策和法律风险新动向

（一）运输仓储食宿服务业行业政策新动向

运输仓储食宿服务业的发展与我们的生活息息相关，2019年，李克强总理在政府工作报告中提出，深化收费公路制度改革，两年内基本取消全国高速公路省界收费站，实现不停车快捷收费，减少拥堵、便利群众。2019年4月12日，交通运输部以2019年第9号令公布了《交通运输行政执法程序规定》，并于2019年6月1日起正式实施，对交通运输业的行政执法工作做了进一步的规定。2019年5月9日，交通运输部、人民银行、国家发展改革委、公安部、市场监管总局、银保监会六部门联合印发《交通运输新业态用户资金管理办法（试行）》自6月1日起施行。对用户资金收取、开立专用存款账户存管，以及建立联合工作机制强化监管等方面作出了具体规定，以加强用户押金和预付资金管理。同时提出，运营企业原则上不收取用户押金，确有必要收取的，应当为用户提供运营企业专用存款账户和用户个人银行结算账户两种存管方式，供用户选择。同时，为减少个人资金损失，对用户的押金和预付资金收取规定了限额。2019年7月19日，交通运输部等八部门印发《关于推动“四好农村路”高质量发展的指导意见》。2019年9月19日，中共中央、国务院印发了《交通强国建设纲要》（以下简称《纲要》），这是以习近平总书记为核心的党中央立足国情、着眼全局、面向未来作出的重大战略决策，是全面建成社会主义现代化强国的重要支撑，也是新时代指引交通强国建设的纲领性文件和行动指南。《纲要》指出2020年完成决胜全面建成小康社会交通建设任务和“十三五”现代综合交通运输体系发展规划各项任务，为交通强国建设奠定坚实基础；到2035年，基本建成交通强国，形成“三张交通网”“两个交通圈”；到21世纪中叶，全面建成人民满意、保障有力、世界前列的交通强国。2019年9月5日，国务院办公厅印发《关于深化农村公路管理养护体制改革的意见》为农民群众达到小康生活提供了更加稳健的保障措施。2019年11月9日，交通运输部、国家发展改革委等九部门联合发布了《关于建设世界一流港口的指导意见》，提出了要整体提升港口高质量发展水平，以枢纽港为重点，建设安全便捷、智慧绿色、经济高效、支撑有力、世界先进的世界一流

港口。到2025年,世界一流港口建设取得重要进展;到2035年,全国港口发展水平整体跃升,主要港口总体达到世界一流水平;到2050年,全面建成世界一流港口,形成若干个世界级港口群,发展水平位居世界前列。

住宿行业也与人民的生活密切相关,继2017年国家推出首个民宿标准后,2019年7月3日国家再次推出了新标准《旅游民宿基本要求与评价》,将民宿划分成了3个等级,分别为三星级、四星级与五星级,对民宿提出了更高的质量要求,而且该新标准明确提出了民宿业要"取得当地政府要求的相关证照"。新标准的提高,更有利于民宿业的稳步发展。

餐饮业是生活服务业的一个子集。2019年,李克强总理作《政府工作报告》中提到了"营改增"。政策的原文如下:全面实施"营改增",从5月1日起,将试点范围扩大到建筑业、房地产业、金融业、生活服务业,并将所有企业新增不动产所含增值税纳入抵扣范围,确保所有行业税负只减不增。

(二)运输仓储食宿服务业法律风险新动向

2019年以来,国家发布了多个运输仓储食宿服务业领域的新规范,推进了一些新的法律制度,但大都是鼓励该行业发展的政策,唯一可能对运输仓储食宿服务业上市公司的生产经营活动产生影响,或者带来新的法律风险的是:2019年7月国家对旅游民宿提出了新标准的《旅游民宿基本要求与评价》,对民宿行业提出了更高的标准要求,而且民宿行业的上市公司一定要取得当地政府所有求的相关证照,否则可能涉及非法经营。

三、运输仓储食宿服务业上市公司诉讼情况统计

本书以运输仓储食宿服务业的104家上市公司为当事人检索案例,共收集2019年全国法院判决的各类司法判决书181份,作为统计分析的样本。

(一)案件类型分布

1. 诉讼类型

如表2-22-1所示,从案件诉讼类型上看,2019年运输仓储食宿服务业上市公司所涉及的181件案件中民事诉讼的案件数量为178件,行政诉讼为3件,刑事诉讼案件数量为0件。

表 2－22－1　运输仓储食宿服务业上市公司案件诉讼类型

诉讼类型	案件数量(件)
民事诉讼	178
行政诉讼	3
刑事诉讼	0

2. 案由种类

如表 2－22－2、表 2－22－3 所示，从案件案由种类上看，2019 年运输仓储食宿服务业上市公司所涉及的 181 件案件中，178 件民事诉讼的大多数案由为合同纠纷，其中，劳动合同纠纷所涉案件为 19 件，运输合同纠纷为 13 件，借款合同纠纷为 8 件，买卖合同纠纷为 6 件，服务合同纠纷为 6 件，租赁合同纠纷为 6 件，建设工程合同纠纷为 6 件，委托合同纠纷为 5 件，财产保险合同纠纷为 2 件，质押合同纠纷 2 件，技术合同纠纷 1 件，保证合同纠纷 1 件，承揽合同纠纷 1 件，案由为合同纠纷的案件总数为 76 件，占民事案由总数的约 42.70%。其次，机动车交通事故责任纠纷所涉案件单个数量最多为 48 件。其他案由还包括股东资格确认纠纷 15 件，证券欺诈责任纠纷 7 件，票据追索权纠纷 5 件，财产损害赔偿纠纷 6 件，提供劳务者受害责任纠纷 3 件，生命权、健康权、身体权纠纷 3 件，港口作业纠纷 3 件，著作权权属、侵权纠纷 3 件，航空运输损害责任纠纷 2 件，铁路运输损害责任纠纷 1 件，违反安全保障义务责任纠纷 1 件，产品责任纠纷 1 件，股权转让纠纷 1 件，追偿权纠纷 1 件，船舶碰撞损害责任纠纷 1 件，股东损害公司债权人利益责任纠纷 1 件，3 件行政诉讼的案由分别为工伤行政确认，商标权无效宣告请求行政纠纷与商标权申请驳回复审行政纠纷。

特点：合同纠纷，尤其是以劳动合同、运输合同、借款合同为主，单个明细案由所涉案件数量最多的是机动车交通事故责任纠纷。

表 2－22－2　运输仓储食宿服务业上市公司案件案由(民事)

案　　由	案件数量(件)
机动车交通事故责任纠纷	48
劳动合同纠纷	19
股东资格确认纠纷	15
运输合同纠纷	13
借款合同纠纷	8
证券欺诈责任纠纷	7

续表

案　　由	案件数量(件)
买卖合同纠纷	6
服务合同纠纷	6
租赁合同纠纷	6
建设工程合同纠纷	6
财产损害赔偿纠纷	6
票据追索权纠纷	5
委托合同纠纷	5
提供劳务者受害责任纠纷	3
生命权、健康权、身体权纠纷	3
港口作业纠纷	3
著作权权属、侵权纠纷	3
财产保险合同纠纷	2
航空运输损害责任纠纷	2
质押合同纠纷	2
铁路运输损害责任纠纷	1
技术合同纠纷	1
违反安全保障义务责任纠纷	1
产品责任纠纷	1
股权转让纠纷	1
追偿权纠纷	1
船舶碰撞损害责任纠纷	1
股东损害公司债权人利益责任纠纷	1
保证合同纠纷	1
承揽合同纠纷	1

表 2-22-3　运输仓储食宿服务业上市公司案件案由(行政)

案　　由	案件数量(件)
工伤行政确认	1
商标权无效宣告请求行政纠纷	1
商标权申请驳回复审行政纠纷	1

（二）案件审理程序

1. 诉讼阶段

从诉讼阶段上看，2019 年运输仓储食宿服务业上市公司所涉及的 181 件案件中，一审判决书 121 件，占比约为 66.85%；二审判决书 60 件，占比约为 33.15%（见图 2－22－1）。

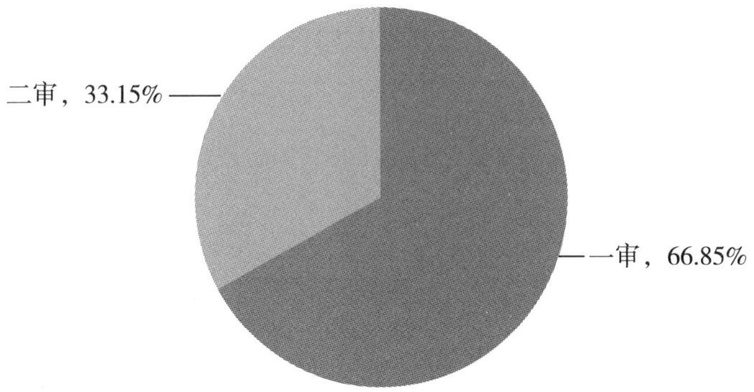

图 2－22－1　运输仓储食宿服务业上市公司案件诉讼阶段分布

2. 法院层级

如图 2－22－2 所示，从诉讼阶段上看，2019 年运输仓储食宿服务业上市公司所涉及的 181 件案件中，基层人民法院审结的案例 96 件，占比约为 53.04%；中级人民法院审结的案例 80 件，占比约为 44.20%；高级人民法院审结的案例 5 件，占比约为 2.76%；最高人民法院审结的案例 0 件，占比 0%。

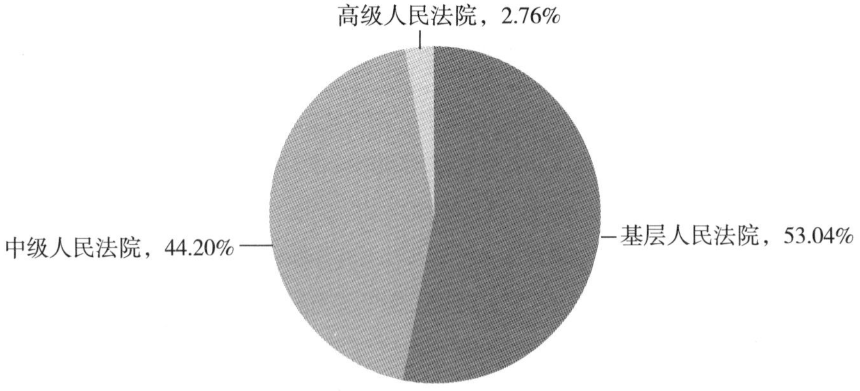

图 2－22－2　运输仓储食宿服务业上市公司案件审理法院层级分布

(三)上市公司诉讼地位

从上市公司的诉讼地位上看,2019 年运输仓储食宿服务业上市公司所涉及的 181 件案件中,上市公司作为原告的案例有 55 件,占比约为 30.39%,上市公司作为被告的案例有 126 件,占比约为 69.61%。可见,2019 年运输仓储食宿服务业上市公司的民事诉讼中,上市公司主动提起诉讼的情形较少,大多数情况下上市公司是作为应诉方被动地参与诉讼(见图 2-22-3)。

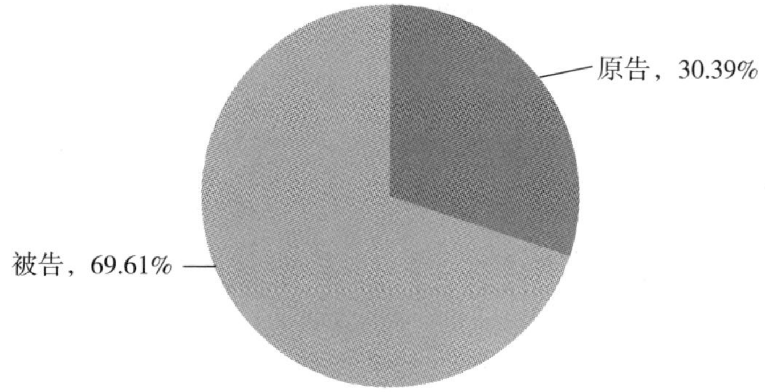

图 2-22-3 运输仓储食宿服务业上市公司诉讼地位总体分布

具体而言,在运输仓储食宿服务业上市公司所涉及的 121 件一审判决中,上市公司作为原告的案例有 38 件,上市公司作为被告的案例有 83 件,二者之间占比差别更为悬殊。可见,在一审程序中,运输仓储食宿服务业上市公司主动提起诉讼、发起诉讼程序情况较为少见(见图 2-22-4)。

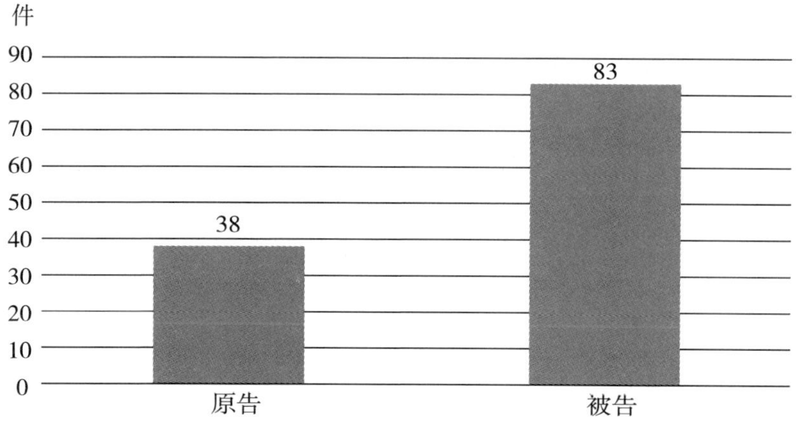

图 2-22-4 运输仓储食宿服务业上市公司一审程序诉讼地位分布

在运输仓储食宿服务业上市公司所涉及的60件二审判决中，上市公司作为上诉人的案例有33件，其中同时为原审原告的有13件，同时为原审被告的有20件；上市公司作为被上诉人的案例有27件，其中同时为原审原告的有4件，同时为原审被告的有23件。可见，在二审程序中，运输仓储食宿服务业上市公司主动提起上诉、继续诉讼程序的情况相对略为常见（见图2－22－5）。

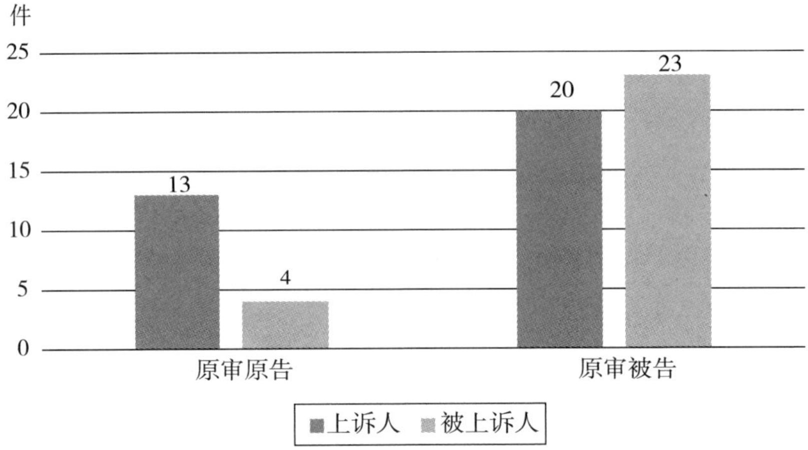

图2－22－5　运输仓储食宿服务业上市公司二审程序诉讼地位分布

（四）诉讼标的额

从民事诉讼案件的标的额上看，2019年运输仓储食宿服务业上市公司所涉及的181件案件中，可统计诉讼标的金额的案件数量为149件。其中，诉讼请求金额在1万元以下的案件数量为15件，超过1万元且10万元以下的案件数量为33件，超过10万元且20万元以下的案件数量为17件，超过20万元且50万元以下的案件数量为30件，超过50万元且100万元以下的案件数量为13件，超过100万元且200万元以下的案件数量为12件，超过200万元且500万元以下的案件数量为9件，超过500万元且1000万元以下的案件数量为11件，超过1000万元且2000万元以下的案件数量为3件，超过2000万元的案件数量为6件（见图2－22－6）。

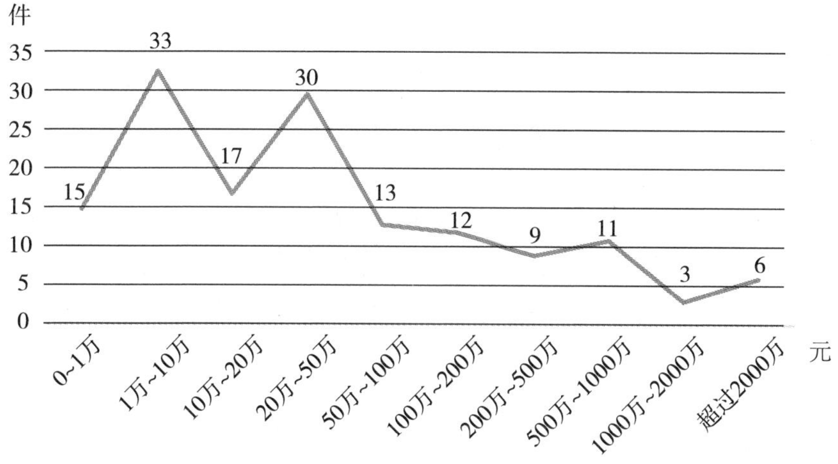

图 2－22－6 运输仓储食宿服务业上市公司诉讼标的额分布

如表 2－22－4 所示，具体来看，2019 年运输仓储食宿服务业上市公司所涉及的案件中可统计诉讼标的金额的案件总数为 149 件，案件数量最集中的诉讼标的额在 1 万～10 万元区间之内，标的额平均值为 3,305,683.27 元，中位数为 257,085.00 元，标的额最大为 143,967,000.00 元，最小为 88.88.00 元。

表 2－22－4 运输仓储食宿服务业上市公司诉讼标的额

单位：元

总　额	492,546,807.59
平均数	3,305,683.27
中位数	257,085.00
最大金额	143,967,000.00
最小金额	88.88

（五）诉讼结果和胜诉率

从诉讼结果上看，2019 年运输仓储食宿服务业上市公司所涉及的 181 件案件中，上市公司胜诉的案例有 71 件，上市公司败诉的案例有 102 件，剩余 8 件案例的诉讼结果为驳回上诉。总的来看，运输仓储食宿服务业上市公司胜诉的案件数量占比约为 39.23%，如果排除驳回上诉的情形，则运输仓储食宿服务业上市公司的总体胜诉率约为 41.04%（见图 2－22－7）。

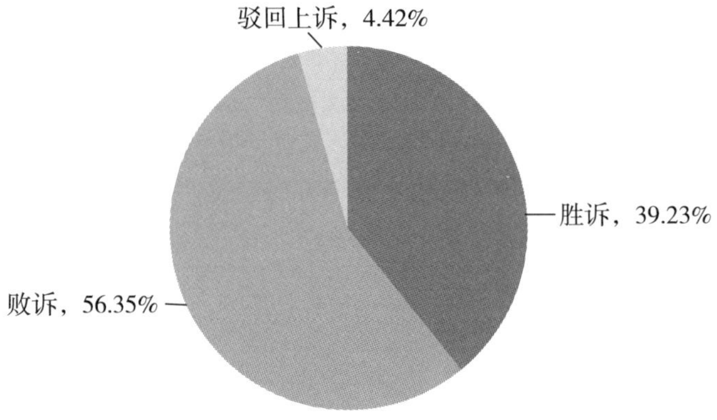

图 2-22-7 运输仓储食宿服务业上市公司诉讼结果占比

具体到不同的诉讼地位上，当运输仓储食宿服务业上市公司为原告时，其胜诉的案件有 39 件，败诉的案件有 13 件，胜诉率为 75.00%，远高于总体胜诉率。当运输仓储食宿服务业上市公司为被告时，其胜诉的案件有 32 件，败诉的案件有 89 件，胜诉率约为 26.45%，低于总体胜诉率（见图 2-22-8）。

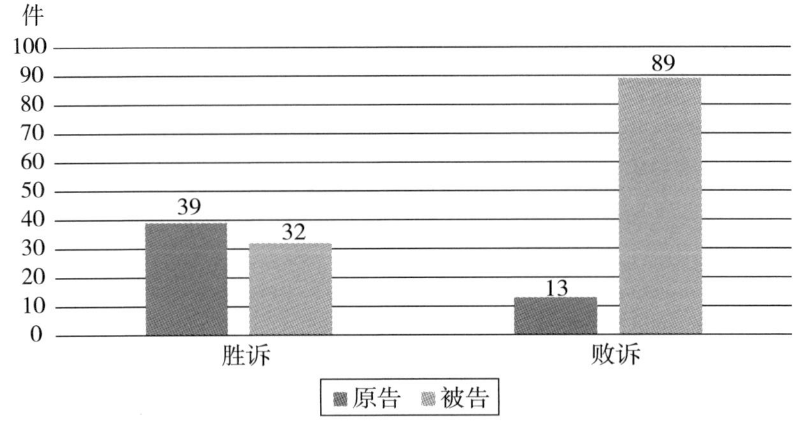

图 2-22-8 运输仓储食宿服务业上市公司胜诉情况与诉讼地位交叉分布情况

具体到不同的诉讼阶段上，在一审判决中，上市公司胜诉的案件有 49 件，败诉的案件有 72 件，胜诉率约为 40.50%，略高于总体胜诉率。在二审判决中，上市公司胜诉的案件有 22 件，败诉的案件有 30 件，胜诉率约为 42.31%，略高于总体胜诉率（见图 2-22-9）。

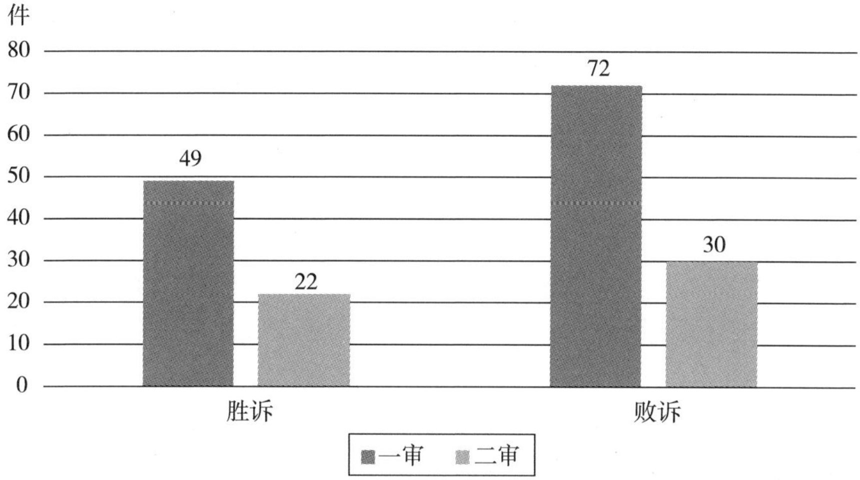

图2－22－9　运输仓储食宿服务业上市公司胜诉情况与诉讼阶段交叉分布情况

第二十三节　电信、广播电视和卫星传输服务业

一、电信、广播电视和卫星传输服务业上市公司概况

根据我国国民经济行业分类，电信、广播电视和卫星传输服务业从属于信息传输、软件和信息技术服务业，同时，其包括电信、广播电视船舶服务和卫星传输服务三个小类。电信，是指利用有线、无线的电磁系统或者光电系统，传送、发射或者接收语音、文字、数据、图像以及其他任何形式信息的活动；广播电视传输服务则分为有线和无限广播电视传输服务；而卫星传输服务是指利用卫星提供通信传输和广播电视传输服务以及导航、定位、测绘、气象、地质勘查、空间信息等应用服务。

2019年第三季度我国电信、广播电视和卫星传输服务业上市公司共计80家。从市场规模上来看，我国上市公司中房地产业的整体规模较小，其数量仅占全部上市公司的约2.15%，可见房地产业在全国范围内具有较大市场影响力的企业数量较少。

二、电信、广播电视和卫星传输服务业行业政策和法律风险新动向

（一）电信、广播电视和卫星传输服务业行业政策新动向

2019年12月23日，全国工业和信息化工作会议在京召开。工业和信息化部指出将进一步深化电信等重点领域改革。其中，重点任务包括提升治理能力，促进

信息通信业高质量发展。要求稳步推进5G网络建设,深化共建共享,力争2020年年底实现全国所有地级市覆盖5G网络。优化提升网络供给质量,深化电信普遍服务,重点支持边疆和偏远地区网络深度覆盖。继续做好网络提速降费,在扶贫助残领域实施精准降费。持续提升IPv6网络质量和服务能力,支持IPv6在5G、工业互联网、车联网等领域融合创新发展。创新电信和互联网行业监管,抓好骚扰电话综合整治等重点工作,抓好携号转网服务质量。加大无线电管理力度。

为进一步协同推进5G基站部署和相关广播电视卫星地球站干扰保护工作,保障新中国成立70周年系列庆祝活动广播电视安全播出,贯彻落实5G基站与卫星地球站等无线电台(站)干扰协调相关要求,工业和信息化部办公厅、国家广播电视总局办公厅联合印发《关于进一步加强广播电视卫星地球站干扰保护工作的通知》,进一步明确各单位在广播电视卫星地球站保护工作中的职责,要求各相关单位进一步提高政治站位,充分认识做好广播电视卫星地球站干扰保护工作的重要性,建立省级5G基站与广播电视卫星地球站统一协调机制,明确统一协调具体工作流程和应急处置机制,加速推进广播电视卫星地球站,特别是涉及安全播出的重要卫星地球站的技术改造和干扰保护工作。

(二)电信、广播电视和卫星传输服务业法律风险新动向

2019年以来,国家发布了多个电信、广播电视和卫星传输服务业领域的新规都是激励、促进该行业发展的,并未对电信、广播电视和卫星传输服务业上市公司的生产经营活动产生不利影响或者带来新的法律风险。

三、电信、广播电视和卫星传输服务业上市公司诉讼情况统计

本书以电信、广播电视和卫星传输服务业的80家上市公司为当事人检索案例,共收集2019年全国法院判决的各类司法判决书366份,作为统计分析的样本。

(一)案件类型分布

1. 诉讼类型

如表2－23－1所示,从案件诉讼类型上看,2019年电信、广播电视和卫星传输服务业上市公司所涉及的366件案件中,民事诉讼案件有365件,还有1件为行政诉讼,刑事诉讼案件的数量为0件。

表 2-23-1　电信、广播电视和卫星传输服务业上市公司案件诉讼类型

诉讼类型	案件数量(件)
民事诉讼	365
行政诉讼	1
刑事诉讼	0

2. 案由种类

如表 2-23-2、表 2-23-3 所示，从案件案由种类上看，2019 年电信、广播电视和卫星传输服务业上市公司所涉及的 366 件案件中，大多数为著作权权属、侵权纠纷，所涉案件数量为 280 件。其他案由还包括服务合同纠纷 14 件，著作权合同纠纷 11 件，建设工程合同纠纷 9 件，机动车交通事故责任纠纷 9 件，生命权、健康权、身体权纠纷 8 件，承揽合同纠纷 4 件，买卖合同纠纷 4 件，借款合同纠纷 3 件，财产损害赔偿纠纷 3 件，股权转让纠纷 3 件，肖像权纠纷 2 件，提供劳务者受害责任纠纷 2 件，名誉权纠纷 2 件，仿冒纠纷 2 件，广告合同纠纷 2 件，融资租赁合同纠纷 1 件，物件损害责任纠纷 1 件，产品责任纠纷 1 件，对外追收债权纠纷 1 件，商标权权属、侵权纠纷 1 件，演出合同纠纷 1 件，劳动合同纠纷 1 件，还有 1 件为行政诉讼，案由为商标权申请驳回复审行政纠纷。

特点：2019 年该行业所涉案件案由以著作权权属、侵权纠纷为主，再者就是以合同纠纷为主，主要是服务合同纠纷、著作权合同纠纷、建设工程合同纠纷、承揽合同纠纷、买卖合同纠纷等。

表 2-23-2　电信、广播电视和卫星传输服务业上市公司案件案由(民事)

案　　由	案件数量(件)
著作权权属、侵权纠纷	280
服务合同纠纷	14
著作权合同纠纷	11
建设工程合同纠纷	9
机动车交通事故责任纠纷	9
生命权、健康权、身体权纠纷	8
承揽合同纠纷	4
买卖合同纠纷	4
借款合同纠纷	3
财产损害赔偿纠纷	3
股权转让纠纷	3

续表

案　　由	案件数量(件)
肖像权纠纷	2
提供劳务者受害责任纠纷	2
名誉权纠纷	2
仿冒纠纷	2
广告合同纠纷	2
融资租赁合同纠纷	1
物件损害责任纠纷	1
产品责任纠纷	1
对外追收债权纠纷	1
商标权权属、侵权纠纷	1
演出合同纠纷	1
劳动合同纠纷	1

表 2－23－3　电信、广播电视和卫星传输服务业上市公司案件案由(行政)

案　　由	案件数量(件)
商标权申请驳回复审行政纠纷	1

(二)案件审理程序

1. 诉讼阶段

从诉讼阶段上看,2019 年电信、广播电视和卫星传输服务业上市公司所涉及的 366 件案件中,一审判决书 320 件,占比约为 87.43%;二审判决书 46 件,占比约为 12.57%(见图 2－23－1)。

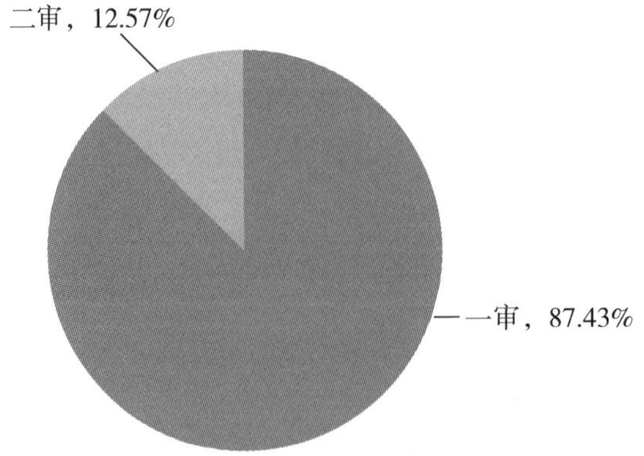

图 2－23－1　电信、广播电视和卫星传输服务业上市公司案件诉讼阶段分布

2. 法院层级

如图 2－23－2 所示，从诉讼阶段上看，2019 年电信、广播电视和卫星传输服务业上市公司所涉及的 366 件案件中，基层人民法院审结的案例 311 件，占比约为 84.97%；中级人民法院审结的案例 54 件，占比约为 14.75%；高级人民法院审结的案例 1 件，占比 0.27%；最高人民法院审结的案例 0 件。

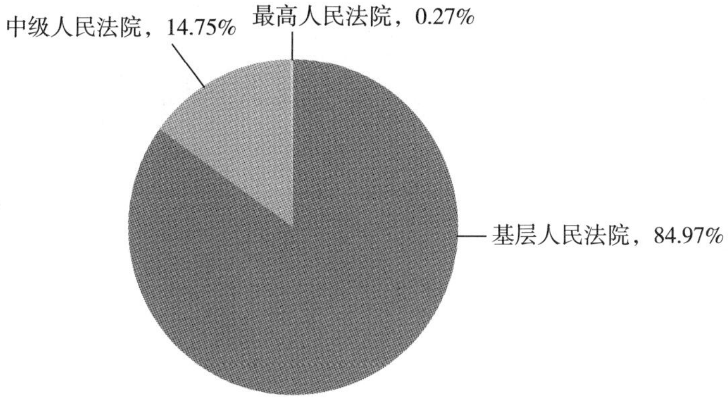

图 2－23－2　电信、广播电视和卫星传输服务业上市公司案件审理法院层级分布

（三）上市公司诉讼地位

从上市公司的诉讼地位上看，2019 年电信、广播电视和卫星传输服务业上市公司所涉及的 366 件案件中，上市公司作为原告的案例有 47 件，占比约为 12.84%，上市公司作为被告的案例有 319 件，占比约为 87.16%。可见，2019 年电信、广播电视和卫星传输服务业上市公司的民事诉讼中，上市公司主动提起诉讼的情形较少，大多数情况下上市公司是作为应诉方被动地参与诉讼（见图 2－23－3）。

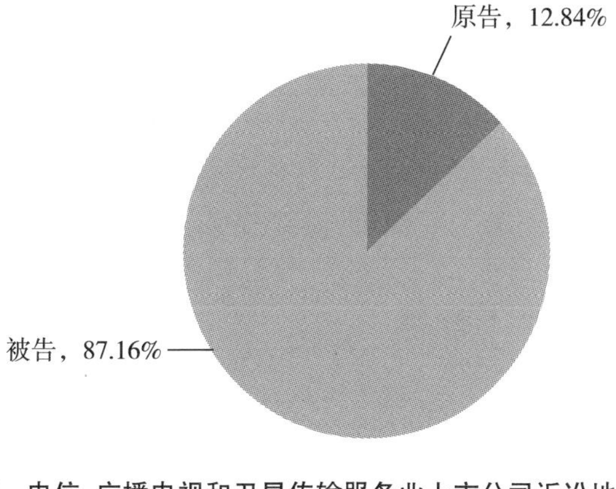

图 2－23－3　电信、广播电视和卫星传输服务业上市公司诉讼地位总体分布

具体而言，在电信、广播电视和卫星传输服务业上市公司所涉及的320件一审判决中，上市公司作为原告的案例有42件，上市公司作为被告的案例有278件，二者之间占比差别更为悬殊。可见，在一审程序中，电信、广播电视和卫星传输服务业上市公司主动提起诉讼、发起诉讼程序情况较为少见（见图2－23－4）。

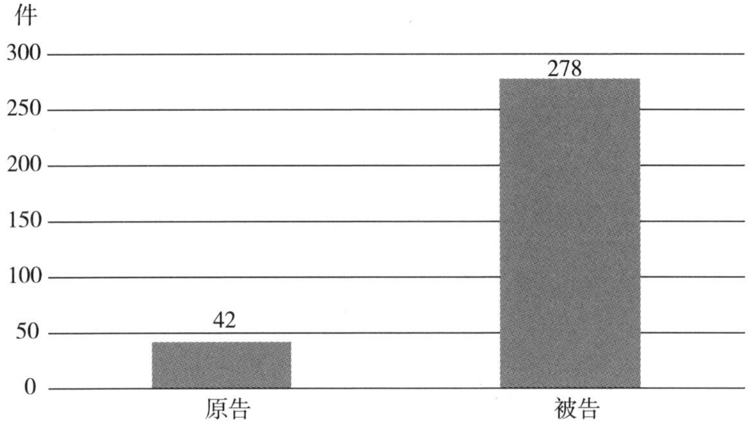

图2－23－4　电信、广播电视和卫星传输服务业上市公司一审程序诉讼地位分布

在电信、广播电视和卫星传输服务业上市公司所涉及的46件二审判决中，上市公司作为上诉人的案例有37件，其中同时为原审原告的有0件，同时为原审被告的有37件；上市公司作为被上诉人的案例有9件，其中同时为原审原告的有5件，同时为原审被告的有4件。可见，在二审程序中，电信、广播电视和卫星传输服务业上市公司主动提起上诉、继续诉讼程序的情况较为常见（见图2－23－5）。

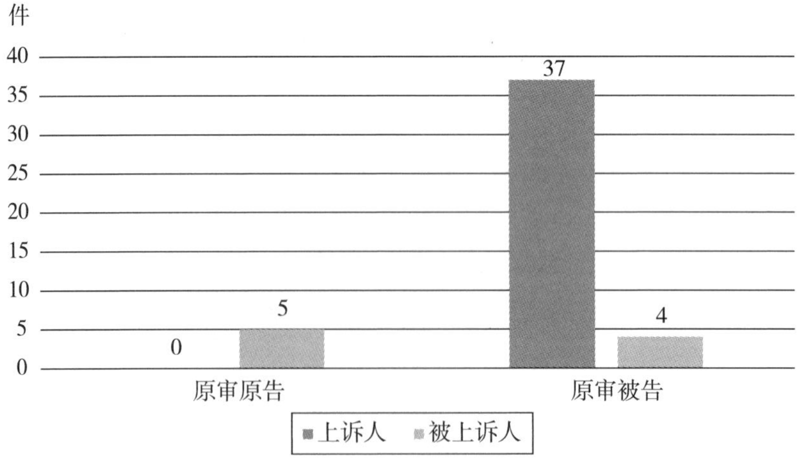

图2－23－5　电信、广播电视和卫星传输服务业上市公司二审程序诉讼地位分布

（四）诉讼标的额

从民事诉讼案件的标的额上看，2019 年电信、广播电视和卫星传输服务业上市公司所涉及的 366 件案件中，可统计诉讼标的金额的案件总数为 364 件，其中，诉讼请求金额在 1 万元以下的案件数量为 5 件，超过 1 万元且 10 万元以下的案件数量为 254 件，超过 10 万元且 20 万元以下的案件数量为 45 件，超过 20 万元且 50 万元以下的案件数量为 19 件，超过 50 万元且 100 万元以下的案件数量为 10 件，超过 100 万元且 200 万元以下的案件数量为 10 件，超过 200 万元且 500 万元以下的案件数量为 5 件，超过 500 万元且 1000 万元以下的案件数量为 6 件，超过 1000 万元且 2000 万元以下的案件数量为 3 件，超过 2000 万元的案件数量为 7 件（见图 2 –23 –6）。

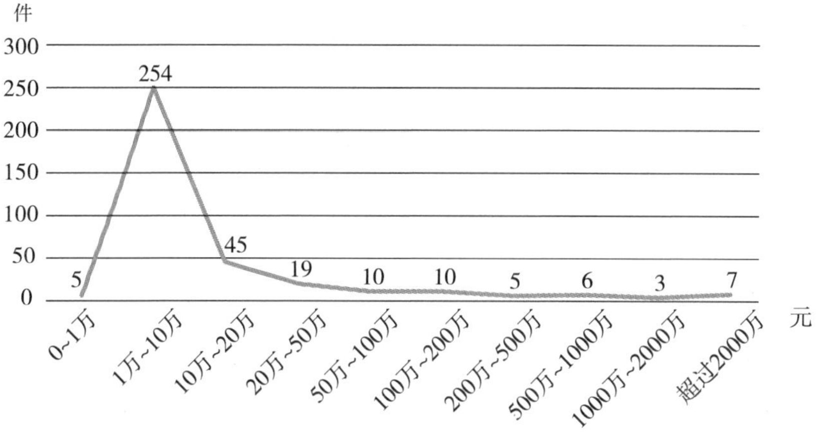

图 2 –23 –6　电信、广播电视和卫星传输服务业上市公司诉讼标的额分布

如表 2 –23 –4 所示，具体来看，2019 年电信、广播电视和卫星传输服务业上市公司所涉及的案件中，案件数量最集中的诉讼标的额在 1 万 ~10 万元区间之内，标的额平均值为 2,663,795.60 元，中位数为 100,000.00 元，标的额最大为 49,8619,816.00 元，最小为 2892.00 元。

表 2 –23 –4　电信、广播电视和卫星传输服务业上市公司诉讼标的额

单位：元

总　额	969,621,596.85
平均数	2,663,795.60
中位数	100,000.00
最大金额	498,619,816.00
最小金额	2892.00

（五）诉讼结果和胜诉率

从诉讼结果上看，2019 年电信、广播电视和卫星传输服务业上市公司所涉及的 366 件案件中，上市公司胜诉的案例有 36 件，上市公司败诉的案例有 330 件。总的来看，电信、广播电视和卫星传输服务业上市公司胜诉的案件数量占比约为9.84%，败诉率约为 90.16%（见图 2－23－7）。

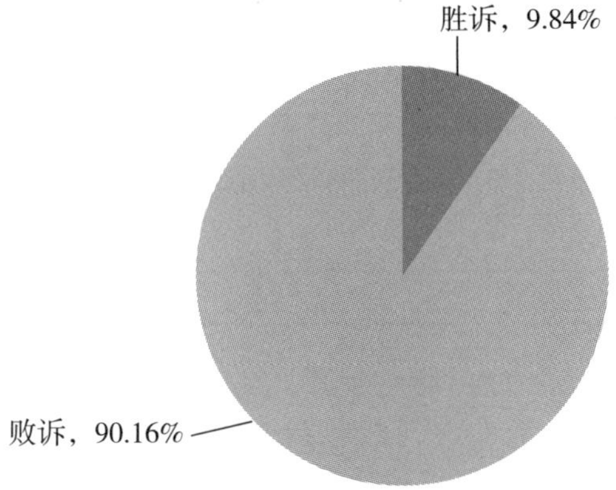

图 2－23－7　电信、广播电视和卫星传输服务业上市公司诉讼结果占比

具体到不同的诉讼地位上，当电信、广播电视和卫星传输服务业上市公司为原告时，其胜诉的案件有 12 件，败诉的案件有 35 件，胜诉率约为 25.53%，高于总体胜诉率。当电信、广播电视和卫星传输服务业上市公司为被告时，其胜诉的案件有 24 件，败诉的案件有 295 件，胜诉率约为 7.52%，低于总体胜诉率（见图 2－23－8）。

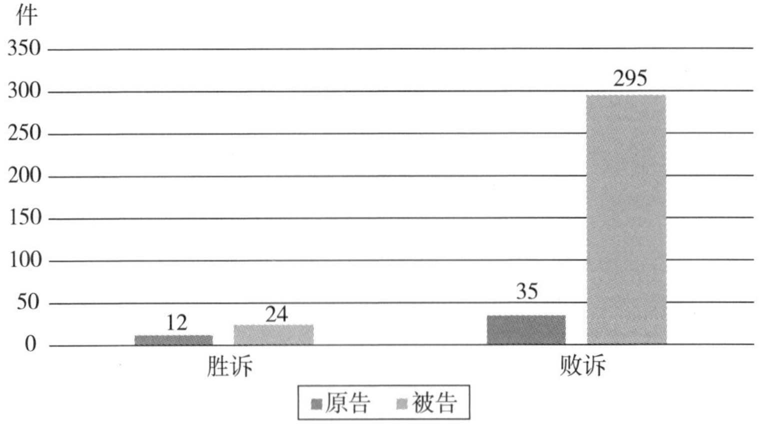

图 2－23－8　电信、广播电视和卫星传输服务业上市公司胜诉情况与诉讼地位交叉分布情况

具体到不同的诉讼阶段上，在一审判决中，上市公司胜诉的案件有 29 件，败诉的案件有 291 件，胜诉率约为 9.06%，略低于总体胜诉率。在二审判决中，上市公司胜诉的案件有 7 件，败诉的案件有 39 件，胜诉率约为 15.22%，高于总体胜诉率（见图 2－23－9）。

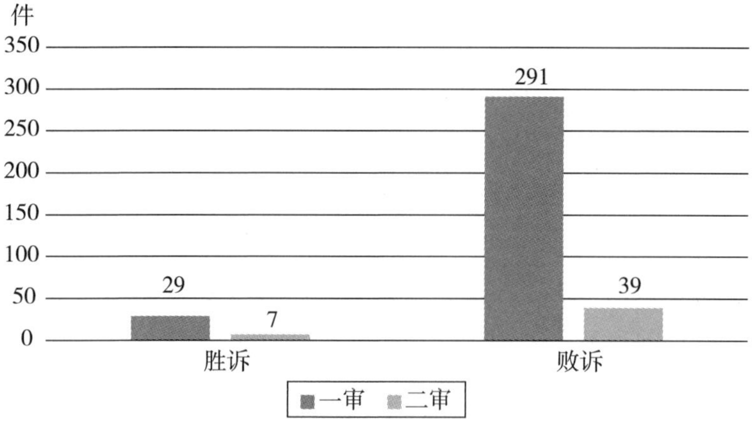

图 2－23－9　电信、广播电视和卫星传输服务业上市公司胜诉情况与诉讼阶段交叉分布情况

第二十四节　互联网和信息技术相关服务业

一、互联网和信息技术相关服务业上市公司概况

互联网是一种服务性工具，其能够与产业相结合，赋予产业一定的现代服务业属性。互联网和信息技术行业就是利用信息技术、直接参与互联网经营的行业，相关服务业即是指与互联网和信息技术相关的服务业务。根据我国国民经济行业分类，互联网和信息技术相关服务业属于信息传输、软件和信息技术服务业，同时其包括互联网和相关服务、软件和信息技术服务业两个小类。

2019 年第三季度我国互联网和信息技术相关服务业上市公司共计 204 家。从市场规模上来看，我国上市公司中互联网和信息技术相关服务业的整体规模较大，其数量仅占全部上市公司的约 5.48%，可见互联网和信息技术相关服务业在全国范围内具有较大市场影响力的企业数量较多。

二、互联网和信息技术相关服务业行业政策和法律风险新动向

（一）互联网和信息技术相关服务业行业政策新动向

为加快构建工业互联网安全保障体系，提升工业互联网安全保障能力，促进工业互联网高质量发展，推动现代化经济体系建设，2019 年 7 月 26 日工业和信息化部等十部门发布《加强工业互联网安全工作的指导意见》，要求：依法落实企业主体责任、政府履行监督管理责任，构建工业互联网安全管理体系，同时提升企业工业互联网安全防护水平、强化工业互联网数据安全保护能力、建设国家工业互联网安全技术手段、加强工业互联网安全公共服务能力以及推动工业互联网安全科技创新与产业发展。力图到 2020 年年底，工业互联网安全保障体系初步建立；到 2025 年，制度机制健全完善，技术手段能力显著提升，安全产业形成规模，基本建立起较为完备可靠的工业互联网安全保障体系。

教育部等八部门《关于引导规范教育移动互联网应用有序健康发展的意见》，要求从建立备案制度等多个方面提高供给质量、同时规范应用管理并健全监管体系、加强支撑保障。全面治理教育移动应用乱象，补齐监督短板，规范全生命周期管理，提高开发供给质量，营造优良发展生态，促进教育移动应用有序健康发展。力图在 2019 年年底，完成教育移动应用备案工作。开展教育移动应用专项治理行动，群众反映强烈的问题得到有效缓解。2020 年年底，建立健全教育移动应用管理制度、规范和标准，形成常态化的监管机制，初步建成科学高效的治理体系。

（二）互联网和信息技术相关服务业法律风险新动向

2019 年以来，国家发布了多个互联网和信息技术相关服务业领域的新规范，推进了一些新的法律制度，可能对互联网和信息技术相关服务业上市公司的生产经营活动产生影响，或者带来新的法律风险，具体包括：

1. 依法落实企业主体责任。工业和信息化部等十部门发布《加强工业互联网安全工作的指导意见》要求依法落实企业主体责任，同时提升企业工业互联网安全防护水平、强化工业互联网数据安全保护能力。互联网和信息技术相关服务业上市公司在从事本业务工作时，应该更加关注互联网本身的安全防护与数据安全保护，不然可能面临被追责的风险。

2. 网络平台泄露用户通信内容 500 条以上可入罪。《最高人民法院、最高人民检察院关于办理非法利用信息网络、帮助信息网络犯罪活动等刑事案件适用法律若干问题的解释》自 2019 年 11 月 1 日起施行，对拒不履行信息网络安全管理义务

罪的前提要件和入罪标准等作出明确规定。该行业的上市公司在进行正常的经营活动中要注意信息网络信息的合法性边界，自主维护信息网络的安全，不乱用自己因业务掌握的客户信息或协助他人非法使用互联网上的私密信息，维护网络平台安全。所以从事互联网和信息技术相关服务业等经营的上市公司应当注意避免以上法律风险，以免受到刑事处罚。

三、互联网和信息技术相关服务业上市公司诉讼情况统计

本书以互联网和信息技术相关服务业的204家上市公司为当事人检索案例，共收集2019年全国法院判决的各类司法判决书139份，作为统计分析的样本。

（一）案件类型分布

1. 诉讼类型

如表2-24-1所示，从案件诉讼类型上看，2019年互联网和信息技术相关服务业上市公司所涉及的139件案件中，126件为民事诉讼，13件为行政诉讼，刑事诉讼案件数量为0件。

表2-24-1 互联网和信息技术相关服务业上市公司案件诉讼类型

诉讼类型	案件数量(件)
民事诉讼	126
行政诉讼	13
刑事诉讼	0

2. 案由种类

如表2-24-2、表2-24-3所示，从案件案由种类上看，2019年互联网和信息技术相关服务业上市公司所涉及的139件案件中，民事诉讼有126件，行政诉讼案件数量为13件。民事诉讼案由大多数为合同纠纷，其中，买卖合同纠纷、服务合同纠纷、建设工程合同纠纷、借款合同纠纷的案件数量最多，分别为45件、18件、15件和9件。其他民事案由还包括承揽合同纠纷6件，机动车交通事故责任纠纷5件，著作权合同纠纷4件，著作权权属、侵权纠纷3件，租赁合同纠纷2件，票据纠纷2件，运输合同纠纷2件，专利权权属、侵权纠纷2件，保证合同纠纷2件，商标权权属、侵权纠纷1件，不当得利纠纷1件，确认合同效力纠纷1件，股权转让纠纷1件，证券欺诈责任纠纷1件，技术合同纠纷1件，劳动合同纠纷1件、招标投标买卖合同纠纷1件，证券回购合同纠纷1件，证券交易合同纠纷1件。13件行政诉讼的案由分别为，商标权申请驳回复审行政纠纷8件，商标权撤销复审行政纠纷1件，商标权

驳回复审行政纠纷 1 件，发明专利驳回复审行政纠纷 1 件，发明专利权无效行政纠纷 1 件以及工商行政确认 1 件。

特点：合同纠纷，尤其是买卖合同纠纷、服务合同纠纷、建设工程合同纠纷、借款合同纠纷的案件数量最多，行政纠纷大多和商标、专利侵权有关。

表 2－24－2 互联网和信息技术相关服务业上市公司案件案由（民事）

案　　由	案件数量（件）
买卖合同纠纷	45
服务合同纠纷	18
建设工程合同纠纷	15
借款合同纠纷	9
承揽合同纠纷	6
机动车交通事故责任纠纷	5
著作权合同纠纷	5
著作权权属、侵权纠纷	3
租赁合同纠纷	2
票据付款请求权纠纷	2
运输合同纠纷	2
专利权权属、侵权纠纷	2
保证合同纠纷	2
商标权权属、侵权纠纷	1
无因管理、不当得利纠纷	1
确认合同效力纠纷	1
股权转让纠纷	1
证券欺诈责任纠纷	1
技术合同纠纷	1
劳动合同纠纷	1
招标投标买卖合同纠纷	1
证券回购合同纠纷	1
证券交易合同纠纷	1

表 2－24－3 互联网和信息技术相关服务业上市公司案件案由（行政）

案　　由	案件数量（件）
商标权申请驳回复审行政纠纷	8
商标权撤销复审行政纠纷	1
商标权驳回复审行政纠纷	1
发明专利驳回复审行政纠纷	1
发明专利权无效行政纠纷	1
工伤行政确认纠纷	1

(二)案件审理程序

1. 诉讼阶段

从诉讼阶段上看,2019 年互联网和信息技术相关服务业上市公司所涉及的 139 件案件中,一审判决书 87 件,占比约为 62.59%;二审判决书 52 件,占比约为 37.41%(见图 2-24-1)。

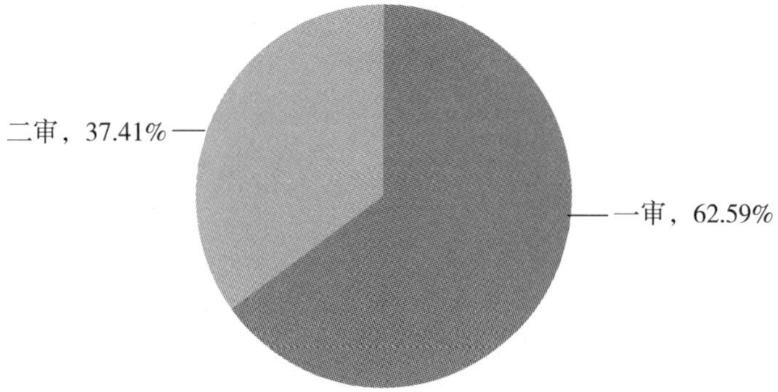

图 2-24-1　互联网和信息技术相关服务业上市公司案件诉讼阶段分布

2. 法院层级

如图 2-24-2 所示,从诉讼阶段上看,2019 年互联网和信息技术相关服务业上市公司所涉及的 139 件案件中,基层人民法院审结的案例 65 件,占比约为 46.76%;中级人民法院审结的案例 65 件,占比约为 46.76%;高级人民法院审结的案例 9 件,占比约为 6.48%;最高人民法院审结的案例 0 件,占比为 0%。

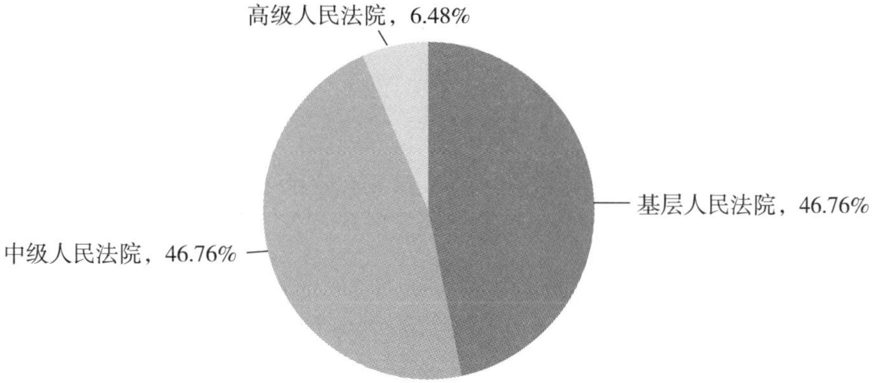

图 2-24-2　互联网和信息技术相关服务业上市公司案件审理法院层级分布

（三）上市公司诉讼地位

从上市公司的诉讼地位上看，2019 年互联网和信息技术相关服务业上市公司所涉及的 139 件案件中，上市公司作为原告的案例有 90 件，占比约为 64.75%；上市公司作为被告的案例有 49 件，占比约为 35.25%。可见，2019 年互联网和信息技术相关服务业上市公司的民事诉讼中，上市公司主动提起诉讼的情形较常见，少数情况下上市公司是作为应诉方被动地参与诉讼（见图 2－24－3）。

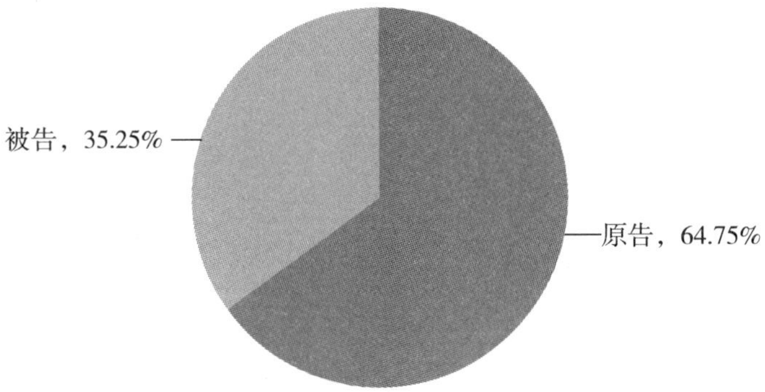

图 2－24－3　互联网和信息技术相关服务业上市公司诉讼地位总体分布

具体而言，在互联网和信息技术相关服务业上市公司所涉及的 87 件一审判决中，上市公司作为原告的案例有 62 件，上市公司作为被告的案例有 25 件，二者之间占比差别更为悬殊。可见，在一审程序中，互联网和信息技术相关服务业上市公司主动提起诉讼、发起诉讼程序情况较为常见（见图 2－24－4）。

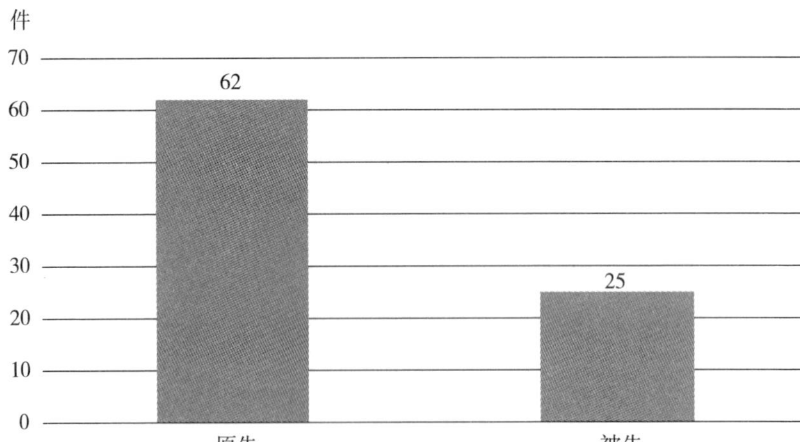

图 2－24－4　互联网和信息技术相关服务业上市公司一审程序诉讼地位分布

在互联网和信息技术相关服务业上市公司所涉及的 52 件二审判决中，上市公司作为上诉人的案例有 27 件，其中同时为原审原告的有 13 件，同时为原审被告的有 14 件；上市公司作为被上诉人的案例有 25 件，其中同时为原审原告的有 15 件，同时为原审被告的有 10 件。可见，在二审程序中，互联网和信息技术相关服务业上市公司主动提起上诉、继续诉讼程序的情况与被动参与后续诉讼的情况相差数量不多（见图 2－24－5）。

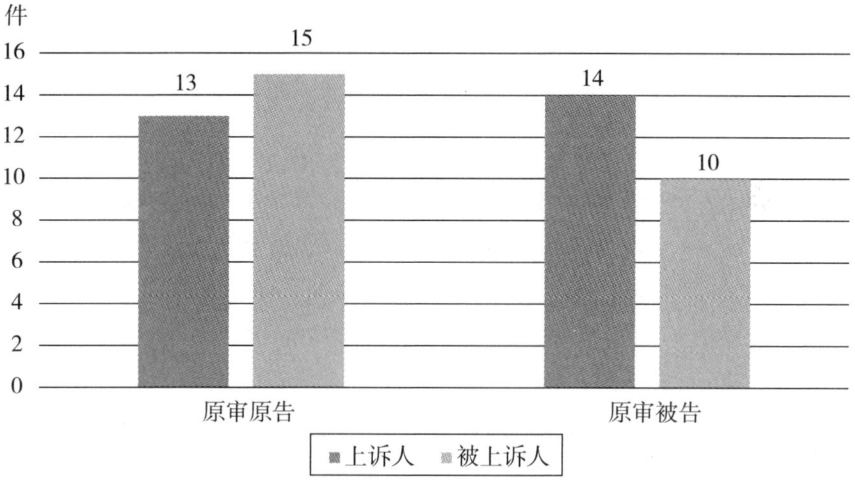

图 2－24－5　互联网和信息技术相关服务业上市公司二审程序诉讼地位分布

（四）诉讼标的额

从民事诉讼案件的标的额上看，2019 年互联网和信息技术相关服务业上市公司所涉及的案件中，可统计诉讼标的金额的案件数量为 120 件。其中，诉讼请求金额在 1 万元以下的案件数量为 4 件，超过 1 万元且 10 万元以下的案件数量为 16 件，超过 10 万元且 20 万元以下的案件数量为 9 件，超过 20 万元且 50 万元以下的案件数量为 23 件，超过 50 万元且 100 万元以下的案件数量为 13 件，超过 100 万元且 200 万元以下的案件数量为 13 件，超过 200 万元且 500 万元以下的案件数量为 19 件，超过 500 万元且 1000 万元以下的案件数量为 8 件，超过 1000 万元且 2000 万元以下的案件数量为 1 件，超过 2000 万元的案件数量为 14 件（见图 2－24－6）。

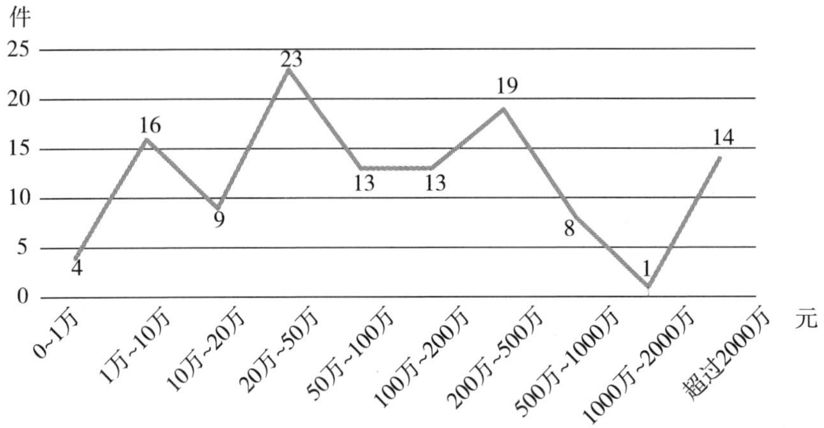

图 2－24－6　互联网和信息技术相关服务业上市公司诉讼标的额分布

如表 2－24－4 所示，具体来看，2019 年互联网和信息技术相关服务业上市公司所涉及的 139 件案件中，案件数量最集中的诉讼标的额在 20 万～50 万元区间之内，标的额平均值为 9,874,339.22 元，中位数为 671,061.00 元，标的额最大为 200,000,000.00元，最小为 2006.14 元。

表 2－24－4　互联网和信息技术相关服务业上市公司诉讼标的额

单位：元

总　　额	1,184,920,706.40
平均数	9,874,339.22
中位数	671,061.00
最大金额	200,000,000.00
最小金额	2006.14

（五）诉讼结果和胜诉率

从诉讼结果上看，2019 年互联网和信息技术相关服务业上市公司所涉及的 139 件案件中，上市公司胜诉的案例有 80 件，上市公司败诉的案例有 57 件，剩余 2 件案例的诉讼结果为驳回上诉。总体来看，互联网和信息技术相关服务业上市公司胜诉的案件数量占比约为 57.56%，如果排除驳回上诉的 2 件，则互联网和信息技术相关服务业上市公司的总体胜诉率约为 58.39%（见图 2－24－7）。

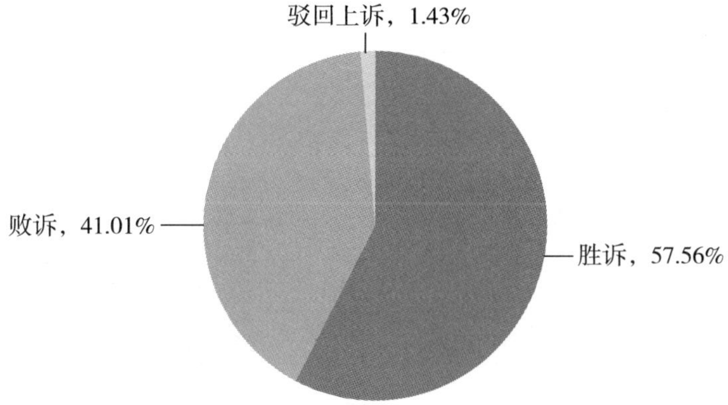

图 2-24-7 互联网和信息技术相关服务业上市公司诉讼结果占比

具体到不同的诉讼地位上，当互联网和信息技术相关服务业上市公司为原告时，其胜诉的案件有 69 件，败诉的案件有 21 件，胜诉率约为 76.67%，高于总体胜诉率。当互联网和信息技术相关服务业上市公司为被告时，其胜诉的案件有 11 件，败诉的案件有 36 件，胜诉率约为 23.40%，低于总体胜诉率(见图 2-24-8)。

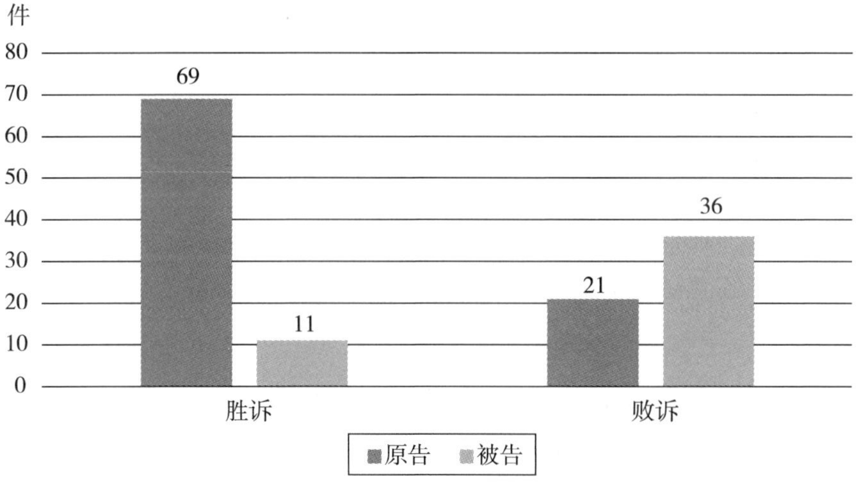

图 2-24-8 互联网和信息技术相关服务业上市公司胜诉情况与诉讼地位交叉分布情况

具体到不同的诉讼阶段上，在一审判决中，上市公司胜诉的案件有 52 件，败诉的案件有 35 件，胜诉率约为 59.77%，略高于总体胜诉率。在二审判决中，上市公司胜诉的案件有 28 件，败诉的案件有 22 件，胜诉率为 56.00%，略低于总体胜诉率(见图 2-24-9)。

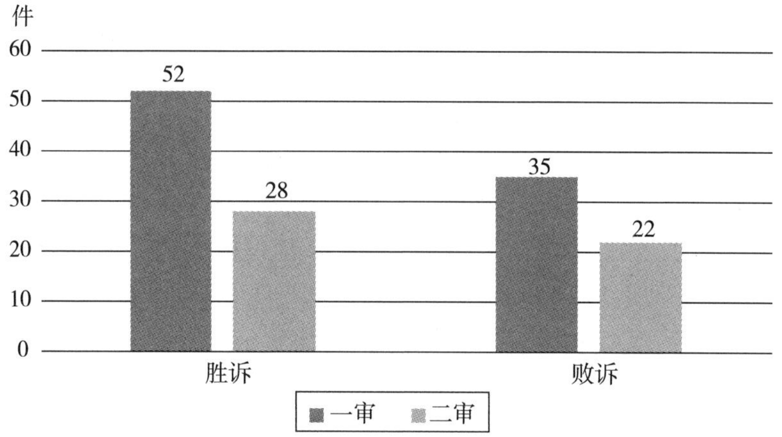

图 2－24－9　互联网和信息技术相关服务业上市公司胜诉情况与诉讼阶段交叉分布情况

第二十五节　金　融　业

一、金融业上市公司概况

金融是现代经济的核心，金融的运行很大程度上影响着我国经济的建设和社会的发展状况。金融业指的是经营金融商品的特殊行业。根据我国国民经济行业分类，金融业包括货币金融服务、资本市场服务、保险业、其他金融业四大类。

2019 年第三季度我国金融业上市公司共计 105 家。从市场规模上来看，我国上市公司中金融业的整体规模较大，其数量仅占全部上市公司的约 2.82%，可见金融业在全国范围内具有较大市场影响力的企业数量较少。

二、金融业行业政策和法律风险新动向

（一）金融业行业政策新动向

1. 2019 年 5 月 28 日财政部、税务总局发布《关于保险企业手续费及佣金支出税前扣除政策的公告》指出：自 2019 年 1 月 1 日起，(1) 保险企业发生与其经营活动有关的手续费及佣金支出，不超过当年全部保费收入扣除退保金等后余额的 18%（含本数）的部分，在计算应纳税所得额时准予扣除；超过部分，允许结转以后年度扣除。(2) 保险企业发生的手续费及佣金支出税前扣除的其他事项继续按照财政部、国家税务总局《关于企业手续费及佣金支出税前扣除政策的通知》（财税〔2009〕

29 号）中第 2 条至第 5 条相关规定处理。保险企业应建立健全手续费及佣金的相关管理制度，并加强手续费及佣金结转扣除的台账管理。

2. 2019 年 6 月 10 日中共中央办公厅、国务院办公厅印发《关于做好地方政府专项债券发行及项目配套融资工作的通知》要求支持做好专项债券项目融资工作、进一步完善专项债券管理及配套措施、依法合规推进重大项目融资并加强相关组织保障。

3. 为进一步落实国务院“放管服”工作部署，推动资产支持计划业务发展，提高监管效率和透明程度，根据《保险资金运用管理办法》等相关规定，中国银保监会办公厅发布《关于资产支持计划注册有关事项的通知》，决定对保险资产管理机构首单资产支持计划之后发行的支持计划实行注册制管理，由中保保险资产登记交易系统有限公司具体办理。

4.《自由贸易试验区外商投资准入特别管理措施（负面清单）（2019 年版）》《外商投资准入特别管理措施（负面清单）（2019 年版）》指出：证券公司的外资股比不超过 51%，证券投资基金管理公司的外资股比不超过 51%（2021 年取消外资股比限制）；期货公司的外资股比不超过 51%（2021 年取消外资股比限制）；寿险公司的外资股比不超过 51%（2021 年取消外资股比限制）。

5. 国家发展改革委办公厅《关于对房地产企业发行外债申请备案登记有关要求的通知》，要求：房地产企业发行外债只能用于置换未来一年内到期的中长期境外债务；房地产企业在外债备案登记申请材料中要列明拟置换境外债务的详细信息，包括债务规模、期限情况、经我委备案登记情况等，并提交《企业发行外债真实性承诺函》；房地产企业发行外债要加强信息披露，在募集说明书等文件中需明确资金用途等情况；房地产企业应制定发行外债总体计划，统筹考虑汇率、利率、币种及企业资产负债结构等因素，稳妥选择融资工具，灵活运用货币互换、利率互换、远期外汇买卖、期权、掉期等金融产品，合理持有外汇头寸，保持境内母公司外债与境外分支机构外债、人民币外债与外币外债、短期外债与中长期外债、内债与外债合理比例，有效防控外债风险。

6. 2019 年 8 月 6 日中国银保监会、国家知识产权局、国家版权局《关于进一步加强知识产权质押融资工作的通知》指出各银保监局、各类银行、资产管理公司、保险集团公司等要优化知识产权质押融资服务体系、加强知识产权质押融资服务创新、健全知识产权质押融资风险管理以及完善知识产权质押融资保障工作。

7. 2019 年 9 月 12 日为认真贯彻落实习近平总书记在民营企业座谈会上的重要讲话精神，落实《中华人民共和国中小企业促进法》和《关于加强金融服务民营企业的若干意见》《关于促进中小企业健康发展的指导意见》等法律、政策文件要求，按照党中央、国务院关于解决中小微企业融资难融资贵问题的一系列具体部署，国家发展改革委、银保监会联合印发《关于深入开展"信易贷"支持中小微企业融资的通知》。该通知从信息归集共享、信用评价体系、"信易贷"产品创新、风险处置机制、地方支持政策、管理考核激励等方面提出具体措施，破解银企信息不对称难题，督促和引导金融机构加大对中小微企业信用贷款的支持力度，缓解中小微企业融资难融资贵问题，提高金融服务实体经济质效。

8. 国务院《关于进一步做好利用外资工作的意见》要求加快金融业开放进程。全面取消在华外资银行、证券公司、基金管理公司等金融机构业务范围限制，丰富市场供给，增强市场活力。减少外国投资者投资设立银行业、保险业机构和开展相关业务的数量型准入条件，取消外国银行来华设立外资法人银行、分行的总资产要求，取消外国保险经纪公司在华经营保险经纪业务的经营年限、总资产要求。扩大投资入股外资银行和外资保险机构的股东范围，取消中外合资银行中方唯一或主要股东必须是金融机构的要求，允许外国保险集团公司投资设立保险类机构。继续支持按照内外资一致的原则办理外资保险公司及其分支机构设立及变更等行政许可事项。2020 年取消证券公司、证券投资基金管理公司、期货公司、寿险公司外资持股比例不超过 51% 的限制。

9. 2019 年 12 月 20 日为进一步规范金融营销宣传行为，支持打好防范化解重大金融风险攻坚战，切实保护广大金融消费者合法权益，中国人民银行、中国银行保险监督管理委员会、中国证券监督管理委员会和国家外汇管理局联合制定并发布《关于进一步规范金融营销宣传行为的通知》，自 2020 年 1 月 25 日起施行。该通知主要内容包括：一是明确金融营销宣传资质要求，市场经营主体须在取得相应金融业务经营资质的前提下方可自行开展或委托他人开展金融营销宣传活动；二是明确监管部门职责，国务院金融管理部门及其分支机构或派出机构应当按照法定职责分工切实做好金融营销宣传行为监督管理工作，并与地方政府相关部门加强合作，推动落实对本辖区内金融营销宣传行为及涉及金融的非法营销宣传活动的监管职责；三是明确金融营销宣传行为规范，在金融营销宣传规范管理和行为要求等方面对金融产品或金融服务经营者提出具体要求；四是明确对违法违规金融营销宣传活动将采取相应监管措施，并明确《通知》的生效时间和其他相关规定。

10. 修订后的《证券法》自 2020 年 3 月 1 日起施行，国家发展改革委发布《关于企业债券发行实施注册制有关事项的通知》规定：企业债券发行全面施行注册制、明确了企业债券发行条件、强化信息披露要求和中介机构责任、落实省级发展改革部门监管职责、要求加强与有关部门的协调配合并稳妥做好新旧制度衔接。证监会办公厅也发布了《关于公开发行公司债券实施注册制有关事项的通知》。

还有财政部、证监会《关于认可英国会计师事务所从事沪伦通中国存托凭证相关审计业务有关事项的通知》;国家发展改革委《关于进一步降低中国人民银行征信中心服务收费标准的通知》;财政部、税务总局《关于金融企业涉农贷款和中小企业贷款损失准备金税前扣除有关政策的公告》;财政部等五部门印发《关于全面推开划转部分国有资本充实社保基金工作的通知》;国家税务总局、中国银行保险监督管理委员会《关于深化和规范"银税互动"工作的通知》;中国银保监会关于印发《关于商业银行资本工具创新的指导意见(修订)》的通知;财政部《关于进一步明确国有金融企业增资扩股股权管理有关问题的通知》;中国银保监会《关于落实〈健康保险管理办法〉做好产品过渡有关问题的通知》;国家外汇管理局《关于废止和失效 5 件外汇管理规范性文件及 7 件外汇管理规范性文件条款的通知》;国家外汇管理局关于修订《个人本外币兑换特许业务试点管理办法》的通知;中国银保监会办公厅《关于优化银行业金融机构分支机构变更营业场所事项的通知》等政策文件需要金融业上市公司熟知。

(二)金融业法律风险新动向

2019 年以来,国家发布了多个金融业领域的新规范,可能对金融业上市公司的生产经营活动产生影响,或者带来新的法律风险,具体包括:

1. 为规范存托凭证跨境资金管理,中国人民银行、外汇局制定《存托凭证跨境资金管理办法(试行)》。存托凭证,包括境外基础证券发行人在中国境内发行的存托凭证,以及境内企业在境外发行的存托凭证。该办法从存托凭证发行资金管理、存托凭证跨境转换资金管理、存托凭证存托资金管理、统计与监督管理几个方面对存托凭证进行规定。

2. 为规范和加强农业相关转移支付资金使用管理,建立健全激励和约束机制,提高财政资金使用效益,财政部、农业农村部《关于印发〈农业相关转移支付资金绩效管理办法〉的通知》指出:本办法所称农业相关转移支付资金绩效管理,是指县级以上财政部门和农业农村主管部门对中央财政预算安排的农业相关转移支付资金设定、审核、下达、调整和应用绩效目标,对绩效目标运行情况进行跟踪监控管理,对支出的经济性、效率性、效益性、公平性、规范性进行客观、公正的评价,并对评价结果予以应用的全过程绩效管理工作。并从绩效目标设定、审核与监控、绩效评价与结果运用、组织实施几个方面做出具体规定。

3. 为进一步加强保险机构投资集合资金信托业务管理，规范投资行为，防范资金运用风险，根据《关于规范金融机构资产管理业务的指导意见》的精神，银保监会于近日修订并发布了《中国银保监会办公厅关于保险资金投资集合资金信托有关事项的通知》（以下简称《通知》）。《通知》由原来的 8 条增加为 19 条，保留了保险机构投资资金信托的决策授权机制、专业责任人资质、基础资产范围、法律风险、投后管理、信息报送、行业自律管理等要求；调整了信托公司条件、信托信用等级、关联交易、责任追究等内容；新增了禁止将信托作为通道、强化信托公司主动管理责任、对底层资产进行穿透、加强投资者适当性管理、设置投资比例限制以及信用增级安排和免增信条件等要求。同时，扩大"保信"合作范围，有利于为保险机构和信托公司营造良好的公平竞争环境；明确保险资金去通道、去嵌套的监管导向，有利于限制不合理、不合规的投资业务开展；明确保险资金投资信托的信用增级安排不得由金融机构提供，有利于打破金融机构刚性兑付；明确基础资产投资范围，有利于进一步发挥信托公司在非标资产方面积累的行业优势，引导保险资金更多地流入实体经济。同时，《通知》实行"新老划断"，有利于维持机构必要的流动性和市场稳定，确保制度平稳过渡。

4. 为依法惩治证券、期货犯罪，维护证券、期货市场管理秩序，促进证券、期货市场稳定健康发展，保护投资者合法权益，根据《刑法》《刑事诉讼法》的规定，最高人民法院、最高人民检察院发布《关于办理操纵证券、期货市场刑事案件适用法律若干问题的解释》。

5. 中国银保监会根据《保险法》和《外资保险公司管理条例》，制定《外资保险公司管理条例实施细则》，其中所称外国保险公司，是指在中国境外注册、经营保险业务的保险公司。

6. 根据《关于规范金融机构资产管理业务的指导意见》《商业银行理财业务监督管理办法》《商业银行理财子公司管理办法》等相关规定，银保监会制定了《商业银行理财子公司净资本管理办法（试行）》，自 2020 年 3 月 1 日起施行。

三、金融业上市公司诉讼情况统计

本书以金融业的 105 家上市公司为当事人检索案例，共收集 2019 年全国法院判决的各类司法判决书 102 份，作为统计分析的样本。

（一）案件类型分布

1. 诉讼类型

如表 2－25－1 所示，从案件诉讼类型上看，2019 年金融业上市公司所涉及的

102 件案件中,全部都是民事诉讼案件,没有行政案件以及刑事案件。

表 2－25－1　金融业上市公司案件诉讼类型

案件类型	案件数量(件)
民事诉讼	102
行政诉讼	0
刑事诉讼	0

2. 案由种类

如表 2－25－2 所示,从案件案由种类上看,2019 年金融业上市公司所涉及 102 件民事案件中,关于借款合同纠纷案件数量最多为 57 件,其次,保证合同纠纷案件数量为 14 件,委托理财合同纠纷案件数量为 10 件,抵押合同纠纷案件数量为 7 件,质押合同纠纷案件数量为 6 件,买卖合同纠纷案件数量为 5 件,票据利益返还请求权纠纷案件数量为 3 件。

特点:民事案件主要为合同方面的纠纷,最常见的是借款合同纠纷以及保证合同纠纷,其他还有委托理财合同纠纷、担保物权合同纠纷、买卖合同纠纷等。

表 2－25－2　金融业上市公司案件案由

案　　由	案件数量(件)
借款合同纠纷	57
保证合同纠纷	14
委托理财合同纠纷	10
抵押合同纠纷	7
质押合同纠纷	6
买卖合同纠纷	5
票据利益返还请求权纠纷	3

(二)案件审理程序

1. 诉讼阶段

从诉讼阶段上看,2019 年金融业上市公司所涉及的 102 件案件中,一审判决书 68 件,占比约为 66.67%;二审判决书 34 件,占比约为 33.33%;再审判决书 0 件(见图 2－25－1)。

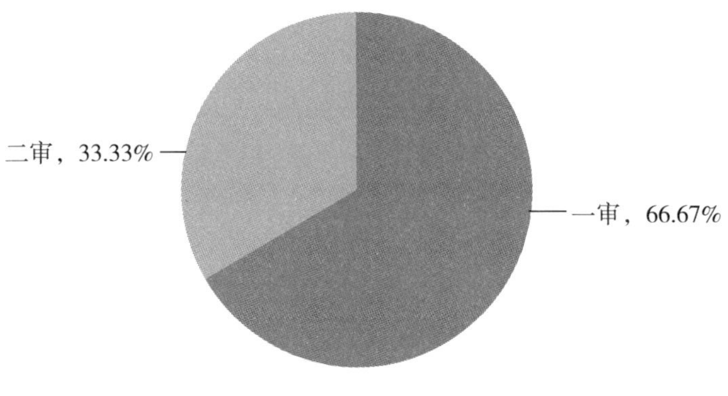

图 2－25－1　金融业上市公司案件诉讼阶段分布

2. 法院层级

如图 2－25－2 所示，从诉讼阶段上看，2019 年金融业上市公司所涉及的 102 件案件中，基层人民法院审结的案例 72 件，占比约为 70.59%；中级人民法院审结的案例 24 件，占比约为 23.53%；高级人民法院审结的案例 6 件，占比约为 5.88%；最高人民法院审结的案例 0 件。

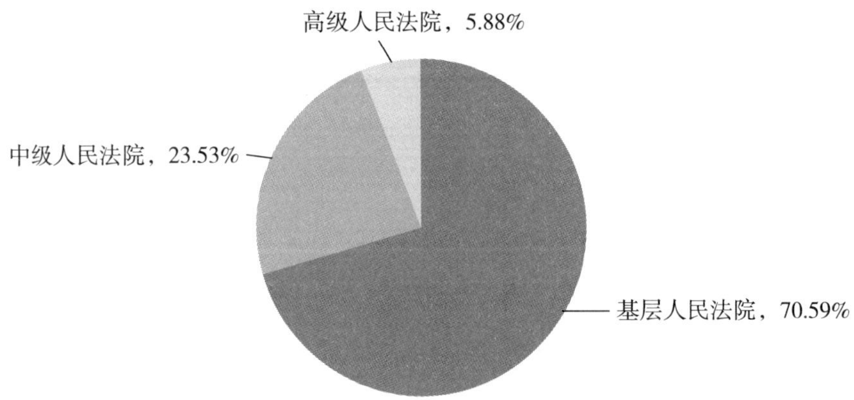

图 2－25－2　金融业上市公司案件审理法院层级分布

（三）上市公司诉讼地位

从上市公司的诉讼地位上看，2019 年金融业上市公司所涉及的 102 件案件中，上市公司作为原告的案例有 55 件，占比约为 53.92%；上市公司作为被告的案例有 47 件，占比约为 46.08%。可见，2019 年的金融业，上市公司作为原告的案件整体比作为被告的多，但是二者数量相差不大（见图 2－25－3）。

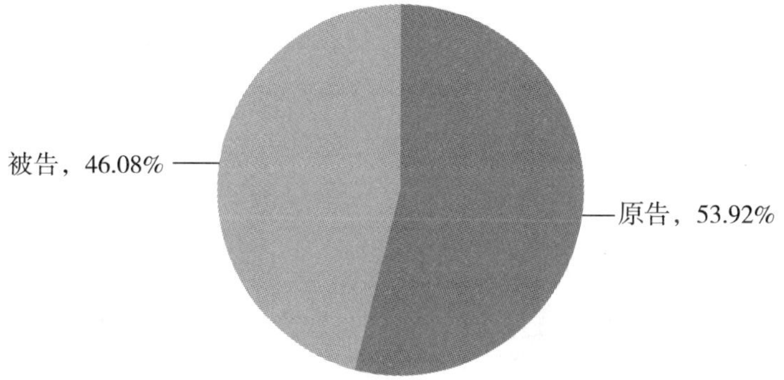

图 2-25-3　金融业上市公司诉讼地位整体分布

具体而言,在金融业上市公司所涉及的 68 件一审判决中,上市公司作为原告的案例有 38 件,上市公司作为被告的案例有 30 件,二者之间数量相差为 8 件(见图 2-25-4)。

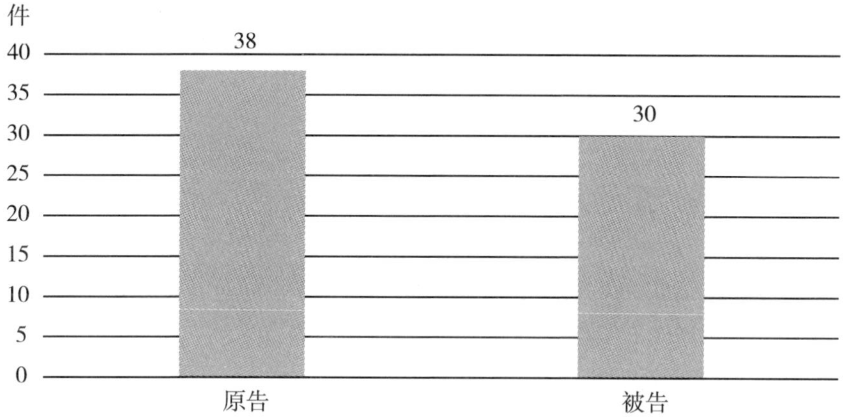

图 2-25-4　金融业上市公司一审程序诉讼地位分布

在金融业上市公司所涉及的 34 件二审判决中,上市公司作为上诉人的案例有 14 件,其中同时为原审原告的有 5 件,同时为原审被告的有 9 件;上市公司作为被上诉人的案例有 20 件,其中同时为原审原告的有 12 件,同时为原审被告的有 8 件。可见,在二审程序中,金融业上市公司作为被上诉人,被动继续参加诉讼的情形较为常见,而且,在二审程序中金融业上市公司作为原审原告的案件数量和作为原审被告的数量一样。由此可以得出,原审作为被告的上市公司一般会主动提起上诉,继续诉讼,而原审作为原告的上市公司一般会作为被上诉人被动继续参加诉讼(见图 2-25-5)。

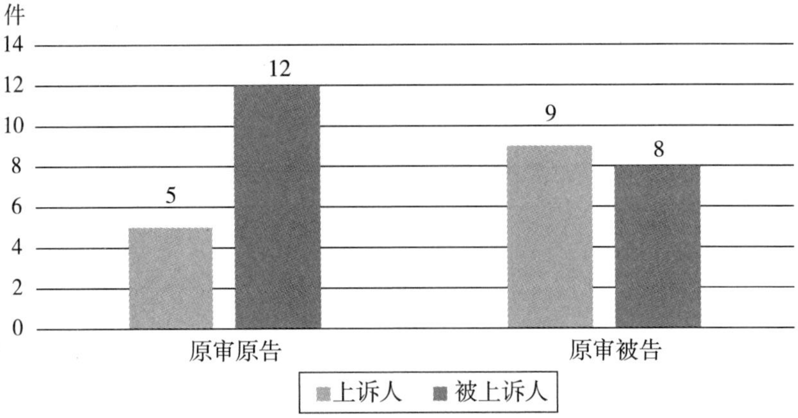

图 2－25－5　金融业上市公司二审程序诉讼地位分布

（四）诉讼标的额

从民事诉讼案件的标的额上看，2019 年金融业上市公司所涉及的民事案件中，可统计诉讼标的金额的案件总数为 99 件，其中诉讼请求金额在 1 万元以下的案件数量为 1 件，超过 1 万元且 10 万元以下的案件数量为 4 件，超过 10 万元且 20 万元以下的案件数量为 3 件，超过 20 万元且 50 万元以下的案件数量为 4 件，超过 50 万元且 100 万元以下的案件数量为 8 件，超过 100 万元且 200 万元以下的案件数量为 8 件，超过 200 万元且 500 万元以下的案件数量为 10 件，超过 500 万元且 1000 万元以下的案件数量为 12 件，超过 1000 万元且 2000 万元以下的案件数量为 28 件，超过 2000 万元的案件数量为 21 件（见图 2－25－6）。

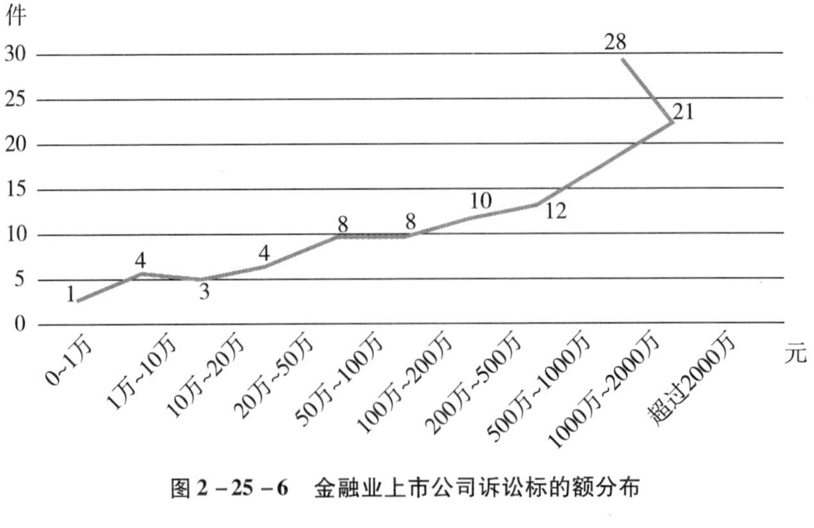

图 2－25－6　金融业上市公司诉讼标的额分布

如表 2－25－3 所示，具体来看，2019 年金融业上市公司所涉及的 102 件民事案件中，案件数量最集中的诉讼标的额在 1000 万～2000 万元区间之内，标的额平均值为 29,871,213.21元，中位数为 11,209,291.00 元，标的额最大为 1,153,413,641.87 元，最小为 18.96 元。

表 2－25－3　金融业上市公司诉讼标的额

单位：元

总　　额	2,957,250,107.79
平均数	29,871,213.21
中位数	11,209,291.00
最大金额	1,153,413,641.87
最小金额	18.96

（五）诉讼结果和胜诉率

从诉讼结果上看，2019 年金融业上市公司所涉及的 102 件案件中，上市公司胜诉的案例有 41 件，上市公司败诉的案例有 58 件，上市公司撤诉的有 0 件，驳回上诉的有 3 件。总体来看，金融业上市公司胜诉的案件数量占比约为 40.20%，败诉占比约为56.86%，如果排除撤诉和被驳回上诉的情形，则金融业上市公司的总体胜诉率约为 41.41%（见图 2－25－7）。

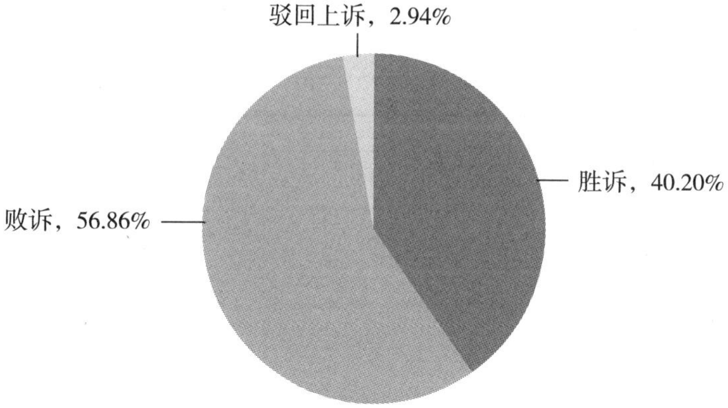

图 2－25－7　金融业上市公司诉讼结果占比

具体到不同的诉讼地位上，当金融业上市公司为原告时，其胜诉的案件 24 件，败诉的案件有 20 件，胜诉率约为 54.55%，高于总体胜诉率。当金融业上市公司为被告时，其胜诉的案件有 17 件，败诉的案件有 38 件，胜诉率约为 30.91%，低于总体胜诉率（见图 2－25－8）。

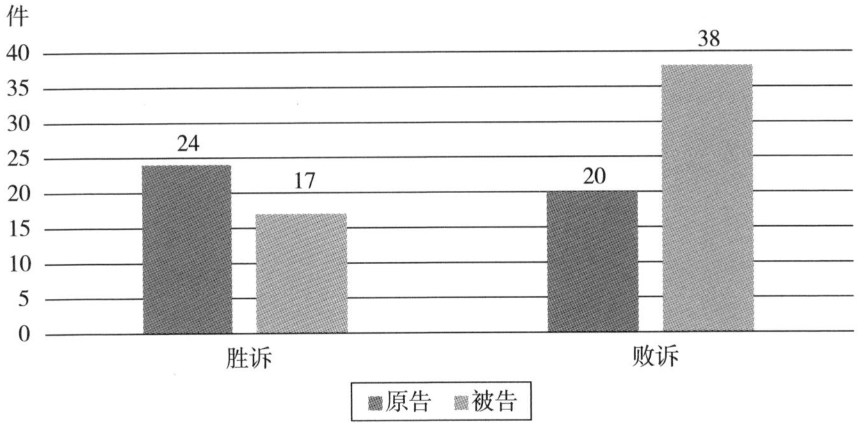

图 2-25-8　金融业上市公司诉讼情况与诉讼地位交叉分布情况

具体到不同的诉讼阶段上，在一审判决中，上市公司胜诉的案件有 35 件，败诉的案件有 33 件，胜诉率约为 51.47%，高于总体胜诉率。在二审判决中，上市公司胜诉的案件有 6 件，败诉的案件有 25 件，胜诉率约为 19.35%，低于总体胜诉率（见图 2-25-9）。

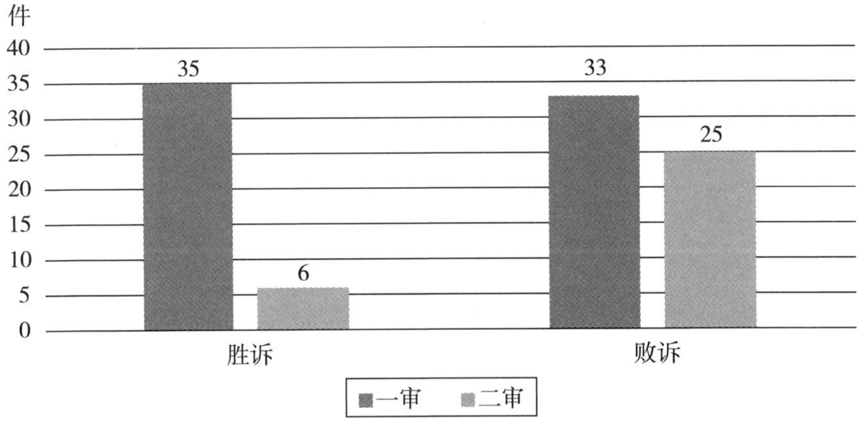

图 2-25-9　金融业上市公司诉讼情况与诉讼阶段交叉分布情况

第二十六节　房 地 产 业

一、房地产业上市公司概况

房地产业是为人类的社会生产活动提供入住空间或物质载体的产业。根据我国国民经济行业分类,房地产业包括房地产开发经营、物业管理、房地产中介服务、房地产租赁经营和其他房地产业。

2019年第三季度我国房地产业上市公司共计130家。从市场规模上来看,我国上市公司中房地产业的整体规模较小,其数量仅占全部上市公司的约3.49%,可见房地产业在全国范围内具有较大市场影响力的企业数量少。

二、房地产业行业政策和法律风险新动向

(一)房地产业行业政策新动向

2020年1月20日,财政部、税务总局发布《关于明确国有农用地出租等增值税政策的公告》指出房地产开发企业中的一般纳税人购入未完工的房地产老项目继续开发后,以自己名义立项销售的不动产,属于房地产老项目,可以选择适用简易计税方法按照5%的征收率计算缴纳增值税。

2019年9月15日,住房城乡建设部发布《关于完善质量保障体系提升建筑工程品质的指导意见》要求强化各方责任,健全支撑体系,同时改革工程建设组织模式、完善招标投标制度、推行工程担保与保险、加强工程设计建造管理、推行绿色建造方式、支持既有建筑合理保留利用。

为坚决贯彻落实“房子是用来住的,不是用来炒的”定位和房地产市场长效管理机制,在改革完善贷款市场报价利率(LPR)形成机制过程中,确保区域差别化住房信贷政策有效实施,保持个人住房贷款利率水平基本稳定,维护借贷双方合法权益,中国人民银行公告明确个人住房贷款利率调整事项。

2019年7月9日,国家发展改革委办公厅发布《关于对房地产企业发行外债申请备案登记有关要求的通知》要求:一、房地产企业发行外债只能用于置换未来一年内到期的中长期境外债务。二、房地产企业在外债备案登记申请材料中要列明拟置换境外债务的详细信息,包括债务规模、期限情况、经我委备案登记情况等,并提交《企业发行外债真实性承诺函》。三、房地产企业发行外债要加强信息披露,在募集说明书等文件中需明确资金用途等情况。四、房地产企业应制定发行外债总体计划,统筹考虑汇率、利率、币种及企业资产负债结构等因素,稳妥选择融资工具,灵活运用货币互换、利率互换、远期外汇买卖、期权、掉期等金融产品,合理持有外汇头寸,保持境内母公司外债与境外分支机构外债、人民币外债与外币外债、短期外债与中长期外债、内债与外债合理比例,有效防控外债风险。

2019年3月13日,国务院办公厅《关于全面开展工程建设项目审批制度改革的实施意见》指出,要统一审批流程,精简审批环节、规范审批事项、合理划分审批

阶段、分类制定审批流程、实行联合审图和联合验收、推行区域评估；统一信息数据平台，建立完善工程建设项目审批管理系统；同时统一审批管理体系，统一监管方式并加强组织实施。

另外，还有市场监管总局办公厅、住房和城乡建设部办公厅、应急管理部办公厅《关于进一步加强安全帽等特种劳动防护用品监督管理工作的通知》；住房和城乡建设部办公厅《关于建筑施工企业安全生产许可证等证书电子化的意见》；住房和城乡建设部、国家发展改革委、财政部、自然资源部《关于进一步规范发展公租房的意见》；国家税务总局《关于优化房地产交易办税方式的公告》；市场监管总局、住房和城乡建设部《关于加强民用"三表"管理的指导意见》等政策通知。

（二）房地产业法律风险新动向

住房城乡建设部《关于完善质量保障体系提升建筑工程品质的指导意见》要求完善招标投标制度：完善招标人决策机制，进一步落实招标人自主权，在评标定标环节探索建立能够更好满足项目需求的制度机制。简化招标投标程序，推行电子招标投标和异地远程评标，严格评标专家管理。强化招标主体责任追溯，扩大信用信息在招标投标环节的规范应用。严厉打击围标、串标和虚假招标等违法行为，强化标后合同履约监管。同时严格监管执法：加大建筑工程质量责任追究力度，强化工程质量终身责任落实，对违反有关规定、造成工程质量事故和严重质量问题的单位和个人依法严肃查处曝光，加大资质资格、从业限制等方面处罚力度。强化个人执业资格管理，对存在证书挂靠等违法违规行为的注册执业人员，依法给予暂扣、吊销资格证书直至终身禁止执业的处罚。此项通知和相关制度可能会对房地产业上市公司的生产经营活动产生影响，上市公司应严格遵守相关规范，避免相应法律风险。

三、房地产业上市公司诉讼情况统计

本书以房地产业的 130 家上市公司为当事人检索案例，共收集 2019 年全国法院判决的各类司法判决书 123 份，作为统计分析的样本。

（一）案件类型分布

1. 诉讼类型

如表 2－26－1 所示，从案件诉讼类型上看，2019 年房地产业上市公司所涉及的 123 件案件中，全部为民事诉讼，行政诉讼和刑事诉讼案件数量为 0 件。

表 2－26－1　房地产业上市公司案件诉讼类型

诉讼类型	案件数量(件)
民事诉讼	123
行政诉讼	0
刑事诉讼	0

2. 案由种类

如表 2－26－2 所示,从案件案由种类上看,2019 年房地产业上市公司所涉及的 123 件案件中,民事案件案由多为合同纠纷,除此之外,其他案由还包括证券虚假陈述责任纠纷、名誉权纠纷、股权转让纠纷、侵权责任纠纷等。

表 2－26－2　房地产业上市公司案件案由

案　　由	案件数量(件)
房屋买卖合同纠纷	70
买卖合同纠纷	8
租赁合同纠纷	8
委托合同纠纷	4
其他合同纠纷	4
借款合同纠纷	4
确认合同效力纠纷	3
居间合同纠纷	3
证券欺诈责任纠纷	3
建设工程合同纠纷	2
劳动合同纠纷	2
名誉权纠纷	2
股权转让纠纷	2
商标权权属、侵权纠纷	1
联营合同纠纷	1
其他侵权责任纠纷	1

续表

案　　由	案件数量(件)
生命权、健康权、身体权纠纷	1
证券交易合同纠纷	1
财产保险合同纠纷	1
著作权权属、侵权纠纷	1
对外追收债权纠纷	1

(二)案件审理程序

1. 诉讼阶段

从诉讼阶段上看,2019 年房地产业上市公司所涉及的 123 件案件中,一审判决书 89 件,占比约为 72.36%;二审判决书 34 件,占比约为 27.64%(见图 2－26－1)。

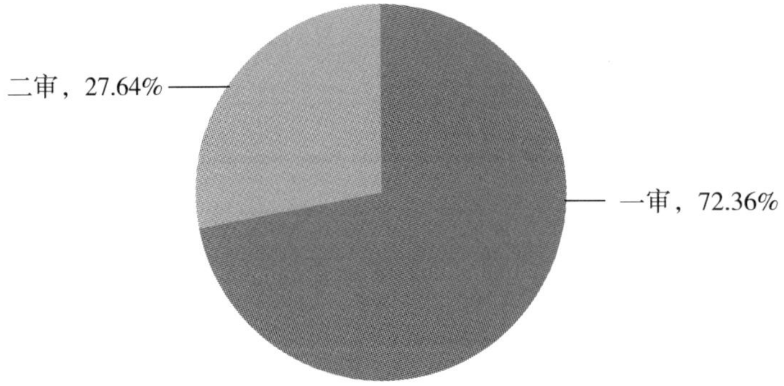

图 2－26－1　房地产业上市公司案件诉讼阶段分布

2. 法院层级

如图 2－26－2 所示,从诉讼阶段上看,2019 年房地产业上市公司所涉及的 123 件案件中,基层人民法院审结的案例 83 件,占比约为 67.48%;中级人民法院审结的案例 37 件,占比约为 30.08%;高级人民法院审结的案例 2 件,占比约为 1.63%;最高人民法院审结的案例 1 件,占比约为 0.81%。

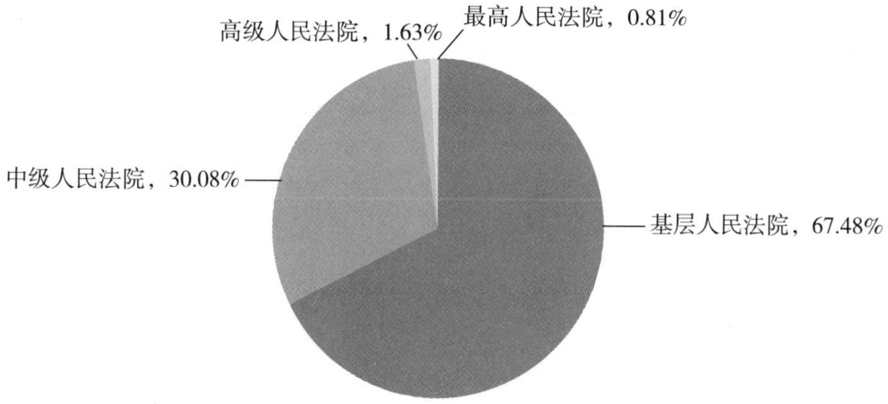

图 2－26－2　房地产业上市公司案件审理法院层级分布

（三）上市公司诉讼地位

从上市公司的诉讼地位上看，2019 年房地产业上市公司所涉及的 123 件案件中，上市公司作为原告的案例有 24 件，占比约为 19.51%；上市公司作为被告的案例有 99 件，占比约为 80.49%。可见，2019 年房地产业上市公司的民事诉讼中，上市公司主动提起诉讼的情形少，大多数情况下上市公司是作为应诉方被动地参与诉讼（见图 2－26－3）。

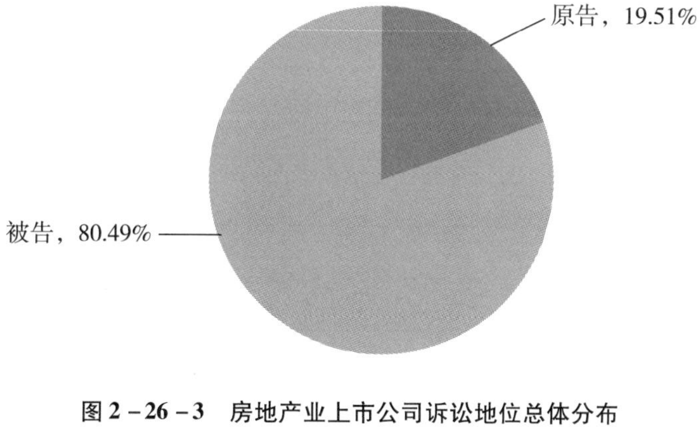

图 2－26－3　房地产业上市公司诉讼地位总体分布

具体而言，在房地产业上市公司所涉及的 89 件一审判决中，上市公司作为原告的案例有 15 件，上市公司作为被告的案例有 74 件。可见，在一审程序中，房地产业上市公司主动提起诉讼、发起诉讼程序情况较为少见（见图 2－26－4）。

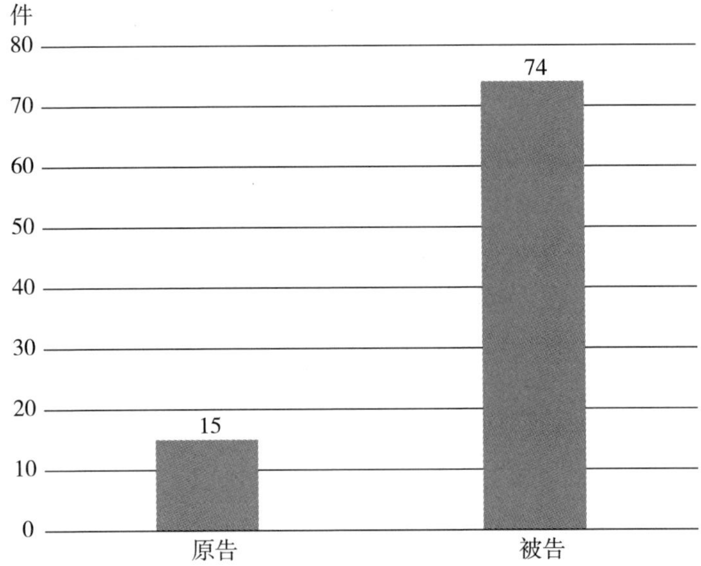

图 2－26－4　房地产业上市公司一审程序诉讼地位分布

在房地产业上市公司所涉及的 34 件二审判决中，上市公司作为上诉人的案例有 14 件，其中同时为原审原告的有 6 件，同时为原审被告的有 8 件；上市公司作为被上诉人的案例 20 件，其中同时为原审原告的有 3 件，同时为原审被告的有 17 件。可见，在二审程序中，房地产业上市公司被动应诉的情况较为多见（见图 2－26－5）。

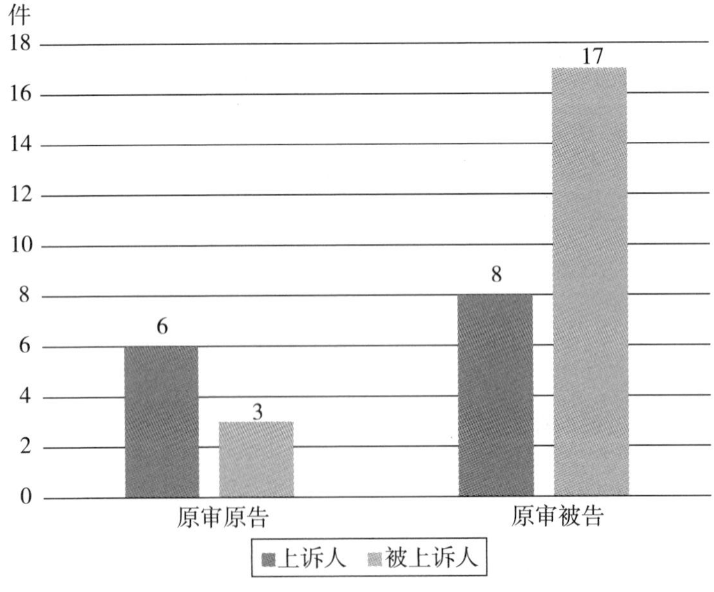

图 2－26－5　房地产业上市公司二审程序诉讼地位分布

(四)诉讼标的额

除去9件案件驳回上诉、4件确认之诉、7件行为之诉外,从民事诉讼案件的标的额上看,2019年房地产业上市公司所涉及103件民事案件中,诉讼请求金额在1万元以下的案件数量为2件,超过1万元且10万元以下的案件数量为45件,超过10万元且20万元以下的案件数量为17件,超过20万元且50万元以下的案件数量为13件,超过50万元且100万元以下的案件数量为6件,超过100万元且200万元以下的案件数量为4件,超过200万元且500万元以下的案件数量为5件,超过500万元且1000万元以下的案件数量为1件,超过1000万元且2000万元以下的案件数量为3件,超过2000万元的案件数量为7件(见图2-26-6)。

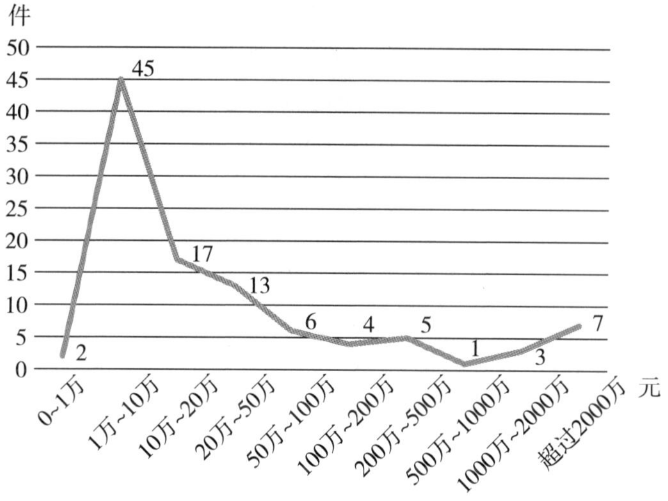

图2-26-6 房地产业上市公司诉讼标的额分布

如表2-26-3所示,具体来看,2019年房地产业上市公司所涉及的案件中,案件数量最集中的诉讼标的额在1万~10万元区间之内,标的额平均值为9,433,560.95元,中位数为151,000.00元,标的额最大为300,640,972.2元,最小为5613.25元。

表2-26-3 房地产业上市公司诉讼标的额

单位:元

总　　额	971,656,778.10
平均数	9,433,560.95
中位数	151,000.00
最大金额	300,640,972.20
最小金额	5613.25

（五）诉讼结果和胜诉率

从诉讼结果上看，2019 年房地产业上市公司所涉及的 123 件案件中，上市公司胜诉的案例有 76 件，上市公司败诉的案例有 38 件，剩余 9 件案例的诉讼结果为驳回上诉。总体来看，房地产业上市公司胜诉的案件数量占比约为 61.79%，如果排除撤诉的情形，则房地产业上市公司的总体胜诉率约为 66.67%（见图 2－26－7）。

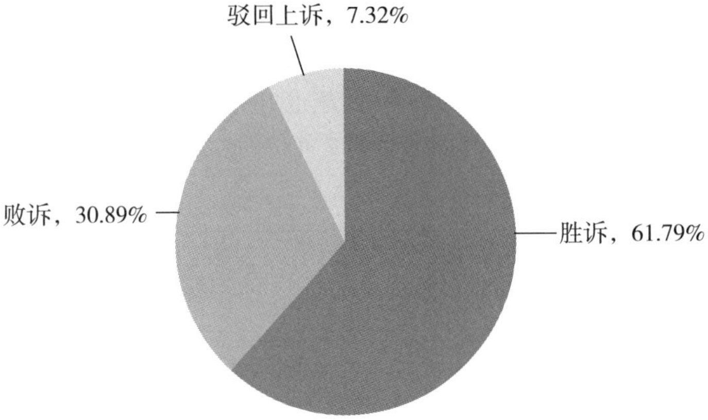

图 2－26－7　房地产业上市公司诉讼结果占比

具体到不同的诉讼地位上，当房地产业上市公司为原告时，其胜诉的案件有 8 件，败诉的案件有 16 件，胜诉率约为 33.33%，低于总体胜诉率。当房地产业上市公司为被告时，其胜诉的案件有 68 件，败诉的案件有 22 件，胜诉率约为 75.56%，高于总体胜诉率（见图 2－26－8）。

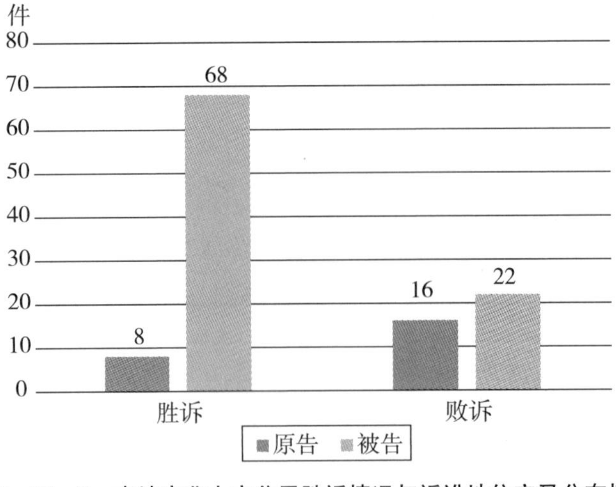

图 2－26－8　房地产业上市公司胜诉情况与诉讼地位交叉分布情况

具体到不同的诉讼阶段上，在一审判决中，上市公司胜诉的案件有 65 件，败诉的案件有 24 件，胜诉率约为 73.03%，高于总体胜诉率。在二审判决中，上市公司胜诉的案件有 11 件，败诉的案件有 14 件，胜诉率为 44.00%，远低于总体胜诉率（见图 2－26－9）。

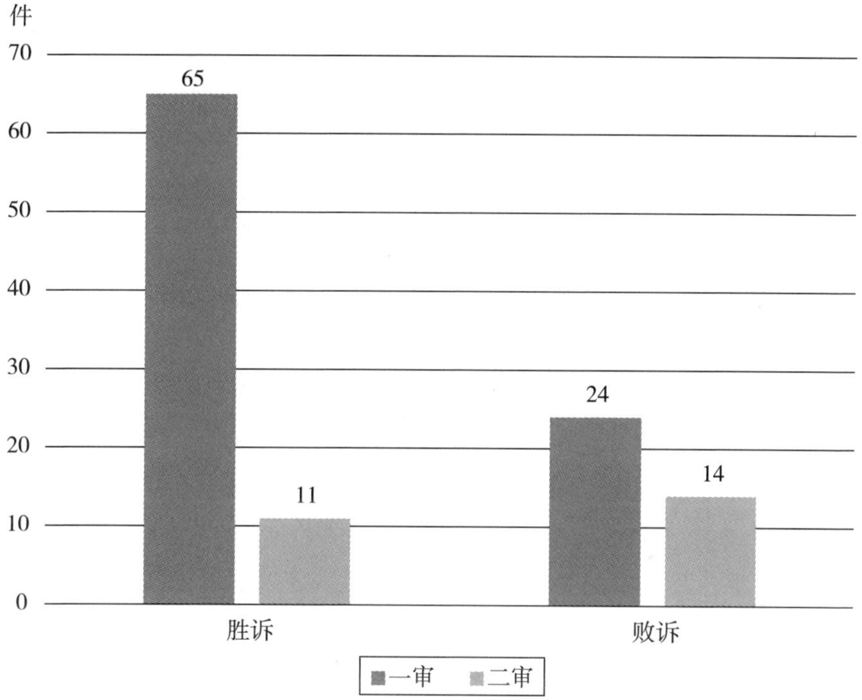

图 2－26－9 房地产业上市公司胜诉情况与诉讼阶段交叉分布情况

第二十七节 租赁和商务服务业

一、租赁和商务服务业上市公司概况

租赁和商务服务业是 2002 年国民经济分类的新增门类，该门类下包括租赁业和商务服务业。其在世界经济发展和国际竞争中的地位日益显著，但我国租赁和商务服务业的发展仍然处于初级阶段。我国的租赁和商务服务业主要属于生产性服务业，所以具有生产性服务业的典型特征。会计准则将租赁定义为：在约定的期限内，出租人将资产使用权让与承租人以获取租金的协议。商务服务业属于现代服务业的范畴，包括企业管理服务、法律服务、咨询与调查、广告业、职业中介服务等

行业,是符合现代服务业要求的人力资本密集行业,也是高附加值行业。租赁和商务服务业上市公司的经营活动主要围绕机器设备租赁、文化及日用品出租及商务服务业等展开。

2019 年截至第三季度我国租赁和商务服务业上市公司共计 51 家,从行业小类上看,租赁业上市公司 0 家,商务服务业上市公司 51 家,商务服务业上市公司在该行业分类中占比 100%。从市场规模上看,我国上市公司中租赁和商务服务业的整体规模较小,其数量仅占全部上市公司的约 1.37%,可见租赁和商务服务业在全国范围内具有较大市场影响力的企业数量也比较少。

二、租赁和商务服务业行业政策和法律风险新动向

(一)租赁和商务服务业行业政策新动向

近些年,我国租赁和商务服务业的发展突飞猛进,政府也针对该行业出台了一些规范其经营活动的措施,也出具了一些优惠措施,支持和鼓励该行业的发展,如税收优惠。但自 2019 年以来我国未对该行业下发新的法律法规或行业新政策,唯一可能有点影响的是 2019 年 1 月 1 日租赁新准则的开始执行。IFRS16(国际新租赁准则)取消了承租人会计的融资租赁与经营租赁分类,使用单一租赁会计模式,原准则下被划分为经营租赁的合同将使用类似于原融资租赁的会计核算方法。

(二)租赁和商务服务业法律风险新动向

2019 年年底突然暴发的新型冠状病毒是所有行业都始料未及的,同样也对租赁和商务服务业上市公司的生产经营活动产生了一定影响,或者带来新的法律风险,具体包括:

1. 旅游行业受疫情影响严重,合同无法正常履行。春节是中国最重要的一个节日,本是阖家外出游玩的佳时,结果受疫情影响而搁置,此时会因疫情的不确定性导致旅游合同的解除。《旅游法》第 67 条规定:因不可抗力或者旅行社、履行辅助人已尽合理注意义务仍不能避免的事件,影响旅游行程的,按照下列情形处理:(1)合同不能继续履行的,旅行社和旅游者均可以解除合同。合同不能完全履行的,旅行社经向旅游者作出说明,可以在合理范围内变更合同;旅游者不同意变更的,可以解除合同。(2)合同解除的,组团社应当在扣除已向地接社或者履行辅助人支付且不可退还的费用后,将余款退还旅游者;合同变更的,因此增加的费用由旅游者承担,减少的费用退还旅游者。(3)危及旅游者人身、财产安全的,旅行社应当采取相应

的安全措施，因此支出的费用，由旅行社与旅游者分担。（4）造成旅游者滞留的，旅行社应当采取相应的安置措施。因此增加的食宿费用，由旅游者承担；增加的返程费用，由旅行社与旅游者分担。所以当出现问题时，建议旅游服务业与旅游者积极协商，通过变更出行时间、变更出行旅游地点等方式对合同进行变更，上市公司因解约涉及退费等问题的，也可以寻求法律、银保监会及行业协会等的救济。

2. 金融租赁项目受疫情影响面临经济损失的风险。2019 年年底暴发的新冠肺炎疫情使很多租赁业务面临解约的风险，不仅是金融租赁业受到了影响，同时房屋租赁行业也受挫严重，尤其是人口流动性较大的一线城市。建议从事租赁行业的上市公司做好租后管理和金融债权的管理，对客户进行及时协商调解，以降低自身资产的风险。

租赁和服务业还有其他的具体行业，比如快递行业、仓储行业、文娱企业等都或多或少受到了疫情的影响，但是所涉最多无外乎就是合同的违约，都可以借鉴上述的措施去处理，要提前预防、及时沟通、及时止损来维护公司的合法利益。

三、租赁和商务服务业上市公司诉讼情况统计

本书以租赁和商务服务业的 51 家上市公司为当事人检索案例，共收集 2019 年全国法院判决的各类司法判决书 59 份，作为统计分析的样本。

（一）案件类型分布

1. 诉讼类型

如表 2－27－1 所示，从案件诉讼类型上看，2019 年租赁和商务服务业上市公司所涉及的 59 件案件中 58 件为民事诉讼，行政诉讼所涉案件为 1 件，刑事诉讼案件数量为 0 件。

表 2－27－1　租赁和商务服务业上市公司案件诉讼类型

诉讼类型	案件数量（件）
民事诉讼	58
行政诉讼	1
刑事诉讼	0

2. 案由种类

如表 2－27－2、表 2－27－3 所示，从案件案由种类上看，2019 年租赁和商务服务业上市公司所涉及的 59 件案件中，大多数为合同纠纷，其中，借款合同纠纷占比

最多,所涉案件为 23 件。其他合同纠纷有租赁合同纠纷 4 件,买卖合同纠纷 4 件,服务合同纠纷 4 件,承揽合同纠纷 3 件,建设工程合同纠纷 2 件,广告合同纠纷 1 件,房屋买卖合同纠纷 1 件。合同纠纷占全部案例数量的一半以上。其他案由还包括追偿权纠纷 6 件,股权转让纠纷 3 件,票据付款请求权纠纷 2 件,商标权权属、侵权纠纷 2 件,仿冒纠纷 1 件,生命权、健康权、身体权纠纷 1 件,商业诋毁纠纷 1 件。

表 2－27－2　租赁和商务服务业上市公司案件案由(民事)

案　　由	案件数量(件)
借款合同纠纷	23
追偿权纠纷	6
租赁合同纠纷	4
买卖合同纠纷	4
服务合同纠纷	4
股权转让纠纷	3
承揽合同纠纷	3
票据付款请求权纠纷	2
商标权权属、侵权纠纷	2
建设工程合同纠纷	2
仿冒纠纷	1
广告合同纠纷	1
生命权、健康权、身体权纠纷	1
房屋买卖合同纠纷	1
商业诋毁纠纷	1

表 2－27－3　租赁和商务服务业上市公司案件案由(行政)

案　　由	案件数量(件)
商标权无效宣告请求行政纠纷	1

(二)案件审理程序

1. 诉讼阶段

从诉讼阶段上看,2019 年租赁和商务服务业上市公司所涉及的 59 件案件中,一审判决书 42 件,占比约为 71.19%;二审判决书 17 件,占比约为 28.81%(见图 2－27－1)。

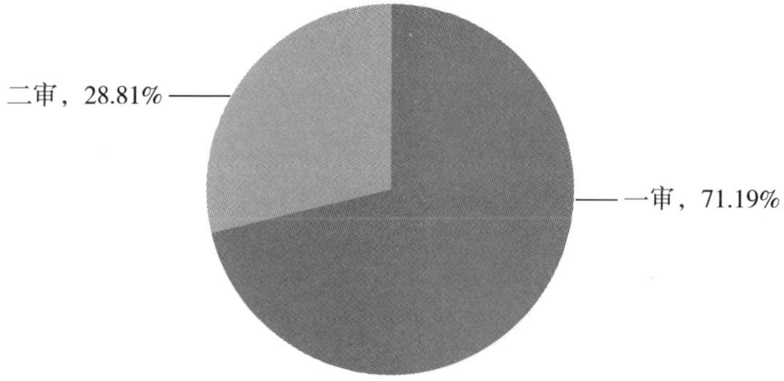

图 2 – 27 – 1　租赁和商务服务业上市公司案件诉讼阶段分布

2. 法院层级

如图 2 – 27 – 2 所示，从诉讼阶段上看，2019 年租赁和商务服务业上市公司所涉及的 59 件案件中，基层人民法院审结的案例 39 件，占比约为 66.10%；中级人民法院审结的案例 16 件，占比约为 27.12%；高级人民法院审结的案例 4 件，占比约为 6.78%；最高人民法院审结的案例 0 件。

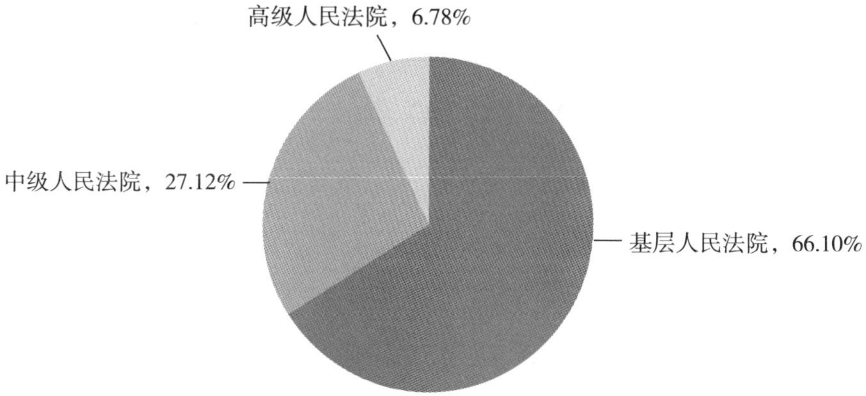

图 2 – 27 – 2　租赁和商务服务业上市公司案件审理法院层级分布

（三）上市公司诉讼地位

从上市公司的诉讼地位上看，2019 年租赁和商务服务业上市公司所涉及的 59 件案件中，上市公司作为原告的案例有 44 件，占比约为 74.58%；上市公司作为被告的案例有 15 件，占比约为 25.42%。可见，2019 年租赁和商务服务业上市公司的民事诉讼中，上市公司主动提起诉讼的情形较常见，少数情况下上市公司是作为应诉方被动地参与诉讼（见图 2 – 27 – 3）。

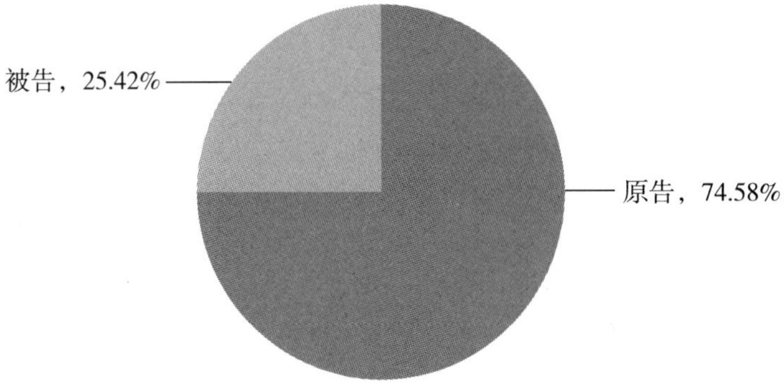

图 2－27－3　租赁和商务服务业上市公司诉讼地位总体分布

具体而言，在租赁和商务服务业上市公司所涉及的 42 件一审判决中，上市公司作为原告的案例有 32 件，上市公司作为被告的案例有 10 件，二者之间占比差别较为悬殊。可见，在一审程序中，租赁和商务服务业上市公司主动提起诉讼、发起诉讼程序情况较为多见（见图 2－27－4）。

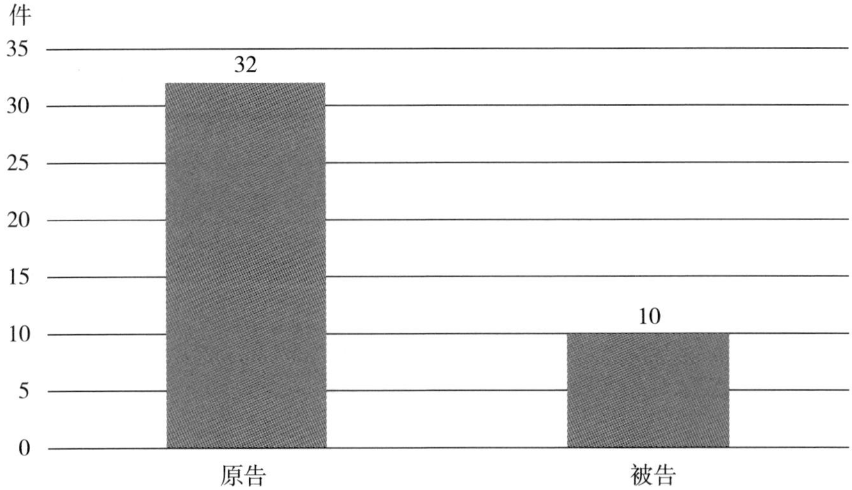

图 2－27－4　租赁和商务服务业上市公司一审程序诉讼地位分布

在租赁和商务服务业上市公司所涉及的 17 件二审判决中，上市公司作为上诉人的案例有 9 件，其中同时为原审原告的有 5 件，同时为原审被告的有 4 件；上市公司作为被上诉人的案例有 8 件，其中同时为原审原告的有 7 件，同时为原审被告的有 1 件。可见，在二审程序中，租赁和商务服务业上市公司主动提起上诉、继续诉讼程序的情况与被动继续参与诉讼程序的情况比例相差无几（见图 2－27－5）。

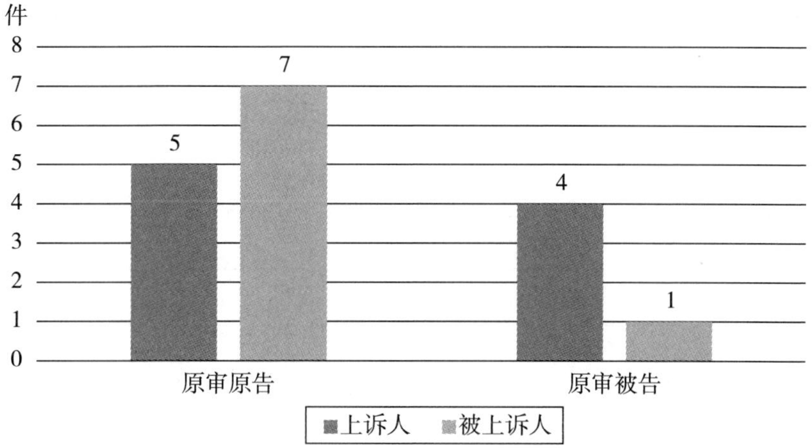

图2-27-5 租赁和商务服务业上市公司二审程序诉讼地位分布

(四)诉讼标的额

从民事诉讼案件的标的额上看,2019年租赁和商务服务业上市公司所涉及的59件案件中,可统计诉讼标的金额的案件总数为57件,其中诉讼请求金额在1万元以下的案件数量为0件,超过1万元且10万元以下的案件数量为6件,超过10万元且20万元以下的案件数量为6件,超过20万元且50万元以下的案件数量为17件,超过50万元且100万元以下的案件数量为9件,超过100万元且200万元以下的案件数量为4件,超过200万元且500万元以下的案件数量为4件,超过500万元且1000万元以下的案件数量为2件,超过1000万元且2000万元以下的案件数量为2件,超过2000万元的案件数量为7件(见图2-27-6)。

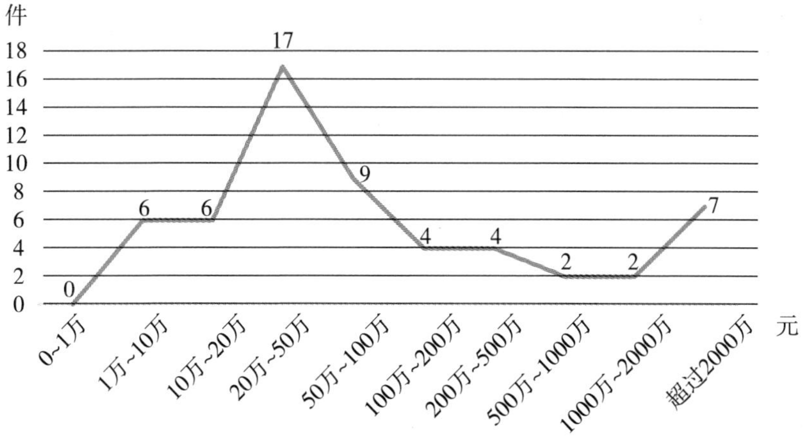

图2-27-6 租赁和商务服务业上市公司诉讼标的额分布

如表2－27－4所示，具体来看，2019年租赁和商务服务业上市公司所涉及的案件中，可统计标的额的案件数量为57件。案件数量最集中的诉讼标的额在20万～50万元区间之内，标的额平均值为21,499,899.79元，中位数为500,000.00元，标的额最大为966,009,283.00元，最小为17,191.00元。

表2－27－4 租赁和商务服务业上市公司诉讼标的额

单位：元

总额	1,225,494,288.17
平均数	21,499,899.79
中位数	500,000.00
最大金额	966,009,283.00
最小金额	17,191.00

（五）诉讼结果和胜诉率

从诉讼结果上看，2019年租赁和商务服务业上市公司所涉及的59件案件中，上市公司胜诉的案例有47件，上市公司败诉的案例有12件。总体来看，租赁和商务服务业上市公司胜诉的案件数量占比约为79.66%，败诉率为20.34%（见图2－27－7）。

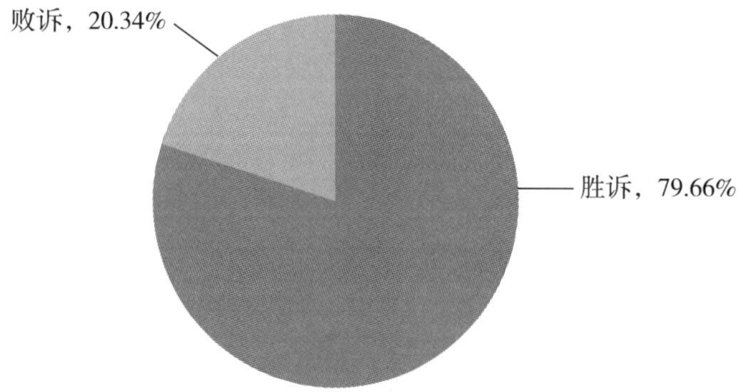

图2－27－7 租赁和商务服务业上市公司诉讼结果占比

具体到不同的诉讼地位上，当租赁和商务服务业上市公司为原告时，其胜诉的案件有40件，败诉的案件有4件，胜诉率约为90.91%，高于总体胜诉率。当租赁和商务服务业上市公司为被告时，其胜诉的案件有7件，败诉的案件有8件，胜诉率约为46.67%，低于总体胜诉率（见图2－27－8）。

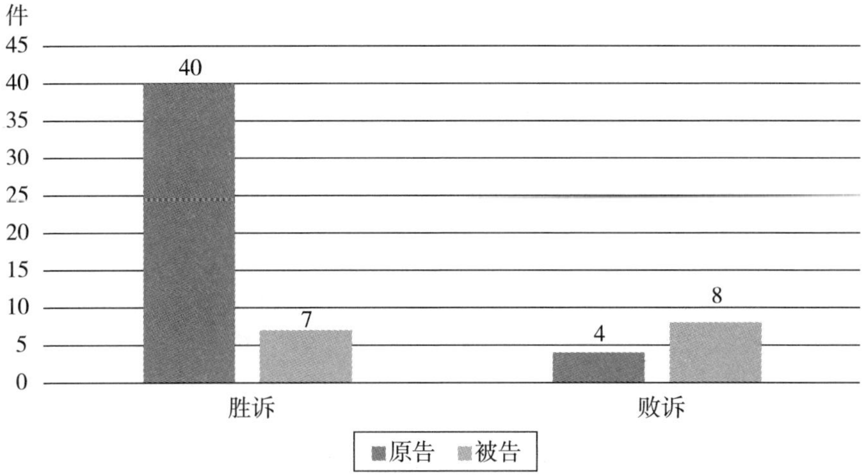

图 2－27－8　租赁和商务服务业上市公司胜诉情况与诉讼地位交叉分布情况

具体到不同的诉讼阶段上，在一审判决中，上市公司胜诉的案件有 36 件，败诉的案件有 6 件，胜诉率约为 85.71%，略高于总体胜诉率。在二审判决中，上市公司胜诉的案件有 11 件，败诉的案件有 6 件，胜诉率约为 64.71%，低于总体胜诉率（见图 2－27－9）。

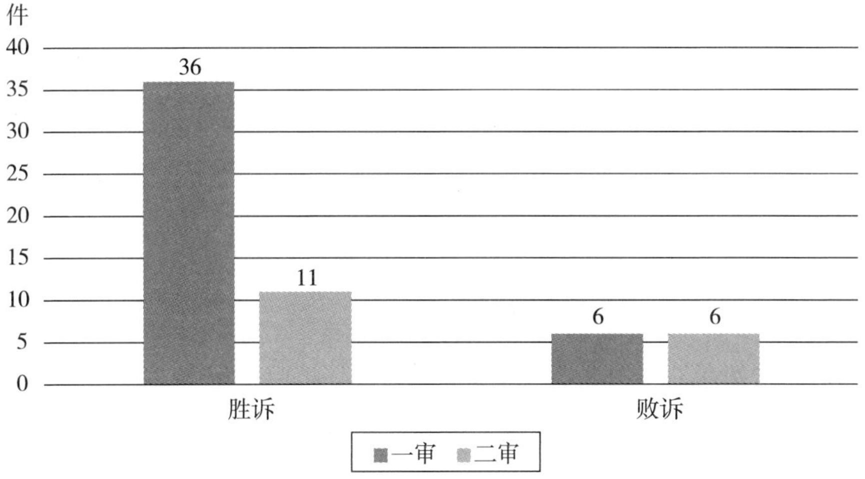

图 2－27－9　租赁和商务服务业上市公司胜诉情况与诉讼阶段交叉分布情况

第二十八节　科学研究和技术服务业

一、科学研究和技术服务业上市公司概况

科学研究和技术服务业是按照国民经济行业分类标准进行的划分，在我国的行业规模不断扩大，本门类下还包括研究和试验发展业、专业技术服务业及科学推广和应用服务业。研究和试验发展是指为了增加知识（包括有关自然、工程、人类、文化和社会的知识），以及运用这些知识创造新的应用，所进行的系统的、创造性的活动；该活动仅限于对新发现、新理论的研究，新技术、新产品、新工艺的研制研究与试验发展，包括基础研究、应用研究和试验发展。专业技术服务业是指由专业领域的技术人员专门为客户或社会提供职业化和科技服务活动的机构所组成的现代服务行业，从事这些活动的相关人员被要求具备高度的专业技能。科学推广和应用服务业是指将新技术、新产品、新工艺等运用现代科技知识与技术方法向社会提供智力服务的新兴产业，该分类下面又包括很多细小的类别，例如技术推广服务业、农林牧渔技术推广服务业、新能源技术推广服务业等。科学研究和技术服务业上市公司作为行业内规模和影响力较大的企业，其经营活动主要围绕专业性较强的技术研究与服务展开生产。

截至 2019 年第三季度我国科学研究和技术服务业上市公司共计 53 家，从行业小类上看，研究和试验发展业 7 家，专业技术服务业 45 家，科技推广和应用服务业 0 家。可见，专业技术服务业上市公司在科学研究和技术服务业上市公司中占据主流。从市场规模上来看，我国上市公司中科学研究和技术服务业的整体规模较小，其数量仅占全部上市公司的约 1.42%，可见科学研究和技术服务业在全国范围内具有较大市场影响力的企业数量较少。

二、科学研究和技术服务业行业政策和法律风险新动向

（一）科学研究和技术服务业行业政策新动向

党的十八大以来，党中央、国务院大力实施创新驱动发展战略，各地区相继出台了一系列政策措施。研究和试验发展业，2019 年 4 月 19 日国家统计局下发了《国家统计局关于印发〈研究与试验发展（R&D）投入统计规范（试行）〉的通知》，对规范研究与试验发展投入统计工作中做了具体的界定。专业技术服务业在 2019 年可以享受税收上的一些优惠政策，科技服务行业可以申请双软认证，但前提是取得

相应资质及国家相关部门的认证。在科技推广和应用服务业，科技部印发了《"十三五"现代服务业科技创新专项规划》，明确了"十三五"时期现代服务业领域科技创新的目标、任务和方向。

2019 年 10 月 10 日，一份名为《科研诚信案件调查处理规则（试行）》的通知在科技部官方网站公布，其中明确写入了针对科研失信行为的 10 条处理措施。这份文件由科技部、中共中央宣传部、最高人民法院等 20 部门联手共同发布、整治科研失信行为。该文件明确，"抄袭、剽窃、侵占他人研究成果或项目申请书""编造研究过程，伪造、篡改研究数据、图表、结论、检测报告或用户使用报告""买卖、代写论文或项目申请书，虚构同行评议专家及评议意见""以故意提供虚假信息等弄虚作假的方式或采取贿赂、利益交换等不正当手段获得科研活动审批，获取科技计划项目（专项、基金等）、科研经费、奖励、荣誉、职务职称等""违反科研伦理规范""违反奖励、专利等研究成果署名及论文发表规范"等，均属于科研失信行为。

（二）科学研究和技术服务业法律风险新动向

2019 年以来在科学研究和技术服务业并未有新的法律风险动向。党的十八大以来，国家一直以积极的态度来鼓励该行业的发展，而且随着供给侧结构性改革的逐步推进，该行业的发展势头还是可期待的。与此同时，国家在科研方面的管理愈加严格，科学研究和技术服务业上市公司不要从事科研失信的行为，不然将面临恶果。

三、科学研究和技术服务业上市公司诉讼情况统计

本书以科学研究和技术服务业的 53 家上市公司为当事人检索案例，共收集 2019 年全国法院判决的各类司法判决书 16 份，作为统计分析的样本。

（一）案件类型分布

1. 诉讼类型

如表 2-28-1 所示，从案件诉讼类型上看，2019 年科学研究和技术服务业上市公司所涉及的 16 件案件民事诉讼的数量为 12 件，行政诉讼的案件为 4 件，刑事诉讼案件数量为 0 件。

表 2－28－1　科学研究和技术服务业上市公司案件诉讼类型

诉讼类型	案件数量（件）
民事诉讼	12
行政诉讼	4
刑事诉讼	0

2. 案由种类

如表 2－28－2、表 2－28－3 所示，从案件案由种类上看，2019 年科学研究和技术服务业上市公司所涉及的 16 件案件中，大多数为合同纠纷，其中，建设工程合同纠纷 6 件、买卖合同纠纷 2 件、承揽合同纠纷 2 件、技术合同纠纷 1 件，仿冒纠纷 1 件。另外，其余 4 件为行政诉讼纠纷，案由皆为商标权申请驳回复审行政纠纷。

表 2－28－2　科学研究和技术服务业上市公司案件案由（民事）

案　　由	案例数量（件）
建设工程合同纠纷	6
买卖合同纠纷	2
承揽合同纠纷	2
技术合同纠纷	1
仿冒纠纷	1

表 2－28－3　科学研究和技术服务业上市公司案件案由（行政）

案　　由	案例数量（件）
商标权申请驳回复审行政纠纷	4

（二）案件审理程序

1. 诉讼阶段

从诉讼阶段上看，2019 年科学研究和技术服务业上市公司所涉及的 16 件案件中，一审判决书 8 件，占比为 50.00%；二审判决书 8 件，占比为 50.00%（见图 2－28－1）。

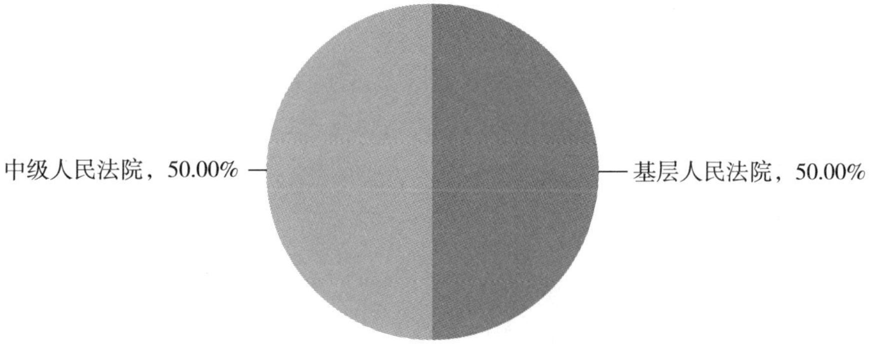

图 2－28－1　科学研究和技术服务业上市公司案件诉讼阶段分布

2. 法院层级

如图 2－28－2 所示，从诉讼阶段上看，2019 年科学研究和技术服务业上市公司所涉及的 16 件案件中，基层人民法院审结的案例 5 件，占比为 31.25%；中级人民法院审结的案例 9 件，占比为56.25%；高级人民法院审结的案例 2 件，占比为 12.50%；最高人民法院审结的案例 0 件。

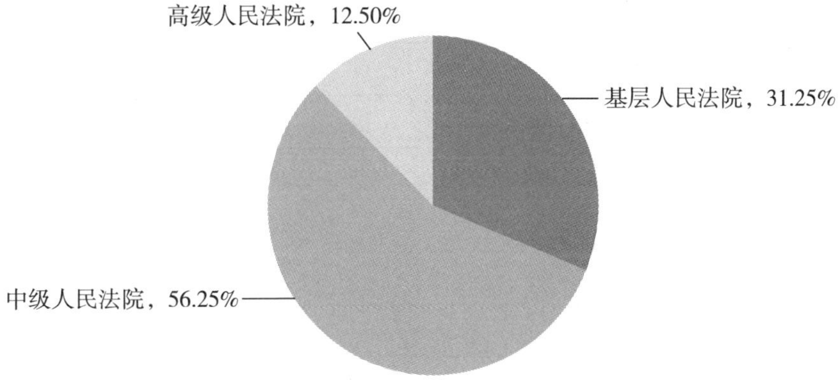

图 2－28－2　科学研究和技术服务业上市公司案件审理法院层级分布

（三）上市公司诉讼地位

从上市公司的诉讼地位上看，2019 年科学研究和技术服务业上市公司所涉及的 16 件案件中，上市公司作为原告的案例有 10 件，占比为 62.50%；上市公司作为被告的案例有 6 件，占比为 37.50%。可见，2019 年科学研究和技术服务业上市公司的民事诉讼中，上市公司主动提起诉讼的情形较常见，少数情况下上市公司是作为应诉方被动地参与诉讼（见图 2－28－3）。

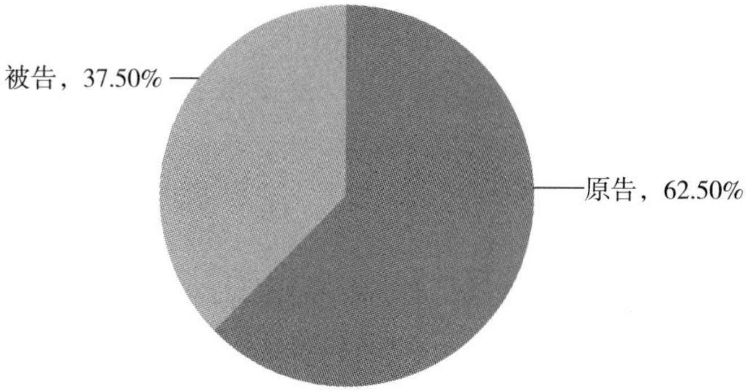

图 2－28－3　科学研究和技术服务业上市公司诉讼地位总体分布

具体而言,在科学研究和技术服务业上市公司所涉及的 8 件一审判决中,上市公司作为原告的案例有 6 件,上市公司作为被告的案例有 2 件,二者之间占比差别较为悬殊。可见,在一审程序中,科学研究和技术服务业上市公司主动提起诉讼、发起诉讼程序情况较为常见(见图 2－28－4)。

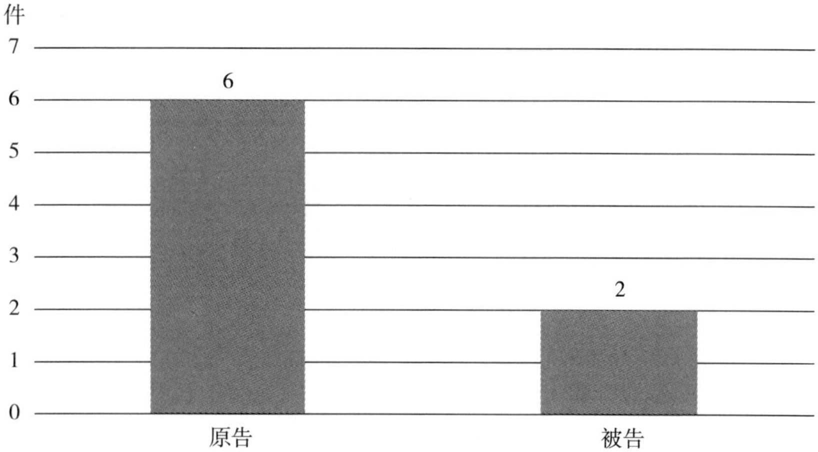

图 2－28－4　科学研究和技术服务业上市公司一审程序诉讼地位分布

在科学研究和技术服务业上市公司所涉及的 8 件二审判决中,上市公司作为上诉人的案例有 7 件,其中同时为原审原告的有 4 件,同时为原审被告的有 3 件;上市公司作为被上诉人的案例有 1 件,其中同时为原审原告的有 0 件,同时为原审被告的有 1 件。可见,在二审程序中,科学研究和技术服务业上市公司主动提起上诉、继续诉讼程序的情况较为常见(见图 2－28－5)。

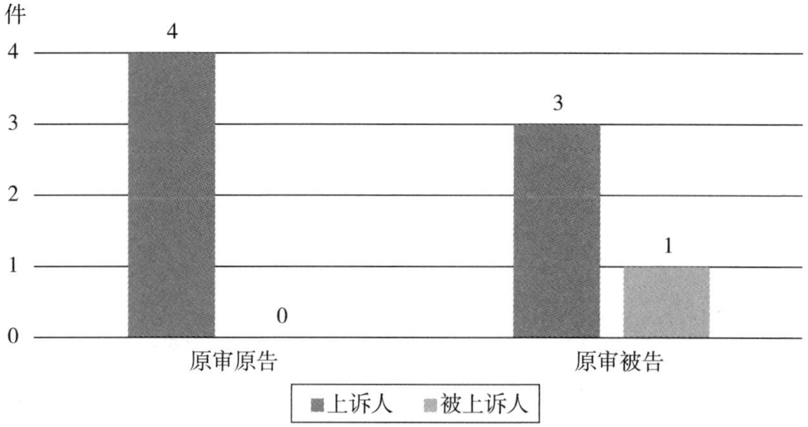

图 2－28－5 科学研究和技术服务业上市公司二审程序诉讼地位分布

（四）诉讼标的额

从民事诉讼案件的标的额上看，2019 年科学研究和技术服务业上市公司所涉及的 16 件案件中，可统计诉讼标的额的案件数量为 12 件。诉讼请求金额在 1 万元以下的案件数量为 0 件，超过 1 万元且 10 万元以下的案件数量为 1 件，超过 10 万元且 20 万元以下的案件数量为 1 件，超过 20 万元且 50 万元以下的案件数量为 1 件，超过 50 万元且 100 万元以下的案件数量为 1 件，超过 100 万元且 200 万元以下的案件数量为 1 件，超过 200 万元且 500 万元以下的案件数量为 3 件，超过 500 万元且 1000 万元以下的案件数量为 2 件，超过 1000 万元且 2000 万元以下的案件数量为 2 件，超过 2000 万元的案件数量为 0 件（见图 2－28－6）。

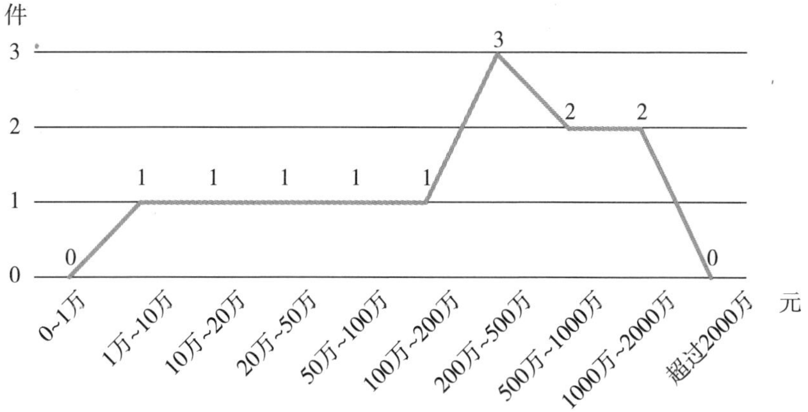

图 2－28－6 科学研究和技术服务业上市公司诉讼标的额分布

如表 2－28－4 所示，具体来看，2019 年科学研究和技术服务业上市公司所涉及的案件中，案件数量最集中的诉讼标的额在 200 万～500 万元区间之内，标的额平均值为 3,966,289.27 元，中位数为 2,529,000.00 元，标的额最大为10,347,448.47 元，最小为 100,000.00 元。

表 2－28－4　科学研究和技术服务业上市公司诉讼标的额

单位：元

总　　额	47,595,471.27
平均数	3,966,289.27
中位数	2,529,000.00
最大金额	10,347,448.47
最小金额	100,000.00

（五）诉讼结果和胜诉率

从诉讼结果上看，2019 年科学研究和技术服务业上市公司所涉及的 16 件案件中，上市公司胜诉的案例有 7 件，上市公司败诉的案例有 9 件。总体来看，科学研究和技术服务业上市公司胜诉的案件数量占比为 43.75%（见图 2－28－7）。

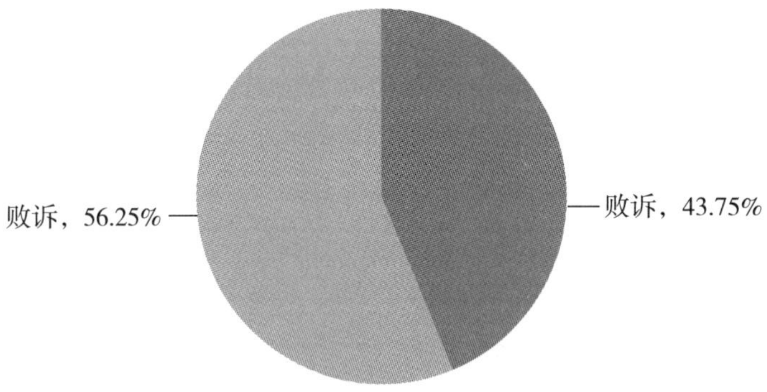

图 2－28－7　科学研究和技术服务业上市公司诉讼结果占比

具体到不同的诉讼地位上，当科学研究和技术服务业上市公司为原告时，其胜诉的案件有 4 件，败诉的案件有 6 件，胜诉率为 40.00%，略低于总体胜诉率。当科学研究和技术服务业上市公司为被告时，其胜诉的案件有 3 件，败诉的案件有 3 件，胜诉率为 50.00%，略高于总体胜诉率（见图 2－28－8）。

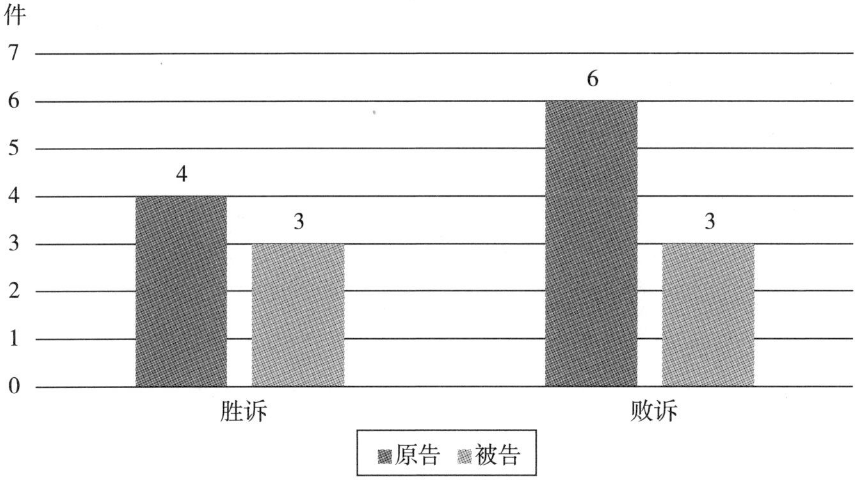

图 2-28-8　科学研究和技术服务业上市公司胜诉情况与诉讼地位交叉分布情况

具体到不同的诉讼阶段上，在一审判决中，上市公司胜诉的案件有 5 件，败诉的案件有 3 件，胜诉率为 62.50%，高于总体胜诉率。在二审判决中，上市公司胜诉的案件有 2 件，败诉的案件有 6 件，胜诉率为 25.00%，远低于总体胜诉率（见图 2-28-9）。

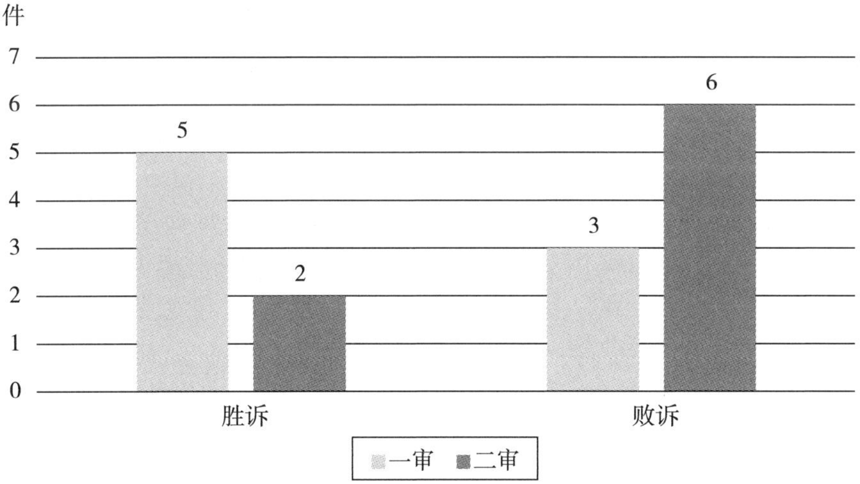

图 2-28-9　科学研究和技术服务业上市公司胜诉情况与诉讼阶段交叉分布情况

第二十九节　公共事业等其他服务业

一、公共事业等其他服务业上市公司概况

公共事业是指具有各企业、事业单位和居民共享的基本特征的，服务于城市生产、流通和居民生活的负责维持公共服务基础设施的各类事业的总称。公共事业等其他服务业在国民经济中发挥着关键性作用，对全局有着重大的意义。根据我国国民经济行业分类，公共事业等其他服务业包括水利、环境和公共设施管理业，居民服务、修理和其他服务业，教育，卫生和社会工作。公共事业等其他服务业上市公司作为行业内规模和影响力较大的企业，其经营活动主要围绕公共服务和基础设施等展开生产经营。

2019 年第三季度我国公共事业等其他服务业上市公司共计 52 家，从行业小类上看，生态保护和环境治理业 36 家，公共设施管理业 15 家，居民服务、修理和其他服务业 1 家，教育行业 8 家，卫生行业 12 家。从市场规模上来看，我国上市公司中公共事业等其他服务业的整体规模较小，其数量仅占全部上市公司的约 1.40%，可见公共事业等其他服务业在全国范围内具有较大市场影响力的企业数量较少。

二、公共事业等其他服务业行业政策和法律风险新动向

（一）公共事业等其他服务业行业政策新动向

公共事业等其他服务业与广大人民的幸福福祉是密不可分的，为了支持该行业的蓬勃发展，财政部与税务总局发布了 2019 年第 87 号公告，即关于明确生活性服务业增值税加计抵减政策的公告，内容为：2019 年 10 月 1 日至 2021 年 12 月 31 日，允许生活性服务业纳税人按照当期可抵扣进项税额加计 15%，抵减应纳税额。

教育行业新规定还是相对较多的，所谓少年是祖国的未来，而教育则是一个国家的重中之重。2019 年教育部的新政策有，高考科目普遍推行“3＋3”模式，除了基础的课程语文、数学、外语 3 门，考生自己还可以自行在剩余的 6 门课程中自选 3 门作为自己的高中学业水平考试科目，这 6 门课程包括物理、生物、化学、历史、地理、政治，这有助于学生根据自身爱好选择感兴趣的学科。同时，中高考将包括小学知识，而且学科考试再无大纲，鼓励学生更注重平日的学习，不要总想着临时抱佛脚。各地还根据《关于深化考试招生制度改革的实施意见》明确了高考外语一年两考。2019 年秋季新学期开始，全国所有中小学生的语文、历史、道德

与法治都使用统一部编版教材等。这些举措的施行，使教育更加科学化，使善学者，事半而功倍。

卫生行业也是与百姓的健康息息相关的一个行业，2019 年 5 月 23 日，国务院办公厅下发了《国务院办公厅关于印发深化医药卫生体制改革 2019 年重点工作任务的通知》，指出，要以习近平新时代中国特色社会主义思想为指导，全面贯彻党的十九大和十九届二中、三中全会精神，认真落实党中央、国务院关于实施健康中国战略和深化医药卫生体制改革的决策部署，坚持以人民健康为中心，坚持保基本、强基层、建机制，紧紧围绕把以治病为中心转变为以人民健康为中心，落实预防为主，加强疾病预防和健康促进，紧紧围绕解决看病难、看病贵问题，深化医疗、医保、医药联动改革，坚定不移推动医改落地生效、惠及人民群众。《深化医药卫生体制改革 2019 年重点工作任务》明确了两方面的内容，一是要研究制定的文件，主要涉及健康中国行动、促进社会办医健康规范发展、鼓励仿制的药品目录、规范医用耗材使用、以药品集中采购和使用为突破口进一步深化医改、医疗机构用药管理、互联网诊疗收费和医保支付、卫生专业技术人员职称制度改革、建立完善老年健康服务体系、二级及以下公立医疗机构绩效考核、加强医生队伍管理、医联体管理、公立医院薪酬制度改革、改进职工医保个人账户、医疗保障基金使用监管等方面的 15 个文件。二是要推动落实的重点工作，主要围绕解决看病难看病贵问题和加强医院管理等方面，提出 21 项具体工作，进一步改善医疗服务重点工作。

2017 年 11 月 3 日，北京市民政局、北京市委组织部等 15 个部门联合出台《关于加强社会工作专业岗位开发设置与人才激励保障的实施意见》，对社会工作专业岗位开发设置、社会工作专业人才的激励措施以及组织保障等方面做出了规定。通过提高社会工作专业人才职业地位、加大社会工作专业人才表彰奖励力度、完善社会工作专业人才激励方式等多项举措，建立健全社会工作专业人才激励机制。

2019 年 1 月 23 日，国家发展改革委、中央宣传部、教育部等 18 部门联合印发《加大力度推动社会领域公共服务补短板强弱项提质量 促进形成强大国内市场的行动方案》指出，在增加托育服务有效供给方面，制定行业准入标准、管理规范和监管标准，明确婴幼儿照护服务对象等规范标准。

2019 年 10 月 20 日，水利部办公厅印发《规划和建设项目节水评价技术要求》（以下简称《技术要求》），进一步明确了节水评价的内容、技术方法与有关标准，增强了节水评价工作的科学性与可操作性。《技术要求》明确，节水评价应符合国家相关法律法规政策和标准规范，满足用水总量和用水效率管控要求，与江河流域水量分配方案（协议）、相关规划中节水目标相协调，节水措施方案应符合当地实际情况、合理可行。

（二）公共事业等其他服务业法律风险新动向

2019 年以来，国家发布了多个公共事业等其他服务业领域的新规范，但皆是激励公共事业等其他服务业的政策，并未带来新的法律风险。

三、公共事业等其他服务业上市公司诉讼情况统计

本书以公共事业等其他服务业的 72 家上市公司为当事人检索案例，共收集 2019 年全国法院判决的各类司法判决书 52 份，作为统计分析的样本。

（一）案件类型分布

1. 诉讼类型

如表 2－29－1 所示，从案件诉讼类型上看，2019 年公共事业等其他服务业上市公司所涉及的 52 件案件中民事诉讼的案件数量为 51 件，行政诉讼的案件为 1 件，刑事诉讼案件数量为 0 件。

表 2－29－1　公共事业等其他服务业上市公司案件诉讼类型

诉讼类型	案件数量（件）
民事诉讼	51
行政诉讼	1
刑事诉讼	0

2. 案由种类

如表 2－29－2、表 2－29－3 所示，从案件案由种类上看，2019 年公共事业等其他服务业上市公司所涉及的 52 件案件中，大多数为合同纠纷，其中，买卖合同纠纷、建设工程合同纠纷、租赁合同纠纷数量最多，分别为 17 件、6 件和 4 件，合计 27 件，占全部案例数量的一半以上。其他案由还包括其他合同纠纷 1 件，劳动合同纠纷 1 件，借款合同纠纷 2 件，生命权、健康权、身体权纠纷 2 件，商标权权属、侵权纠纷 1 件，服务合同纠纷 3 件，财产损害赔偿纠纷 1 件，追偿权纠纷 1 件，居间合同纠纷 1 件，股权转让纠纷 2 件，承揽合同纠纷 1 件，网络侵权责任纠纷 1 件，著作权权属、侵权纠纷 7 件。还有 1 件为行政纠纷，案由为商标权申请驳回复审行政纠纷。

特点：合法纠纷，尤其是买卖合同纠纷和建设工程合同纠纷为主，作为上市公司，大大小小都会涉及知识产权纠纷，例如本行业上市公司所涉及的 52 件案例中，

商标权权属、侵权纠纷 1 件，著作权权属、侵权纠纷 7 件，看来上市公司对自己的知识产权维权意识比较高。

表 2－29－2　公共事业等其他服务业上市公司案件案由(民事)

案　　由	案件数量(件)
其他合同纠纷	1
劳动合同纠纷	1
买卖合同纠纷	17
借款合同纠纷	2
建设工程合同纠纷	6
租赁合同纠纷	4
生命权、健康权、身体权纠纷	2
商标权权属、侵权纠纷	1
服务合同纠纷	3
财产损害赔偿纠纷	1
追偿权纠纷	1
居间合同纠纷	1
股权转让纠纷	2
承揽合同纠纷	1
网络侵权责任纠纷	1
著作权权属、侵权纠纷	7

表 2－29－3　公共事业等其他服务业上市公司案件案由(行政)

案　　由	案件数量(件)
商标权申请驳回复审行政纠纷	1

(二)案件审理程序

1. 诉讼阶段

从诉讼阶段上看，2019 年公共事业等其他服务业上市公司所涉及的 52 件案件中，一审判决书 31 件，占比约为 59.62%；二审判决书 21 件，占比约为 40.38%(见

图 2－29－1）。

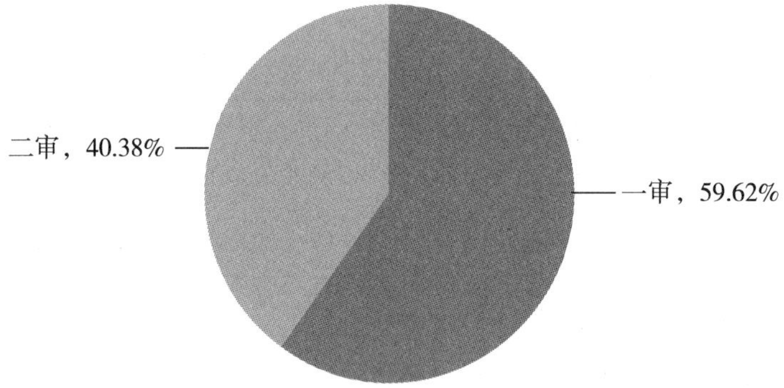

图 2－29－1　公共事业等其他服务业上市公司案件诉讼阶段分布

2. 法院层级

如图 2－29－2 所示，从诉讼阶段上看，2019 年公共事业等其他服务业上市公司所涉及的 52 件案件中，基层人民法院审结的案例 30 件，占比约为 57.69%；中级人民法院审结的案例 20 件，占比约为38.46%；高级人民法院审结的案例 2 件，占比约为 3.85%；最高人民法院审结的案例 0 件。

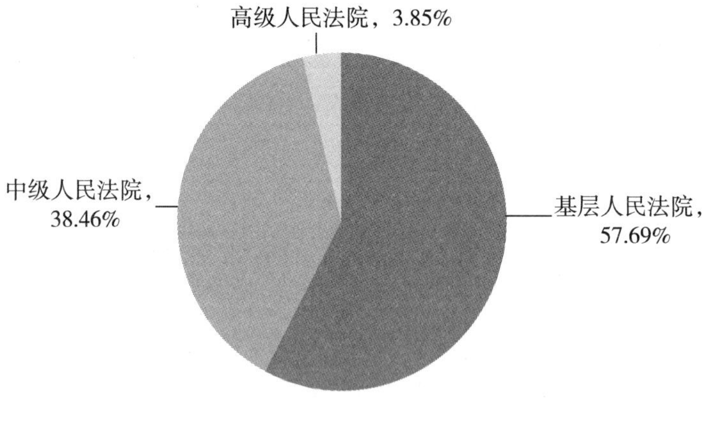

图 2－29－2　公共事业等其他服务业上市公司案件审理法院层级分布

（三）上市公司诉讼地位

从上市公司的诉讼地位上看，2019 年公共事业等其他服务业上市公司所涉及的 52 件案件中，上市公司作为原告的案例有 15 件，占比约为 28.85%；上市公司作为被告的案例有 37 件，占比约为 71.15%。可见，2019 年公共事业等其他服务业上市公司的民事诉讼中，上市公司主动提起诉讼的情形较少，大多数情况下上市公司是作为应诉方被动地参与诉讼（见图2－29－3）。

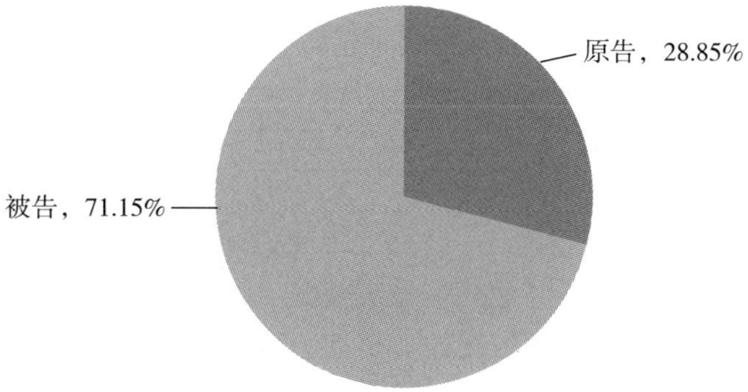

图2－29－3 公共事业等其他服务业上市公司诉讼地位总体分布

具体而言，在公共事业等其他服务业上市公司所涉及的21件一审判决中，上市公司作为原告的案例有15件，上市公司作为被告的案例有37件，二者之间占比差别较为悬殊。可见，在一审程序中，公共事业等其他服务业上市公司主动提起诉讼、发起诉讼程序情况较为少见（见图2－29－4）。

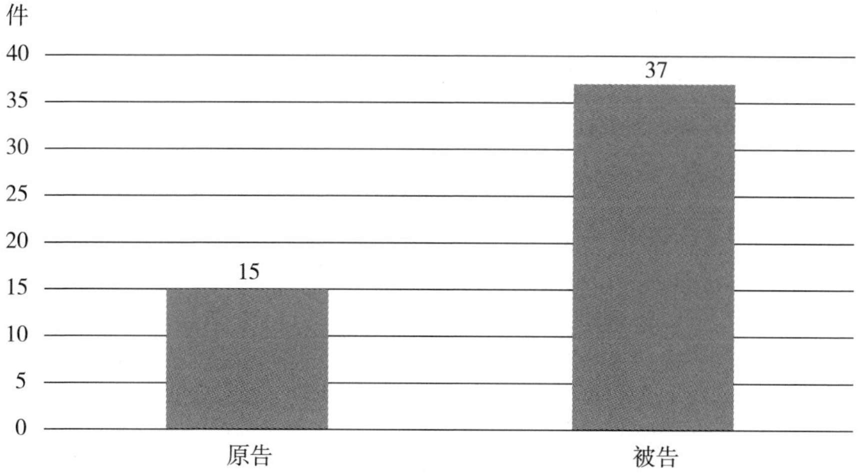

图2－29－4 公共事业等其他服务业上市公司一审程序诉讼地位分布

在公共事业等其他服务业上市公司所涉及的21件二审判决中，上市公司作为上诉人的案例有17件，其中同时为原审原告的有3件，同时为原审被告的有14件；上市公司作为被上诉人的案例有4件，其中同时为原审原告的有3件，同时为原审被告的有1件。可见，在二审程序中，公共事业等其他服务业上市公司主动提起上诉、继续诉讼程序的情况较为常见(见图2-29-5)。

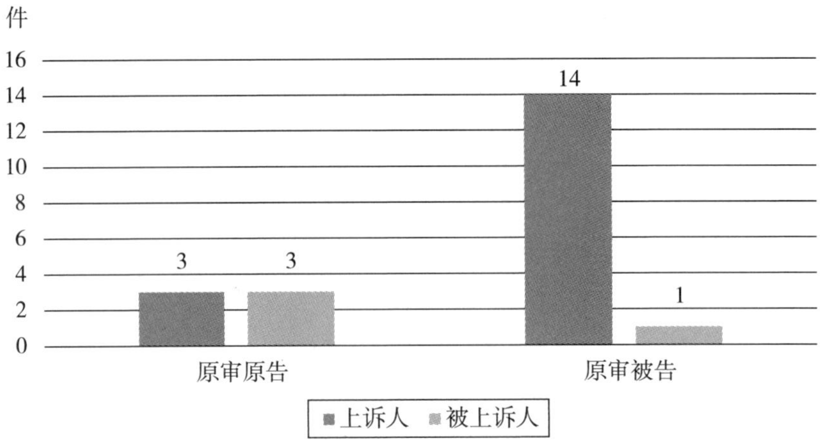

图2-29-5 公共事业等其他服务业上市公司二审程序诉讼地位分布

(四)诉讼标的额

从民事诉讼案件的标的额上看,2019年公共事业等其他服务业上市公司所涉及的52件案件中,可统计案件诉讼标的额的案件数量为47件。其中,诉讼请求金额在1万元以下的案件数量为1件,超过1万元且10万元以下的案件数量为12件,超过10万元且20万元以下的案件数量为3件,超过20万元且50万元以下的案件数量为5件,超过50万元且100万元以下的案件数量为8件,超过100万元且200万元以下的案件数量为9件,超过200万元且500万元以下的案件数量为5件,超过500万元且1000万元以下的案件数量为2件,超过1000万元且2000万元以下的案件数量为1件,超过2000万元的案件数量为1件(见图2-29-6)。

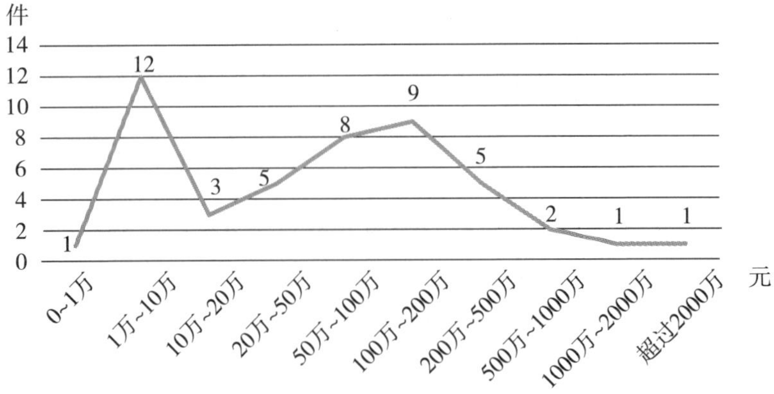

图2-29-6 公共事业等其他服务业上市公司诉讼标的额分布

如表 2－29－4 所示，具体来看，2019 年公共事业等其他服务业上市公司所涉及的案件中，除去驳回上诉的案件 1 件，确认之诉 1 件，行为之诉 2 件外，可统计案件诉讼标的额的案件数量为 47 件。其中，案件数量最集中的诉讼标的额在 1 万～10 万元区间之内，标的额平均值为 1,874,931.63 元，中位数为 662,062.33 元，标的额最大为 22,047,464.40 元，最小金额为 10,000.00 元。

表 2－29－4 公共事业等其他服务业上市公司诉讼标的额

单位：元

总　额	88,121,786.75
平均数	1,874,931.63
中位数	662,062.33
最大金额	22,047,464.40
最小金额	10,000.00

（五）诉讼结果和胜诉率

从诉讼结果上看，2019 年公共事业等其他服务业上市公司所涉及的 52 件案件中，上市公司胜诉的案例有 25 件，上市公司败诉的案例有 26 件，剩余 1 件案例的诉讼结果为驳回上诉。总体来看，公共事业等其他服务业上市公司胜诉的案件数量占比 48.08%，败诉占比 50.00%。如果排除驳回上诉的情形，则公共事业等其他服务业上市公司的总体胜诉率为 49.02%。驳回上诉的案件数占所涉案件总数的为 1.92%（见图 2－29－7）。

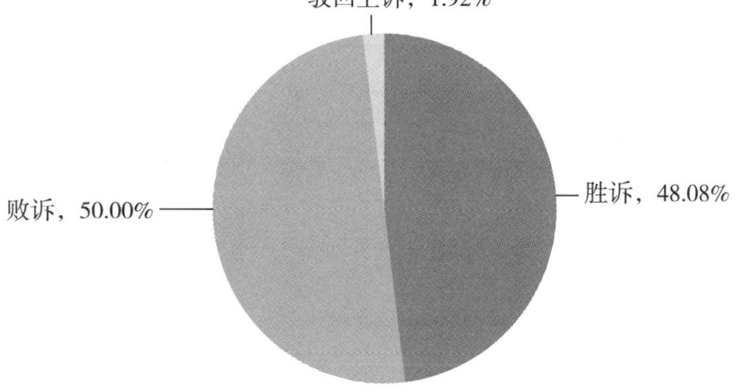

图 2－29－7 公共事业等其他服务业上市公司诉讼结果占比

具体到不同的诉讼地位上，当公共事业等其他服务业上市公司为原告时，其胜诉的案件有 9 件，败诉的案件 6 件，胜诉率为 60.00%，略高于总体胜诉率。当公共事业等其他服务业上市公司为被告时，其胜诉的案件有 16 件，败诉的案件有 20 件，胜诉率约为 44.44%，略低于总体胜诉率（见图 2－29－8）。

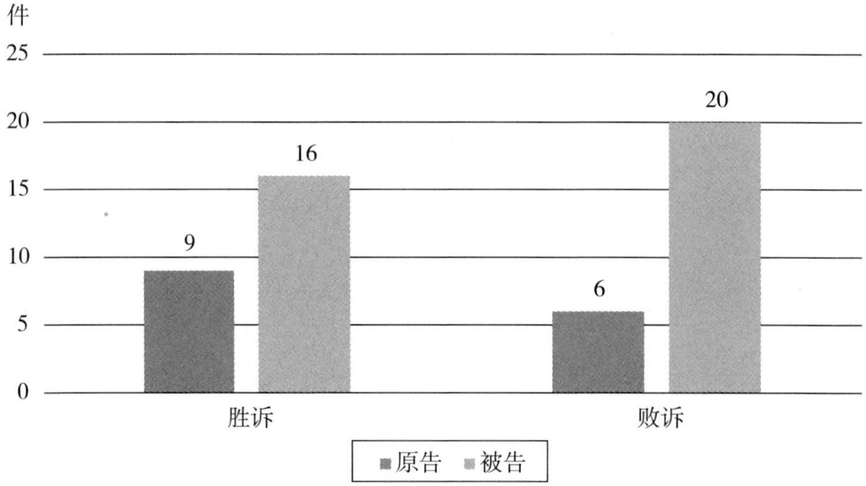

图 2－29－8　公共事业等其他服务业上市公司胜诉情况与诉讼地位交叉分布情况

具体到不同的诉讼阶段上，在一审判决中，上市公司胜诉的案件有 17 件，败诉的案件有 14 件，胜诉率约为 54.84%，高于总体胜诉率。在二审判决中，上市公司胜诉的案件有 8 件，败诉的案件有 12 件，胜诉率为 40.00%，低于总体胜诉率（见图2－29－9）。

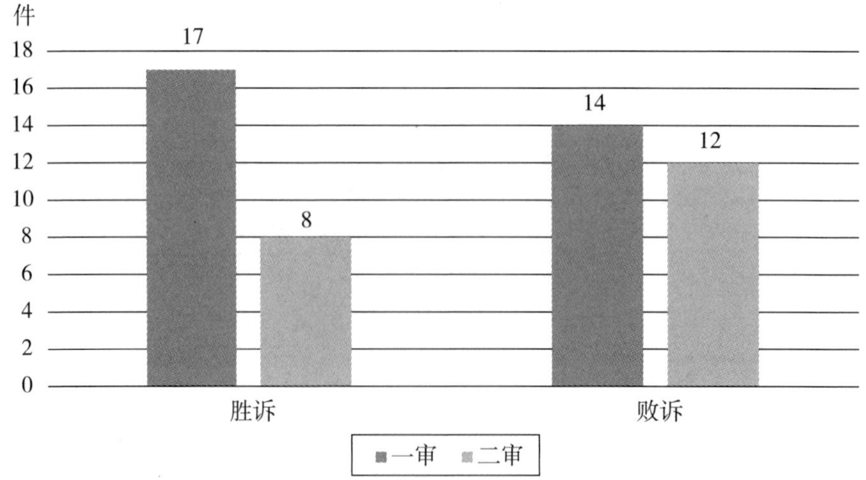

图 2－29－9　公共事业等其他服务业上市公司胜诉情况与诉讼阶段交叉分布情况

第三十节 文化、体育和娱乐业

一、文化、体育和娱乐业上市公司概况

文化、体育和娱乐业某些项目是存在交叉的。文化业指经营文化活动的业务，包括表演、民间艺术、武术、体育等表演活动的业务。体育业指举办各种体育比赛和为体育比赛或体育活动提供场所的业务。娱乐业是指为娱乐活动提供场所和服务的行业，包括经营歌厅、舞厅、歌舞厅、音乐茶座、台球、高尔夫球、保龄球场、网吧、游艺场等娱乐场所，以及娱乐场所为顾客进行娱乐活动提供服务的业务。娱乐场所为顾客提供的饮食服务及其他各种服务也按照娱乐业征税。根据我国国民经济行业分类，文化、体育和娱乐业包括新闻和出版业、广播、电视、电影和录音制作业、文化艺术业、体育和娱乐业。文化、体育和娱乐业上市公司作为行业内规模和影响力较大的企业，其经营活动主要围绕放松身心和组织比赛等展开经营。

2019年截至第三季度我国文化、体育和娱乐业上市公司共计59家，从行业小类上看，新闻和出版业上市公司24家，广播、电视、电影和影视业上市公司25家，文化艺术业9家，体育业1家。可见，新闻和出版业与广播、电视、电影和影视业上市公司在文化、体育和娱乐业上市公司中占据主流。从市场规模上来看，我国上市公司中文化、体育和娱乐业的整体规模较大，其数量占全部上市公司的约1.59%，可见文化、体育和娱乐业在全国范围内具有较大市场影响力的企业数量不少。

二、文化、体育和娱乐业行业政策和法律风险新动向

（一）文化、体育和娱乐业行业政策新动向

2019年1月25日，习近平总书记在十九届中央政治局第十二次集体学习时发表重要讲话，就做好新形势下文化文艺工作、哲学社会科学工作提出了“四个坚持”的要求：第一，坚持与时代同步伐；第二，坚持以人民为中心；第三，坚持以精品奉献人民；第四，坚持用明德引领风尚。2019年1月，中国网络视听节目服务协会发布《网络短视频平台管理规范》（以下简称《规范》）、《网络短视频内容审核标准细则》（以下简称《细则》），《规范》指出，网络短视频平台应当履行版权保护责任。《细则》要求网络短视频中不得出现损害国家形象、革命领袖、英雄烈士形象的内容等。2019年1月24日，国家广播电视总局发布《关于做好2019年度〈广播电视节目制作经营许可证〉和〈电视剧制作许可证（甲种）〉换证工作的通知》，内容为对制作、

经营内容导向偏差、低俗庸俗、社会广泛差评、产生不良社会影响的节目；含有境外资金或人员；参与违规买卖收视率或参与收视率造假；未按要求规范、及时缴纳税款等持《广播电视节目制作经营许可证》的持证机构，不与换发新的许可证，并撤销其节目制作经营许可。2019 年 3 月 29 日，国家广播电视总局公布《未成年人节目管理规定》，自 2019 年 4 月 30 日起实施，以保护未成年人的身心健康及合法权益。2019 年 9 月 5 日，国家广播电视总局发布《AVS2 4K 超高清编码器技术要求和测量方法》《AVS2 4K 超高清专业卫星综合接收解码器技术要求和测量方法》两项广播电视行业标准，并批准为中华人民共和国广播电视推荐性行业标准，予以发布。

2019 年 8 月 13 日，为了打通文化科技融合"最后一公里"，科技部等六部门联合印发《关于促进文化和科技深度融合的指导意见》。意见提出，到 2025 年，基本形成覆盖重点领域和关键环节的文化和科技融合创新体系，实现文化和科技深度融合。意见还明确了加强文化共性关键技术研发、完善文化科技创新体系建设、加快文化科技成果产业化推广、加强文化大数据体系建设、推动媒体融合向纵深发展、促进内容生产和传播手段现代化、提升文化装备技术水平、强化文化技术标准研制与推广 8 项重点任务。

2020 年 1 月 17 日，国家体育总局发布了《体育赛事活动管理办法》（2020 年版），于 2020 年 5 月 1 日起实施。进一步明确了主承协办的关系和各自的权利和义务，对体育部门和相关协会的指导服务和监督管理进行要求，重视参与者的权利和信息隐私，法律责任更加明确。

（二）文化、体育和娱乐业法律风险新动向

2019 年以来，国家发布了多个文化、体育和娱乐业领域的新规范，推进了一些新的法律制度，可能对文化、体育、娱乐业上市公司的生产经营活动产生影响，或者带来新的法律风险，具体包括：

1. 短视频发布要合法合规。2019 年 1 月 9 日，中国网络视听节目服务协会发布《网络短视频平台管理规范》《网络短视频内容审核标准细则》，要求网络短视频平台履行版权保护责任且不得出现损害国家形象、革命领袖、英雄烈士形象的内容等。该行业的上市公司应该注重检测自己所产的视频内容是否符合上述规定，防患于未然，避免不必要的经济损失。

2. 注重体育活动参与人的隐私。《体育赛事活动管理办法》明确要求重视参与者的权利和信息隐私，所以该行业上市公司在承办活动的过程中要注重参与者的权利保护，促使活动顺利进行。

三、文化、体育和娱乐业上市公司诉讼情况统计

本书以文化、体育和娱乐业的 59 家上市公司为当事人检索案例，共收集 2019 年全国法院判决的各类司法判决书 102 份，作为统计分析的样本。

（一）案件类型分布

1. 诉讼类型

如表 2－30－1 所示，从案件诉讼类型上看，2019 年文化、体育和娱乐业上市公司所涉及的 102 件案件中民事诉讼的案件数量为 98 件，行政诉讼的案件为 4 件，刑事诉讼案件数量为 0 件。

表 2－30－1　文化、体育和娱乐业上市公司案件诉讼类型

诉讼类型	案件数量（件）
民事诉讼	98
行政诉讼	4
刑事诉讼	0

2. 案由种类

如表 2－30－2、表 2－30－3 所示，从案件案由种类上看，2019 年文化、体育和娱乐业上市公司所涉及的 102 件案件中，大多数为著作权权属、侵权纠纷，该案由所涉案例数量为 52 件，占全部案例数量的一半以上。其他案由还包括证券欺诈责任纠纷 22 件，买卖合同纠纷 4 件，租赁合同纠纷 4 件，服务合同纠纷 2 件，商标权权属、侵权纠纷 2 件，借款合同纠纷 2 件，企业出资人权益确认纠纷 1 件，名誉权纠纷 1 件，保证合同纠纷 1 件，建设工程合同纠纷 1 件，广告合同纠纷 1 件，网络侵权责任纠纷 1 件，著作权合同纠纷 1 件，其他合同纠纷 1 件，承揽合同纠纷 1 件，提供劳务者受害责任纠纷 1 件。还有 4 件为行政纠纷，案由为商标权申请驳回复审行政纠纷 3 件，商标权无效宣告请求行政纠纷 1 件。

表 2－30－2　文化、体育和娱乐业上市公司案件案由（民事）

案　　由	案件数量（件）
著作权权属、侵权纠纷	52
证券欺诈责任纠纷	22
买卖合同纠纷	4

续表

案　　由	案件数量(件)
租赁合同纠纷	4
服务合同纠纷	2
商标权权属、侵权纠纷	2
借款合同纠纷	2
企业出资人权益确认纠纷	1
名誉权纠纷	1
保证合同纠纷	1
建设工程合同纠纷	1
广告合同纠纷	1
网络侵权责任纠纷	1
著作权合同纠纷	1
其他合同纠纷	1
承揽合同纠纷	1
提供劳务者受害责任纠纷	1

表 2－30－3　文化、体育和娱乐业上市公司案件案由(行政)

案　　由	案件数量(件)
商标权申请驳回复审行政纠纷	3
商标权无效宣告请求行政纠纷	1

(二)案件审理程序

1. 诉讼阶段

从诉讼阶段上看,2019 年文化、体育和娱乐业上市公司所涉及的 102 件案件中,一审判决书 80 件,占比约为 78.43%;二审判决书 22 件,占比约为 21.57%(见图 2－30－1)。

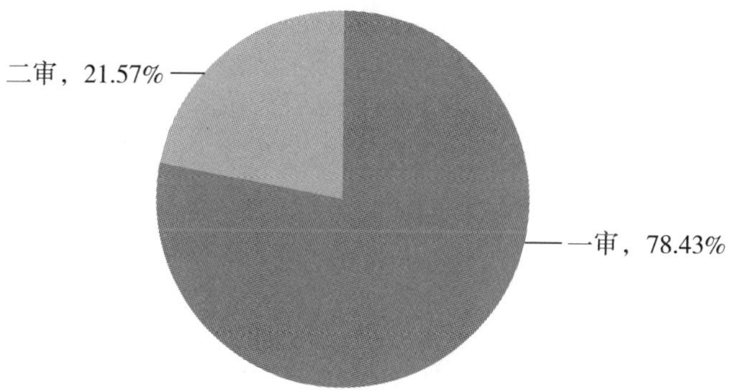

图 2-30-1　文化、体育和娱乐业上市公司案件诉讼阶段分布

2. 法院层级

如图 2-30-2 所示，从诉讼阶段上看，2019 年文化、体育和娱乐业上市公司所涉及的 102 件案件中，基层人民法院审结的案件数量为 51 件，占比约为 50.00%；中级人民法院审结的案例 49 件，占比约为 48.04%；高级人民法院审结的案例 2 件，占比约为 1.96%；最高人民法院审结的案例 0 件。

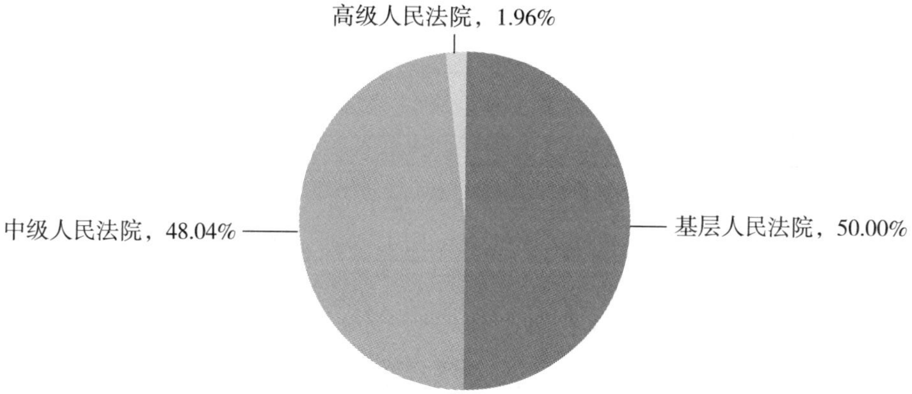

图 2-30-2　文化、体育和娱乐业上市公司案件审理法院层级分布

（三）上市公司诉讼地位

从上市公司的诉讼地位上看，2019 年文化、体育和娱乐业上市公司所涉及的 102 件案件中，上市公司作为原告的案例有 45 件，占比约为 44.12%，上市公司作为被告的案例有 57 件，占比约为 55.88%。可见，2019 年文化、体育和娱乐业上市公司的民事诉讼中，上市公司主动提起诉讼的情形比被动参与诉讼的情形相比略少，较大多数情况下上市公司是作为应诉方被动地参与诉讼（见图 2-30-3）。

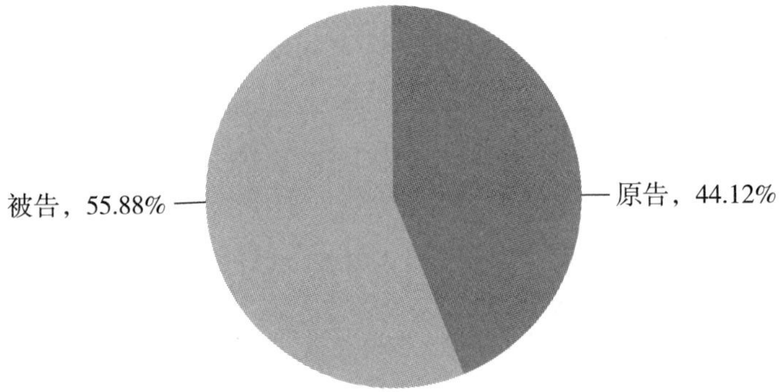

图 2－30－3　文化、体育和娱乐业上市公司诉讼地位总体分布

具体而言，在文化、体育和娱乐业上市公司所涉及的 80 件一审判决中，上市公司作为原告的案例有 29 件，上市公司作为被告的案例有 51 件，二者之间占比差别较为悬殊。可见，在一审程序中，文化、体育和娱乐业上市公司主动提起诉讼、发起诉讼程序情况较为少见，大多是作为被告被动地进入诉讼程序当中（见图 2－30－4）。

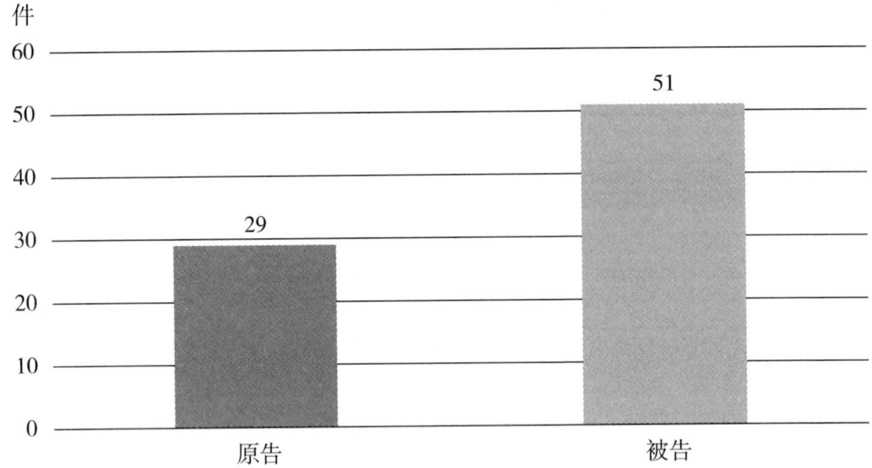

图 2－30－4　文化、体育和娱乐业上市公司一审程序诉讼地位分布

在文化、体育和娱乐业上市公司所涉及的 22 件二审判决中，上市公司作为上诉人的案例有 7 件，其中同时为原审原告的有 2 件，同时为原审被告的有 5 件；上市公司作为被上诉人的案例有 15 件，其中同时为原审原告的有 14 件，同时为原审被告的有 1 件。可见，在二审程序中，文化、体育和娱乐业上市公司主动提起上诉、继续诉讼程序的情况较为少见（见图 2－30－5）。

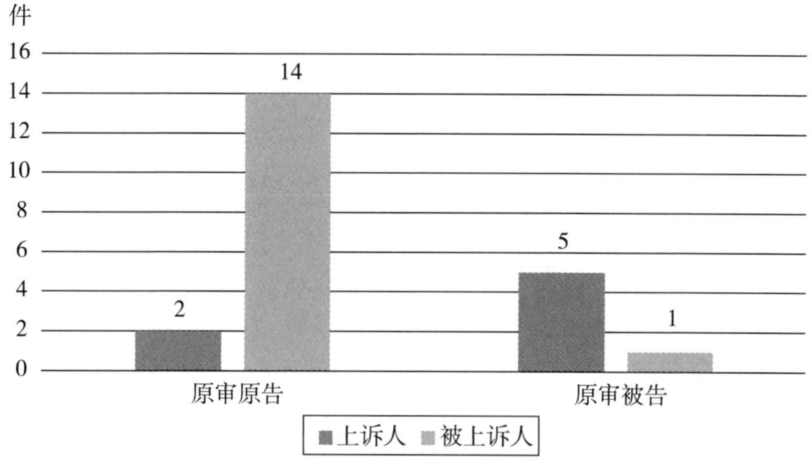

图 2-30-5 文化、体育和娱乐业上市公司二审程序诉讼地位分布

(四)诉讼标的额

从民事诉讼案件的标的额上看,2019 年文化、体育和娱乐业上市公司所涉及的 102 件案件中,可统计诉讼标的额的案件数量为 93 件。诉讼请求金额在 1 万元以下的案件数量为 5 件,超过 1 万元且 10 万元以下的案件数量为 33 件,超过 10 万元且 20 万元以下的案件数量为 14 件,超过 20 万元且 50 万元以下的案件数量为 17 件,超过 50 万元且 100 万元以下的案件数量为 4 件,超过 100 万元且 200 万元以下的案件数量为 9 件,超过 200 万元且 500 万元以下的案件数量为 3 件,超过 500 万元且 1000 万元以下的案件数量为 1 件,超过 1000 万元且 2000 万元以下的案件数量为 0 件,超过 2000 万元的案件数量为 7 件(见图 2-30-6)。

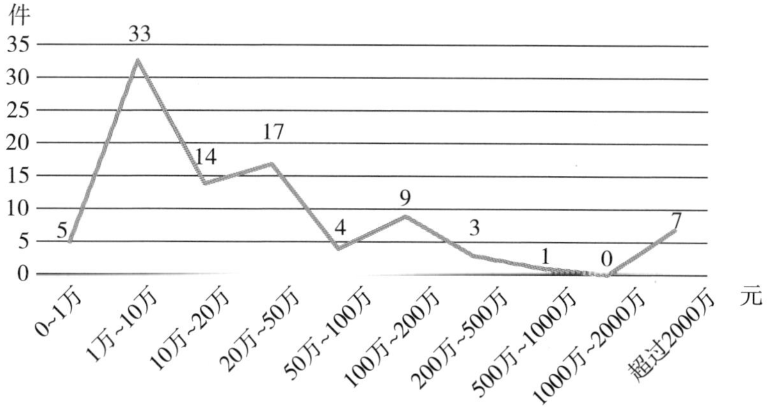

图 2-30-6 文化、体育和娱乐业上市公司诉讼标的额分布

如表 2－30－4 所示，具体来看，2019 年文化、体育和娱乐业上市公司所涉及的案件中，案件数量最集中的诉讼标的额在 1 万～10 万元区间之内，标的额平均值为 4,334,553.82 元，中位数为 150,640.00 元，标的额最大为 143,412,498.40 元，最小为 1834.70 元。

表 2－30－4　文化、体育和娱乐业上市公司诉讼标的额

单位：元

总　　额	403,113,505.23
平均数	4,334,553.82
中位数	150,640.00
最大金额	143,412,498.40
最小金额	1834.70

（五）诉讼结果和胜诉率

从诉讼结果上看，2019 年文化、体育和娱乐业上市公司所涉及的 102 件案件中，上市公司胜诉的案例有 66 件，上市公司败诉的案例有 31 件，剩余 5 件案例的诉讼结果为原告撤诉。总体来看，文化、体育和娱乐业上市公司胜诉的案件数量占比约为 64.71%，如果排除撤诉的情形，则文化、体育和娱乐业上市公司的总体胜诉率约为 68.04%（见图 2－30－7）。

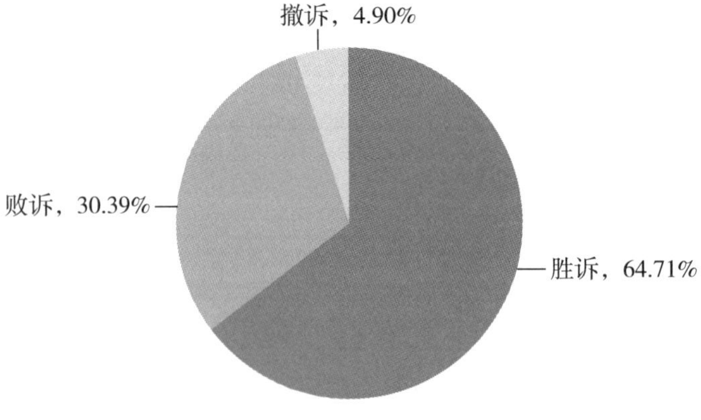

图 2－30－7　文化、体育和娱乐业上市公司诉讼结果占比

具体到不同的诉讼地位上，当文化、体育和娱乐业上市公司为原告时，其胜诉的案件有 35 件，败诉的案件有 5 件，胜诉率为 87.50%，高于总体胜诉率。当文化、体育和娱乐业上市公司为被告时，其胜诉的案件有 31 件，败诉的案件有 26 件，胜诉率约为 54.39%，低于总体胜诉率（见图 2－30－8）。

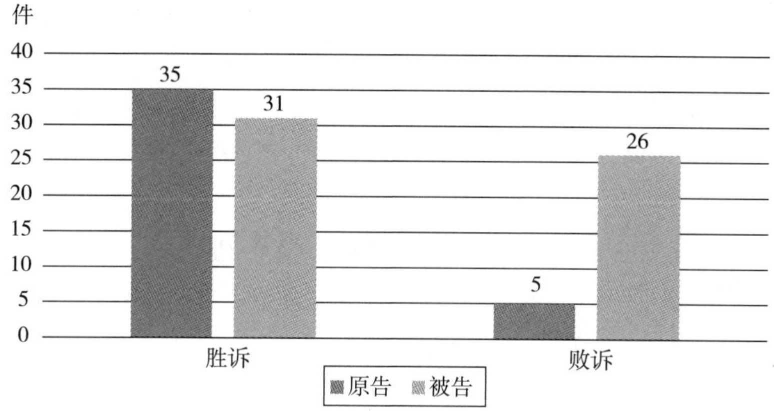

图2－30－8 文化、体育和娱乐业上市公司胜诉情况与诉讼地位交叉分布情况

具体到不同的诉讼阶段上，在一审判决中，上市公司胜诉的案件有54件，败诉的案件有26件，胜诉率约为67.50%，略高于总体胜诉率。在二审判决中，上市公司胜诉的案件有12件，败诉的案件有5件，胜诉率约为70.59%，高于总体胜诉率（见图2－30－9）。

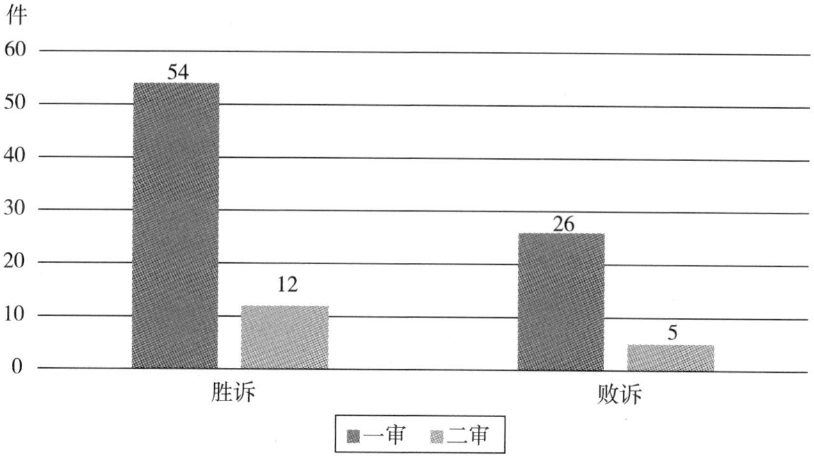

图2－30－9 文化、体育和娱乐业上市公司胜诉情况与诉讼阶段交叉分布情况

第三十一节 综合行业

一、综合行业上市公司概况

根据《上市公司分类指引》的规定，当上市公司没有一类业务的营业收入比重大于或等于50%，但某类业务的收入和利润均在所有业务中最高，而且均占到公司总收入和总利润的30%以上（包含本数），则该公司归属该业务对应的行业类别。不能按照上述分类方法确定行业归属的，由上市公司行业分类专家委员会根据公司实际经营状况判断公司行业归属；归属不明确的，划为综合类。可见，综合行业中上市公司构成存在一定的复杂性，不能一概而论。

2019年截至第三季度我国综合行业上市公司共计21家，其数量占全部上市公司的约0.56%。

二、综合行业上市公司诉讼情况统计

本书以综合行业的21家上市公司为当事人检索案例，共收集2019年全国法院判决的各类司法判决书5份，作为统计分析的样本。

（一）案件类型分布

1. 诉讼类型

如表2－31－1所示，从案件诉讼类型上看，2019年综合行业上市公司所涉及的5件案件中，全部都是民事诉讼案件，没有行政案件以及刑事案件。

表2－31－1 综合行业上市公司案件诉讼类型

案件类型	案件数量（件）
民事诉讼	5
行政诉讼	0
刑事诉讼	0

2. 案由种类

如表2－31－2所示，2019年综合行业上市公司所涉及5件民事案件案由分别为股东损害债权人利益责任纠纷、承揽合同纠纷、运输合同纠纷、新增资本认购纠纷以及证券权利确认纠纷。

表2－31－2 综合行业上市公司案件案由（民事）

案　　由	案件数量（件）
股东损害公司债权人利益责任纠纷	1
承揽合同纠纷	1
运输合同纠纷	1
新增资本认购纠纷	1
证券权利确认纠纷	1

（二）案件审理程序

1. 诉讼阶段

从诉讼阶段上看，2019 年综合行业上市公司所涉及的 5 件案件中，一审判决书 3 件，占比为 60.00%；二审判决书 2 件，占比为 40.00%；再审判决书 0 件（见图 2－31－1）。

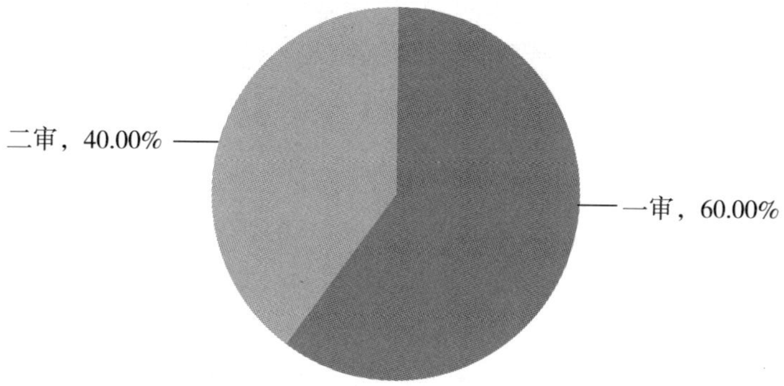

图 2－31－1　综合行业上市公司案件诉讼阶段分布

2. 法院层级

如图 2－31－2 所示，从诉讼阶段上看，2019 年综合行业上市公司所涉及的 5 件案件中，基层人民法院审结的案例 2 件，占比为 40.00%；中级人民法院审结的案例 3 件，占比为 60.00%；高级人民法院审结的案例 0 件，最高人民法院审结的案例 0 件。

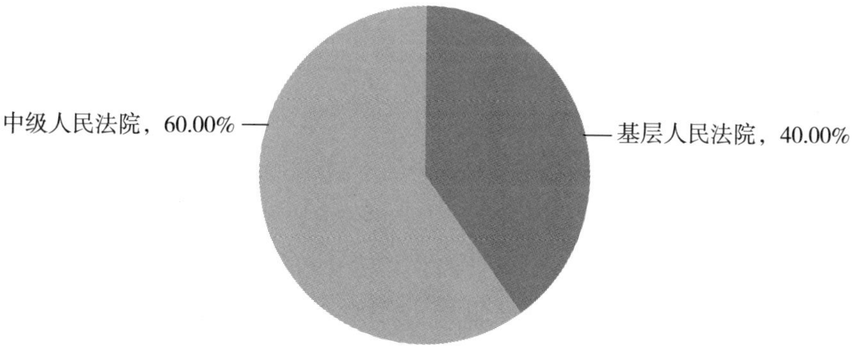

图 2－31－2　综合行业上市公司案件审理法院层级分布

（三）上市公司诉讼地位

从上市公司的诉讼地位上看，2019 年综合行业上市公司所涉及的 5 件案件中，上市公司作为原告的案例有 2 件,占比为 40.00%,上市公司作为被告的案例有 3 件,占比为 60.00%。2019 年的综合行业,上市公司作为被告的案件整体比作为原告的多 1 件(见图 2-31-3)。

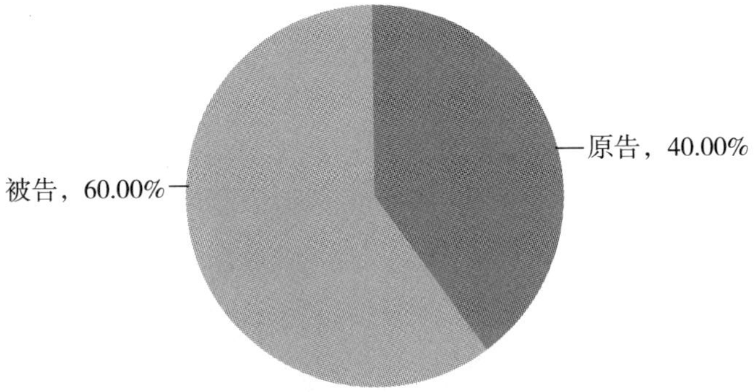

图 2-31-3 综合行业上市公司诉讼地位整体分布

具体而言,在综合行业上市公司所涉及的 2 件一审判决中,上市公司作为原告的案例有 1 件,上市公司作为被告的案例有 1 件,二者之间数量相等(见图 2-31-4)。

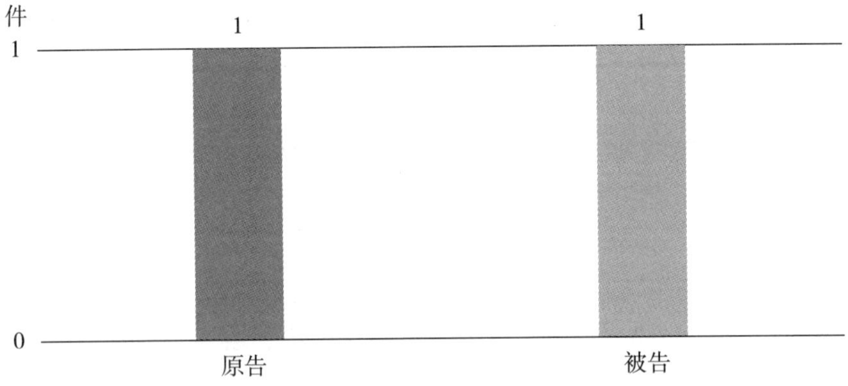

图 2-31-4 综合行业上市公司一审程序诉讼地位分布

在综合行业上市公司所涉及的 3 件二审判决中,上市公司作为上诉人的案例有 1 件,其中同时为原审原告的有 0 件,同时为原审被告的有 1 件;上市公司作为被上诉人的案例有 2 件,其中同时为原审原告的有 1 件,同时为原审被告的有 1 件。可见,在二审程序中,综合行业上市公司作为被上诉人,被动继续参加诉讼的情形较为常见(见图 2-31-5)。

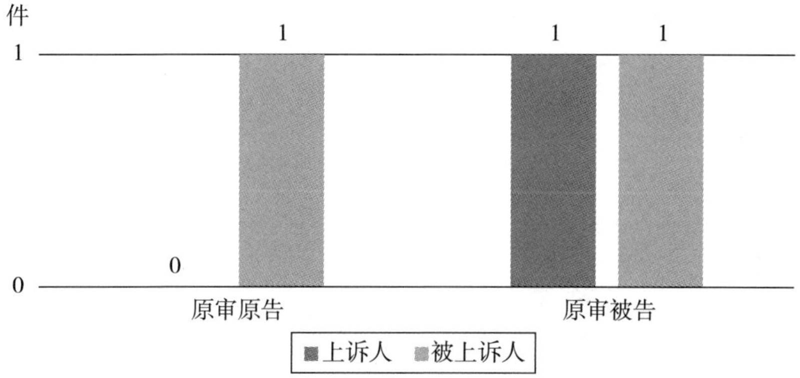

图 2－31－5　综合行业上市公司二审程序诉讼地位分布

（四）诉讼标的额

从民事诉讼案件的标的额上看，2019 年综合行业上市公司所涉及的 5 件民事案件中，有 2 件不涉及金额的确认之诉，因此可统计诉讼标的金额的案件总数为 3 件，其中诉讼请求金额在 1 万元以下的案件数量为 1 件，超过 1 万元且 10 万元以下的案件数量为 1 件，超过 10 万元且 20 万元以下的案件数量为 0 件，超过 20 万元且 50 万元以下的案件数量为 0 件，超过 50 万元且 100 万元以下的案件数量为 0 件，超过 100 万元且 200 万元以下的案件数量为 0 件，超过 200 万元且 500 万元以下的案件数量为 1 件，超过 500 万元且 1000 万元以下的案件数量为 0 件，超过 1000 万元且 2000 万元以下的案件数量为 0 件，超过 2000 万元的案件数量为 0 件（见图 2－31－6）。

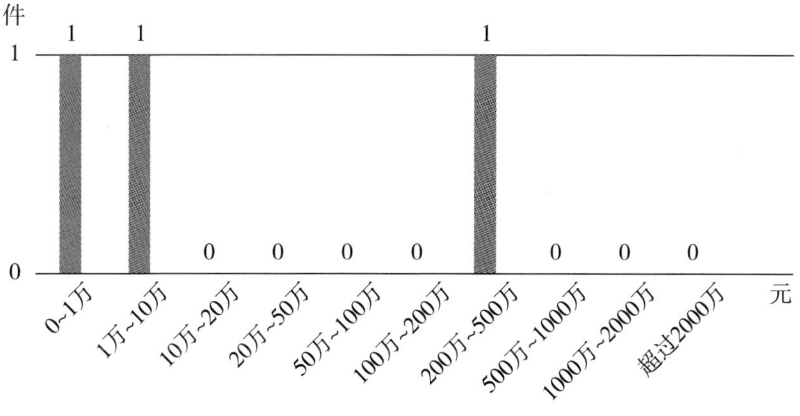

图 2－31－6　综合行业上市公司诉讼标的额分布

如表 2-31-3 所示，具体来看，2019 年综合行业上市公司所涉及的案件中，标的额平均值为 1,022,454.42 元，中位数为 99,055.44 元，标的额最大为2,966,315.83 元，最小为 1992.00 元。

表 2-31-3　综合行业上市公司诉讼标的额

单位：元

总　　额	3,067,363.27
平均数	1,022,454.42
中位数	99,055.44
最大金额	2,966,315.83
最小金额	1992.00

（五）诉讼结果和胜诉率

从诉讼结果上看，2019 年综合行业上市公司所涉及的 5 件案件中，上市公司胜诉的案例有 3 件，上市公司败诉的案例有 2 件，上市公司撤诉的有 0 件，驳回上诉的有 0 件。总体来看，综合行业上市公司胜诉的案件数量占比为 60.00%，败诉占比为 40.00%，如果排除撤诉和被驳回上诉的情形，则综合行业上市公司的总体胜诉率为 60.00%（见图 2-31-7）。

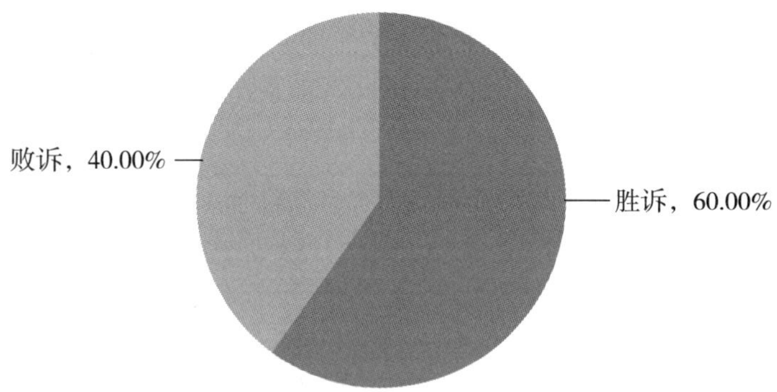

图 2-31-7　综合行业上市公司诉讼结果占比

具体到不同的诉讼地位上，当综合行业上市公司为原告时，其胜诉的案件有 1 件，败诉的案件有 1 件，胜诉率为 50.00%，低于总体胜诉率。当综合行业上市公司为被告时，其胜诉的案件有 2 件，败诉的案件有 1 件，胜诉率约为 66.67%，高于总体胜诉率（见图 2-31-8）。

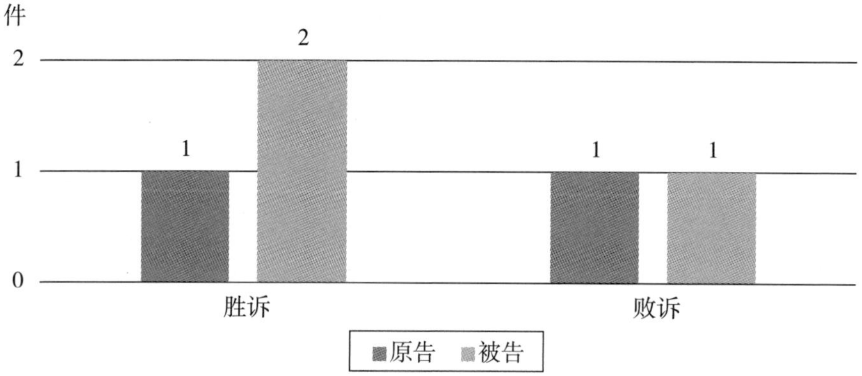

图 2－31－8　综合行业上市公司诉讼情况与诉讼地位交叉分布情况

具体到不同的诉讼阶段上，在一审判决中，上市公司胜诉的案件有 1 件，败诉的案件有 1 件，胜诉率为 50.00%，低于总体胜诉率。在二审判决中，上市公司胜诉的案件有 2 件，败诉的案件有 1 件，胜诉率约为 66.67%，高于总体胜诉率（见图 2－31－9）。

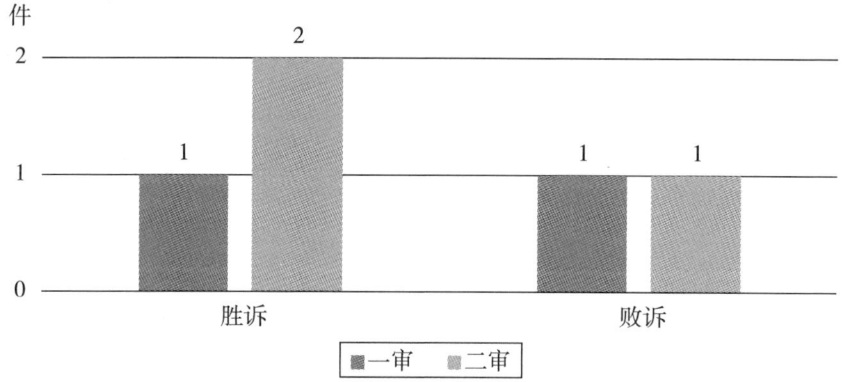

图 2－31－9　综合行业上市公司诉讼情况与诉讼阶段交叉分布情况

第三章

2019年上市公司典型诉讼案例分析

第一节 民事典型案例分析

一、山东矿机租赁合同纠纷案[①]

(一)当事人情况:

原告:山东矿机集团股份有限公司

被告一:贵州省朗月矿业投资有限公司金沙县化觉乡玉龙煤矿

被告二:被告贵州省朗月矿业投资有限公司

(二)基本案情

1. 合同的签订

2013年1月30日,贵州省朗月矿业投资有限公司金沙县化觉乡玉龙煤矿(以下简称玉龙煤矿)作为甲方与原告山东矿机集团股份有限公司(以下简称山东矿机)作为乙方签订涉案合同,约定甲、乙双方就玉龙煤矿C8号煤层的综合机械化开采成套设备及生产技术服务签订合同,合同的主要内容包括:

(1)服务方式:乙方向甲方提供成套综采设备租赁服务,包括:综采成套机械、电器设备及配件;综采设备安装所需运输设备及专用工具。乙方组织成建制队伍,为甲方提供综采面生产、综采设备安装及撤除技术服务。

(2)服务范围(煤层):玉龙煤矿C8煤层所有综采工作面。

(3)合同工期:5年。开工日期:2013年3月。

(4)合同价格:按综采工作面实际生产产量和年实际生产天数折算成年产量,按吨煤单价提取包括设备租赁折旧、维护修理费、生产技术服务费的综合费用。

(5)甲方权利和义务:负责提供综采工作面所需的风、水、电的供给及排水设备及附件,保证矿井用电、用水、用风、供暖的质量。乙方负责区域范围内风、水、电管线的安装、维护及拆除。负责为乙方提供办公、学习、住宿、就餐及洗浴场所、生活用煤、电、暖等,提供下井需用的矿灯、自救器和人员定位设备,保证施工场所至地面的通信系统畅通。负责组织每班产量的核算,及时对产量、质量、合同履行情况进行监督检查,负责签证和受理各项报表及协调其他有关事宜,及时和乙方共同协调解决

① 参见(2018)黔民初66号民事判决书。

生产中出现的疑难问题。

(6)乙方的权利及义务：根据承包范围的要求及时采购生产所需的设备及材料；开工前必须配齐综采工作面的相关人员，乙方提供综采队主要组成人员名单，主要技术工种原则上不得少于 85 人并由甲方进行专业素质评估，经面试对不能胜任的人员有权否决，要求乙方更换人员，否则甲方有权中止合同。乙方每月应按时完成由双方协商确定的生产作业计划，积极组织确保完成生产计划。

2. 合同的履行

双方签署涉案合同以后，原告于 2013 年 3 月开始将合同约定的综采设备陆续运至玉龙煤矿矿井地面。由于切眼（安装采煤机的巷道、工作面）未完成开掘工作，由玉龙煤矿支付对价由原告方工作人员黄某水组织的工作队对切眼进行开掘，但是黄某水组织的工作队未能完成对切眼开掘工作，后历经沙某组织的工作队、韩某荣、朱某州组织的工作队对切眼进行开掘才完成切眼的开掘工作，切眼最终长度为 170 米。

2014 年 4 月 13 日，玉龙煤矿以原告未按照合同约定配齐生产人员为由向原告发出《关于对山东矿机集团股份有限公司未履行合同责任的通知》。同月 21 日玉龙煤矿以同样理由再次向原告发出《关于对山东矿机集团股份有限公司未履行合同责任的通知》。2014 年 7 月 20 日，玉龙煤矿委托律师向原告发出《律师函》，载明：

"一、立即解除双方于 2013 年 1 月 30 日签订的《综采成套设备租赁及生产技术服务合同书》。二、请贵公司从收到本律师函之日起 20 日内撤离贵方机械设备并清理离场，否则一切不利后果将由贵公司承担。"

对此，玉龙煤矿自认虽然向原告送达上述律师函，但是双方仍然按照涉案合同履行合同义务。

（三）争议焦点

法院总结了以下十项争议焦点：(1)如何确立原告与玉龙煤矿之间的法律关系。(2)导致涉案煤矿生产能力不能达到预期目标的原因是什么？(3)涉案合同是否应当予以解除？(4)玉龙煤矿主张原告赔偿 5000 万元的反诉请求是否成立？(5)玉龙煤矿应付原告的款项是多少？(6)原告提供的综采设备的价值如何确定？(7)如何计算原告的损失？(8)是否需要对双方债权债务数额进行司法审计？(9)是否需要对综采设备设计是否合理进行司法鉴定？(10)贵州省朗月矿业投资有限公司（以下简称朗月公司）是否承担责任？

其中，比较重要的争议集中在双方的法律关系认定、合同履行障碍原因和违约责任的认定上。

(四)判决结果分析

1. 山东矿机与玉龙煤矿间构成租赁合同法律关系

按照涉案合同的约定,由玉龙煤矿提供煤矿采矿权及煤矿硬件设施,由原告提供设备并安装及负责生产,被告按照原告生产的煤炭的数量,以一定的价格向原告支付报酬,并不发生煤矿采矿权权利主体的变化,对外仍然以玉龙煤矿的名义进行经营,符合承包合同的特点,涉案的合同定性为采矿权的承包经营合同为宜。该合同系双方真实意思表示,且并不违反相关的法律法规,该合同为有效合同。从双方的结算单显示,原告是从 2014 年 2 月开始开采煤炭,在 2015 年 2 月以后就退出了煤炭的开采工作,由玉龙煤矿继续使用原告提供的设备进行煤炭的开采,玉龙煤矿按照煤炭的生产量以一定的价格向原告支付租金,在 2015 年 2 月以后原告与玉龙煤矿之间形成了实质上的设备租赁合同关系。

2. 导致租赁合同履行障碍的原因

法院认为,合同履行障碍的原因在于玉龙煤矿的开掘的切眼未达到安装条件。由于玉龙煤矿提供的巷道、切眼不具备安装综采设备的条件,致使在合同约定的期限内无法完成设备的安装调试,且由案外人提供的安装服务被告未进行验收调试试采,致使生产能力达不到预期目标,其责任不在于原告,而在于被告。

3. 两被告间的责任分配问题

关于朗月公司是否承担责任的问题。尽管朗月公司与玉龙煤矿约定玉龙煤矿属于挂靠在朗月公司名下的煤矿,玉龙煤矿所有的股权属于原玉龙煤矿股东,玉龙煤矿具有独立的法人资格,自主经营、自负盈亏。但是,玉龙煤矿已经成为朗月公司的分支机构,朗月公司与玉龙煤矿之间的约定属于双方内部约定,仅仅对双方有约束力,对外不具有对抗的效力。总之,玉龙煤矿属于朗月公司的分支机构,其民事责任由朗月公司承担。原告主张朗月公司承担责任,于法有据。

二、厦门厦工买卖合同纠纷案[①]

(一)当事人情况:

原告:厦门厦工机械股份有限公司

---

① 参见(2019)最高法民终 591 号民事判决书。

被告一:通化市顺达机械设备有限公司

被告二:长春市厦工顺达机械有限公司

被告三:通化市顺达工程机械配件有限公司

被告四:白山市顺达工程机械销售有限公司

被告五:松原市厦工顺达机械销售有限公司

被告六:张某权(松原顺达总经理)

被告七:宫某娜(白山顺达总经理)

被告八:张某

(二)基本案情

1. 合同的签订

(1)厦门厦工与通化配件间的合同

2013 年、2014 年,厦门厦工机械股份有限公司(以下简称厦门厦工)与通化市顺达机械配件有限公司(以下简称通化配件)签订《2013 年厦工产品经销协议》《2014 年厦工产品经销协议》及相关附件。通化配件成为在吉林省的经销商,负责经销厦门厦工的装载机、挖掘机和叉车等产品及配件。协议对双方的权利义务做了详细约定:乙方(通化配件)应按甲方(厦门厦工)要求及时将货款支付甲方,乙方同意严格遵守甲方制定的《付款结算管理规定》,《付款结算管理规定》由甲方另行通知乙方。本协议期满,若双方未签订新的合同且本同所述的相关业务尚在继续,则视为双方同意延长该协议有效期并按该协议的条款继续履行;同时不影响甲方对乙方及相关担保人的债权追索权。

《付款结算管理规定》关于资金占用费的约定:乙方逾期付款的,逾期付款金额从逾期之日起以每日万分之五向甲方支付资金占用费。若乙方提前付款用于核销未到期的应付款项,甲方将反向计算资金占用费,该反向计算的资金占用费仅可用于抵扣乙方逾期付款产生的资金占用费,即考核期间出现核算的反向资金占用费多于逾期付款资金占用费时,乙方不得向甲方主张结算该项费用。乙方应付甲方的资金占用费纳入乙方对甲方的总欠款。

(2)厦门厦工与长春顺达间的合同

2015 年、2016 年,厦门厦工与长春市厦工顺达机械有限公司(以下简称长春顺达)签订《2015 年厦工产品经销协议》《2016 年厦工产品经销协议》及相关附件。长春顺达取代通化配件成为厦门厦工的经销商,负责经销厦门厦工的装载机、挖掘机和叉车等产品及配件。协议对双方的权利义务做了详细约定,与上述厦门厦工与通化配件间的合同大体相似。

(3)厦门厦工与张某权、宫某娜间的合同

2013 年,张某权、宫某娜向厦门厦工出具一份《担保承诺函》,自愿为通化配件向厦门厦工提供连带责任保证担保。担保范围:通化配件与厦门厦工业务往来中对厦门厦工所承担的一切责任与义务,以及本担保函签署之后通化配件与厦门厦工业务往来中对厦门厦工所承担的一切责任与义务,该责任与义务包括经销商所欠厦门厦工的货款、违约金、资金占用费、贴息、银行费用及厦门厦工实现债权的费用等。保证期间:主债务履行期届满之日起三年。

2014 年 1 月 1 日,张某权、宫某娜向厦门厦工出具一份《担保承诺函》,自愿为通化配件向厦门厦工提供连带责任保证担保。担保范围为 2014 年 1 月 1 日前通化配件欠厦门厦工的款项,以及 2014 年 1 月 1 日至 2018 年 12 月 31 日通化配件与厦门厦工经销协议及相关业务往来中所发生的欠款。保证期间为通化配件总债务额确定之日起二年。

2. 合同的履行

厦门厦工分别于 2013 年 4 月、7 月、10 月、2014 年 1 月、4 月、7 月、10 月、2015 年 1 月、2016 年 1 月、7 月向通化配件发出《厦工应收账款确认函》;于 2015 年 4 月、7 月、10 月、2016 年 4 月、7 月、10 月、2017 年 1 月、8 月向长春顺达发出《厦工应收账款确认函》;于 2016 年 1 月、7 月向通货市顺达机械设备有限公司(以下简称通化设备)发出《厦工应收账款确认函》;于 2016 年 7 月、10 月向白山市顺达机械销售有限公司(以下简称白山顺达)发出《厦工应收账款确认函》;于 2016 年 10 月向松原市厦工顺达机械销售有限公司(以下简称松原顺达)发出《厦工应收账款确认函》,对双方的债权债务进行核对。根据厦门厦工 2017 年 8 月 9 日发送给长春顺达的《厦工应收账款确认函》的记载,截至 2017 年 7 月 31 日,长春顺达欠款 183,683,886.49 元;通化配件欠款 42,090,515.46 元;白山顺达欠款 13,087,259 元;松原顺达欠款 3,941,498.05 元。

(三)争议焦点

法院总结了以下五项争议焦点:(1)厦门厦工主张按《厦工产品经销协议》约定的标准计算分销商资金占用费能否成立;(2)通化设备应否向厦门厦工支付资金占用费;(3)通化配件、长春顺达应否对其分销商的债务承担连带清偿责任;(4)张某权、宫某娜应否对长春顺达、通化设备、白山顺达、松原顺达的债务承担连带清偿责任;(5)张某应否对通化配件、长春顺达、通化设备、白山顺达、松原顺达的债务承担连带清偿责任。

（四）判决结果分析

1. 是否存在资金占用的问题

根据通化配件、长春顺达与厦门厦工签订的《厦工产品经销协议》之附件《付款结算管理规定》第 8.2 条的规定，乙方（通化配件、长春顺达）逾期付款的，应从逾期之日起向甲方（厦门厦工）支付一定比例的资金占用费。因此，厦门厦工要求通化配件、长春顺达在偿付欠款的同时支付资金占用费，有合同依据。

同理，对长春顺达而言，由于厦门厦工与长春顺达签订的 2015 年、2016 年《厦工产品经销协议》之附件《付款结算管理规定》明确约定，长春顺达逾期付款的，应从逾期之日起按日万分之二、日万分之四的标准向厦门厦工支付资金占用费，因此，厦门厦工要求长春顺达支付资金占用费亦有合同依据。但由于双方系在 2015 年之后才存在直接合同关系，受资金占用费条款约束，因此，对于长春顺达 2015 年之前发生的欠款，厦门厦工仅有权按照中国人民银行同期贷款罚息利率标准要求长春顺达计付资金占用费。

2. 是否需要承担连带责任的问题

（1）长春顺达的连带责任

根据通化配件与厦门厦工签订的 2013 年、2014 年《厦工产品经销协议》第 2.7 条的约定，通化配件同意为其分销单位因经营厦门厦工产品而对厦门厦工产生的债务承担连带担保责任。厦门厦工虽主张长春顺达、通化设备、白山顺达、松原顺达均为通化配件的分销商，但从通化配件 2014 年 1 月 1 日出具的《分销商的样机申请及开票业务授权书》来看，其确认的分销商为长春顺达、白山顺达、松原顺达等，并不包含通化设备。另一份 2011 年 1 月 1 日的《分销商的样机申请及开票业务授权书》中，通化配件虽表示愿意对通化设备与厦门厦工之间的经济纠纷承担连带赔偿责任，但该份《授权书》的出具时间是在 2011 年 1 月 1 日，不是针对案涉《厦工产品经销协议》出具的授权，无法体现与本案的关联性。

因此，仅可明确 2014 年度通化配件的分销商为长春顺达、白山顺达、松原顺达，故通化配件仅需依约对 2014 年度上述分销商与厦门厦工形成的债务承担连带清偿责任。对上述公司其他年度与厦门厦工形成的债务，由于并没有证据证明它们在当年度是通化配件的分销商，因此厦门厦工要求通化配件对他们当年度的欠款亦承担连带清偿责任缺乏依据。

（2）张某权、宫某娜的连带责任

从厦门厦工提供的三份《担保承诺函》看，张某权、宫某娜从 2012 年起至 2014

年,每年均有向厦门厦工作出自愿对通化配件与厦门厦工之间的债权债务提供最高额连带责任担保的意思表示。根据2014年1月1日通化配件出具的《担保承诺函》,该二人自愿在21,400万元的范围内对通化配件2014年1月1日之前及2014年1月1日起至2018年12月31日期间欠厦门厦工的货款提供连带责任保证。因此,厦门厦工要求该二人对通化配件尚欠厦门厦工的货款承担连带清偿责任,有合同依据,应予支持。但由于张某权、宫某娜出具的《担保承诺函》中均未提及要为长春顺达、白山顺达、松原顺达的债务提供连带责任担保,因此,厦门厦工要求张某权、宫某娜对以上债务承担连带清偿责任也缺乏依据。

三、永泰能源公司债券交易纠纷案[①]

(一)当事人情况:

原告:中欧盛世资产管理(上海)有限公司

被告:永泰能源股份有限公司

(二)基本案情

1. 永泰能源发行融资券

2017年7月3日,被告永泰能源股份有限公司(以下简称永泰能源)发行2017年度第四期短期融资券,期限365天,起息日为2017年7月5日,兑付日为2018年7月5日,兑付方式为到期一次还本付息,发行利率为7%。《永泰能源股份有限公司2017年度第四期短期融资券募集说明书》(以下简称《募集说明书》)第十一章第二条载明,发行人延期支付本金和利息的,除进行本金利息支付外,还需按照延期支付金额以日利率万分之二点一计算向债权人支付违约金。

2. 永泰能源公告违约

2018年7月5日,被告发布《永泰能源股份有限公司2017年度第四期短期融资券未按时足额偿付债务融资工具本息的公告》,称涉案融资券应于2018年7月5日兑付,截至兑付日营业终了,发行人未能按照约定将兑付资金按时足额划至托管机构,已构成实质违约。

3. 中欧盛世提出偿付本息的请求

原告中欧盛世资产管理(上海)有限公司(以下简称中欧盛世)所管理的中欧盛

---

① 参见(2019)沪民终157号民事判决书。

世汉口银行 5 号资管计划系涉案融资券的合法持有人。被告未能在兑付日按时足额偿付涉案融资券,已构成违约。因此,原告要求被告兑付本金,并支付利息及违约金。关于本金,截至 2018 年 10 月 30 日,原告所管理的中欧盛世汉口银行 5 号资管计划共计持有票面金额为 5000 万元的涉案融资券,故被告应兑付本金金额为 5000 万元。关于利息,涉案融资券期限为 365 天,发行期内利率为 7%,据此计算,被告应支付的利息为 350 万元。

(三)争议焦点

在一审中,被告永泰能源发表意见称,对原告融资券持有人的身份不持异议,但因资金流转困难,希望进行和解。在二审中,永泰能源还指出:一审判决判令其按日利率 0.21% 支付违约金,过分高于因其违约造成的损失。而中国人民银行颁布的同期同类贷款基准利率日利率仅为 0.12%。两者相差 1.75 倍。故根据合同法第 110 条及其司法解释的规定,应当予以减少。一审法院未依其请求对违约金进行调整,属于法律适用错误。

(四)判决结果分析

1. 合同约定的违约金是否合理

根据《募集说明书》第十一章第二条,被告如未按期支付本金,应按延期支付金额以日利率 0.21‰计算支付违约金。现原告主张自 2018 年 7 月 5 日起算违约金。经查,该日为涉案融资券兑付日,被告如在当日未予兑付的,才构成违约,故应自 2018 年 7 月 6 日起计算违约金。因此,被告除向原告支付本息之外,还应支付违约金,违约金的计算方式为以应付本息之和 5350 万元为基数、自 2018 年 7 月 6 日起按日利率 0.21‰计至实际清偿之日。

二审法院进一步指出,债券发行成功后,发行人永泰能源即应当严格按照《募集说明书》履行。发生本息兑付违约后,永泰能源亦应当根据《募集说明书》记载的利率和计算方式承担逾期兑付的赔偿责任。《募集说明书》记载的日利率 0.21‰虽比中国人民银行颁布的基准利率要高,但与民间借贷和金融机构贷款通常采用的逾期利率相比,并无明显过高,故原告的主张并无不妥。

2. 永泰能源的偿付范围是否包括律师费和保险费

原告中欧盛世主张律师费和保险费两笔费用系为实现债权所支出的费用。但法院认为,《募集说明书》并未载明违约方承担律师费、保险费,双方当事人也未就此达成合意,现原告已按照《募集说明书》载明的违约金计算方式主张被告支付违约金,再行要求被告支付律师费和保险费,缺乏依据。

四、泸州老窖商标权侵权纠纷案[①]

(一)当事人情况:

原告:泸州老窖股份有限公司

被告:四川省泸州中茅酒业有限公司

被告:公主岭市玉祥泉酒厂

(二)基本案情

1. 泸州老窖商标权详情

泸州老窖股份公司(以下简称泸州老窖)于 1995 年 5 月成立,是一家生产、销售泸州老窖系列浓香型白酒的上市公司。并于 1996 年 12 月经申请获得注册"泸州老窖"(横写魏碑体)"泸州老窖"(竖写魏碑体)商标,其商标注册证号 × × ×,其核定使用商品均为第 33 类含酒精饮料(啤酒除外),注册有效期限均为 1996 年 12 月 14 日至 2006 年 12 月 13 日,续展注册有效期自 2006 年 12 月 14 日至 2026 年 12 月 13 日。同时,泸州老窖公司于 2007 年 3 月经申请获得注册"稻穗"图案(中间为横写"泸州")组合商标,注册有效期限均为 2007 年 3 月 7 日至 2017 年 3 月 6 日,续展注册有效期至 2027 年 3 月 6 日。

"泸州"(横写)牌商标于 1991 年被首届"中国驰名商标"消费者评选活动组委会评为"中国驰名商标"称号。"泸州老窖"(竖写魏碑体)注册商标于 2013 年 12 月被原国家工商行政管理总局认定为"中国驰名商标"。泸州老窖公司的"泸州大曲老窖池""泸州老窖酒酿制技艺"分别于 1996 年 11 月 20 日和 2006 年 5 月 20 日被中华人民共和国国务院评为"第四批全国重点文物保护单位"和"第一批国家级非物质文化遗产"。2000 年 12 月 28 日,泸州老窖公司委托北京无形资产开发研究中心对"泸州老窖"品牌价值进行评价,其评价结果是 1,028,546 万元。其中泸州老窖公司持有的"泸州老窖"(竖写魏碑体)注册商标和"稻穗"图案(中间为横写"泸州")注册商标使用在其公司生产销售的五大单品之一"泸州老窖二曲酒"的品种上,同时,"稻穗"图案(中间为横写"泸州")注册商标使用在其公司生产销售的所有拳头产品和系列产品上。

---

① 参见(2018)川民终 861 号民事判决书。

2. 泸州老窖发现商标侵权行为

2017 年 5 月 5 日，泸州老窖公司的委托代理人王振涛在位于吉林省公主岭市怀德大路附近公主岭市玉祥泉酒厂（以下简称玉祥泉酒厂）处购买了“瀘窖老酒”“瀘窖”“瀘窖陈酿”三种品牌的五箱白酒，并由恒冠商贸公司在玉祥泉酒厂出库单上加盖了恒冠商贸公司的印章，以上购买过程由吉林省长春市信维公证处办理了证据保全公证。被诉侵权的“瀘窖”外包装盒和瓶贴标签及“瀘窖陈酿”白酒的瓶贴标签均标注有“中国泸州”（简体）字样，在“中国”两字之后、“泸州”两字之前即在“中国”和“泸州”之间使用了泸州老窖公司注册商标“稻穗”图案。且在上述两款酒的外包装盒、酒瓶瓶贴标签下方均标注“四川省泸州市中茅酒业有限公司”（以下简称泸州中茅），同时还在其侧面标注生产许可证号“QS510015014140”。“瀘窖老酒”（二曲酒）白酒的瓶贴标签，标签上部是红底白字“瀘窖老酒”、往下依次是白底黑字“二曲酒”。

（三）争议焦点

一审法院总结的争议焦点在于：（1）被诉侵权商品是否侵犯泸州老窖公司的注册商标专用权、不正当竞争权益及其侵权责任主体；（2）泸州老窖公司经济损失的承担及制止侵权的费用计算。其中核心的争点在于商标侵权行为及其行为主体的认定问题。

（四）判决结果分析

1. 泸州中茅是否构成商标权侵权行为

（1）是否构成商标混淆

泸州老窖公司诉称的被诉侵权的“瀘窖”“瀘窖陈酿”“泸窖老酒”等系列白酒产品使用商标行为是否侵犯泸州老窖公司的注册商标专用权、不正当竞争权益。本案中，被诉侵权的“瀘窖”“瀘窖陈酿”等系列白酒产品，经与泸州老窖公司产品相比，其在外包装盒、瓶盖、瓶贴标签的显著位置使用与泸州老窖公司第 4309661 号注册商标“稻穗”图案（中间为横写“泸州”）相近的商标（且被诉侵权的“瀘窖”“瀘窖陈酿”其字体与泸州老窖公司注册商标字体相同，均为魏碑体），同时，在“稻穗”图案两边分别标注“中国”和“四川”，与泸州老窖公司使用其第 4309661 号注册商标“稻穗”图案（中间为横写“泸州”）一致。

根据《商标法》第 57 条的规定，未经商标注册人许可，在同一种商品上使用与其注册商标近似的商标，容易导致混淆的，或者销售侵犯注册商标专用权的商品的，均属侵犯注册商标专用权的行为。因此，被诉侵权的“瀘窖”“瀘窖陈酿”等系列白酒商品使用商标行为，已经侵犯了泸州老窖公司的注册商标专用权。

（2）是否构成包装侵权

商品的包装、装潢，是指为识别与美化商品而在商品或者其包装上附加的文字、图案、色彩及其排列组合。商品特有的包装、装潢，是指商品装潢非为相关商品所通用，并具有显著的区别性特征。“泸州老窖二曲酒”的酒瓶瓶贴上部从上到下依次为红底白字“泸州老窖”、白底黑字“二曲白酒”，然后是横写“泸州老窖二曲白酒”的大写拼音字母；下部是黄底标注泸州老窖公司名称、厂名、规格、地址、产址等；瓶贴左侧是白底条形码、右侧是生产许可证号及标志。瓶贴标签整体色调鲜明，足以与其他同类产品区别开来。故“泸州老窖二曲酒”的瓶贴装潢为知名商品特有包装、装潢，应依法予以保护。

泸州老窖公司诉称的被诉侵权的泸州中茅“泸窖老酒”经与泸州老窖公司生产销售的“泸州老窖二曲酒”相比，其瓶贴包装、装潢，其整体布局、瓶贴各要素分部位置、从上到下、从左到右的颜色、底色及其内容均极为相似。因此，依照《反不正当竞争法》第 5 条第 2 项和《最高人民法院关于审理不正当竞争民事案件应用法律若干问题的解释》的规定，该被诉侵权的“泸窖老酒”侵犯了泸州老窖公司对其知名商品特有包装、装潢依法享有的权利，构成不正当竞争。

2. 侵权行为责任主体范围的确定

（1）生产商玉祥泉酒厂属于侵权行为主体

从泸州老窖公司提供的证据保全公证书来看，侵犯泸州老窖公司注册商标专用权的商品为“瀘窖”“瀘窖陈酿”，侵犯泸州老窖公司不当竞争权益的商品为“瀘窖老酒”，是泸州老窖公司委托代理人在玉祥泉酒厂仓库购买，且其所购被诉侵权商品的包装、瓶贴上均载明厂名为玉祥泉酒厂。因此，被诉侵权商品是由玉祥泉酒厂生产，泸州老窖公司购买被诉侵权商品后，恒冠商贸公司出具收款收据并加盖印章。据此，认定二者分别为侵权商品的生产者、销售者，并由其承担相应的侵权责任并无不当。

（2）泸州中茅作为授权生产者也属于侵权行为主体

泸州老窖公司所购“瀘窖”“瀘窖陈酿”“瀘窖老酒”等白酒的外包装、酒瓶瓶贴标签上均标注有“四川省泸州中茅酒业有限公司”的企业名称及其生产许可证号或产地，据此认为泸州中茅是侵权人，应承担商标侵权及不正当竞争的侵权民事责任。法院认为，依照《最高人民法院关于产品侵权案件能否以产品的商标所有人为被告提起民事诉讼的批复》规定，任何将自己的姓名、名称、商标或者可资识别的其他标识体现在产品上，表示其为产品制造者的企业或者个人，均属于《民法通则》第122 条规定的"产品制造者"和《产品质量法》规定的"生产者"。被诉侵权的"瀘窖""瀘窖陈酿""瀘窖老酒"等产品外包装、瓶贴标签上标注有泸州中茅的企业名称、生产许可证号、产地等可识别的标志。虽然泸州中茅辩称其企业名称等被侵犯，但其未举出充分证据证明其企业名称权被侵犯、被假冒的事实，因此，可以认定其是被诉侵权的"瀘窖""瀘窖陈酿""瀘窖老酒"等商品的授权生产者，依法应承担停止侵害商标权和反不正当竞争权益的民事责任。

五、方正科技证券虚假陈述（关联交易）责任纠纷案①

（一）当事人情况：

原告：卢某保

原告：杨某平

原告：蔡某卿

原告：潘某芬

被告：方正科技集团股份有限公司

（二）基本案情

1. 方正科技未及时披露关联交易行为

2017 年 5 月 5 日，中国证监会〔2017〕43 号《行政处罚决定书》对方正科技集团股份有限公司（以下简称方正科技公司）、方正集团、武汉国兴及其他相关责任人作出行政处罚，认为方正科技公司等具有信息披露违法行为。《行政处罚决定书》认定的主要违法事实为：方正科技公司未按照规定披露关联交易。

方正科技公司共有 28 家经销商。其通过全资子公司深圳方正信息系统有限公司、上海新延中文化传播有限公司持有其中 23 家方正科技公司经销商股权。方正科技公司于 2003 年将前述股权全部转让。1998 年 5 月，方正集团为方正科技公司股东。2012 年 7 月经变更，方正集团为方正科技公司实际控制人。2003 年起，方正集团在人事任免、员工薪酬、资金审批、日常经营管理方面实际控制方正科技公司的经销商。根据《企业会计准则》，方正科技公司与上述经销商因受方正集团控制而存在关联关系。

2004 年至 2015 年 6 月 30 日，方正科技公司及并表子公司同各经销商之间发生

① 参见（2019）沪民终 263 号民事判决书。

关联交易金额分别为 43 亿余元、53 亿余元、51 亿余元、53 亿余元、40 亿余元、43 亿余元、43 亿余元、31 亿余元、24 亿余元、22 亿余元、17 亿余元、6 亿余元，占上一年度经审计净资产比例分别为 295%、325%、288%、294%、150%、153%、150%、76%、58%、51%、41%、17%。方正科技公司在各期年报及 2015 年半年报中未依法披露与经销商的重大关联交易事项。

2. 四位投资人遭受损失

四被上诉人均在 2005 年 3 月 19 日至 2015 年 11 月 20 日买入方正科技股票，部分持有至 2016 年 1 月 5 日以后。在此期间本案投资者根据对方正科技公司各期年度报告的信赖，而买入方正科技股票。本案系一审法院在投资者诉方正科技公司证券虚假陈述责任纠纷系列案件中选定的示范案件。一审期间，经双方当事人共同申请，法院委托中证中小投资者服务中心对本案投资者的投资差额损失、是否存在证券市场系统风险及相应的扣除比例进行核定。中证中小投资者服务中心于 2019 年 2 月 14 日出具《损失核定意见书》[20190001 号]、于 2019 年 4 月 19 日出具《损失核定补充意见书》，就上述问题出具了专业意见。

（三）争议焦点

法院总结的争议焦点在于：(1)方正科技公司信息披露违规行为是否构成证券虚假陈述侵权行为，是否足以影响投资者的投资决策或市场交易价格。(2)若认定方正科技公司构成证券侵权行为，该虚假陈述行为与本案投资者买入方正科技股票是否存在交易上的因果关系。(3)若认定方正科技公司构成证券侵权行为，投资者的损失是否系由方正科技公司的虚假陈述行为造成，损失或部分损失是否系由证券市场系统风险等其他因素所导致。(4)若方正科技公司应对证券侵权行为承担民事责任，应当如何确定投资者损失的赔偿金额。

（四）判决结果分析

1. 违法信息披露行为的认定

法院认为，《行政处罚决定书》认定方正科技公司存在各期年报未披露关联交易的行为，符合《最高人民法院关于审理证券市场因虚假陈述引发的民事赔偿案件的若干规定》(以下简称《虚假陈述司法解释》)对证券虚假陈述行为的界定。从未披露的关联交易的规模上看，方正科技公司与其经销商之间长期存在关联交易，交易金额总额高达 400 多亿元。从未披露的内容上看，方正科技公司未依法披露的是与经销商之间购销商品的交易，该类交易是方正科技公司的主营业务。从会计程序上看,上市公司与关联方之间的交易,如果没有确凿证据表明交易价格是公允的,对于显失公允的交易价格部分,一律不得确认为当期利润,应当作为资本公积处理。另外,方正科技公司亦无证据证明其主观上不知晓控股股东与经销商之间的关联关系。因此,方正科技公司的信息披露违规行为具有"重大性",构成证券虚假陈述侵权行为。

2. 违法行为与投资损失之间的因果关系

法院认为,由于方正科技公司未披露关联交易的行为从2004年至2015年一直持续,可以推定在此期间本案投资者基于对方正科技公司各期年度报告的信赖,而买入方正科技股票。投资者买入系争股票可能出于多种原因,客观上无法区分本案投资者买入股票的具体动机是基于对虚假陈述的信赖,还是基于对市场行情或公司其他经营情况的综合考量。但无论如何,在此期间方正科技公司年度报告对其经营业绩的披露始终是影响投资者决策的重大因素。因此,本案中仍应适用《虚假陈述司法解释》确立的推定因果关系,认定在实施日到揭露日期间买入并一直持有方正科技股票的投资行为与虚假陈述行为之间存在交易因果关系。

3. 投资者损失的确定

(1)股价损失的计算

本案投资者主张的"实际成本法"将投资者在实施日到基准日之间买进卖出个股的整体盈亏进行核算,其中扣除或叠加了投资者在揭露日前卖出股票的盈利或亏损,其计算结果与投资者操作水平密切相关,也容易受到股价走势的影响,难以客观反映投资者的实际持股成本,法院最终没有采纳。

方正科技公司主张的"先进先出法＋普通加权平均法"以先进先出的方法将买进卖出股票做一一对应的假设,而先进先出法是会计上的一种假设,实践中还存在后进先出法等其他不同的假设方法,且该计算方法往往导致持股成本的计算更接近揭露日前的股价,无法客观反映投资者的投资成本。中证中小投资者服务中心出具的《损失核定意见书》中推荐的"第一笔有效买入后的移动加权平均法",符合《虚假陈述司法解释》第19条的立法原意,对持股单价的计算更全面、客观,更能反映投资者真实的投资成本。因此,法院采用《损失核定意见书》中"第一笔有效买入后的移动加权平均法"作为投资者投资差额损失计算中买入均价的计算方法。

(2)证券市场系统风险因素的扣除

方正科技公司提出分段扣除法,主张揭露日前投资者的损失均与方正科技公司的虚假陈述行为无关,人为地将投资者损失的形成进行分段考察,与《虚假陈述司法解释》的规定不符,法院没有采纳。

而中证中小投资者服务中心出具的《损失核定补充意见书》采用个股均价与同期指数均值进行同步对比的方法，针对每一个投资者的不同交易记录分别判断证券市场风险的影响，体现差异性，涵盖了投资者的整个持股区间，并将不同交易时点的股票交易数量纳入考量因素，从而更加客观、精准地反映出每个投资者在不同持股期间的市场风险因素影响程度。经过反复验证，"同步指数对比法"确定的市场风险比例的结果与投资者的真实损失情况更为接近。最终，法院采纳《损失核定补充意见书》中的"同步指数对比法"扣除证券市场系统风险比例。

4. 判决结果的示范意义

本案的创新意义体现在：(1)首次引入示范判决机制，选择典型案件先行审理、先行判决，对共通的事实问题和法律适用问题作出认定，为后续案件审理提供标准，提升司法效率；(2)首次引入第三方专业机构对投资者损失进行核定，由专业人员对金融专业问题作出认定，使判决结果更具有公信力，同时解决计算量过于繁杂的问题；(3)采用"第一笔有效买入后的移动加权平均法"确定买入均价，使投资者的投资者差额损失认定符合每个投资者的实际情况；(4)采用"同步指数对比法"扣除相应的系统风险比例，体现了每个投资者经历的不同风险阶段，相比原来的"统一比例法"更为公平合理。本案对于类似案件的处理具有较强的借鉴价值。

六、皇台酒业证券虚假陈述(虚增利润)责任纠纷案①

(一)当事人情况：

原告：袁某美

被告：甘肃皇台酒业股份有限公司

(二)基本案情

1. 皇台酒业构成虚假信息披露违法行为

2016年12月12日，中国证券监督管理委员会甘肃监管局以甘［2016］1号行政处罚决定书认定皇台酒业存在信息披露违法的事实：

甘肃皇台酒业股份有限公司(以下简称皇台酒业)时任董事长卢鸿毅联系甘肃省酒类商品管理局出具批复，并筹集虚构专项补助资金500万元，由俪岛产业投资有限公司转给兰州恒远通商贸有限公司，再由兰州恒远通商贸有限公司转给甘肃省葡萄酒产业协会，最后由甘肃省葡萄酒产业协会拨付给皇台酒业，虚增2015年度

---

① 参见(2019)甘民终166号民事判决书。

利润 500 万元，导致皇台酒业 2015 年度报告存在虚假记载。

皇台酒业的上述行为，违反了《证券法》第 63 条的规定，构成《证券法》第 193 条所规定的信息披露违法行为，给予皇台酒业警告并处以 40 万元罚款。皇台酒业于 2016 年 12 月 14 日在关于收到行政决定书的公告中表示接受甘肃监管局的行政处罚，放弃行政复议和行政诉讼的权利，同时表示将以此为戒，依法强化公司内部治理及信息披露管理，并完成了 2015 年度报告及相关定期报告的整改。

2. 皇台酒业的违法行为造成公司股价波动

皇台酒业虚假陈述实施日为 2016 年 4 月 20 日，当日 ST 皇台收盘价为 16.3 元。2016 年 6 月 8 日 ST 皇台公告因重大事项自 2016 年 6 月 13 日起停牌，包括节假日未交易时间，实际停牌时间为 2016 年 6 月 9 日至 19 日，2016 年 6 月 8 日 ST 皇台收盘价 16.41 元。2016 年 6 月 18 日虚假陈述揭露后，2016 年 6 月 20 日 ST 皇台复牌恢复交易，当日开盘“一”字跌停，当日收盘价 15.59 元。此后 2016 年 6 月 21 日、22 日、23 日、24 日 ST 皇台连续五天“一”字跌停，2016 年 6 月 27 日该股票仍以跌停价 12.07 元开盘，盘中打开跌停，收盘价 12.1 元，当天成交金额 36,658.17 万元。自 2016 年 6 月 20 日至 7 月 28 日，ST 皇台换手率 100.38%，跌幅 -24.44%，均价 12.39 元。其间该股最低价为 2016 年 7 月 19 日盘中最低至 11.41 元。

3. 投资人袁某美遭受损失

袁某美于 2016 年 4 月 20 日至 5 月 17 日共买入 ST 皇台股票 6,400,762 股，买入平均价 15.99 元。至 2016 年 6 月 27 日前，卖出 6,398,262 股，卖出平均价 12.61 元。从第一次开始皇台股票交易开始至虚假陈述实施日之前袁某美涉及的有八个交易日，共 52 次买入，56 次卖出，均为大额买进卖出；虚假陈述实施日前袁某美将皇台股票全部清仓，虚假陈述实施日后至揭露日前，袁某美自 2016 年 4 月 21 日至 5 月 17 日多次买入皇台股票，2016 年 6 月 22 日至 27 日全部卖出。

（三）争议焦点

一审法院总结的争议焦点在于：（1）皇台酒业的信息披露行为是否构成虚假陈述；（2）袁某美投资损失与皇台酒业的信息披露行为之间是否具有因果关系。

（四）判决结果分析

1. 皇台酒业是否构成证券虚假称述行为

证券市场虚假陈述，是指信息披露义务人违反证券法律规定，在证券发行或者交易过程中，对重大事件作出违背事实真相的虚假记载、误导性陈述，或者在披露信息时发生重大遗漏、不正当披露信息的行为。

本案涉及的皇台酒业虚增 2015 年度利润 500 万元的基本事实，已经证监会甘肃监管局于 2016 年 12 月 12 日以甘[2016]1 号行政处罚决定书所认定，应予以确认。皇台酒业在诉讼中抗辩该事项不构成重大事件和虚假陈述。但上市公司年度报告，属于上市公司必须及时准确向投资者披露的重要信息，是投资者了解上市公司经营状况的重要信息来源。皇台酒业在企业未产生真实利润的情况下，采取虚假手段，虚构专项补助资金，从而虚增经营利润，且所虚增利润 500 万元占当年度公告利润总额 967 万余元的 51.7%，明显构成上述法律规定的虚假陈述行为。

2. 袁某美的损失与皇台酒业的违法行为之间是否具有因果关系

企业经营利润是投资者决定是否投资上市公司股票的重要参考因素。本案皇台酒业虚假陈述行为揭露后，ST 皇台股票复牌后连续六个交易日开盘跌停，其中五个“一”字跌停，而同期大盘指数为上涨，故可以认定皇台酒业的虚假陈述行为的披露导致了其公司股票的大幅下跌。

根据 ST 皇台股票的公开交易信息，自 2016 年 6 月 20 日至 7 月 28 日，ST 皇台股票交易换手率 100.38%，故可以确认 2016 年 7 月 28 日为法律所规定的计算投资者损失的基准日。本案投资者袁某美在虚假陈述实施日 2016 年 4 月 20 日后至虚假陈述揭露日 2016 年 6 月 18 日之前购买了 ST 皇台股票，至基准日 2016 年 7 月 28 日前卖出股票并产生亏损，因此，袁某美的投资损失与皇台酒业的信息披露行为之间具有因果关系，其投资损失应当由皇台酒业予以赔偿。

3. 皇台酒业应承担责任的损失数额

依照《最高人民法院关于审理证券市场因虚假陈述引发的民事赔偿案件的若干规定》第 30 条规定，投资人实际损失包括投资差额损失和投资差额损失部分的佣金和印花税；该司法解释第 31 条规定，投资人在基准日及以前卖出证券的，其投资差额损失，以买入证券平均价格与实际卖出证券平均价格之差，乘以投资人所持证券数量计算。

本案中，投资者袁某美所买 ST 皇台股票中，2016 年 4 月 20 日至 5 月 17 日共计买入 6,400,762 股，买入平均价为 15.99 元，至 2016 年 6 月 27 日前共计卖出 6,398,262 股，卖出平均价 12.61 元。其买入行为及卖出后的损失与虚假陈述行为有关，应当计算为投资损失。

七、华锦股份建设工程合同纠纷案①

（一）当事人情况：

原告：北方华锦化学工业股份有限公司

被告：大连市政设施修建有限公司（原大连市政设施修建总公司）

被告：大连神沟非开挖施工有限公司

（二）基本案情

1. 合同的签订

2008 年 7 月 7 日，北方华锦化学工业股份有限公司（以下简称华锦公司）与大连市政设施修建有限公司（以下简称大连市政公司）签订《施工承包合同》一份，同年 11 月 25 日双方又签订了《补充协议》一份，约定将增加的营口大清河南、北二支定向钻穿越二根工作管工程发包给大连市政公司施工。大连市政公司将该工程转包给了大连神沟非开挖施工有限公司（以下简称大连神沟公司）。工程完工后，经验收交付使用。

2. 合同的履行

（1）发生事故

2013 年 5 月 20 日，华锦公司发现营口大清河南支地下穿越原油管线在河中部分油管浮出水面。事故发生后，华锦公司召集监理公司及施工方开会，会议形成了一份《会议纪要》（载明：监理公司承认指派的监理人员没有职业资格，承认此项工程监理公司存在责任，愿意接受华锦公司处理。大连神沟公司同意华锦公司对此事故自行或委托第三方改造施工，承认穿越工程后半程不符合设计要求）。同时，为了防止浮起的地下石油管线断折泄露石油给河流和海洋造成污染，华锦公司组织施工人员架设了临时石油管线；并重新委托施工单位按照新的施工图另行施工穿越了一条新的地下石油管线。华锦公司经检查还发现大清河北支石油管线也可能存在隐患，需采取加固措施。

（2）事故原因

法院委托北京市建筑工程研究院建设工程质量司法鉴定中心对“营口大清河南、北支石油管线是否符合设计标准，施工工程质量是否合格，南支石油管线漂浮

① 参见（2019）辽民终 294 号民事判决书。

原因及北支是否需要防护”进行鉴定。该中心鉴定后出具《司法鉴定意见书》,鉴定意见为:(1)该工程南、北支石油管线设计埋深均符合最大冲刷量要求;(2)该工程南支石油管线实测管线埋深与设计不符,且漂浮段附近偏差严重;(3)该工程南、北支石油管线地表高程均无明显变化;(4)该工程南支石油管线走向与设计基本一致;(5)该工程北支石油管线走向与设计基本一致;(6)该工程北支石油管线实测埋深与设计不符,需要采取相应稳管措施;(7)该工程南支石油管线漂浮与管线埋深不够存在因果关系。

(三)争议焦点

一审法院总结的争议焦点在于:(1)被告施工的工程是否符合设计要求,其施工与事故发生是否存在以及存在何种因果关系;(2)被告是否应当承担案涉事故给原告造成的损失,原告的合理损失数额是多少。可见,本案争议的关键在于建设工程合同履行过程中事故责任的认定和承担问题。

(四)判决结果分析

1. 事故损失与施工行为是否存在因果关系

根据北京市建筑工程研究院建设工程质量司法鉴定中心出具的《司法意见书》,该工程南、北支石油管线设计埋深均符合最大冲刷量要求。该鉴定结论肯定了工程设计的合理性,同时亦确定了设计埋深符合最大冲刷量要求。鉴定意见还载明:南支石油管线实测管线埋深与设计不符,且漂浮段附近偏差严重;北支石油管线实测管线埋深与设计不符,需采取相应稳管措施;该工程南、北支石油管线地表高程均无明显变化;南支石油管线漂浮与管线埋深不够存在因果关系。

大连市政公司虽主张强降雨亦可能导致管线漂浮,但根据鉴定报告记载:“该工程南支沿管线河滩地面标高平均降低 0.38 米,无明显冲刷现象。北支河滩地面标高基本无变化,无冲刷现象,据资料显示,大清河南支漂浮管线附近河道冲刷约 2 米,远小于管道设计埋深,管道埋深不足导致管线漂浮。”该记载表明,雨水冲刷的影响远小于管道设计埋深,管道施工埋深不足是导致管线漂浮的原因。

此外,关于被告提出的事故发生可能系多因一果观点。法院认为,河底管线穿越工程的设计,其对管线埋深的尺度标准确认,必然要把水文、地质等可能影响管线安全的诸多因素考虑在内,必然确保满足诸多因素出现极端情况时的安全性要求。根据鉴定结论可知,本案案涉工程关于管线埋深的设计“符合最大冲刷量的要求”,这就排除了水流、地质等因素对事故发生存在“贡献率”的可能。根据鉴定机构作出的“该工程南支石油管线实测管线埋深与设计不符,且漂浮段附近偏差严重”的结论判断,违规施工是足以单独造成工程事故发生的直接原因,多因一果的说法没有依据。

综上所述,事故造成的损失与施工行为存在因果关系。

2. 损失数额的确定

法院委托大连理工大学司法鉴定中心对“营口大清河南支石油管线、北支石油管线修复费用及其他合理损失”进行鉴定。该中心出具的《司法鉴定意见书》鉴定意见为:大连市政公司承包(后转包给大连神沟公司)施工的营口大清河南支石油管线、北支石油管线未按图纸施工给申请人造成损失(包括修复费用及其他合理损失见申请人提交的23项损失费表)为15,134,187.00元。

关于大连市政公司主张华锦公司无权要求其承担连带赔偿责任问题。因大连市政公司在中标后未按工程设计及施工要求完成施工,并且未经发包方同意,擅自将工程转包,存在过错。事实上,亦因其转包的施工人未按设计要求施工,给华锦公司造成损失,其过错与损失之间存在因果关系。法院判决其与大连神沟公司共同赔偿华锦公司损失,并互负连带责任是合理的。

八、乐视网不正当竞争纠纷案①

(一)当事人情况:

原告:北京爱奇艺科技有限公司

被告:乐视网信息技术(北京)股份有限公司

(二)基本案情

1. 乐视网发布争议文章

2017年,北京爱奇艺科技有限公司(以下简称爱奇艺)联手浙江卫视《中国好声音》总制片人和江苏卫视《蒙面唱将》总导演制作了音乐选秀节目《中国有嘻哈》。2017年7月18日,爱奇艺发现,乐视网信息技术(北京)股份有限公司(以下简称乐视网)运营的“乐视视频”公众号向用户推送主标题为“和原版相比,《中国有嘻哈》简直就是中国小西瓜”、副标题为“中国有嘻哈,不在《中国有嘻

---

① 参见(2018)京73民终2011号民事判决书。

哈》”的争议文章。

2. 爱奇艺认为自己商誉受到侵害

爱奇艺认为,爱奇艺和乐视网同属互联网视频行业的从业者,同样以面向用户提供网络视频服务作为主要经营模式,二者之间存在直接竞争关系。而乐视网的上述行为是通过蹭热点、诋毁原告、诱导用户的方式,增加被告乐视网的访问量和乐视视频的播放量。爱奇艺公司主张乐视北京公司的不正当竞争行为涉案文章的部分内容损害其商业信誉,并在文章末尾设置了《SMTM》的乐视网观看地址,对其引进的《SMTM》节目进行推广,构成不正当竞争行为,乐视网存在诱导用户对《中国有嘻哈》节目产生负面认知,而且诱导用户使用被告的“乐视视频”观看视频内容同类型的境外节目的嫌疑。乐视网的行为对爱奇艺节目的市场份额、广告招商、节目品牌等造成严重的负面影响,对爱奇艺公司的商誉造成严重损害。

(三)争议焦点

法院总结的争议焦点在于:(1)乐视网发布争议文章的行为是否构成不正当竞争;(2)乐视网在文章末尾设置观看链接的行为是否构成不正当竞争;(3)乐视网应当对爱奇艺承担何种责任。可见,本案争议的关键在于乐视网的不正当竞争行为认定和责任承担问题。

(四)判决结果分析

1. 乐视网发布争议文章构成不正当竞争

首先,从标题来看,涉案文章使用“和原版相比,《中国有嘻哈》简直就是中国小西瓜”的标题,虽然为行文者自拟,但文章的标题通常具有概括文章内容、提炼文章主旨的作用。涉案文章使用的标题,通过将爱奇艺公司制作的《中国有嘻哈》节目与原版的对比,得出“就是中国小西瓜”的结论,由此概括了文章的主要内容,并反映出作者厚此薄彼的主观意图。涉案文章标题容易误导相关公众对爱奇艺公司的《中国有嘻哈》节目作出负面评价,进而损害爱奇艺公司的商誉。

其次,从内容来看,涉案文章的正文采用图文撰写的方式,多次引用视频截图、网络照片、网友发布的内容、网络歌曲、豆瓣评论等网络上关于《中国有嘻哈》节目的负面信息,虽然如“《中国有嘻哈》一半参赛选手报警,质疑节目组黑幕严重”一文等个别内容显示了文章来源,但多数内容均未标注来源。涉案文章在这些负面信息的基础上结合与《SMTM》节目的对比,表达了《中国有嘻哈》节目存在黑幕、抄袭、演员水平低等观点,使用了“中国有嘻哈,不在《中国有嘻哈》”“《中国有黑幕》,我是看不下去了”等语言,足以误导相关公众对《中国有嘻哈》产生错误评价。

总之,乐视网北京公司在微信公众号上发布涉案文章的行为,主观上具有侵权故意,客观上产生了损害爱奇艺公司的后果,损害了爱奇艺公司的商业信誉及商品声誉,其行为已经构成不正当竞争。

2. 乐视网设置观看链接的行为也构成不正当竞争行为

争议文章通过对《中国有嘻哈》和《SMTM》的对比,误导相关公众对爱奇艺公司的《中国有嘻哈》产生负面和错误的评价,然后在文章末尾设置《SMTM》的观看链接,误导相关公众观看乐视北京公司引进版权的《SMTM》。乐视北京公司设置《SMTM》观看链接的行为与文中诋毁行为一脉相承,诱导读者通过点击该链接到达载有《SMTM》第五季链接的页面,进而进入其经营的乐视视频中观看《SMTM》第五季节目。

该行为虽然不属于商业诋毁范畴,但是与涉案文章整体上的商业诋毁行为一脉相承,通过诋毁行为,诱导读者通过点击该链接到达载有其《SMTM》第五季链接的页面,进而进入其经营的乐视视频中观看《SMTM》第五季节目,属违反公平竞争和诚实信用原则的行为,亦构成不正当竞争行为。

九、京汉股份联营合同纠纷案[①]

(一)当事人情况:

原告:京汉实业投资集团股份有限公司(原京汉实业投资股份有限公司、湖北金环股份有限公司)

被告:新疆天鹅特种纤维有限公司

(二)基本案情

1. 合同的签订

京汉实业投资集团股份有限公司(以下简称京汉股份)系 A 股上市公司(A 股代码 000615),公司名称沿革如下:2016 年 5 月 24 日,金环股份公司名称变更为京汉实业投资股份有限公司,2018 年 7 月 17 日,京汉实业投资股份有限公司变更为京汉股份。截至 2018 年 12 月 31 日,京汉控股集团有限公司为其第一大股东。京

① 参见(2019)鄂民终 105 号民事判决书。

汉控股集团有限公司名称系 2014 年 12 月 16 日由北京京汉投资集团有限公司变更而来。

2013 年 11 月 12 日，原湖北金环股份有限公司（以下简称金环股份）与新疆天鹅特种纤维有限公司（以下简称天鹅纤维公司）签署《合作协议》。协议约定：由金环股份公司（乙方）与天鹅纤维公司（甲方）合作成立合资公司共同实施 2 万吨莫代尔建设项目。合资公司注册资本 40,000 万元，其中金环股份公司投资 16,000 万元，占注册资本的 40%；天鹅纤维公司投资 24,000 万元，占注册资本的 60%。

2013 年 12 月 4 日，双方又签订了《补充协议》。2014 年 1 月 28 日，恒天金环新材料有限公司（合资公司）注册成立，注册资本 40,000 万元，其中金环股份公司投资 16,000 万元，占注册资本的 40%；天鹅纤维公司投资 24,000 万元，占注册资本的 60%。2014 年 11 月，恒天纤维集团有限公司与北京京汉投资集团有限公司签署《湖北金环股份有限公司化纤类经营业务整合及湖北金环股份有限公司重大资产重组框架协议》（以下简称《框架协议》）。

2. 合同的履行

合资公司恒天金环新材料有限公司成立后，收购了金环股份公司正在建设的 5000 吨项目。等合资公司注册成立之日起，后续工程由合资公司承担建设，对已建设或采购等的相关资产可由专业审计、评估机构进行审计和评估，以审计、评估结果为计价依据，由合资公司购入。

2015 年 10 月 8 日，合资公司股东会形成决议，决定解散合资公司。2015 年 10 月 19 日，合资公司股东会形成决议：58 万元资产按出资比例分配；220 万元土地预付款和 596 万元莫代尔项目废气处理设计费由襄阳金环新材料有限公司承接，承接后按股权比例分配。2015 年 12 月 25 日，合资公司注销。嗣后，京汉股份编制了 5000 吨项目支付款项 99,853,989.43 元概况表，要求天鹅纤维公司承担其中的 59,912,393.7元建设费用。

法院委托北京永达信工程造价咨询有限公司、北京永拓会计师事务所、北京中林资产评估有限公司对京汉股份提供的 2015 年 10 月 20 日前建设的 5000 吨项目的总投资费用进行鉴定，及对京汉股份提供的 2015 年 10 月 20 日前建设的 5000 吨项目的现价值进行鉴定。2018 年 5 月 7 日，北京中林资产评估有限公司中林评报字（2018）55 号评估报告评估结论为：5000 吨项目交付使用价值净值为 89,306,380.59 元，该项目资产评估价值净值为 21,934,558.99 元。

3. 5000 吨项目的处置

2014 年 11 月，恒天纤维集团有限公司与北京京汉投资集团有限公司及其实际控制人田汉签订《框架协议》约定，恒天纤维集团拟整合收购金环股份公司位于襄阳化纤纺织工业园的化纤类经营性业务和资产，实现对襄阳市化纤基地整合，促进结构调整和产业升级，形成竞争优势。交易的标的资产初步确定为金环股份公司化纤类经营性业务相对应的资产，最终范围将根据尽职调查结果确定。如果标的资产不符合交易条件或经规范后仍不符合交易条件，经协商可不纳入交易范围。交易主体初步确定为恒天纤维集团有限公司，其有权要求北京京汉投资集团有限公司及田汉确保标的资产符合交易条件，满足资产交割之法定条件。

2016年4月11日，金环股份公司向恒天纤维集团有限公司发出《关于尽快明确襄阳化纤基地整合进度及5000T莫代尔项目收购安排的函》。该函称：恒天纤维集团有限公司拟整合金环股份公司位于襄阳化纤纺织工业园的化纤类经营性业务和资产。恒天纤维集团有限公司控股子公司与金环股份公司签订有《合作协议》及《补充协议》，约定共同成立合资公司并由合资公司购入5000吨项目资产。

（三）争议焦点

法院总结的争议焦点为：天鹅纤维公司是否应向京汉股份赔偿5000吨项目的损失。本案的关键在于对联营公司解散前后5000吨项目的处置及其责任问题的认定。

（四）判决结果分析

1. 收购5000吨项目是联营合同各方的共同责任

由合资公司收购5000吨项目不是天鹅纤维公司的单方合同义务。《合作协议》第1条"合作模式"约定："由甲、乙双方共同投资设立有限责任公司，由合资公司建设2万吨莫代尔生产项目，实现双方合作目的。"第4条第3项约定："乙方正在建设的5千吨功能性纤维素纤维试验线，待合资公司注册成立之日起，后续工程由合资公司承担建设。"

根据上述条款文义，京汉股份与天鹅纤维公司的合作方式及目的是成立合资公司建设2万吨莫代尔纤维生产项目。为实现该目的，双方约定由共同成立的合资公司整合京汉股份已开建的5000吨项目，将其纳入合资公司产生项目，并在此基础上建成2万吨项目。因此，促成合资公司购入5000吨项目资产并续建，是《合作协议》双方共同的权利和义务，而不仅是天鹅纤维公司的单方合同义务。京汉股份对5000吨项目交易的达成亦负有相应的合同义务。因此，由联营合资公司承担5000

吨项目后续建设的前提，是对该项目已建设或采购的资产由合资公司购入，在使该在建项目成为合资公司资产后再行续建。故相关条款并非如京汉股份所主张，系单纯为约定项目建设费用由合资公司负担，该条款的履行将不可避免的涉及项目资产转让。

京汉股份作为5000 吨项目的初始建设方，本有在项目建设前取得项目所涉的建设用地规划许可证、建设工程规划许可证、建设工程施工许可证，并通过安全生产评价、环境影响评价和消防设计审核的法定义务。违反上述法定义务有可能导致5000 吨项目成为违法项目而被责令停止建设甚至拆除，从而导致待转让项目不能顺利投产以及所涉资产大幅贬值。因此，作为5000 吨项目资产的出让方，为实现《合作协议》订立目的，依据诚实信用原则，即便《合作协议》条款未予明列，京汉股份亦负有义务确保5000 吨项目在收购时具备符合国家法律、法规规定的各项行政审批或许可，且该项义务系京汉股份作为项目资产出让方的单方合同义务，与受让方合资公司或其股东天鹅纤维公司均无关联。

2. 5000 吨项目相关损失的责任承担

（1）京汉股份构成违约

合资公司未完成收购5000 吨项目交易的主要原因系京汉股份违约。现有证据表明，合资公司设立后为达成收购5000 吨项目交易，曾展开系列准备工作。但第三方机构在尽职调查中发现该项目缺少环境影响评价、安全生产评价、建设工程规划许可证、施工许可证等手续。截至合资公司注销时，该工程仍欠缺建设用地规划许可证、建设工程规划许可证等手续。合资公司作为具有独立人格的法人民事主体，有权根据自身商业利益衡量5000 吨项目资产是否满足公平、合法的交易条件，在该项目因欠缺法定手续而存在重大法律风险的情况下，有权拒绝相关交易。根据现有证据，不能证明天鹅纤维公司在合资公司的治理决策中不当利用控股股东地位，在涉及5000 吨项目收购的事项上，故意阻止合资公司作出符合自身利益的交易决策。因此，该项交易最终未能完成的原因在于京汉股份违反《合作协议》项下的前述合同义务，未能促成交易条件成就。

（2）天鹅纤维未实施违约行为

天鹅纤维公司未实施侵害京汉股份信赖利益的行为。《合作协议》签订前，京汉股份已独立决策启动作为其30,000 吨项目一部分的5000 吨项目的建设。《合作协议》签订后至相关交易受阻前，无证据证明天鹅纤维公司同意京汉股份在行政审批及许可手续不全的情况继续推进项目建设。尽职调查后，京汉股份已明知相关交易受阻的事实，但该公司在未消除受阻因素的情况下，继续推进项目建设进度，亦无证据证明系经过合资公司或天鹅纤维公司同意。因此，5000 吨项目的启动、建设直至竣工的过程中，天鹅纤维公司均不存在致使京汉股份产生信赖利益的行为。京汉股份对该项目的建设投入应视为其独立决策、自甘风险的商业行为，由此造成的损失本质上属于商事主体在追求自身利益过程中遭遇的市场风险，其后果应由其自行承担。

十、华联股份生命权、健康权、身体权纠纷案[①]

（一）当事人情况：

原告：赵某花

被告一：北京华联综合超市股份有限公司

被告二：北京华联综合超市股份有限公司青海第一分公司

被告三：北京华联综合超市股份有限公司青海第五分公司

被告四：兰州家合商贸有限公司

被告五：杨某嘉

（二）基本案情

1. 生命权、健康权、身体权损害事实

2017 年 5 月 12 日上午，北京华联综合超市股份有限公司青海第五分公司（以下简称华联五分公司）朝阳店职工接到公司指令，称"政府创城检查，有关部门来店检查货物，让员工赶紧将货架上的百货物品撤换整理"，17 时左右赵某花和辅助人员一起利用华联五分公司朝阳店提供的登高车上整理货架，赵某花站在登高车上整理调换三米多高货架货物的过程中，辅助人员离开，赵某花自行滑动整理货物，不慎从登高车上摔下，头枕部着地受伤。

经西宁市第二人民医院治疗，赵某花被诊断为：创伤性硬膜外血肿、硬膜下血肿、脑挫裂伤、创伤性蛛网膜下腔血肿、头皮下血肿、枕骨骨折、右关节软组织挫伤。住院治疗 38 天，医疗费 68,267.47 元，出院后的医疗费为 2295.5 元，共计 70,562.97 元。此伤情经青海科研司法鉴定所司法鉴定意见为八级伤残，赵某花因损伤所致的误工期为 120～180 日，护理期为 90～150 日，营养期为 60～90 日。赵某花今后需行颅骨缺失修补术，手术费需 35,000～45,000 元、需治疗费 1000～2000 元，二者合计后期治疗费 36,000～47,000 元。赵某花住院治疗期间，杨某嘉支付给赵某花医疗

① 参见（2019）最高法民终 497 号民事判决书。

费 20,000 元。

2. 赵某花的劳务关系

2015 年北京华联综合超市股份有限公司(以下简称华联股份公司)在青海省西宁市城北区门源路成立华联五分公司朝阳店。杨某嘉与兰州家合商贸有限公司(以下简称兰州家合)合作,共同与北京华联综合超市股份有限公司(以下简称华联一分公司)签订合作协议,由其提供场地及设施,杨某嘉与兰州家合在华联五分公司朝阳店经营,杨某嘉与兰州家合于 2016 年 10 月聘用赵某花在华联五分公司朝阳店从事销售工作,月平均工资为 2442 元。

总之,本案中,由华联五分公司提供场地和设施,货品由家合公司、杨某嘉提供,华联五分公司朝阳店制定包括考勤制度在内的相关规章制度,工作时间均由华联五分公司对赵某花等售货人员进行管理。

(三)争议焦点

法院认为,本案的争议焦点主要是责任划分问题,即对于赵某花身体所受伤害,华联五分公司、赵某花、兰州家合及杨某嘉之间应当以何种比例分配责任。

(四)判决结果分析

1. 受害人赵某花本人的责任

监控视频显示,事发时赵某花站在登高车面板上面,手扶货架滑动登高车,因登高车滑动过快导致赵某花从登高车上摔下来。赵某花称其应把登高车拉到需要整理货架的位置,因时间紧张自己就没有从登高车上下来而是直接滑动登高车。根据《侵权责任法》第 9 条规定,赵某花作为成年人,自己未尽到安全注意义务,对损害的发生其自身存在过错,法院认定其应当承担 20% 的责任。

2. 华联五分公司的责任

登高车是华联五分公司提供的,华联五分公司称登高车的使用方法有两种:第一种方法是人站在登高车的台阶上有重量,台阶两侧的杆就顶住地面,登高车被固定;第二种方法是人如果站在放货物的面板上,先要用手固定登高车,这样登高车的卡子可以卡住刹车,不能滑动。

而赵某花调至百货部后,没有人给其讲过登高车的使用方法,自己并不知道华联五分公司所说的固定登高车的方法,平时使用也是把登高车推过去,转动两个轮子的方向使四个轮子的方向不一样,车就不会滑动了。华联五分公司则称登高车属于生产安全培训,会现场讲解,新员工来了会有人带,边工作边教育,作为登高车的提供一方，华联五分公司未能就登高车能够安全使用提交相关证据佐证。事发当时赵某花根据华联五分公司防损部经理的指示整理货架，因此，法院认定华联五分公司对赵某花所受伤害承担主要责任（60%），同时由华联股份公司承担连带责任。

3. 其他当事人的责任

赵某花在华联五分公司从事营销员的工作，工作内容均是由华联五分公司来管理制定，兰州家合只是发放工资，并不对赵某花从事的工作进行管理。杨某嘉与兰州家合作为赵某花的雇佣者，未对赵某花进行安全教育义务，对此损失各承担10%的赔偿责任。

第二节　行政典型案例分析

一、好太太商标异议复审行政纠纷案①

（一）当事人情况：

原告：广东好太太科技集团股份有限公司

被告：国家知识产权局

第三人：江苏好太太家居建材有限公司

（二）基本案情

1. 好太太商标权详情

广东好太太科技集团股份有限公司（以下简称广东好太太公司）所引证的商标一注册于1999年3月15日，经数次续展至今已经有近18年使用历史。引证商标一的核定使用商品晾衣架销售范围涉及全国近4000多个网点。为扩大该商品的知名度及市场影响力，广东好太太公司先后通过多家媒体在中央及地方电视台进行广告宣传，亦在多家平面媒体宣传。引证商标一在行政程序及司法程序中亦多次被认定为驰名商标并给予跨类保护。

2. 异议商标详情

本案被异议商标申请注册日为2010年1月14日，包括在上述判决确认的驰名时间段内。广东省工商行政管理局于2010年3月认定引证商标一为广东省著名商

① 参见（2018）最高法行再184号行政判决书。

标，有效期自2010年3月24日至2013年3月23日。2012年引证商标一被广州市工商行政管理局认定为广州市著名商标，有效期自2012年12月至2015年12月。上述事实印证即便在2010年4月29日之后，广东好太太公司对引证商标一的宣传推广未中断。引证商标一在本案被异议商标申请注册日2010年1月14日前在晾衣架商品上仍然驰名的事实是成立的。

3. 广东好太太公司提出商标异议

广东好太太公司认为，引证商标一具有极高知名度，构成驰名商标。被异议商标与引证商标共存市场，会使消费者产生混淆。被异议商标的注册损害其合法权益，请求依法撤销原商标评审委员会作出的商评字［2014］第14331号《关于第7995428号"HAOTAITAI"商标异议复审裁定书》，并判令重新作出裁定。

据此，广东好太太公司针对被异议商标向原国家工商行政管理总局商标局提出异议申请。商标局对被异议商标核准注册。广东好太太公司向原商标评审委员会提出复审申请。2014年3月13日，原商标评审委员会作出被诉裁定：被异议商标在金属锁（非电）商品上予以核准注册，在其余复审商品上不予核准注册。

（三）争议焦点

法院认为，本案争议焦点在于：（1）广东好太太公司所引证的商标一是否构成驰名商标。（2）被广东好太太公司异议的商标应否核准注册。

（四）判决结果分析

1. 引证商标一构成驰名商标

2001年《商标法》第14条规定："认定驰名商标应当考虑下列因素：（一）相关公众对该商标的知晓程度；（二）该商标使用的持续时间；（三）该商标的任何宣传工作的持续时间、程度和地理范围；（四）该商标作为驰名商标受保护的记录；（五）该商标驰名的其他因素。"

本案中，根据广东好太太公司在原审诉讼中提供的引证商标一的商业使用和宣传、所获得的荣誉以及曾作为驰名商标被保护的记录等等证据，证实在被异议商标申请日之前，引证商标一不仅其核定使用的晾衣架产品在全国多个省市进行了大量销售，具有较广的销售区域，而且广东好太太公司对其"好太太"商标在晾衣架商品上已进行长期广泛宣传。且根据广东好太太公司提供的北京市高级人民法院

(2016)京行终1329号、1330号、1331号、1343号及(2017)京行终3607号行政判决书的内容,能够证明引证商标一在晾衣架商品上曾被认定为驰名商标,并受到相关保护。广东好太太公司提供的上述证据足以证明在被异议商标申请日之前,引证商标在晾衣架商品上已经在我国地区为相关公众广为知晓,具有较高知名度,达到了知名程度,即引证商标一为驰名商标。

2. 异议商标不应当被核准注册

2001年《商标法》第13条第2款规定:"就不相同或者不相类似商品申请注册的商标是复制、摹仿或者翻译他人已经在中国注册的驰名商标,误导公众,致使该驰名商标注册人的利益可能受到损害的,不予注册并禁止使用。"

引证商标一应当受到跨类保护,而被异议商标构成对引证商标一的复制、摹仿,可能会误导公众,这是决定被异议商标不应当注册的因素。引证商标一由汉字"好太太"及双折线图形构成,根据相关公众对图文组合商标的认读习惯,其通常通过文字部分的呼叫和文字构成进行识别,显然引证商标一的显著识别部分为汉字"好太太"。被异议商标由汉语拼音字母"HAOTAITAI"构成,其与引证商标一的显著识别部分"好太太"在呼叫上完全一致,显然被异议商标构成对引证商标一的摹仿。被异议商标指定使用的金属锁(非电)商品与引证商标一核定使用的晾衣架商品虽在《类似商品与服务区分表》中属不同类似群组,但二者均为常见家庭及个人消费品,消费群体存在一定重叠。在被异议商标已构成对引证商标一的摹仿的情况下,相关公众在购买上述商品时,容易认为被异议商标与引证商标一的注册人具有相当程度的联系,亦对商品来源产生混淆误认,致使广东好太太公司对已驰名的引证商标一所享有的利益可能受到损害。因此,被异议商标的申请注册违反了2001年《商标法》第13条第2款的规定,不应予以核准注册。

二、獐子岛行政处罚争议纠纷案[①]

(一)当事人情况:

原告:獐子岛集团股份有限公司大连金贝广场

被告:北京市大兴区市场监督管理局

第三人:北京物美综合超市有限公司兴华大街店

---

① 参见(2019)京02行终1251号行政判决书。

（二）基本案情

1. 监管局调查违法行为

2017年11月15日，原大兴食品药品监督管理局（以下简称原大兴食药局）接到针对北京物美综合超市有限公司兴华大街店（以下简称物美兴华大街店）举报，举报内容为物美兴华大街店销售的“獐子岛香辣裙边60克”内外包装配料表不一致，要求查处，同年11月22日，原大兴食药局对物美兴华大街店的经营场所及库房进行了现场检查，现场未发现被举报食品60g獐子岛香辣裙边。同日，原大兴食药局对被举报产品进行立案调查。

为进一步查清案件事实，原大兴食药局于2018年1月6日向涉案产品生产厂家所在地大连市金普新区市场监督管理局发协查函协助调查。2018年3月21日，原大兴食药局对物美兴华大街店客服经理孙旭进行询问调查。在调查过程中，物美兴华大街店向原大兴食药局提供了相应的企业资质、检验报告、进销存记录等材料。由于无法按时结案，原大兴食药局经审批后分别于2018年2月13日、3月28日延长办案期限30工作日及90工作日。2018年6月19日，原大兴食药局作出行政处罚事先告知书，并送达给物美兴华大街店。

2. 獐子岛收到行政处罚

2018年6月25日，原大兴食药局对物美兴华大街店作出被诉决定书，主要内容为：

（1）违法事实：獐子岛集团股份有限公司大连金贝广场（以下简称獐子岛）于2017年1月1日至2017年12月31日销售的“香辣裙边60g”配料表里外包装不一致，不符合《食品安全国家标准预包装食品标签通则》（GB 7718—2011）3.4的相关规定。至案发时销售的“香辣裙边60g”，进货数量10袋，进货成本每袋16.72元。销售了10袋，每袋销售价格为19.90元，销售额为199元，无退货。违法所得共计199元。

（2）处罚和依据：上述行为违反了《食品安全法》第71条第1款的规定“食品和食品添加剂的标签、说明书，不得含有虚假的内容，不得涉及疾病预防、治疗功能。生产经营者对其提供的标签、说明书的内容负责”，依据《食品安全法》第125条第1款第2项的规定，大兴食药局决定对獐子岛公司给予以下行政处罚：①没收违法所得199元；②罚款5000元。

3. 獐子岛提出异议

獐子岛认为原大兴食药局的行政行为程序违法等问题：

（1）原大兴食药局违反法定程序。原大兴食药局2018年6月25日所作的具体行政行为是行政处罚行为，违反了行政处罚的程序规定，同时未告知听证的权利。

（2）物美兴华大街店作为经销商履行了法定义务，无证据证明存在违法事实，獐子岛公司的产品及标签检验合格。物美兴华大街店尽到了审查义务，獐子岛公司作为生产商有生产资质，案涉产品有检验报告。案涉产品琥珀酸二钠作为食品合成香料使用在案涉产品中符合规定，产品为预包装食品，其标签符合规定，不存在违法添加。案涉产品的标签经大连市食品检验所检验合格，不存在食品安全隐患。

（3）原大兴食药局就同一行为多次处罚。原大兴食药局就獐子岛公司的同样产品分别作出了本案的处罚及（京兴）食药监食罚〔2018〕180169号《行政处罚决定书》。上述两份处罚涉及的当事人均为关联企业，分别为物美兴华大街店及北京物美大卖场商业管理有限公司大兴店，该两家分支机构均为北京物美综合超市有限公司任丘分公司管理，该分公司负责人为种晓兵，生产商均为獐子岛公司。原大兴食药局的行为属于重复处罚。

（三）争议焦点

法院认为，本案争议焦点在于：（1）行政机关是否应当举行听证，以及听证是否举行。（2）獐子岛的食品标签是否存在瑕疵。（3）行政机关是否存在重复处罚的问题。

（四）判决结果分析

1. 程序上：本案不符合听证条件

参照《北京市食品药品监督行政处罚程序规定实施细则》（京食药监〔2014〕8号）第39条的规定，监管部门在作出责令停产停业、吊销许可证、撤销食品药品批准证明文件、对公民处以超过1000元的罚款、对法人或者其他组织处以超过30,000元的罚款、没收较大数额财物等行政处罚决定前，应当告知当事人有要求举行听证的权利。

本案中，原大兴食药局所作处罚为没收违法所得共计199元、罚款5000元，不符合听证条件，故獐子岛公司认为未告知听证程序违法没有依据。

2. 实体上：行政机关认定事实并无不当

原大兴食药局所作行政处罚针对的是物美兴华大街店销售的涉案食品是否符合标签标注问题，并非其非法添加问题。獐子岛公司认为产品经检验合格就不存在食品安全隐患,不应当进行处罚没有依据。不存在食品安全隐患并不代表其标签标注符合《食品安全法》及食品安全标准的相关规定。

此外,经调查核实物美兴华大街店销售的獐子岛"香辣裙边 60g"配料表里外包装不一致,獐子岛公司方也进行了整改,如果獐子岛公司认为标签没有问题,就没必要进行整改。

3. 不存在一事多罚的情形

依据《行政处罚法》第 24 条的规定,对当事人的同一个违法行为,不得给予两次以上罚款的行政处罚。该规定针对的是同一当事人同一个违法行为不得给予两次以上的罚款的行政处罚。

在本案中,原大兴食药局所作两份行政处罚决定,虽然涉案食品违法情形一致,但当事人并不一致。并不能认为当事人之间存在关联关系,就推定当事人一致,行政机关只作出一次罚款即可。故原大兴食药局对不同当事人作出两次罚款的行政处罚,不违反"一事不再罚"原则。且原大兴食药局在收到关于涉案产品的举报后,依法履行了受理、延期、对物美兴华大街店的告知、送达等法定程序。

参 考 文 献

[1]洪灿编著:《中国上市公司刑事法律风险蓝皮书(1996－2018)》,中国检察出版社2018年版。

[2]中国政法大学企业法务管理研究中心、赛尼尔法务智库编著:《中国上市公司法律风险指数报告(2019)》,法制日报社2019年版。

[3]张翔:《上市公司法律风险防控实务》,法律出版社2018年版。

[4]张鹏、张平、杨耀武、张磊、黄胤英编著:《中国上市公司发展报告(2019)》,社会科学文献出版社2019年版。

[5]中国证券监督管理委员会、中国上市公司协会编著:《中国上市公司年鉴(2018)》,中国财政经济出版社2019年版。

[6]法律出版社法规中心编著:《中华人民共和国上市公司法律法规全书》,法律出版社2019年版。

[7]上海信公企业管理咨询公司编著:《上市公司典型违规案例剖析(2019年度)》,复旦大学出版社2019年版。

[8]黄秋练、郭红君:《上市公司刑事风控二十讲——典型案例与防范要点》,法律出版社2019年版。

图书在版编目(CIP)数据

2019～2020中国上市公司诉讼蓝皮书 / 谢会生主编
. -- 北京 : 法律出版社, 2020
ISBN 978-7-5197-5038-1

Ⅰ. ①2… Ⅱ. ①谢… Ⅲ. ①上市公司-经济纠纷-民事诉讼-研究报告-中国-2019-2020 Ⅳ. ①D925.104

中国版本图书馆CIP数据核字(2020)第196602号

2019～2020中国上市公司诉讼蓝皮书
2019-2020 ZHONGGUO SHANGSHI GONGSI SUSONG LANPISHU

谢会生 主编

责任编辑 程 岳 朱轶佳
装帧设计 汪奇峰

出版 法律出版社
总发行 中国法律图书有限公司
经销 新华书店
印刷 中煤(北京)印务有限公司
责任印制 胡晓雅

编辑统筹 司法实务出版分社
开本 710毫米×1000毫米 1/16
印张 21.75
字数 386千
版本 2020年10月第1版
印次 2020年10月第1次印刷

法律出版社/北京市丰台区莲花池西里7号(100073)
网址/www.lawpress.com.cn
投稿邮箱/info@lawpress.com.cn
举报维权邮箱/jbwq@lawpress.com.cn
销售热线/400-660-8393
咨询电话/010-63939796

中国法律图书有限公司/北京市丰台区莲花池西里7号(100073)
全国各地中法图分、子公司销售电话:
统一销售客服/400-660-8393
第一法律书店/010-83938432/8433 西安分公司/029-85330678 重庆分公司/023-67453036
上海分公司/021-62071010/1636 深圳分公司/0755-83072995

书号:ISBN 978-7-5197-5038-1 **定价**:68.00元